《明皇幸蜀图》，唐李昭道（一说李思训）绘。此图描绘的是安禄山发动叛乱后，玄宗赴蜀避难途中的场景

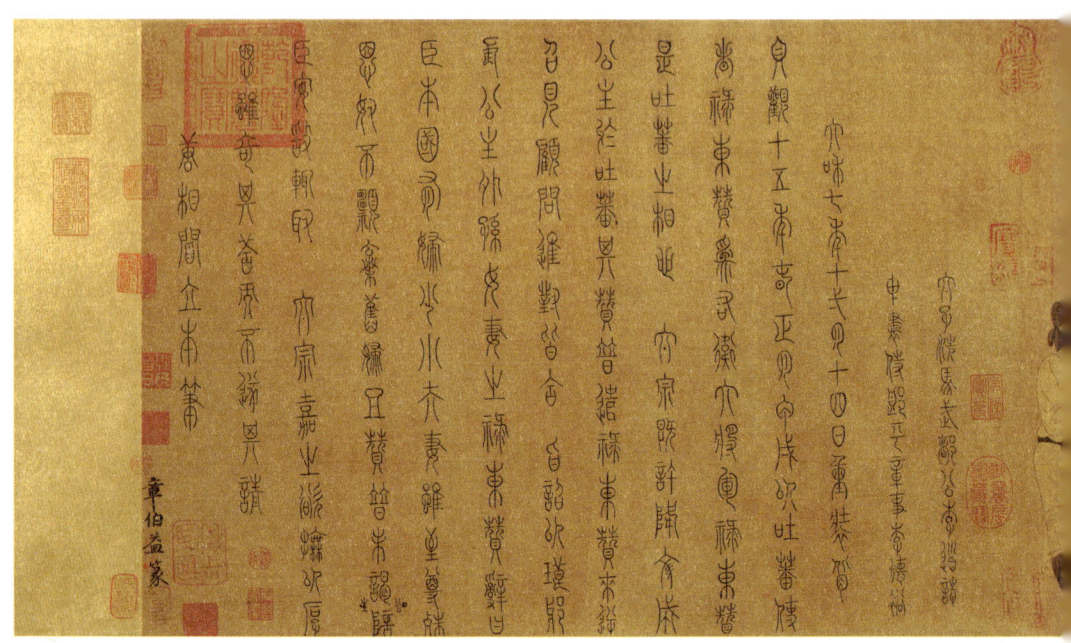

《步辇图》，唐阎立本绘。描绘吐蕃使者向唐太宗求亲的场景

《虢国夫人游春图》，唐张萱绘。描绘天宝十一年（752年）杨贵妃的姐姐虢国夫人、秦国夫人及其随从盛装出游的情景

《长恨歌图》画卷（局部），日本狩野山雪绘。该画卷长达 20 多米，始于"杨家有女初长成"，终于"此恨绵绵无绝期"，描绘了春寒赐浴华清池、宛转蛾眉马前死、碧落黄泉寻芳魂等场景，完整表现了《长恨歌》的种种细节

《挥扇仕女图》,唐周昉绘。描绘深宫嫔妃与宫女的生活场景,展现了盛唐末期宫廷贵族的奢华生活

《簪花仕女图》,唐周昉绘。描写数位唐朝贵族妇女赏花游园的场景,工笔重彩,间以小狗、白鹤及辛夷花点缀

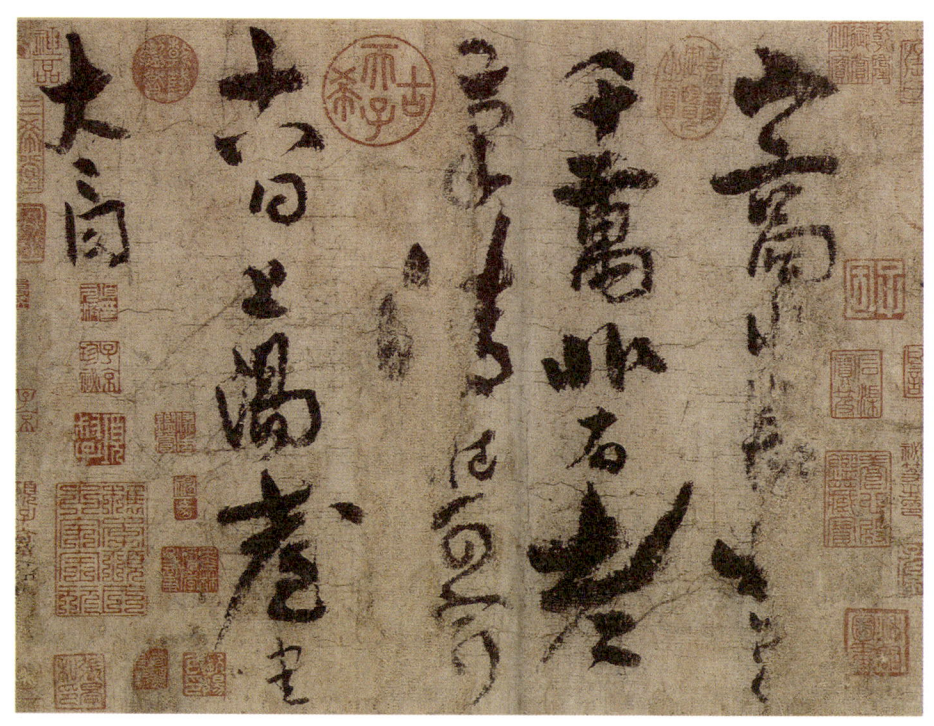

《上阳台帖》，李白书。此帖是李白于天宝三年（744年）所书草书，共25字："山高水长，物象千万，非有老笔，清壮可穷。十八日，上阳台书，太白。"

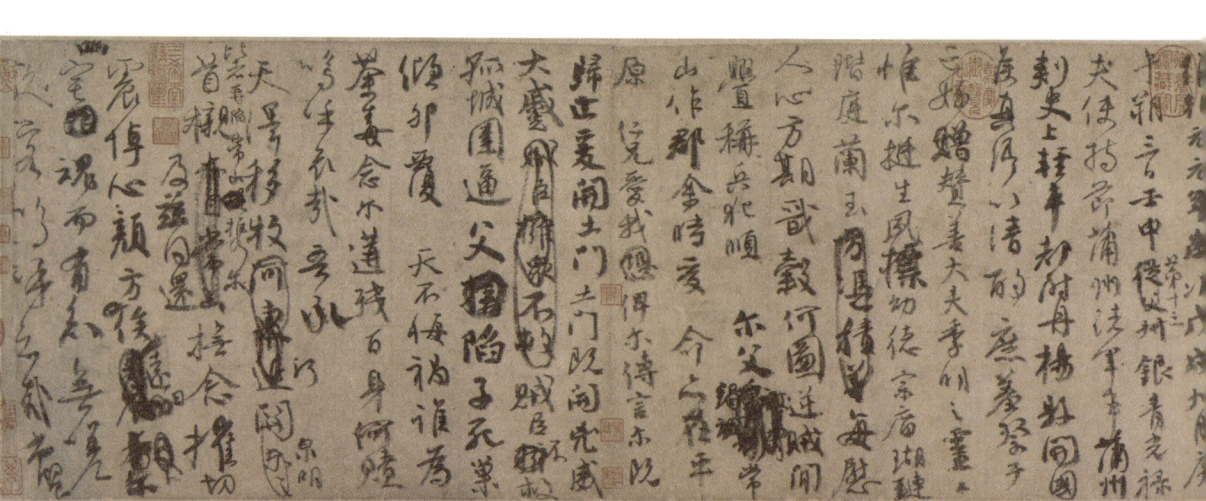

《祭侄文稿》，颜真卿书。此篇是颜真卿"抚念摧切，震悼心颜"之下的草拟之作

The Collapse of the Flourishing Age

The Politics,
the Wars and the Poems during
Prime Tang and
the Following Rebellions

盛唐与安史之乱时期的政治、战争与诗

郭建龙 著

天地出版社 | TIANDI PRESS

目录

楔子　盛世毁于战争　　001

上部 盛世

第一章　血的开局

又一次政变　011

内斗不断的王朝　021

帝国早期的边患　026

混乱的财政系统　033

女皇帝的功与过　040

第二章　拨乱反正

寻找贤相　046

休养出的盛世　055

从鸵鸟政策到怀柔远人　060

读书人的科考往事　065

诗的进化　076

第三章　盛世阴影

贤相集团的更迭　090
战争与财政　096
聚敛集团的出现　102
文人的宦游时代　109

第四章　危局之成

贤相集团的覆灭　118
聚敛集团的内斗　122
脱缰的战争　127
土皇帝的职位　133
漂泊的诗人　138

第五章　战争前夜

权相的更迭　147
节度使的罪与罚　150
外族节度使　158
战争前夜的文人　161
被"逼"的叛乱　166

下部　崩塌

第六章　战争的开局

唐代的军事地理　175
安禄山之谋　178
大燕皇帝　180
河北的抵抗　189

又一次危机　197

绞杀与反绞杀　200

第七章　逃亡的皇帝

急转直下　212

太子的行踪　223

危急时刻　227

深陷战争的文人　232

构建反击基础　235

宗室之乱　244

第八章　血肉抗战

死守太原　251

再次失败的光复行动　256

血战睢阳　261

拯救罪人李白　269

第九章　从全局战争到局部战争

收复两京　272

重建朝政　280

差点儿结束的叛乱　290

纷争再起　295

再失东都　304

第十章　找不回的盛世

另一场叛乱的预兆　311

改朝换代　322

叛乱的终结　330

乱世开启　336

诗人之死　343

尾声　盛世的丘墟　353

附录　359

参考书籍　407

后记　413

楔子一

盛世毁于战争

巴基斯坦西北部的雪山中，藏着一座巨大的自然丰碑，纪念中国唐代的盛世武功。

在如今中国新疆的塔什库尔干塔吉克自治县与巴基斯坦首都伊斯兰堡之间，有一条世界上修筑难度最大的公路——中巴友谊公路。在世界上，它更为人所熟知的名字是喀喇昆仑公路。这条路经过塔什库尔干，从红其拉甫口岸出境，穿过巴基斯坦西北部陡峭多峰的喀喇昆仑山脉，再翻过一系列雪山，包括海拔八千米以上的南迦帕尔巴特雪峰，才会到达终点伊斯兰堡。这条路时而在雪峰下蜿蜒，时而在印度河冲出的悬崖上盘旋，险象丛生，风景震撼，任何走过这条路的人，都会心生敬畏，对人类改造自然的力量发出由衷的感叹。

但是，人们很少知道，在一千多年前的唐代，就有人完成过更加复杂的穿越：一支军队选取了比喀喇昆仑公路更加难行的道路，完成了人类历史上一次艰难的行军。

人们如果从中巴友谊公路上的重镇吉尔吉特（Gilgit）出发——不是沿着公路方向走，而是顺着一条同名的河流向西行走——这条河流的北岸过于陡峭，只能顺着南岸行进，经过几天的步行，就会到达一个叫作古比斯（Gupis）的城市。在它的对面，另一条支流从一个山谷里流出，汇入吉尔吉特河，这条支流被称为亚辛河（Acesines）。亚辛河流经的谷地（即亚辛谷地）内部非常宽阔，但在两河汇合的地方（即入口处）却极其狭窄，由此让这个河谷成了一个世外桃源①。即便到了现代，亚辛河谷也以与世隔绝的文化著称，直到近年才逐渐有所改变。

人们很难想到，在唐代时，这里竟然是一条沟通吐蕃和唐代新疆的重要通道。当时的吉尔吉特被唐朝称为孽多城②，是小勃律国的国都。小勃律的国境一直延伸到亚辛谷地，当时从孽多城沿着吉尔吉特河（时称娑夷河）西行，到达古比斯之后，要经过一座藤桥进入亚辛谷地。这座藤桥的建造难度极大，需要一年才能修好，也是这条路上的关键所在。过了藤桥，行三十公里路，就到了亚辛谷地最重要的城市，城市与谷地同名，也叫亚辛，而在唐代，则被称为阿弩越城③。

过了阿弩越城，谷地一路向上，经过三天的行程，就到达了一道令人目眩的雪山之墙。这道雪山上有一个山口叫作达尔科特（Darkot）④，在唐代，则称为坦驹岭。达尔科特海拔近五千米，终年积雪不化，如果要通过那里，必须踩在万年不化的冰川之上，冒着随时掉入冰隙的风险才能成功。过了坦驹岭，就进入了另一条叫作耶尔洪（Yarkhun）的谷地。达尔科特所在的山岭是耶尔洪河谷的南界，人们必须从达尔科特下来，穿过耶尔洪河谷，再爬到北面的另一个巨大的山口巴罗吉尔（Baroghil），才能下到位于现在的阿富汗的瓦罕谷地（唐代称为婆勒川）之中。从瓦罕谷地可以进入中国的新疆，也可以前往中亚地区，甚至可以通往古代的葱岭——帕米尔高原。

唐代天宝年间（公元742年—756年），吐蕃人为了进攻唐朝，决定建立西

---

① 英国人詹姆斯·希尔顿的小说《消失的地平线》描写了一个叫作香格里拉的世外桃源，中国人将之穿凿附会到现云南西北的中甸，但事实上，根据小说中明确的定位，香格里拉所在的位置应该在巴控克什米尔山区，而最符合小说描述的地理特征的，就包括亚辛谷地。当然，这个地点本身是虚构的。

② 参见《新唐书·西域传》。

③ 由于各书记载地名往往不统一，如不加说明，所用古地名都是依据《旧唐书》。

④ 近现代对于达尔科特探索最深入的，莫过于英国人斯坦因。他在第二次和第三次新疆探险时，从英控印度出发，在山口的南北两侧都做了详细测量。

方的交通线，于是将一位公主嫁给小勃律国王，获得了这条路的通行权。他们的军队绕行数千里，来到西部拉达克（位于现在的印控克什米尔，当时属于吐蕃），再经过小勃律，翻越两座巨大的山口（达尔科特和巴罗吉尔），进入瓦罕谷地。吐蕃人在巴罗吉尔山口下面的连云堡（位于现在阿富汗的沙尔哈德附近）建立了前哨基地，利用这个基地，就能够控制瓦罕谷地，再进一步控制帕米尔地区，从而可以侵入新疆的西部，并控制整个南疆地区。由于这里距离唐代的中心长安非常遥远，更何况大都是四千米以上的高地，唐军士兵很难在此行军，而对于习惯了高原的吐蕃士兵却没有障碍。因此，这条路从理论上来说已经处于唐朝辖区之外，唐军难以到达，但对吐蕃人来说却是坦途。[1]

然而，吐蕃人没有想到，唐天宝六载[2]（公元747年），一位将军硬是完成了一次世界军事史上的奇迹[3]。这位叫高仙芝的将军率领士兵从新疆的库车出发，用了三十五天行军到疏勒（现喀什），又花了二十天，穿过昆仑山脉西部的高峰慕士塔格，来到了唐代驻军的最西戍所——葱岭守捉[4]（可能位于现塔什库尔干）。从葱岭守捉出发，唐军又花了二十多天，来到了现在的帕米尔河地区（唐代称为播密川），又二十多天后，到达一个叫作五识匿国（现塔吉克斯坦舒格楠）的地方，位于特勒满川（现在的阿姆河）[5]。

在这里，高仙芝将兵马分成三路，分别是从帕米尔河直插瓦罕谷地的北路军，由东方沿着瓦罕河行进的东路军，以及从阿富汗巴达克山地区前进的西路军。这一年的七月十三日[6]，三路大军会聚在吐蕃控制的连云堡之下。

连云堡位于现在阿富汗的瓦罕谷地之中，在现在的萨尔哈德附近。当唐军到达连云堡时，堡垒内部的吐蕃士兵大约有一千人，而在堡垒之外还有依靠山

---

[1] 本书作者曾经在巴基斯坦东北地区考察，并探访了吉尔吉特、奇特拉尔、马斯图季和斯卡都等地。这里至今依然和古代一样难以通行，仿佛游离于现代文明之外。

[2] 玄宗于天宝三年（公元744年）下诏改"年"为"载"，据《新唐书·玄宗本纪》："天宝三载正月丙申，改年为载。"故自此后不称"天宝×年"而称"天宝×载"，沿用至肃宗至德二载（公元757年）。

[3] 参考了斯坦因著作《重返和田绿洲》第二章。

[4] "守捉"是唐朝边地驻军机构，主要分布于陇右道和西域。唐制边兵戍者，大者曰军，小者称守捉，下有城、镇。

[5] 参见《旧唐书·高仙芝传》。

[6] 本书中的日期分成阿拉伯数字和汉字两种，其中阿拉伯数字的日期均为公历日期，汉字表达的日期均为当时采用的农历日期。

势建立的一系列防御系统，驻有士兵八九千人。堡垒在瓦罕河南岸，而唐军驻扎在瓦罕河以北。由于地势高，瓦罕河在早晨时流量更小，高仙芝利用这个特点在早上渡过了河流，将吐蕃人击败，杀死了五千人，生擒千人。

如果仅仅打到这里，虽然也是一次巨大的军事胜利，但无法被称为世界上最伟大的行军之一，因为连云堡所在的道路依然是中亚丝绸之路上的一条常用道路，法显、玄奘等人可能都使用过。[①]但这也并不是说这里很容易到达，事实上，到了这里，跟随高仙芝的人都已经害怕了，甚至就连皇帝派来的宦官监军边令诚都不敢再前进一步。从连云堡已经可以望见南面那死亡之地的巨型雪山，没有人认为能够爬上去，或者活着回来。

但高仙芝认为，如果仅仅打败吐蕃的一支守军就返回，依然无法解决长期问题。因为吐蕃人依然可以经过大小勃律国源源不断地派来军队，借助地形优势从高处冲下来，利用唐军无法长期驻扎的劣势，夺回连云堡。只有攻陷小勃律这个国家，获得整个王国的归顺，才有可能断绝吐蕃的北进之路。高仙芝选择将边令诚留下，还给了他三千士兵驻守，将剩余健壮的人带走继续前进。

即便是现代人借助现代工具，如果想从瓦罕谷地的连云堡直接翻越两大山口，至少也需要四天时间[②]，但高仙芝的部队却用了三天时间，就已经站在了达尔科特的冰川之上。

只是，上到冰川顶上只是第一步，接下来才是更困难的。这个山口的北面较为平缓，而南面则全是悬崖峭壁，想要从山口南面下去，必须冒着生命危险，直下四十余里，才能到达安全的驻扎地。即便下到了底，万一战斗失败，就连逃的路都没有，士兵们除了死亡，不会有别的结局。

为了让士兵们放心，高仙芝又派了二十个人冒充小勃律阿弩越城的人，其余人装作是刚从南面过来的，向阿弩越城表示愿意归顺。士兵们这才跟着他战战兢兢下了达尔科特山口，进入亚辛谷地之中。

对高仙芝有利的是，此时的小勃律国王并没有住在更加遥远的吉尔吉特，

[①] 关于法显和玄奘的道路，可参考本书作者所写的另一本书《丝绸之路大历史》第二部《信仰时代》。
[②] 此时间系斯坦因的估算。

而是住在亚辛，也就是阿弩越城。阿弩越城距离达尔科特只有三天的路程，并且就在同一条谷地之中。与此同时，当听说高仙芝在连云堡的胜利之后，吐蕃的军队也正从吉尔吉特方向赶来增援阿弩越。于是，阿弩越城就成了唐军和小勃律人争夺的核心。此时，双方的军事敌对变成了另一种较量：对于小勃律来说，他们的目标就是躲过唐军的打击，固守阿弩越城，等待吐蕃救兵的到来；而对于高仙芝来说，目标则是要阻断吐蕃的军队，并胁迫小勃律国王尽快（赶在吐蕃援军到来之前）投降。

在这场竞争中，唐军依然取得了胜利。一方面，高仙芝派遣士兵去招降小勃律国王，并将当地亲近吐蕃的首领杀死；另一方面，他派人前往吉尔吉特河（时称娑夷河）上的藤桥，将它砍断。由于吉尔吉特河的北岸过于陡峭，从吉尔吉特赶来的吐蕃人只能沿着南岸走，到了现在古比斯（亚辛河口）的位置，再经过藤桥渡过吉尔吉特河，进入亚辛谷地。前已提到，修建这座藤桥，需要一年的时间才能完成。所以高仙芝的军队将原来的藤桥砍断后，即便吐蕃军队赶到，也只能望着对岸的情况却无法过河，眼睁睁看着高仙芝俘虏亚辛谷地之中的小勃律国王了。

高仙芝的胜利，也成了盛唐极具象征意义的一场胜利。唐朝和吐蕃是当时的两大政权，它们控制的疆土加起来几乎与现在中国的领土相当，可它们却在遥远的位于崇山峻岭之上的边缘之地进行了一场代价巨大的战争。这既反映了唐朝国力的强盛，又表现出战争的无谓。

从高仙芝的武功来看，这次远征几乎达到了古代远征的极限，比自古以来任何一次行军都困难，也更加伟大。但是，如果从结果来看，这场远征又并没有产生持久的军事效果——它产生的结果甚至还可能是负面的：由于高仙芝的远征过于令人瞠目结舌，他获得了唐玄宗极为丰厚的赏赐，并被封为安西四镇节度使。然而，担任节度使的高仙芝表现出了更强烈的野心和贪婪。到了天宝九载（公元750年），就在达尔科特行军三年后，高仙芝又发动了另一场无谓的战争，这次针对的是位于中亚地区的石国[①]。石国并没想和唐朝敌对，本来已经答

---

① 位于现在乌兹别克斯坦首都塔什干附近。

应与唐朝言和，但高仙芝乘着对方不备，突然引军袭击了对方，将石国国王抓获。

这次战争让高仙芝获得了大量的财富[①]，他还可以在第二年将石国国王和之前所擒的突骑施可汗、吐蕃酋长等人一同献给皇帝。但是，战争的代价是巨大的，就在高仙芝献俘的那一年（公元751年），逃走的石国王子联合了西方的阿拉伯帝国（时称大食），向唐军发出了挑战。高仙芝率领三万人向西进发，进攻大食，当他们来到位于现在中亚地区的怛罗斯[②]时，与阿拉伯帝国军队相遇。

作为东西方的霸主，唐朝和阿拉伯帝国这两个当时最强大的王朝很少有过直接冲突，但这一次却是例外。在战争中，唐军几乎全军覆没[③]。

日后，人们认为这场战争决定了两国的国运，阿拉伯帝国从此更加强大，而唐朝却一蹶不振。但事实上，这样的说法又夸大了这场战争的重要性。对于唐朝来说，这只是众多西域战争的一场罢了，三万人的损失也不算多，且死亡的更多是联盟的西域诸国士兵，如果仅仅从战争规模来看，并不足以对唐朝产生伤筋动骨的影响。这场战争更多是象征意义上的。

那么，这场战争对盛唐的结束到底有没有影响呢？

答案是有，但并不是导致盛唐衰败的唯一原因。为了弄清楚盛唐衰落之谜，我们不妨到另一个战场去看一看。

在云南大理下关镇西洱河边，至今依然耸立着另一座巨大的千年前战争的纪念品，同样也象征盛世没落的开始。

如今的苍山洱海已经成了全国著名的旅游地，但在1300年前，这里却是一个近乎独立的国家——南诏国的所在地。云南省的地貌由高原和山地间无数的小盆地（当地称为坝子）组成，每一个盆地都天然地形成了一个封闭的地理单元，盆地周边的山就是这个地理单元的防御线。然而，在云南所有的盆地中，却有两个大型的盆地具有更加得天独厚的条件，它们是位于昆明地区的滇池盆地以及位于大理的洱海盆地。这两个盆地中有两个大型淡水湖，两个湖的岸边都有

[①] 根据两唐书和《资治通鉴》的记载，至少包括瑟瑟（碧色宝石）十余斛、黄金五六驼等。
[②] 位于现代哈萨克斯坦塔拉兹。
[③] 参见《资治通鉴·唐纪·天宝十年》。高仙芝的行踪是有疑问的，因为他在长安面见皇帝，并被任命为河西节度使，也是在同一年。

大片肥沃平地,加上周边山岭的保护,使得这两个盆地分别成了古滇国(秦汉时期)和南诏大理国(唐宋时期)的摇篮。

其中,由于昆明所在的滇池盆地周边山脉不够高,距离中原更近,所以古滇国在汉代时就并入了中华文明之中。而洱海盆地地理上的独立,成了地区文明延续的保障。

在这里,洱海东西向只有几公里,但南北向却有几十公里长。在洱海的东侧,是较为陡峭、不适合人类居住的小山脉,西侧则是巨大的苍山山脉,但在苍山和洱海之间,却有一条十几公里宽的平地,这块平地就成了大理地区文明所在。

除了苍山和洱海的保护之外,在这块平地的北面,也是在洱海的最北端附近,苍山突然间向洱海靠拢过来,使得平地陡然变窄,形成了一个天然的关口,人们在这里修建了龙首关(也称上关)。而在洱海最南端,有一条河流从洱海向西流走,称为西洱河,人们在西洱河上修建了龙尾关(也称下关)。

于是,东有洱海,西有苍山,北有上关,南有下关,这片平地成了易守难攻之地,南诏和大理的都城,就建在这片平地上。

在下关西洱河的南面,有一座巨型坟冢,被人们称为"万人冢",或者"天宝将士墓"。在距离万人冢直线距离几公里的洱海南岸,还有另一座巨型墓葬,被称为"千人冢",埋葬的同样是唐军将士的尸体。而在原南诏国国都旧址的太和城附近,有一块巨大的石碑,被称为南诏德化碑,其中记载的正是这场战争的事迹。①

根据记载,这场战争同样是由唐军的边将引起的。天宝九载(公元750年),位于昆明地区的唐朝云南太守张虔陀奸淫了南诏王阁罗凤的妻子,导致阁罗凤起兵杀死了张虔陀。第二年,驻扎在四川盆地的剑南节度使鲜于仲通率军进攻南诏,兵败。②

到了天宝十二载(公元753年),唐朝剑南节度使杨国忠再次派将军李宓率

---

① 三个遗址中,千人冢位于现大理火车站东面的地石曲,距离火车道很近,万人冢位于西洱河南岸不远处。德化碑在太和城,距离万人冢约十公里。

② 战争的详情见《旧唐书·南诏传》。

领十余万人进攻南诏，唐军到达后，在西洱河边全军覆没。①

这次战争中，南诏王阁罗凤的表现反而更像君子所为，即便在获胜后，也刻了一块碑，将事情的来龙去脉进行了说明，表明责任不在南诏一方，而且未来如果唐朝能够有所悔悟，也愿意继续与唐朝交好。这块南诏德化碑如同是对所谓玄宗盛世的控诉和嘲弄，表明即便是在中国历史上的盛世，在道义面前也有不堪的一面。

事实上，天宝战争与怛罗斯之战一样，距离安史之乱只有一步之遥了，就在怛罗斯之战四年后，也就是天宝战争两年后，安史之乱就爆发了。如果说，天宝战争与怛罗斯之战只是边疆地区的战争，不足以警醒盛世中的梦者，那么安史之乱的钟声就让他们无法装作听不见了。

就在人们为安史之乱而扼腕叹息，认为如果不是这次大型叛乱的发生，盛世就可以持续时，在之前发生的这些战争，却给出了另外的回答，那就是：即便没有安史之乱，所谓盛世，也早已经结束了。事实上，即便没有安禄山，玄宗所留下的政治隐患也会在短时间内导致另一个乱局。

当皇帝决定用武力炫耀盛世时，就决定了后续的结果：当唐朝的边将和节度使们掌握了足够的权力，当他们的战争足以让中央政府的财政失控，当皇帝的政令在节度使对地方的全权掌控中被削弱，盛世就已经毁掉了。

我们可以说，盛世毁于战争。但事实上，唐玄宗后期的战争之所以增加，节度使之所以出现，又是唐朝从建立之初所形成的一系列制度缺陷的必然结果。本书所做的，就是追寻这个中国最著名的盛世是如何产生，又如何崩塌，以及盛世中不同的人所做的不同选择。不管是皇帝、宰相、武将，还是盛世中的普通人，他们共同导演和见证了这个盛世，又眼看着它崩塌，却没有人能够将它救下⋯⋯

而这一切，又是从唐朝特有的皇室政变开始⋯⋯

---

① 《旧唐书》载唐军在太和城北战败。但现在的两个巨冢都在太和城以南的西洱河南。从地理位置上判断，唐军应当是从南面经过昆明、楚雄等地前来，在西洱河南岸受阻，无法到达北岸，因此两个墓葬的位置与军事地理的推测是一致的。很可能千人冢是鲜于仲通第一次进攻留下的，而万人冢是第二次李宓进攻留下的。可能李宓进攻时唐军与南诏军有两次战斗，一次发生在洱河以南，而另一次发生在北方的邓川，也就是说，他曾试图从北面进攻。李宓从北面进攻的说法亦见于南诏德化碑碑文。

上部⋯⋯⋯⋯⋯⋯⋯⋯⋯⋯⋯⋯⋯⋯⋯⋯⋯盛世

第一章
血的开局

又一次政变

先天二年（公元713年）七月，一场政变的传闻正在大唐的朝堂之上愈演愈烈。根据传闻，政变的策划方是当朝皇帝的姑姑，也就是武则天的女儿太平公主，政变的对象则是新任皇帝李隆基。①

唐朝是中国历史上女性参与政治最多的王朝，这要得益于李隆基的祖母武则天。作为中国历史上唯一的女皇帝，武则天向世人展示，即便是女人，也可以在朝廷之上接受文武百官的朝拜，成为至高无上的人间主宰。这是在她之前的任何一位女强人都没有敢迈出的一步。

武则天的尝试打破了这层壁垒，她的野心也传给了后来人。到了武则天的儿子唐中宗李显当皇帝时，皇后韦氏做了一次尝试。她联合武则天宠信的女臣上官婉儿、以武三思（武则天的侄子）为代表的一部分武氏残余势力、以她兄长韦温为代表的韦氏家族势力，与女儿安乐公主一起，试图效仿武则天，控制中央政权。

她们首先针对唐中宗的太子李重俊。太子在忍无可忍的情况下起兵杀死了武三思，最终却兵败被杀。②接着，她们又毒死了唐中宗，立中宗的儿子李重茂为傀儡，并由韦后以摄政的方式掌握了政权。③此时距离中国出现第二个女皇帝仅咫尺之遥。但是一位青年皇子发动的一场政变，却让韦氏家族功亏一篑。

---

① 参见《资治通鉴·唐纪·开元元年》。
② 参见《资治通鉴·唐纪·景龙元年》。
③ 参见《资治通鉴·唐纪·景云元年》。

这位青年就是临淄王李隆基，他联合武则天的女儿太平公主发动了突然袭击，剿灭了韦氏家族，甚至连襁褓里的孩子都没放过。政变后，李隆基的父亲——也是中宗的弟弟——相王李旦当上了皇帝，是为唐睿宗，李隆基也顺理成章被兄弟们推为太子。

在清理韦后的残余势力时，李隆基的姑姑太平公主与他们站在了同一阵线上。可是，政变成功，太平公主又继承了武则天与韦后的野心，试图控制朝政，这就与作为太子的李隆基发生了冲突。

被拥立上台的唐睿宗性格温和，无力制止双方的争斗，一面是儿子，一面是妹妹，他都不好出面制止。最后，他选择了靠边站，把皇位交给自己的儿子，退位当起了太上皇。这样做，也是想让儿子李隆基趁自己活着，赶快巩固政权。

然而，他的做法却激化了双方的斗争。两大势力集团都认识到必须先发制人，以便获得足够多的利益，否则，必然连性命都保不住了。

在这样的情况之下，太平公主到底有没有策划针对皇帝李隆基的政变已经不重要了，关键是，人们都认为这样的政变必然发生，只是看谁先动手。是太平公主成为中国第二位女皇帝，还是年轻的皇帝巩固李氏政权，就在于这场争斗的结果。

在当时，双方的力量旗鼓相当，李隆基已经成了皇帝，这就意味着他得到了大部分官员的支持。中国一直是一个男权社会，人们更加容易接受男性作为皇帝。强如武则天，为了当皇帝也是费尽心机，消灭了大量的政敌，才利用强力勉强压住了男人们的质疑。即便这样，到了她年老生病时，以张柬之为首的大臣集团还是找到了机会，逼迫她将皇位让给了她儿子。[①]

但也不能因此小看了太平公主的力量，她的力量从一个事例上就可以反映出来：截至当年七月，皇帝任命的七位宰相中，只有两位是皇帝的人，太平公主的心腹则有四位之多，还有一位在当时也被认为是她的人，只是独立性稍强一些罢了。

在唐代，除了皇帝之外的最高官僚阶层，就是一个被称为"宰相"的小集团。

---

① 参见《资治通鉴·唐纪·神龙元年》。

唐代的宰相和汉代不同，不是只有一位，而是有数位之多。这些官员往往是由皇帝从整个高官阶层中选出来的，皇帝给他们加一个头衔①，让他们参与政事堂会议，也就算是宰相了。

宰相的数量时多时少，一般不少于两个。在盛世承平时代，两个宰相是比较稳定和高效的结构，可是，一旦到了权力关系复杂的时候，宰相的数量就会膨胀，以反映各方政治势力的需求。玄宗先天二年（公元713年），就恰逢这样的复杂时期。这一年年初时，已经有了六位宰相，分别是侍中魏知古、中书侍郎同中书门下三品陆象先、检校中书令崔湜、侍中岑羲、尚书左仆射同中书门下三品窦怀贞、中书令萧至忠。②这六个人中，除了魏知古之外，都是太平公主的人马。

需要说明的是，这些担任宰相的高官虽然有派系之分，却并非都一无可取。他们中有的人趋炎附势，但也有正直的人士，只是因为唐朝复杂的派系政治，所效忠的对象不同罢了。同时，随着中宗和睿宗时期政治派系如走马灯一般轮换，他们也在改换门庭中不断地迷失。

比如，崔湜在他的官宦生涯中，先后依附于武三思、上官婉儿、韦后和太平公主，也因为这些人的举荐而数次拜相，可以称为政治上的不倒翁。③

而另一位宰相萧至忠则更加复杂，他曾经在政治纷争中保护过相王（后来的睿宗），有政治意识清醒的一面，却又先后依附于武三思、韦后和太平公主，也是数次拜相。

更加复杂的是第三位宰相窦怀贞，他在官小时曾经以清廉著称，但当了大官之后，开始学会了朋党政治，依附于韦后，甚至娶了韦后的乳母为妻。当时人们称乳母的丈夫为"阿䎡"，所以他就自豪地自称为"翊圣皇后（韦后的封号）阿䎡"，时人称他为"国䎡"。韦后失败后，窦怀贞又杀掉了自己的妻子，加入了太平公主的势力。④

---

① 这一头衔，玄宗时期通常是"同中书门下平章事"和"同中书门下三品"。关于唐代宰相的头衔，参见《新唐书·百官志》等。
② 参见《新唐书·宰相世系表》。
③ 参见《旧唐书·崔湜传》。
④ 参见《旧唐书·窦怀贞传》。关于窦怀贞娶妻，《资治通鉴·唐纪·景龙二年》有更生动的描述。

如果说前三个人还更多是负面的，同样拜相的岑羲则以正直著称。他为人廉洁，曾经在武则天死后，与武氏家族斗争，也曾在唐中宗时期力保过当时的相王和太平公主。但在政治上，他也不得不依附于韦后，之后又选择了太平公主作为保护伞，成了新皇帝（玄宗）的绊脚石。①

除了这四位紧紧依附于太平公主的人，第五位宰相陆象先则显得与众不同。他虽然被看成太平公主的人马，却并没有参与他们的政治活动。陆象先是武则天时期的宰相陆元方的儿子，为人正直，但他担任宰相竟然是不倒翁崔湜的功劳。当太平公主想任命崔湜担任宰相时，崔湜却表现出高尚的一面，要求公主必须先提拔陆象先，然后才能轮到自己。太平公主这才勉强要求唐睿宗任命陆象先为相。由于是太平公主的授意，陆象先通常被认为是公主的人马。然而，陆象先却是一位"不识时务者"，他并没有去拜见公主，也没有参与公主的阴谋活动。②

在六位宰相中，唯一可以称得上是皇帝一系的，只有侍中魏知古。他曾经在相王府任职，而相王就是后来的唐睿宗，因此，魏知古是当时少有的一心一意辅弼年轻皇帝（也是相王的儿子）的大臣。③

宰相层面上，皇帝居于五比一的劣势之中。在次一级的官僚中，太平公主也有着很强的实力。在这些官僚中，她的死党包括了太子少保薛稷、雍州长史新兴王李晋（唐太祖李虎的曾孙）、左羽林大将军常元楷、知右羽林将军事李慈、左金吾将军李钦、中书舍人李猷、右散骑常侍贾膺福、鸿胪卿唐晙、僧人慧范等人。甚至有传言说，太平公主试图借助一位姓元的宫人在皇帝的营养品中下毒。④

在复杂的派系和传闻之下，新任皇帝与公主的死斗几乎不可避免，然而作为太上皇的睿宗皇帝却依然不愿意出手制止双方。在这种情况下，年轻的皇帝只能依赖自己的力量来和公主缠斗了。

事实上，在前一年，皇帝的亲信与公主的亲信已经有了一次交锋，当时皇

---

① 参见《旧唐书·岑羲传》。
② 参见《旧唐书·陆象先传》。
③ 参见《旧唐书·魏知古传》。
④ 这种营养品叫作赤箭粉，可能是天麻苗磨成的粉。太平公主死党名单与阴谋同见《资治通鉴·唐纪·开元元年》。

帝的势力中还有一人担任了宰相的职位,他就是尚书右仆射同中书门下三品刘幽求。刘幽求在玄宗皇帝刚刚登位的时候,就和右羽林将军张暐合谋铲除太平公主及其党羽。最初他们向皇帝汇报了这个想法,皇帝是赞成的。但张暐的保密意识并不强,之后他又将计划泄露给了侍御史邓光宾,谨慎的唐玄宗担心事情失控,只好向太上皇主动汇报了刘幽求等人的密谋。太上皇大怒,要杀掉刘幽求,幸亏有人将其救下,最后发配广州。①

对于这样的结果,太平公主的党羽崔湜等人仍然感到不满意,派人命广州都督周利贞在刘幽求到达之后杀掉他。这件事被桂州(现广西桂林)都督王晙知道了,为了救刘幽求,王晙顶住压力将流放犯扣下,不让他去往广州,这才救下了这位前宰相的命。②

这一次轻举妄动,损失了己方的一员宰相,也让年轻的皇帝看到了斗争的复杂性。而他的亲信依然催促着他赶快动手。其中最激烈的是一位叫王琚的人,他不断劝说玄宗赶快行动,玄宗任命他为中书侍郎,却暂时没有采纳他的提议,只是将他作为一枚棋子埋伏在那里。③

到了第二年六月,皇帝终于有机会了,他任命了一位新的宰相。这位宰相出自西北的军事将领之中,在与吐蕃和突厥人的战斗中脱颖而出,他就是兵部尚书郭元振。郭元振获得了同中书门下三品的加衔,成了宰相,并迅速地进入了皇帝的决策圈。④ 到这时,皇帝扳回了一局,在宰相层面上双方实力对比变成了五比二——事实上是四比二,因为陆象先虽然因为是太平公主举荐的而被算成是她的人,却并没有参与她的阴谋。郭元振作为久掌兵权的将领,他的支持意味着军队对于皇帝的背书。

除了两位宰相和王琚等人之外,唐玄宗的阵营中还有两位亲王,分别是他的兄弟岐王李范和薛王李业,这两位宗室的加盟对于皇帝的权威是一种加持。自从唐太宗以来,唐朝宗室子弟之间血腥的斗争不断重复,玄宗获得了宗室的

---

① 参见《旧唐书·刘幽求传》。
② 参见《资治通鉴·唐纪·先天元年》。
③ 参见《旧唐书·王琚传》。
④ 参见《旧唐书·郭元振传》。

支持，也意味着他可以团结李氏子弟，共同对付外姓的敌人。

此外，支持皇帝的人中还有一些掌握着宫廷守卫和内侍职责的人，他们是龙武将军王毛仲、殿中少监姜皎、太仆少卿李令问、尚乘奉御王守一、内给事高力士、果毅李守德等人。这些人虽然职位不高，却主导着宫廷之内的防卫，是必不可少的。①

到了这一年六月，关于双方冲突的消息纷纷传来，玄宗一派的人更是不断带来太平公主将要举事的消息。反对公主最激烈的王琚告诉皇帝，事情已经非常急迫，不能再拖延了。另一位曾经担任过宰相的高官，时任尚书左丞的张说当时在东都，也派人送给皇帝一把佩刀，意思是皇帝必须赶快做个了结。同样担任过宰相的崔日用，参与铲除韦后之后，因得罪了太平公主而被贬为荆州长史，恰好在长安向皇帝奏事，不仅劝皇帝赶快动手，还给皇帝策划了具体的行动计划，即先控制禁军系统，再铲除公主一党。②

到了七月份，宰相魏知古向皇帝发出了最后的警告，表示这个月的初四就是公主一党行动的时间。这个最后的信号让皇帝终于下决心行动了。③事后，我们只能得到皇帝一方的证词，表明公主事先策划了叛乱，而皇帝是为了挫败公主的阴谋，才不得不提前行动。这个证词是否符合事实，我们已经无法知道了。只是我们可以根据唐代频繁发生的宫廷叛乱来判断，不管证词是真是假，形势已经让双方的冲突必然发生，因此，追究皇帝证词的真实与否已经没有意义了。

在叙述两者的图谋前，必须先看一下皇帝和太上皇居住的环境，以及朝廷的地理位置。

在武则天时期，武后长期在东都（曾改称神都）洛阳执政，直到她死后，中宗才将朝廷搬回了西京长安。唐代的长安主要有三大宫殿群，分别称为太极宫、大明宫和兴庆宫，三个宫殿群又由于在京城的位置，分别称为西内、东内

---

① 参见《旧唐书·玄宗纪》《资治通鉴·唐纪·开元元年》。
② 参见《旧唐书·崔日用传》。
③ 参见《资治通鉴·唐纪·开元元年》。

和南内①。与前两者比起来，南内兴庆宫本来只是玄宗为藩王时的居所，规模较小，在政治上也不如前两者重要，这里先不提，先说前两个巨型宫殿群。

西内太极宫位于长安城的北面。作为京城的长安分成了三大区域，其中最外层的是正方形的京城，居住着三教九流。在京城的北墙之内，有一块区域是皇帝居住和办公的地方，叫作宫城。宫城继承自隋朝的建制，就是太极宫。如果仔细分起来，太极宫又包括了三部分，分别是皇帝居住的太极宫（位于中间）、太子居住的东宫（位于东面）、容纳宫女和罪犯女眷的掖庭宫（位于西面）。

在太极宫的南面，是官员们办公的皇城，这里设立了中央政府的众多衙门机构，其大小也与太极宫相当。在皇城之南的京城其他区域，才是众多百姓居住的里坊。而京城之北（也是宫城之北），就是专属皇帝的广大禁苑，供皇帝游猎之用。

太极宫之所以称为西内，是相对于后来建设的大明宫而言的。太极宫是在京城的城墙之内，而大明宫则在城墙之外，处于城墙的北面偏东的位置，所以号称东内。

大明宫最早是唐太宗给自己的父亲太上皇李渊建立的宫殿，但李渊没有住进去就死了。之后这项建设工程长期搁置，到了高宗和武后时期才又重启建设。高宗由于患有风湿病，希望居住在地势比较高的地方，所以选择了处于更高处的大明宫。因此东内大明宫逐渐取代了西内太极宫，成了皇帝居住和听朝的所在。

武则天统治后期，由于她长期居住在洛阳，西京的宫殿都处于空置状态。中宗回来后，没有选择父母居住的大明宫，而是迁回了原为正宫的太极宫。

睿宗将皇位禅让给玄宗之后，却并没有将权力完全放给玄宗，而是继续充当着最后的拍板人的角色。他依然占据了太极宫的主体部分，只是将太极宫建筑群东部的武德殿让给了皇帝，供玄宗居住和办公之用。

太上皇规定，皇帝每天都要在武德殿临朝处理政务，而每隔五天，太上皇就会在太极宫的正殿太极殿临朝。这事实上表明，帝国的大事依然是太上皇在正殿做决策，只有一般性事务，才在偏殿武德殿内由皇帝决定。

---

① 关于东内、西内和南内的描述，参考《唐两京城坊考》《雍录》。

从武德殿前往太极殿，需要经过武德殿的正门武德门和一道偏门虔化门，李隆基虽然做了皇帝，但和帝国的最高权威之间还隔着这两道门。

在玄宗与太平公主的争斗中，双方都必须考虑宫廷的地理布局，才能利用自己手中的军事力量迅速消灭掉对方，取得干净利落的胜利。

首先看太平公主的策略。她的策略重心在两位党羽——左羽林大将军常元楷和知右羽林将军事李慈身上，这两人掌握着左右羽林军。玄宗继位之初的先天年间，在国都的北门外主要有四支军队，分别是左右万骑和左右羽林，号称北门四军，其中领导、掌握左右羽林的就是常元楷和李慈。

除了北门外的军队之外，在宫城以南还有一部分南衙军，这一部分军队可以由宰相窦怀贞调动。根据皇帝后来所言，太平公主是想趁初四这一天皇帝在武德殿上朝时，由常元楷和李慈从北面进入武德殿，将皇帝及其追随者一网打尽，而窦怀贞则从南面进入太极殿，控制太上皇，从而形成对朝廷的完全掌控。① 其核心策略在于从南北两方同时进入宫城，还必须抓住皇帝上朝的时机，让他的党羽无法逃脱。可皇帝是否会这样束手就擒呢？

既然太平公主主要依靠的是北门的左右羽林军，那么皇帝依赖的就是剩下的左右万骑了。左右万骑的指挥官号称龙武将军，而龙武将军王毛仲就是皇帝的死忠。要想以左右万骑对付左右羽林，那么重要的是必须先发制人。

初三，也就是传说中太平公主起事的前一天，皇帝开始行动了。这一天上朝时，皇帝命令王毛仲取来马厩里闲置的马匹，率领三百名士兵，从他居住的武德殿出发，通过他和太上皇住所之间的虔化门，到达太极殿。

太极殿是太上皇上朝和举行大典的所在，在宫殿的周围，还有一系列的建筑，这些建筑容纳了唐朝官僚机构中顶尖的那一部分。在太极殿以东，是门下省、弘文馆和史馆的所在，而在太极殿以西，则是中书省和舍人院。在更靠南的位置，是皇帝当作内库使用的东西左藏库。② 在宫城的正门承天门内，还有东西朝堂，是宰相们办公的地方。③

---

① 太平公主的策略见《资治通鉴考异·唐纪·开元元年》引《太上皇实录》。
② 参见《唐两京城坊考》附图。
③ 参见《资治通鉴·唐纪·开元元年》。

王毛仲率领士兵首先到太极殿背后的北门，找到了两位羽林将军常元楷和李慈，出其不意将他们拿下，直接斩首，这就割断了太平公主与羽林军的联系，让她失去了北门军的指挥权。剩下的则是对付一群文官了。在解决掉羽林将领之后，王毛仲顺道突入了太极殿以西的内客省，将隶属中书省的两位官员中书舍人李猷、右散骑常侍贾膺福抓获。

到这时，太平公主最重要的羽翼还剩下四位宰相。宰相们办公的位置在承天门内的朝堂，王毛仲率领士兵向朝堂扑去。他们首先碰到了萧至忠和岑羲，将二人拿下直接砍了头。但是窦怀贞却没有立刻被找到，直到他们在附近的一条沟里发现了一具刚刚自缢的尸体，才确定这就是宰相窦怀贞最后的结局。愤怒的士兵们对他的尸体进行了鞭笞。

太平公主系的最后一位宰相崔湜并不在现场，因此没有被当场杀死。到后来他被抓住时，皇帝已经控制了局面，不想再多杀人了。崔湜在太平公主党羽中是最卖力的一个，皇帝却只判他流放到窦州（现广东省信宜市镇隆镇）。不过，由于公主的另一个党羽新兴王李晋在被杀之前出卖了崔湜，加之他勾结太平公主阴谋给皇帝下毒的事情传了出来，皇帝在他走到荆州的时候赐死了他。

在王毛仲率领士兵逐一消灭政敌时，作为宰相的郭元振也没有闲着。当政变发生时，太上皇在宫中听说发生了兵变，连忙跑到了宫城正门承天门的城楼上。由于唐朝宫廷发生政变过于密集，逃跑是老皇帝或者太上皇们都必须学会的本领。

太上皇之所以上城楼，是为了吸引南衙兵的注意。这就很可能让事情复杂化，而这时，就是掌握兵权的宰相郭元振出场的时机了。他连忙带上士兵，跟着太上皇来到了城楼上，向太上皇禀报皇帝正在锄奸，这么做一是为了让太上皇放心，不要反抗，二是避免太上皇召集南衙兵。

过了一会儿，处理完大事的皇帝亲自来到了城楼，劝父亲回去休息，不要担心。太上皇也明白该完结的事情都已经完结了，他的妹妹也保不住了，连忙顺势下了诏书，将事情归咎于已经死去的窦怀贞等人，并表示除了一小拨参与了谋乱的人之外，其余人等不予追究。

太平公主的党人中，被追究的除了上面提到的之外，还有薛稷、李晋等少数人。按照唐律，谋反是要牵连到家人的，但事实上，他们的家人受到了从轻发落。

另一位宰相陆象先虽然被看成是公主党的，但是在李隆基继位之前，太平公主谋求废掉李隆基，陆象先不仅不服从，反而据理力争。这件事让玄宗皇帝记忆犹新，表示"岁寒知松柏"，暂时继续让他当宰相。陆象先也利用自己宰相的职位挽救了不少人。[1]

作为事件的主角之一，太平公主的命运又如何呢？

政变发生后，太平公主逃入了山里，但在皇帝的穷追猛打之下，三天后，她不得不出来投降。这一次，就连她的哥哥也无法帮助她了。就在政变的第二天，初四，太上皇宣布将一切权力让给自己的儿子，不再参与朝政，避居百福殿养老去了。玄宗皇帝从此完全掌握了军政大权。

失去了太上皇的保护，太平公主被赐死在家中。但对于公主，皇帝还是表现出了一定的仁慈，公主的儿子薛崇简因为劝说过母亲不要发动政变，不仅没有被处死，反而官复原职。

皇帝为了表明镇压太平公主的正当性，下令搜查公主府，从中搜出了大量的珍奇器玩，对于她掌握的牛羊马匹、山川土地也进行了清点，至于这些动产和不动产所产生的利息更是数年都还没有算清。[2]

初六，皇帝登上承天门，宣布大赦天下，这也表明他最终掌握了权力。

历史上往往将这次政变当成开元盛世的开局。然而，经历过政变的唐朝人却并没有这么乐观。事实上，当时的人们很难把这件事当成是一个新时代的开始，反而认为它只不过是唐朝无穷无尽的政变中最新的一个罢了。到政变发生时，唐朝这个建立不足一百年的王朝已经变得千疮百孔，在玄宗的祖母武后统治时期，这个王朝已经带上了衰老的特征，人们对它的信心并不强，反而见证了它不断地应付着一个又一个危机。武后的两个儿子中宗和睿宗时期，朝政更

---

[1] 参见《旧唐书·陆象先传》。
[2] 关于政变的详细经过，参考《资治通鉴·唐纪·开元元年》《旧唐书·玄宗纪》，以及各位大臣的本传。

是混乱不堪，看不到希望。

在这种情况之下，一个新的小皇帝有能力扭转乾坤吗？

到底是走向盛世，还是走向衰亡，往往只是一念之间。更何况，唐朝本来就有内乱和斗争的传统，这已经导致了数次生死之局。在叙述唐玄宗的选择题之前，我们不妨看一看他接手的唐朝存在的一系列问题，只有这样，才更能看清楚唐玄宗时代的发展和它的不足。

唐朝的问题可以总结为三大类：没有底线的内斗，不断挤压中央政府财政空间的北部边患，以及混乱不堪的财政系统。

内斗不断的王朝

在中国历史上几个疆域较大、时间持续较久的大一统王朝中，最著名的莫过于汉、唐，至于分裂、文弱的宋朝，一直是作为教训出现的。但这种史学观点往往忽略了下面的事实：在所有王朝中，最在乎人命、极力避免内斗和滥杀的王朝恰恰是宋朝，而汉、唐两朝偏偏是杀伐之气最重、内斗最激烈的朝代。这里不去说汉朝的情况，仅以唐朝为例。①

唐开国不久，秦王李世民就发动了一场政变，将他的哥哥（当时的太子）和弟弟杀掉，换来了皇冠。这次兄弟之间的杀戮也造就了唐代的内斗精神。唐代和宋代的区别在于，宋代正是吸取了前朝的教训，制定了严格的权力制约体系来限制某个人拥有过大的武力，使得没有人能够轻易威胁别人的生命安全。这种制约体系在很长时间内是非常成功的。久而久之，宋代就形成了这样的皇家和官僚传统：权力斗争以不威胁政敌的生命为底线，大多数时候以将对手罢官或者流放为目的。这种对生命的尊重造就了中国文治的最高峰。②

但是，唐代却并没有这样的约定俗成，而且唐是尚武的国家，李世民兄弟

---

① 在武帝引起汉代衰落之前的盛世时期，汉代的内斗也不罕见，如高祖对功臣的清理、诸吕的乱政、七国之乱等。这和唐代的情况类似，即宗室和大臣缺乏必要的人身保护机制，使得激烈的斗争必然以一方的死亡为结局。

② 宋代对政敌生命十分尊重，直到宋徽宗时期清理蔡京等六贼才出现了流血事件，而此种尊重在南宋得以加强。

三人各自掌兵，建立了各自的亲信体系，结果反而形成了另一种赢者通吃的传统：只有残酷斗争中的胜利者才能获得政权，而其余的人必须付出生命的代价，才不会对胜利者产生威胁。

朝堂内斗的传统可以追溯到南北朝的北魏时代。在南北朝时期，中国历史上形成了一次巨大的政治分野，存在着两大政治传统。其中一支是从秦汉以来流传下来的纯粹的汉族文化体系。在秦和西汉时期，这个体系在迅速扩张的同时，也有着激烈的内斗，不管是皇帝还是大臣都没有安全感。可是到了东汉时期，光武帝刘秀取得政权之后，为了减少这种斗争对政权的消耗，提倡文治，政权内部的权力制衡也增加了。这种传统的制衡到了东汉末年出现了第一次失调，随之而来的崩溃造成了三国时代的混乱。西晋初期，晋武帝试图恢复内部的制衡，进行文治。不幸的是，北方出现了另一政治传统：由游牧民族带来的更加有活力却更加血腥的政治。游牧民族起源于马背之上和战争之中，他们对政治的权力制衡和制度建设一窍不通，却个个能征善战，很快冲垮了西晋司马氏的重建工作[1]，将秉持秦汉以来文雅平和的政治传统的人赶到了南方，在北方建立了以军事征服和强力为特征的政治体系。

到了南北朝时期，南方文弱的政治传统接近消亡，而北方缺乏制衡精神的武力统治传统却居于强势。这种北方政治传统由北魏传给了西魏，又由西魏传给了隋，最后被唐所继承。[2]

隋代时，开国势力依然以武将集团为主。而在王朝内部，不管是皇子之间还是大臣之间，必须靠你死我活的斗争来决定胜负。这种野蛮性是作为隋代重臣的唐高祖父子所熟悉的。而唐代又偏偏是一个在政治制度上缺乏新建设的朝代，它基本上继承了隋代的政治制度，于是将北朝以来的杀伐气也继承下来。

唐高祖后期，三个儿子的势力范围一直处于失控状态。也就是说，作为至高无上的皇帝，唐高祖并没有能力控制三个儿子，完全剥夺他们的权力，只能试图在其中维持一种脆弱的平衡。随着三个儿子斗争的显性化，一次血腥事件

---

[1] 司马氏重建工作的失败，也有其内部斗争的原因，即晋武帝死后爆发的八王之乱。
[2] 南北朝时期的政治分野也是经济分野。本书作者曾经从经济和财政角度解释了中国财政第一周期和第二周期的轮替，见《中央帝国的财政密码》。

几乎是不可避免了，没有人会遵循点到为止的方针，必然需要取得对方的性命，才能结束。

唐太宗取得政权后，也意识到了问题的严重性。他虽然是政治斗争的胜利者，但随着时间的拉长，在他的儿子和大臣之间，还会分裂出许许多多的派系来，这些派系依然遵循"以杀掉对手为终结"的规则，而唐太宗在制止这些杀戮上依然无能为力。他本来想做一个仲裁者，却发现自己仍然是个参与者。

唐太宗最初想到的办法是利用道德力量感化人们，让他们忘记杀戮的本性。他的事迹后来经过史臣吴兢的记录，变成了一段千古佳话，以"唐太宗纳谏"之名鼓舞了一代又一代的"明君"。但是，在这里需要注意的是，唐太宗追求的并不是制度化的约束，而仅仅是依靠人格魅力去感化。

我们可以将唐太宗时代和宋代最自由的宋仁宗时代做一个对比。宋仁宗时代，是一个大臣可以和皇帝激烈争吵的时代。如果宋仁宗实在忍受不了某个大臣，想杀了他，首先会意识到自己是做不到的，因为老祖宗（宋太祖）时就已经禁止杀害文官。更重要的是大臣本人也知道皇帝无法杀他，因为皇帝没有这个权力。可是如果皇帝一定要打破所有惯例杀了这个大臣会怎么样呢？首先，皇帝会遭到谏官的反对。谏官由于知道皇帝无法下旨杀自己，一个个以和皇帝吵架为荣。在谏官的鼓噪下，从宰相到大臣也都知道杀死大臣是不妥当的，于是，皇帝的命令根本就不会被执行。这种遵守传统又互相制约的体系，让皇帝根本不会动杀死大臣的念头，最多将其革职了事。只有到了北宋末年，随着新旧党人的冲突愈演愈烈，并已经到了亡国之际，才出现了少量杀大臣的例子。[①]

但在唐代，皇帝却没有这样的约束。即便史官再称赞唐太宗是明君，但事实上，太宗给人的印象仍然是：第一，他是有权力杀死任何人的；第二，他之所以不杀，不是因为不能，只是因为不愿意；第三，他听别人的意见，也不是必须听，而是愿意听就听，不愿意听也没人管得了；第四，他不愿意听的时候，甚至有权杀死任何给他提意见的人。

有一次，唐太宗对一位叫作穆裕的官员感到不满，立刻发怒，要在朝堂之

---

① 北宋末年此类代表性事件是诛杀以蔡京为代表的六贼。这虽然是一场除奸行动，但依然可以视作一次对制度的破坏。

上将他斩首,但被太子劝住了。于是大臣长孙无忌立刻抓住机会恭维皇帝有个好太子,自古罕有。太宗在大臣的恭维下,捡了个台阶下的同时,对太子也夸赞一番。① 在这里,皇帝是可以随便杀人的,而大臣们与皇帝的周旋,就像是在伺候一个易怒的孩子,而这个孩子既可以选择收敛自己的脾气,也可以选择不收敛。即便是善于直谏的魏徵(太宗自己树立的直臣的榜样),太宗也数次动过要杀死他的念头。②

正是因为唐代缺乏对朝政中杀人的制度性约束,形成了皇帝可以随便杀人,大臣和宗室之间胜者为王的风气,使得唐代的内斗愈演愈烈。

在这种风气之下,唐太宗的儿子们也继承了和父辈一样的传统,在父亲还活着时就展开了"艰苦卓绝"的斗争。唐太宗作为一个仲裁者显得手忙脚乱,家庭事务又成了皇帝晚年的包袱。而在他死后,这种斗争更是上升到了另一个高度,混乱一直持续到了高宗时代。在太宗的儿子中,太子李承乾因为贞观十七年(公元643年)的谋反而被废为庶人,魏王李泰因为争夺皇位被贬,齐王李佑被赐死,蜀王李愔死于流放,蒋王李恽自杀,越王李贞因为反抗武则天被逼服毒自尽。③

与皇帝的家庭悲剧相比,大臣的命运也好不到哪儿去,唐太宗本人由于想制止杀戮,还显得比较克制。为了表彰追随他打天下和夺权的功臣们,唐太宗在太极宫的凌烟阁中为二十四位功臣画了像,在这二十四人中,太宗只以谋反罪杀掉了两个——侯君集和张亮。侯君集是因参与了太子的谋反而被杀。④ 至于张亮谋反,更像是一场子虚乌有的事件。当人们告他谋反时,唐太宗面对无力的证据也选择相信,只是因为张亮的养子太多,太宗害怕他形成家族势力而无法制衡。⑤

---

① 参见《贞观政要·纳谏》。
② 参见《贞观政要》和两唐书《魏徵传》。
③ 参见《旧唐书·太宗诸子传》。
④ 参见《旧唐书·侯君集传》。
⑤ 参见《旧唐书·张亮传》。

到了唐太宗的儿子唐高宗和儿媳妇（也是太宗的嫔）武则天时代，皇帝的权力更加没有限制。两人执政时期，房玄龄之子房遗爱、唐太宗的亲信大臣上官仪、长孙无忌（凌烟阁二十四功臣之首）、宰相刘祎之等都死于非命。

即便在整个唐代，由于皇帝的杀戮和内部斗争，高官也是个极其危险的群体。唐代宰相共有三百多人[①]，在宰相职位上死于非命的有四十一人，罢相后惨死的有四十二人，加起来一共八十三人，占了全部人数的近四分之一[②]。

除了宰相，其余的官职也同样危险，特别是在武则天时期。现代人将武则天定义成一个有雄才大略的女皇帝，但在历史上，武则天除了丰功伟绩外，还是一个会玩弄手腕的女强人。她和高宗共治的时代，以及她单独统治的时代，从整个唐代来看都属于酷吏时代。

中国历史往往有这样的特征，当朝代建立后，恢复了和平，政府对民间的干扰不多，于是就会产生一次超级繁荣。但在超级繁荣时，官僚对社会的破坏作用却在加速，这种破坏表现在两个方面：一是政府税收的提高；二是官僚阶层的失控，即便中央政府也无法管理基层的官僚队伍。

到这时，皇帝就会采取措施，对官僚阶层进行约束，这就到了第一次酷吏时代。皇帝不得不依靠酷吏的力量来重整官僚队伍，同时由于皇帝的集权动作，使得民间经济发展也放慢下来，产生朝代中期的第一次凋敝。

这个经济收缩和集权的时期在汉代对应汉武帝时期，在唐代就对应武则天时期，而在清代则对应雍正时期。但是一个王朝的第一次酷吏时代又总是会结束的，皇帝的集权举措也会暂时退缩，于是就有了经济的再一次发展，这在唐代就对应唐玄宗的开元时期。

武则天的酷吏时代是皇帝借助低层的酷吏，对官僚阶层进行的一次整肃行动。甚至到武则天死后，她的两个儿子中宗和睿宗都无力恢复正常的官僚秩序，唐代政权仍然在酷吏与宫斗的剧情中颠簸，直到玄宗利用两次血腥的政变上台。到这时，唐代已经在浴血的内斗中存在了将近一百年。

---

① 《新唐书·宰相世系表》说是三百六十九人，其余统计有出入。
② 参考《唐代高层文官》第五章。

在这样的斗争中，唐代的官僚制度遭遇了严重的破坏，而与内斗相伴的，还有更加复杂的外部局势。

帝国早期的边患

在中国几个大王朝的对外关系中，汉朝是一个幸运的王朝，在大部分时间里，汉朝都只有一个主要的外部敌人[①]。作为对比，唐朝却是一个不幸的王朝，在它存续时，周边的形势要复杂得多。

隋唐政权本身继承的东魏（北齐）和西魏（北周）就属于北方少数民族政权，甚至隋唐时期的宗室和大臣，也多多少少都有北方游牧民族的血统。从南北朝时期到隋唐，在中原的北方和西方，也有着不少的游牧强权，在如今属于中国的内蒙古、新疆，蒙古共和国和中亚的土地上，上演着一幕幕争霸戏剧。

首先继承了匈奴霸权，可以被称为帝国的，是柔然[②]。人们也因此将柔然称为匈奴之后和突厥之前的第二游牧帝国。但是，柔然在中国乃至世界历史上名气不大，主要原因是它的出现，恰好处于东西方强大政权的间歇期。在西方，罗马帝国已经崩溃，而在东方，汉帝国崩溃后也一直处于纷纭扰攘之中，这导致周边文明没有兴趣记录这个庞大的游牧帝国。[③] 到了隋代中国再次统一后，柔然帝国却又已经衰落了，中国北方和西方已经是突厥帝国的天下。

唐代时，中国周边的敌人更加复杂，强大的游牧民族政权不止一个。我们可以将周边政权概括为突厥系[④]、吐蕃系[⑤]、朝鲜系[⑥]，以及更加遥远的大食帝国。

在突厥帝国崛起之前，中亚地区除了柔然，还有一个叫作铁勒（即高车，后被柔然击败）的部族。到了公元6世纪中叶，当中国北部还处于东、西魏的

[①] 西汉时期，主要的边患是匈奴。东汉时期，匈奴逐渐衰落，边患变成了"羌乱"。

[②] 亦有人认为，柔然人就是见于西方史籍中的阿瓦尔人，见白桂思《丝绸之路上的帝国：青铜时代至今的中央欧亚史》第五章。

[③] 记载柔然的中国正史是《魏书》和《北史》，到了统一的隋唐时代，柔然已经被突厥取代了。

[④] 突厥系政权包括唐代初期从第一突厥帝国分裂而成的东西突厥帝国、唐代中后期的第二突厥帝国、回纥汗国、黠戛斯汗国，以及主要臣服于突厥系的奚和契丹，另外还有突厥的分支突骑施等。

[⑤] 吐蕃系政权包括吐蕃以及与吐蕃有联系的南诏、大小勃律和吐谷浑等。

[⑥] 朝鲜系政权包括新罗、百济和高句丽。

分裂状态时，突厥取代柔然成了西部的霸主。①

西魏废帝元年（公元 552 年），突厥土门可汗击败柔然建立突厥汗国。北周明帝二年（公元 558 年），突厥西半部的室点密可汗联合波斯，将中亚的另一个霸主嚈哒人（主要居于阿富汗和印度北部）击败。②在短短六年间，突厥人就在太平洋、里海、贝加尔湖和兴都库什山之间建立了一个庞大的帝国。

然而，也正由于疆域过于庞大，突厥无法在如此广大的地区建立统一的行政机构。到了隋开皇三年（公元 583 年），突厥分裂成了东西两部分。这两部分在与隋朝的战争中继续分裂，东突厥向隋朝投降，西突厥则陷入了四分五裂的境地。

隋文帝对突厥采取了分而治之的态度，成功地维持了突厥的分裂状态。但到了隋末炀帝时期，随着中原地区的战乱，两突厥都重新崛起。隋大业七年（公元 611 年），西突厥在射匮可汗的领导下完成了复兴，建立了西突厥汗国，形成了以中亚和西域为核心的强大游牧国家。

同样是在公元 611 年，东突厥也迎来了一位新的可汗——始毕可汗。在这之前，东突厥已经成了隋朝的臣属，但随着隋朝的衰落，始毕可汗加强了与隋朝的对抗。仅仅四年后的大业十一年（公元 615 年），为了应付突厥人煽动的北方边疆各民族起义，隋炀帝率军北上，却在雁门（现山西代县）被始毕可汗的数十万骑兵围困长达一个月，后由于援军的到达而解围。③这次事件也预示着中国北方的霸主，已经从中原转移到了东突厥。

到了隋末大乱，李渊在晋阳（今山西太原晋源区）起兵时，整个中国北方防线上各路诸侯几乎都以突厥人为宗主。除了李渊之外，向突厥称臣的军阀不下九人④，有的甚至还接受了突厥人的封号。事实上，李渊在起兵后，为了防止突厥以及他们的附庸在背后突袭，也备了大量的礼物，放低姿态向始毕可汗称

---

① 参见《周书·异域传·突厥》。
② 亦有人认为是木杆可汗击灭嚈哒，见《隋书·突厥传》。《旧唐书·西突厥传》则提到室点密可汗的功绩包括了击败嚈哒，室点密为土门可汗之弟。分析见吴玉贵《突厥汗国与隋唐关系史研究》第一章第三节。
③ 参见《隋书·炀帝纪》《隋书·突厥传》。
④ 这九人是：渔阳郡高开道、河间郡窦建德、马邑郡刘武周（封定杨可汗）、朔方郡梁师都（封大度毗伽可汗）、离石郡刘季真（自封突利可汗）、榆林郡郭子和、五原郡张长逊（封割利特勒）、金城郡薛举、凉州李轨等。见旧唐书各自本传。

臣，并向突厥许诺一旦获得了都城，他们只要人和土地，金银财宝都归突厥所有。①李渊父子依靠与突厥的和平，引诱突厥放弃对其他附庸的支持，占领了长安，最终统一了中原。

到秦王李世民发动玄武门之变后，突厥立刻感觉到出现了机会，在投降他们的汉人鼓动下，率领十余万人向长安进发。他们来到长安附近渭水上连接两岸的便桥以北，接下来，就有了人们津津乐道的一个历史故事。

按照这个故事所说②，刚刚即位的太宗李世民率领高士廉、房玄龄等六骑来到了便桥以南，与突厥人隔水相望，太宗在马背上义正词严地指责突厥乘人之危，这样违背道义的事情怎么可能获胜？果然太宗的指责有了效果，第二天，感到理亏的突厥人前来请和，双方在便桥上斩白马而盟，之后突厥人回兵，放弃了进攻。作为历史上有名的"仁义之主"，唐太宗在突厥人回兵时并没有掩杀，甚至当群臣问他为什么不乘机袭击突厥的军队时，他还说了一大通道理。原来，突厥人来的时候，太宗已经派人抄了他们的后路，形成了夹击的局面，可以借此打败敌人，也正是因为看到了这一点，突厥人才不得不选择了求和。而皇帝之所以不在对方归途中进行袭击，是考虑到自己刚上位，要与民休息，不要随便打仗。

通过这一段话，唐太宗仁义之君的形象跃然纸上。然而这样的说辞却可能掩盖了另一种可能性：作为当时更强大的一方，突厥人之所以撤退，并非是感受到了唐太宗的仁义，而是因为接受了贿赂。③

但不管哪一种说法是真实的，这次便桥之盟反而让唐太宗意识到，突厥人才是他最大的敌人。也是从这时开始，唐朝开始采取合纵连横的方式对付东突厥。与此同时，由于东突厥的颉利可汗和突利可汗之间发生了冲突，导致东突厥内部发生了分裂，突利可汗投靠了唐朝。之后，各个部族纷纷背叛了颉利可汗，唐朝乘机出兵。在李靖、苏定方等人的率领下，唐军最终击败了东突厥。就在

---

① 参见《旧唐书·刘文静传》。
② 参见《资治通鉴·唐纪·武德九年》。
③ 参见《资治通鉴考异》相关讨论，司马光选择了与两唐书相同的说法，但民间却依然流传着另一种说法。

便桥之盟四年后的贞观四年（公元630年），强大的东突厥就消失了。①

而西突厥也在和唐朝的战争与和平中起起落落，最终显庆二年（公元657年）被唐太宗的儿子高宗皇帝击灭。

在与突厥的战争中，唐朝面向突厥故地的四大都护府也逐渐建立了起来，它们分别是贞观十四年（公元640年）建立的安西都护府、贞观二十一年（公元647年）建立的安北都护府、永徽元年（公元650年）设立的单于都护府、长安二年（公元702年）设立的北庭都护府。②

在这些都护府中，最重要的是面向新疆和中亚地区的安西都护府。它所辖的区域内主要包括了四个军镇，最初是龟兹、焉耆、于阗、疏勒。在高宗时代西突厥灭亡后，四镇又设在了龟兹、于阗、疏勒和碎叶，延伸至现在的哈萨克斯坦境内。因此，安西都护府辖区也往往被称作安西四镇。到了玄宗时代，此地成为著名的安西节度使辖区。

在唐代初期，战争的对手除了第一突厥帝国分裂之后的东西突厥人之外，还有位于现在青海湖南岸的吐谷浑人，以及朝鲜系的三个国家，之后则是新崛起的吐蕃人和大食人。

吐谷浑原本是位于中国东北部的鲜卑人的一支，在流徙中来到青海湖南侧建立了国家。到唐朝建立时，吐谷浑已经存在了三百年。唐太宗即位后，也曾经与吐谷浑作战，双方战战和和。到了龙朔三年（公元663年），西藏地区崛起的吐蕃击败了吐谷浑，将它的土地变成了自己的势力范围③，于是吐蕃取代了吐谷浑的地位，成了唐代西南地区的心腹大患④。

根据藏族史书记载，藏族人源于一个叫作雅砻的部落。到大业十三年（公元617年）松赞干布出生时，这个部落已经从位于现代西藏山南地区的雅砻谷

---

① 参见《旧唐书·突厥传》。
② 贞观二十一年（公元647年）置燕然都护府，后更名瀚海都护，总章二年（公元669年）改瀚海都护为安北都护府。永徽元年（公元650年）置瀚海都护，龙朔三年（公元663年）徙云中古城，更名云中都护，麟德元年（公元664年）改为单于大都护府。关于四大都护府的存续和迭代，以及安西四镇的设置，可参阅《资治通鉴》、吴玉贵《突厥汗国与隋唐关系史研究》等。
③ 参见《旧唐书·吐谷浑传》。
④ 吐蕃问题，亦可参阅杨铭《吐蕃统治敦煌西域研究》。

地出发，征服了苏毗、象雄，成了广大藏域的主人。①

松赞干布十三岁时父亲去世，他成了新的赞普。在他统治时，吐蕃进行了大量的改革。除了统一藏域之外，他还迁都拉萨，创造了文字，并进行了经济、军事等多方面的改革，将吐蕃从部落变成了一个集权式的国家。

贞观八年（公元634年），唐朝的宫廷里第一次迎来了吐蕃的使者，唐太宗随即派遣冯德遐跟着使者前往吐蕃抚慰。随后，两个国家发生了初步冲突，但还是决定对对方采取友好的姿态。贞观十五年（公元641年），唐太宗选择了一位宗室女子，封为公主，嫁给了松赞干布。这位女子就是文成公主。②

然而两国的友好并不持久，到了贞观二十三年（公元649年），唐太宗去世，他的儿子唐高宗继位。第二年（永徽元年），吐蕃的松赞干布也去世了。继任赞普的是他未成年的孙子，而权力则落到了大论禄东赞的手中。永徽三年（公元652年），唐朝接受了吐蕃的敌人吐谷浑的附庸。不久，吐蕃决定对吐谷浑开战。未几，禄东赞去世。在和唐朝的关系上，他属于"鸽派"，他去世后，唐朝与吐蕃之间的战争就越打越烈，吐蕃最终成了唐朝的心腹大患，战争也持续了上百年。③

除了吐蕃之外，唐朝在西方的另一个敌手是阿拉伯帝国，也就是中国历史中记载的大食。人们总是认为唐朝的崛起已经非常迅速，但阿拉伯帝国的速度却更加惊人。

武德五年（公元622年），穆斯林的先知穆罕默德等离开故乡麦加，去了另一座城市麦地那。这时的阿拉伯依然是一盘散沙。之后阿拉伯人开始了南征北战，从北非直达中亚，到了永徽二年（公元651年），阿拉伯人完成了对波斯的征服，最后一位波斯皇帝叶兹德吉尔德三世在波斯帝国东疆的古城木鹿（位于今土库曼斯坦境内）附近被杀。到这时，仅仅一代人时间，西方就出现了一个横跨亚非的庞大帝国，从北非经过埃及、叙利亚、伊拉克，直达伊朗、阿富汗。

但阿拉伯人并没有就此罢手。公元652年到653年，阿拉伯大军进攻吐火

---

① 参见《红史》第九章。
② 参见《新唐书·吐蕃列传》。
③ 参见《新唐书·吐蕃列传》。

罗斯坦，征服了整个地区。公元8世纪初，阿拉伯呼罗珊总督屈底波越过阿姆河，对北方的中亚河中地区用兵，于景龙三年（公元709年）夺取了布哈拉，先天元年（公元712年）获得了撒马尔罕。在开元元年（公元713年）和第二年，阿拉伯部队甚至接近了位于现在中国新疆境内的喀什噶尔（今喀什附近），也就是大唐时期的疏勒国的辖地。①

阿拉伯人与唐朝的实际军事接触很少，即使有怛罗斯之战，对唐朝的军事破坏也是有限的。但是阿拉伯帝国的存在，又对唐朝的西域政策造成了足够大的影响，让中亚和西域地区的政权多了一种选择，也让唐朝的征服难度加大。特别是阿拉伯人以宗教来同化中亚地区，其过程中产生的宗教连接让中亚地区在此后事实上与中华文明完全分离了。

不过，在唐太宗末年，吐蕃和大食只是崛起，和大唐王朝的冲突并没有全面爆发。唐太宗在他的一生中南征北战，将突厥系势力降伏，被誉为一代雄主。

但谁也没有想到，这位名声赫赫的皇帝到了晚年却差点儿因一个小国栽了跟头，明君形象险些毁于一旦。②这个小国就是当年坑苦了隋炀帝和隋朝的高句丽。

隋炀帝三征高句丽直接导致了国家的覆亡，但在唐太宗治下，也发动了三次对高句丽的远征。唐军的出征与隋炀帝的结局也很类似，劳民伤财，却突破不大，这证明了中国古代王朝对于战争问题的徒劳无功。③

贞观十九年（公元645年），唐太宗第一次出征高句丽，十万大军在他的率领下向东北进军。最初唐军取得了局部的胜利，但是对方却采取了紧缩防守的策略，依靠着冬天严寒的天气击退了唐军。这一次，唐军的人员损失不大，但军马损失了80%。在中国古代，军马就是最重要的军事装备，而且由于中原气候不适合养马，军马的恢复周期特别漫长，最高保有量不过几十万匹。在战争中损失了八成的军马，即便在基本面上显示不输不赢，实际上已经是一次巨大

---

① 参见《中亚文明史》第三卷第十九章。
② 参见《旧唐书·太宗纪》。
③ 参见《新唐书·东夷传》。

的败仗。①

两年后，不甘心失败的唐太宗再次发兵。唐军水陆并进，攻击高句丽，仍然没有取得决定性的胜利。

到了贞观二十三年（公元649年），太宗决定再派三十万大军前往征讨。他在陕州（河南西部与陕西交界地带，现三门峡市所在地）和山东半岛一带大量储存军粮，又在南方聚集了庞大的舰队。

出征高句丽的舰船要在四川境内制造，再顺长江而下，驶入东海，前往朝鲜半岛。另一部分则是将四川境内采集的木料沿江运至浙江一带制造，但造船的钱出自四川，每艘船的成本大约为一千二百匹缣。

这一次军事准备给中国境内带来了持续的恶性影响。朝廷对四川加税引起了当地的骚动，邛州、眉州、雅州的本地人开始造反。为了镇压，唐太宗又从现在的甘肃、陕西、重庆、湖北一带调兵。于是，东征高句丽变成了一场全国性的大调动。②熟悉历史的人可能已看到了隋末的影子。事实上，隋朝的衰落也恰好是因为隋炀帝不计代价地出征高句丽，却屡屡无功而返，最终导致了隋朝的灭亡。不过，唐太宗比隋炀帝幸运得多。这不在于他有多能干，而是因为，就在全国将要大乱时，他去世了。太宗死后，他的征服计划也随之搁浅。全国又进入了另一次休养生息阶段，唐代也避免了一次巨大的混乱。

高句丽又存在了近二十年，直到其国家内部出现了衰落，才在乾封三年（公元668年）被唐朝征服。

对于唐朝来说，太宗出征高句丽是一次巨大的教训。此前唐朝往往是利用合纵连横，并且必须等到对方的衰落期才出兵的。如果时机不对，即便是高句丽这样的小国都会对庞大的唐帝国造成巨大的影响。那么，为什么唐朝的军事力量甚至无法应付一个小国呢？答案不完全在于军事，而是在于隋唐以来不完善的财政制度。

与唐朝发达的社会和经济相比，唐朝的财政制度是极其落后的。当战争打

---

① 关于军马问题，可以参考李硕《南北战争三百年》，以及张明扬《纸上谈兵》。
② 参见两唐书的《东夷传》。

破了财政平衡时,尽管皇帝想表现得英明神武,但财政却不允许。

混乱的财政系统

唐朝的财政系统继承自隋代,而隋代的财政系统又部分来自之前的西魏和北周。在这份传承的遗产中,最重要的社会和经济制度(也是不同于其他朝代的制度)是均田制。均田制是一种土地公有制形式。

在中国历史上,出现过三段持续的财政制度周期。第一次从秦汉开始,延续到三国、两晋,并结束于南朝。到了南朝逐渐衰落时,北方的游牧民族将军事劫掠式财政过渡到了定居式财政,并在北魏时由于文成文明太后和孝文帝的改革而得以固定下来,之后传给了东、西魏,再由隋唐所继承。

在这第二段大周期中,以土地公有制和松散的财政为主要特征。北魏最初是从游牧民族转化而来,他们占领中原时,中原由于连年的战乱,无主土地非常多。而新兴王朝在建立新制度时,往往是从古代的典籍里寻找依据,根据儒家传统,认为春秋以前的土地所有制就是公有制,所以北魏在进行财政固化时,发明了一种非常复杂的土地分配方法,叫作均田制。[①]

北魏、北周、隋唐的所谓均田制,是指人民出生之后,就可以从政府获得一份土地,由他们一辈子进行耕种,并上缴税收。他们死后,政府回收土地,以便能够把土地分给新出生的人。[②]

由于土地是由国家分配的,国家就可以根据家庭情况来向这些土地收税。到了隋唐时期,财政制度进一步复杂化,形成了所谓的租庸调制度。

唐代的税制从账面上看显得非常公平,它分别以土地、人头和家庭三个统计项为单位,进行三个项目的征税。但是,在世界税收制度的设计上,有一个大忌,就是税制不能过于复杂,一旦税制复杂了,那么征收效率会非常低,不

[①] 关于均田制的描述,参见本书作者的《中央帝国的财政密码》,亦可以参见万国鼎《中国田制史》。
[②] 参见《新唐书·食货志》。事实上的均田制更加复杂,包括一部分永业田,也就是不回收的田地,具体内容见《中央帝国的财政密码》。

仅无法达到公平，甚至根本收不上来。而所谓的租庸调制就过于复杂。

根据武德七年（公元624年）唐高祖时期制定的法令，租庸调制的规定如下：

租：按照土地进行征缴的税收。成年的男丁可以从政府得到一百亩土地，伤残人士得田四十亩，寡妻、寡妾得田三十亩。如果是一家之主，还可以另外得到二十亩土地。在这些土地里，其中十分之二是世业田，十分之八是口分田。当受田人死后，他的世业田是由户主继承的，也就是属于私人田地，而口分田则要交还官府，进入分配池，重新分配给别人，这一部分就是公有田地。作为义务，受田人按照每一丁男每年纳粟二石的标准，向政府缴税。

调：家庭手工业税。居住在各地的人们，根据地方产出的不同，向政府缴纳不同的手工业产品。养蚕的地方每年每户上缴二丈绫绢，加上二两纯丝；不养蚕的地方缴纳布匹代替丝绢，但是要加五分之一，同时再缴三斤麻。所以"调"是以家庭为单位的。

庸：力役税。所有丁男每年为政府服力役（不是兵役）二十天。如果不服役，则需缴纳代役钱，每天为三尺丝绢。如果政府今年有事，需要多征几天力役，那么多征十五天就可以免除户调负担，多征三十天则租和调都要免除。每年最多使用力役不得超过五十天。由此，"庸"是以人头为单位的。

此外还有一些杂项规定，但基本税收就是租、庸、调三项。按照唐代的规则，每年都要进行土地的重新分配①，而对于每户的财产也需要三年厘定一次②。

表面上看，只要做到查清土地、人口和家庭数据，就可以将税收平均分配于整个社会。但事实上，在中国大部分的历史里，政府是无法查清税基的。比如，唐代规定三年必须清查一次财产，一年必须分配一次土地，但这样的工作量即便到了现代依然无法完成，更何况是古代。这种税制最终必然导致官吏的懒政和胡乱征收，这又会带来人民的懈怠和抗税，增加财政税收的难度。

由于制度的复杂性造成的问题在隋唐以不同的形式爆发出来。

在隋代，隋文帝采取了严格的措施，为了查清税基，不惜采取弹压的方式

---

① 《新唐书·食货志》："凡收授皆以岁十月。"
② 《旧唐书·食货志》："凡天下人户，量其资产，定为九等。每三年，县司注定，州司覆之。"

和极其苛刻的政策，结果官员们为了讨好皇帝采取了虚报的做法。隋代的土地数据出现了巨大的浮夸，土地上报数量和实际数量最多相差十倍[①]。这种浮夸导致皇帝按照夸大的土地数据征收税款，人民负担过于沉重，出现了严重的逃户事件[②]。而隋朝税收过重也最终压垮了其政权。

经过了隋朝的混乱，唐朝建国时恰好是人民占有土地、逃避户籍的高峰期。由于高祖采取了宽简政策，政府没有恢复隋代高效的行政机器[③]。加之隋朝分配土地时，许多流民第一次获得了土地，到了唐朝初年，政府已经没有足够的土地进行分配，而在隋朝分到了土地的人也并不愿意在他死后将土地返还给政府。这样，土地分配制度慢慢地就执行不下去了。为了逃避土地返还和税收，越来越多的人脱离了户籍，越来越多的土地不是被政府回收，而是被私人偷偷在地下市场上买卖。

人们逃避户籍的方法也是五花八门，有的人托关系拿到僧道的户籍，有的人占用军籍，或者依靠豪族，充当色役，寻找一切可能的免税、免役机会。[④]

在土地市场上，由于私人出售土地的地下市场的形成，许多有权势的家族开始积攒土地，远超规定的额度。[⑤]到了唐高宗时期，土地的缺乏使得皇帝决定向地下市场开刀，回到"由政府回收土地再重新分配"的轨道上。他下令禁止买卖世业田、口分田。但皇帝的命令比不上利益，人们照样买卖不误。[⑥]

在这样的情况下，唐代的人口数据一直不如隋代清晰。这并不是唐代人口不多，只是政府查不出来。

隋炀帝时期，人口户数最高接近九百万户，人数则达到了四千六百万人。[⑦]

---

① 参见《中央帝国的财政密码》第七章。土地浮夸可能来自皇帝对土地分配的强调，由于地方政府拿不出土地来分给农民，只能在账面上作假应付皇帝，而浮夸的土地数据又刺激了税收的增长，使得民间受到压迫。
② 万国鼎《中国田制史》第三章第二十九节："均田制度均授民以田，而逃户之多，乃以实行均田制度之北朝、隋、唐为最。"
③ 《旧唐书·食货志》："高祖发迹太原，因晋阳宫留守府物，以供军用。既平京城，先封府库，赏赐给用，皆有节制，征敛赋役，务在宽简。"
④ 《通典·食货七》："其丁狡猾者，即多规避，或假名入仕，或托迹为僧，或占募军伍，或依信豪族，兼诸色役，万端蠲除。"
⑤ 《新唐书·循吏传》："（贾敦颐）永徽中迁洛州。洛多豪右，占田类逾制。敦颐举没者三千余顷，以赋贫民。"按，"永徽"是唐高宗的年号，只有六年，紧跟在太宗年号"贞观"之后，但从行文上得知，土地问题在太宗时期就已经恶化了。
⑥ 《新唐书·食货志》："初，永徽中禁买卖世业、口分田。其后豪富兼并，贫者失业，于是诏买者还地而罚之。"
⑦ 参见《隋书·地理志》。

由于隋文帝定下的严格的制度，隋朝政府能够跟踪每一个人，不让他们游离于户籍之外。但是唐朝却做不到，根据唐代的统计，隋炀帝统计人口十年之后，唐高祖武德年间（公元618年—公元625年），人口下降到只有二百万户。① 也就是说，十年时间，人口"减少"了70%还多。当然，这样的数据肯定是有问题的，大部分人不是在战乱中死掉了，而是由于唐代的统计机构不合格，许多活着的人成了逃籍户，未出现在政府的花名册上。

唐太宗统治的巅峰时期，唐朝的户数也只有三百万户②，距离隋代的人口高峰（九百万户）仍然相差甚远。太宗的继承人唐高宗统治时期，永徽三年（公元652年）时，户口达到了三百八十万户。③

唐代查不清户籍和土地造成了两方面的结果。一个结果是，由于政府查不清，反而骚扰更少，征税机器的低效让民间经济受到了保护，促成了贞观之治。但坏处则是，由于政府找不到足够的土地和人口来缴税，唐代的税收一直不够用。

此外，唐代每户征税二石，而隋代每户三石④，也就是说，唐代的税率只有隋代的三分之二。加之在籍人口只有三分之一，导致唐代社会的整体税负只有隋代的20%左右。

由于税收不够，唐代玄宗之前的皇帝们都为土地问题头疼不已，屡屡下禁令不准买卖，试图回收土地，但总是没有效果。到了玄宗，他干脆默认了既成事实，彻底松弛了户籍和土地的管理。⑤

到这时，唐代的土地国有和分配制度已经名存实亡。不仅无法执行，还带来了许多问题，由于政府无法获得准确的土地和户籍数据，税收出现了混乱，造成了唐代的财政一直不健康。宋元之际的历史学家马端临就曾经感慨：唐玄宗开元天宝年间是唐代的盛世，可是根据统计数据，天宝十四载的人口不过只

---

① 参见《通典·食货七》。
② 参见《新唐书·食货志》。
③ 参见《旧唐书·高宗纪》。
④ 隋代征税数字见《隋书·食货志》。
⑤ 《新唐书·食货志》："租庸调之法，以人丁为本。自开元以后，天下户籍久不更造，丁口转死，田亩卖易，贫富升降不实。"

有八百九十一万户，与隋代相当；而其中不需要缴纳税收的就有三百五十六万户，占了总户数的三分之一还多。根据唐代规定，不需要缴税的只有鳏寡、残疾、疾病、奴婢、带有余荫权的品官后代，但这些人竟然能占总人口的三分之一，只能证明作假的人太多了。①

由于税制的不健康，唐朝皇帝为了解决财政问题，一直是费尽脑筋，由此产生了许多奇怪的现象。最奇怪的是唐太宗设立了一种叫作"捉钱令史"的官职。作为唐代最具雄才大略的皇帝，太宗见识了太多的人才，却在一种芝麻绿豆官身上不断地栽跟头，也表明钱这种东西给皇帝带来的困扰，就像对升斗小民一样复杂。

唐代皇帝解决政府财政的思路是这样的：既然政府的正规税收总是收不上来，或者收不够，那么，不如把每一个衙门都变成一个自我经营式的企业，皇帝拨给每个衙门一些土地，再给他们一些现钱，让这些官府依靠经营土地和发放贷款获得收入，再利用这些收入来养活官员和维持政府运转。这样，实际上唐代的每一个政府机构都是一个可以赚钱的企业。

那些由皇帝发放给各级衙门的土地和钱，就叫作公廨田和公廨钱。这种制度最早出现在北魏，隋代继续使用。但后来由于隋代的财政充足，废除了公廨钱制度，官员不再搞经营。唐高祖则让公廨钱和公廨田制度成为政府的主要收入，这样政府财政就可以不用负担那么多的行政支出。按照这个思路，中央政府给每一个部门配发一定的土地和一定的铜钱，安排专门的人手去放贷和收租子。②

除了政府的公廨钱和公廨田（也就是办公经费）之外，就连养官也带有经营的色彩：政府会根据官员地位的高低授予他们一部分永业田，再根据职位授予他们一部分职分田。当官员换工作时，需要把职分田交回去，到下一个岗位再重新分配，但是永业田则可以一直保留并传给子孙。

---

① 参见马端临《文献通考》卷三。
② 《新唐书·食货志》："京司及州县皆有公廨田，供公私之费。其后以用度不足，京官有俸赐而已。诸司置公廨本钱，以番官贸易取息，计员多少为月料。"

官员的职分田和永业田数量，都远远超过普通百姓的分田，通过这些土地，官员的收入就有了保障，不再需要朝廷发给俸禄，实现了官员的自我经营。

另外，中央政府最大的开支除了养官，就是养兵。在养兵上，唐高祖也采取了懒政的做法——府兵制。府兵制是一种亦兵亦农的制度①。由中央政府给每一支军队授予一定的土地，士兵们战时为兵，平常务农。务农时生产的粮食就可以充当军费，只有战争时期，士兵的生产跟不上军费所需，才会使用中央政府的财政税收来填补。

这种制度的目的，就是让军队和政府不依赖于财政收入，而是可以钱生钱、地生粮，政府既不用依赖复杂的财政安排，也不给民间增加压力。

这个制度设计得非常巧妙，但运转起来千疮百孔，主要漏洞在于：官府的经营永远产生不了足够的利润，反而总是把老本亏光。

最早爆发的问题出在官员的俸禄上。还在唐高祖时期，官员就发现，虽然有了职分田和永业田，但这种方式仍然不足以支撑他们的开支。因为经营土地并不简单，从出租到收租，再到粮食的运输、储藏和加工，其中一环出了毛病，就有可能接济不过来而饿肚子。

接着出问题的是官员的职分田。随着官员的职分田增多，侵占百姓土地的现象屡屡发生。

公廨钱也出了问题。在唐代初年，金融业并不发达，由于大部分人务农，借钱的只是少数的商人。由于市场小，借钱成本也很高，在唐初，借钱的年利率大约在百分之百。由于利率太高，人们借钱大都是短期使用②。

另外，放贷本是一个专业的工作，由非专业人士掌管时，不仅赚不到利息，就连本金都消失了。如果仅仅依靠公廨钱来积攒办公经费和补贴官员，各个衙门都会慢慢倒闭，官员也吃不上饭。

到了唐太宗时期，皇帝想了另一个办法：从全国找了七千户最有钱的上等户，逼这些富户每年从政府机构贷款，也必须交租金，这相当于变相逼迫他们

---

① 参见《新唐书·兵志》。
② 根据李剑农《中国古代经济史稿》整理，唐初武德元年（公元618年）的放贷年利率为100%，到唐武宗会昌元年（公元841年）降到40%。见该书第二十八章。

交钱供养官府和官员,"定向资助"政府的办公经费和官员的职田补贴[①]。

这种新的定向资助,并不像是一个明君所为,可以视为唐代中央政府在财政上的黔驴技穷。果然此办法运行了三年,由于过于扰民,不得不取消了。但由于财政不足,唐太宗还得继续想办法,这次他直接设置了一个新的岗位,就是历史上著名的"捉钱令史"。所谓"捉钱",就是公廨钱,"捉钱令史"即专门管理公廨钱的办事员。每个政府机关设置九人,每人掌管五万钱(五十贯),通过向市场放贷来获得利息。

为了防止再次出现资金流失,唐太宗下令捉钱令史必须盈利。他参考了市场利率,认为根据当时的经济和金融情况,每年获得百分之百的回报是可能的,因此规定每个令史每个月必须提供四千钱的利息(一年四万八千钱,折合年利率96%),完不成任务的就要受到惩罚,完成任务的给予奖励。如果一个捉钱令史一年都完成了任务,就可以得到升官。

此法一出,立即引起了一场轩然大波。在太宗一朝,整个三省六部的官员定额只有七百三十人[②],而捉钱令史就要六百多人,这显然是政府无法承受的。

在之后的岁月里,皇帝经过无数次折腾,公廨钱制度废除了四次又恢复了四次,仍然无法建立正规的财政系统,最后只好作罢。

由于官府无法产生足够的自我经营性利润,官员和军队依然不得不靠中央政府收税来养活,但税收又收不上来,唐代政府的税收问题就成了影响皇帝雄心的大事。

血腥的内斗、边疆强大的敌人、财政总是缺钱,这三大死穴就成了困扰唐代历任皇帝的心头病。

在唐太宗时代,由于整个官僚机构的规模不大,主要的花钱项在打仗上。但是,到了武后和高宗时代,随着养官成本的增加以及皇帝家族的浪费,唐朝就有了打不起仗的趋势。

恰好在唐高宗时期,唐代的宗室和官员由于武后的地位问题而争论不休。

[①] 《新唐书·食货志》:"(贞观)十二年,罢诸司公廨本钱,以天下上户七千人为胥士,视防阁制而收其课,计官多少而给之。"
[②] 《新唐书·百官志》:"初,太宗省内外官,定制为七百三十员,曰:'吾以此待天下贤材,足矣。'"

于是，在征服高句丽之后，唐代的对外政策就出现了一次收缩，进入了另一个内斗严重、对外软弱的时期。但军事财政不足这个巨大的问题却被掩盖，到玄宗时代再次显现出来。

女皇帝的功与过

永徽六年（公元655年）九月，唐高宗在内殿召开了一次内阁会议，参加的人有身为顾命大臣的宰相长孙无忌、褚遂良，以及另两位宰相于志宁和李勣。他召集这些人来，是为了商量废立皇后的。

几年前，高宗皇帝的皇后王氏为了对抗受宠的萧淑妃，决定引入一位战略伙伴，名武珝[①]。这位战略伙伴地位极低，曾经是前任皇帝太宗的才人，太宗死后被迫削发为尼。但她之前认识当太子时的高宗，当高宗发现她的踪迹，就决定把她领回来。王皇后觉得这位武才人可以让皇帝忘掉萧淑妃，于是同意了。不久，武才人晋封昭仪。

没过多久，武昭仪给皇帝生了儿子李弘，而皇后却没有生子，萧淑妃也已经失宠，于是这位战略伙伴反而成了皇后最大的敌人。

与此同时，武昭仪也展现出了作为女人的巨大野心。她善于区分谁是朋友，谁是敌人，构建了自己的关系网络。在这个网络中，有中书侍郎李义府、卫尉卿许敬宗、御史大夫崔义玄，以及中丞袁公瑜等人。这些人有一个特点，就是和武昭仪一样，地位都曾经较低。他们都处于寻找靠山的阶段，显然将武昭仪当作下一个靠山。

反对立武昭仪为后的大都是太宗留下来的老臣，其中又以长孙无忌和褚遂良最有名。老臣们之所以反对，是因为他们大都见证了高宗与王皇后的婚姻，并已经与王皇后家族形成了强烈的信任关系。在这种情况之下，老成持重的他们做了保守的选择，继续支持王皇后。

在这两派中，如果从道德标准来看，太宗的顾命大臣显然更占优势，而支

[①] 武则天之名，见《新唐书·则天后纪》。

持武昭仪的大都是道德感更随意的年轻人,他们并非因为道义而做出选择,只是为了自己的地位和利益。

这样的分野,就造成了人们对武后时代的批评。现代人往往将武后描写成雄才大略的政治家,但事实上,武后在做皇后和皇帝时的基本出发点,就是为了登上权力舞台和留在权力舞台上。作为女人,她对于道德并不看重,甚至有些鄙视。于是武后时代可以看成是一个混乱的充满了权斗精神且缺乏长远目标的时代。

为了巩固权力,武后需要一批可靠的官员来取代那些反对她的人。要想选拔这些人才,显然不能从原来的世族大家中选择,因为他们都较为保守,不支持女人执政,所以必须从那些出身更加寒微的人才中选择。于是,武后不断地尝试选择新人,从而将唐代的人才制度强行扭转到另一个方向,在后面我们还会讲到,这又是推动了历史发展的大事。

武昭仪的手段在和王皇后斗争时就显露无遗。她为了陷害皇后,甚至害死了自己刚出生的女儿,嫁祸于刚刚来看过新生儿的王皇后,从而导致了皇后失宠。接着,她又诬陷皇后的母亲玩弄巫术,使皇后的家人被驱逐。到这时,皇后距离被废只有一步之遥了。

但是,当我们看到武后的残酷时,也不应该离开时代背景。事实上,随着太宗皇帝的死亡,太宗在世时竭力压制的唐代内斗传统已经再次复活了。在高宗初期,大臣们就已经拉帮结伙,纠缠成一团。比如房玄龄的儿子、太宗的驸马房遗爱,就曾经卷入对高宗的宫廷阴谋,试图发动政变废黜皇帝。而审理这个案件的长孙无忌抓住机会,毫不手软,不仅杀掉了房遗爱,还牵连了一大群自己的政敌,其中既有大臣,也有不少宗室亲王。[1]高宗的哥哥吴王恪被杀时,对长孙无忌发出了诅咒,希望他在不久之后也尝尝灭族的滋味。由于唐代缺乏制度性约束和人身保护,只要一有机会,不管是名臣还是奸臣,都会不由自主地卷入对政敌的迫害甚至杀戮。

高宗皇帝召见长孙无忌、褚遂良、于志宁和李勣,希望与他们讨论换后的问

---

[1] 参见《旧唐书·长孙无忌传》。

题。褚遂良据理力争，甚至将头磕出了血，极力反对皇帝换后。与褚遂良持同样观点的还有长孙无忌，而于志宁则选择了一言不发。只有李勣私下里向皇帝表示，这是皇帝的家事，问外人干什么。一语点醒梦中人，换后也就成了定局。①

永徽六年（公元655年）十月，皇帝终于下诏书，废掉王皇后，改立武皇后。所谓换后，在中国古代也是经常发生的，但这一次的不同之处在于废后的命运。王皇后和萧淑妃两人被武后下令先各杖一百，再斩断手脚装入坛子，数日才死去，之后又被斩首。②这样的残酷行为也预示着武后在未来对唐王朝的制度性破坏。

从这一天到咸亨元年（公元670年），就成了武周代唐的第一阶段。在这一阶段，武后依靠李义府和许敬宗两人对前朝老臣进行了系统性清理，并挫败了数次针对自己的阴谋。首先被贬黜死去的是褚遂良。显庆四年（公元659年），许敬宗更是炮制了长孙无忌谋反案，以长孙无忌为中心，将他的故旧和家族连根拔起，完成了官僚系统的改朝换代。到了第二年，由于高宗皇帝的身体问题，武后得以全面掌权，成了唐帝国的实际控制者。麟德元年（公元664年），皇帝试图联合上官仪夺回控制权，不想武后提前获知了消息，将上官仪扳倒，更加稳固地掌控了局面。乾封元年（公元666年）初，武后和皇帝前往泰山封禅，这个仪式表明了武后对朝局的完全掌控。

在这个阶段，虽然文官系统被清理，但武官系统依然在有效运行。这个时间段也成就了高宗时期对外战争的顶峰，唐朝完成了对西突厥和高句丽的征服。唐代的吏治虽然经历了破坏，但依然在向前推进。

此外，武后虽然依靠李义府和许敬宗掌了权，但她也知道，可以依靠他们清理对手，却不能完全依靠这些名不正言不顺的佞臣来治理国家。因此，武后一方面限制佞臣的权力，另一方面也在设法将官僚系统的建设重新正规化起来。

首先被清理的是恣意妄为的李义府，龙朔三年（公元663年），就在武后获得了对老臣的胜利不久，就首先将他贬官，让他"靠边站"了。至于许敬宗，

---

① 参见《资治通鉴·唐纪·永徽六年》。
② 参见《旧唐书·后妃传》。

在与大臣的对抗中，武后更离不开他的支持，所以咸亨元年（公元670年），许敬宗申请致仕，才离开朝廷。

两位权臣离开后，武后开始对官僚队伍进行正规化建设，总章二年（公元669年），朝廷对官员的选任和提升制度进行了一系列的改革。在这之前，唐朝由于官吏数量不大，并且大都出自名家，提升是相对混乱的，以和皇帝的关系远近为主。随着官吏数量的增加，必须有更强的制度支持，于是形成了官员的铨叙方法。在一个人当官之前，必须参加吏部的考试，合格的人才能授予官职。官职的轮替也必须通过考试来完成。与此同时，武后还规定了两种特殊的考试。有的人的资历不够，但能力很强，就可以参加所谓"博学宏词科"（考三篇文章）或者"书判拔萃科"（考三条书判）考试，只要考试合格，就可以越级获得更高的任命。①

这种正规化的官僚体制改革，在每一个朝代从前期向中期转型的过程中，都是必须经历的。到了现代，公务员考试制度的实行也可以看作一次官员选聘制度的改革。

从咸亨元年（公元670年）到弘道元年（公元683年）高宗去世，可以作为武后执政的第二阶段。这一阶段的唐王朝是内敛和修复性的。随着权臣离开，帝国的官僚制度步入正轨，能够得以掌权的既有裴行俭这样的世家子弟，也有狄仁杰这样依靠科考晋升的新兴人才。

在对外关系上，唐王朝的征战也是有限的。此时的西突厥和朝鲜地区都已经变成了残余的敌对势力，唐朝的将领不时征伐，却并没有将战争扩大。与此同时，吐蕃和大食崛起的速度显然超过了唐王朝，但唐王朝与两者的矛盾还没有激化。

武后维持着正规吏治的同时，也试图建立自己的势力，这表现在她对家族势力的扶植，以及对自己的儿子（李氏太子）的压制上。她曾经试图提拔自己的外甥贺兰敏之，但由于贺兰敏之辜负了她的期望，最终她扶持侄子武承嗣出任。与此同时，她害死了长子——太子李弘，又废黜了继任太子李贤，表现出了

---

① 具体内容参见本书第二章的《读书人的科考往事》部分。

极强的权力欲。

弘道元年（公元683年），高宗去世，随后的权力调整又带来了一次王朝形势的失控。首先，高宗死后，武后并没有直接即位，而是采取了让儿子登基，自己垂帘的方式控制朝政。没想到的是，接替高宗的中宗立刻重用皇后韦氏的家族，武后大怒，废黜了他。由于担心自己的安危，武后加速了让她的家人和亲信上位的过程。而一批拥护李唐的人们，以李敬业[①]和骆宾王为首，发动了针对武后的叛乱，试图将她赶下台。

李敬业的叛乱规模并不大，但这次事件却让武后产生了一次错误的判断，认为人人都在反对她，特别是那些李唐宗室。宰相裴炎由于与叛军的亲戚关系，也受到了牵连，从而造成了另一次对唐朝高官阶层的清洗。为了防止人们对她不利，武后制定了告密制度，并提拔了一连串的酷吏，用来强行为那些受怀疑的人定罪。其中最著名的酷吏是索元礼、来俊臣和周兴。

也是在这样的背景下，她的侄子武承嗣和武三思，以及男宠薛怀义，开始作威作福，唐朝的吏治也到了最腐坏的阶段。

垂拱四年（公元688年），李唐诸王做了最后一次努力，联合发动了叛乱，但起兵的主力越王李贞在七天后即被镇压。这次起兵反而成了武后大肆杀戮李唐宗室的借口，也导致李唐宗室再也没有能力阻止武后登基。

载初元年（公元689年）十一月，武后终于改国号"唐"为"周"，开始了历史上的武周时代。武周时代又可以以圣历元年（公元698年）为界，分成两个阶段。在前一个阶段，武则天的首要任务依然是利用酷吏和佞幸巩固自己的政权，大肆杀戮李唐宗室和反对派。同时，由于酷吏在杀人的过程中积累了太多的民怨，到了神功元年（公元697年），武则天将最著名的酷吏来俊臣杀死，结束了历史上有名的酷吏时代。圣历元年武承嗣希望被封为太子未遂，武则天最终选择了自己的亲生儿子为继承人。

这次选择铺平了在武则天身后权力重归李唐的道路，同时也让武周的最后

[①] 李敬业，李勣之孙，袭爵英国公。李勣本姓徐，获赐姓李。李敬业叛乱后，武后夺其赐姓、爵位，故亦有称其徐敬业者。

几年陷入了一种心照不宣的宁静之中。武则天耽于享乐,崇信佛教,她的佞幸张宗昌和张易之兄弟为所欲为的同时,官员们却在积聚力量等待她的死亡。最终,官员们在她患病时,抓住机会逼迫她退位,让武周时期告终。

纵观武则天时代,正规的官僚系统受到了武后随意提拔的各类佞幸的冲击,这种冲击又由于唐朝固有的缺陷而被放大:由于缺乏对生命最起码的保护,官场上人人自危,不得不互相加害以求自保。

然而,武后时代又并非完全黑暗一片。事实上,由于她想要对抗太宗时代遗留的世族名臣,不得不使用科举制从寒门提拔新的官员,从而使得科举成了重要的入仕手段。这种制度的建设,为后来大量人才通过科举登上政治舞台创造了条件。

当武后死去,人们急需通过大规模的拨乱反正结束这次混乱,回归到正常的政治和社会秩序之中。所谓正常的秩序,指的是:第一,避免再次出现武后时代那样大规模的杀戮;第二,避免酷吏上台;第三,将内斗和谄媚的官僚风气扭转过来。

在短暂的中宗和睿宗时代,显然这几条都没有做到,反而更加严重了。那么,到了年轻的玄宗上台后,这位皇帝有可能完成拨乱反正的重任吗?

第二章
拨乱反正

寻找贤相

玄宗皇帝上台后，第一个任务就是寻找合适的宰相。在政变中，宰相集团一多半被杀，让人们又看到了一次政治混乱的序幕。而对于中央政府来说，宰相就是掌舵人，一个政府是否宽容，是否秉公执法，除了皇帝之外，就在于宰相了。宰相的任命，往往是未来政治走向的风向标。

唐代的宰相称号非常复杂，在唐初是三省长官担任宰相。唐代的中央官僚系统主要是三省六部制，所谓三省，也就是尚书、中书、门下三省，其中中书省负责起草诏书，门下省负责审核诏书，而尚书省负责执行。在尚书省下又分为吏、户、礼、兵、刑、工六部，这六部就是中央政府的触手，负责具体的业务。最初三省的长官都是宰相，也就是说，从唐朝一开局，宰相就不是一个人，而是一个群体，这个群体可以参加政务会议，负责政事的决策。

还有一些官员虽然不是三省长官，但皇帝也希望他们参与政事，于是皇帝就会授给他们一些临时的官衔，比如"知政事""参预政事""参知政事"等。这些临时的官衔可以理解为一种使职（特使），即皇帝派他作为特使出席政务会议，这些人也因为这种头衔而被称为宰相。[①]

到了高宗、玄宗时期，以三省长官出任宰相的已经不多了，反而是通过各种加衔出任宰相的越来越多。此时的加衔也不再是"知政事"，而是更多采用"同

[①] 关于唐代宰相的使职问题，参考赖瑞和《唐代高层文官》。

中书门下三品"和"同中书门下平章事"这两种加衔①。

除了加衔制,唐代的宰相群体人数也是不固定的,少时可以两人,多的时候有七八人。在早期,不管是什么头衔,在大部分时候,某位大臣要出任宰相,都必然是功勋卓著的。但是这种规矩在武后时期被破坏了,随着政治的混乱,"宰相"这个职位也受到了玷污,许多佞臣挤入了这个集团。再到中宗和睿宗时期,随着内斗的激烈,宰相又成了一种政治平衡的工具,关键看属于谁的派系,所谓的功勋反而成了次要的。

先天二年(公元713年)七月,唐玄宗消灭太平公主一派时,他的七个宰相中有四个死于非命,皇帝开始考虑新的宰相人选等相关问题。

由于刚刚经过混乱的几十年,皇帝最需要的官员是那些宽宏大量、懂得照顾民间、采取宽松的政策让社会和经济恢复发展的人。幸运的是,不管是武后还是她的两个儿子,虽然任命了许多佞幸,但也任命了一批有操守的人。执政初期的唐玄宗也起到了表率作用,他率先自我约束,使得人们看到了恢复秩序的希望。

首先是官员的赦免问题。在玄宗刚执政时,许多官员都归属不同的派别。就像当初李世民在玄武门之变后要整合哥哥、弟弟的势力一样,唐玄宗也不能再追究这些人的责任,甚至还需要根据个人的才能给予重用,才有可能让人们安心。事后来看,玄宗并不是一个善于宽恕的人,但他在最初执政时还懂得放权的道理,而担任宰相的陆象先也帮助他完成了这一步。

陆象先原本是太平公主提拔的宰相,但并没有依附于公主。皇帝送给陆象先一句话"岁寒知松柏",表达了对他的信任。

铲锄太平公主之后,大臣们一直在要求对公主的党羽进行穷追猛打,如果按照这个标准,一大批官员都要被追究责任,但最后的审理权落在了陆象先手中。他在审理案件时,将许多人暗地里保护了下来,使得针对太平公主集团的清理没有扩大化,为接下来的治理开了一个好头。②

---

① 参见《新唐书·宰相世系表》。
② 《资治通鉴·唐纪·开元元年》:"时穷治公主枝党,当坐者众,象先密为审理,所全者甚多,然未尝自言,当时无知者。"

但仅仅靠陆象先并不足以支撑起执政群体。既然宰相群体已经支离破碎，那么朝廷接下来的任务就是寻找新的合格宰相。但是，到底任命几个宰相，又要用谁呢？皇帝也并不清楚，只能不断地试验。于是，接下来的一年就成了唐代宰相变动最剧烈的时期之一。

首先，原有的三位宰相相继去职。陆象先虽然受到了皇帝表彰，但他没有得到玄宗的欢心，处理完太平公主的党羽问题，他当月就不再担任宰相，而是被皇帝派往四川地区担任益州长史、剑南按察使。① 这个官职并不低，在唐代属于平级调动，表明皇帝并没有惩罚他。但由于身处地方，陆象先显然失去了左右政局的能力。

下一个被清理的，是利用军权帮助皇帝获得了胜利的郭元振。他虽然是皇帝的亲信，却是武将出身，一旦恢复了和平，他担任宰相也是不合适的。三个月后，皇帝将其贬黜。皇帝的借口并不高明，只是因为在军事训练中士兵的军容不整，就将这位宰相罢免了。郭元振被流放到了偏远的新州，无法再参与朝政。

剩下的一位宰相魏知古，他虽然一直是睿宗、玄宗的嫡系，却由于缺乏才干而在一年后也被罢相。②

为了任命适合担任这个帝国最高级职位的官员，唐玄宗进行了一番考察。

首先入相的是张说和刘幽求。

武则天时代对唐朝最大的贡献，在于她将科举作为一种入仕手段的作用大大加强了，由此让众多文人获得了当官和晋升的途径，这些人中就有张说。张说在武则天时期策试中举，最初被授予太子校书，后来转为右补阙，而他的主要任务则是修撰《三教珠英》。张说不以行政能力著称，而是一个典型的才子。在武则天时期，他不肯依附于宠臣张易之构陷他人。③ 中宗即位后，张说先后拜兵部员外郎、工部侍郎，进入高官之列。睿宗即位后，张说由于担任了太子（后

---

① 参见《资治通鉴·唐纪·开元九年》。陆象先即便到了地方，依然以宽宏大量闻名。开元九年在担任蒲州刺史时，他审案不用肉刑。当他的录事质疑他的宽容时，陆象先表示如果非要用肉刑，不如先从这位录事开始。
② 魏知古罢相还与和姚崇的冲突有关，见后文。
③ 关于张说不肯构陷魏元忠一事，见《旧唐书》与《资治通鉴》，但说法所有不同。《旧唐书》称是张说自己的选择，而《资治通鉴》则称张说是受了宋璟的警告，才决定不说谎的。

来的玄宗）的侍读，受到了重用，于景云二年（公元711年）第一次担任宰相。

在睿宗时代，张说是太子的坚定支持者，曾经劝说睿宗避免宫廷斗争，尽快让太子监国。后来睿宗将皇位让给儿子，张说也是主要支持者。正因为这样，他得罪了太平公主，丢掉了相位，转为尚书左丞，被派往东都。但张说依然在为玄宗出谋划策，甚至给新皇帝献去佩刀，告诉他当断则断。玄宗根除太平公主势力后，也投桃报李，重用了张说，于先天二年（公元713年）七月十四日拜张说为中书令（即宰相），封燕国公。①

刘幽求，也是科举出身。在中宗末期，他参与了年轻的李隆基对韦后的政变，是政变的主要策划者之一，由此在睿宗时代拜为宰相。但由于其后策划的针对太平公主的政变失败，他差点死于太平公主之手。玄宗除掉太平公主之后，想到了这位功勋卓著的手下，于是再次请他出山，拜为宰相（尚书右仆射同中书门下三品）。②

但是，这两人担任宰相后，很快就让皇帝感到不满意了。他们都是典型的文人，受到重用更多是因为和新皇帝的关系。从本性上来说，他们都具有武后时期官僚们的普遍特点，那就是善于斗争、精于算计。现在皇帝希望找到能够治理国家的人——不管他们是否才华出众，只要能够治国——可两人缺乏的偏偏就是决断力，从这个方面来看，他们的能力都是不足的。

到底谁有能力帮助皇帝治理这个经历了多年动荡的国家呢？皇帝看中的下一个人选，是一位经历了数朝的老官僚——姚元之。

姚元之原名姚元崇，字元之。长安四年（公元704年），突厥人叱利元崇造反，武后对人的名字特别敏感，不愿意让大臣和叛臣同名，于是不准他再用"元崇"作为名字，以后把"字"当"名"，人们从此称他为姚元之。不想这个名字依然不顺，当玄宗确定了开元年号，姚元之又发现自己的名字和年号冲突了，为了避讳，只好把"元"字去掉，但如果一个人叫"姚之"，听起来也很奇怪，于是他又用回了本名，但是把"元"字省略了，改名为姚崇。③于是，姚元之（姚

---

① 参见《旧唐书·张说传》。
② 参见《旧唐书·刘幽求传》。
③ 参见《资治通鉴·唐纪》长安四年与开元元年的记载。

元崇）就以"姚崇"这个名字成了玄宗时期第一大名相。

姚崇比张说大十六岁，也是科举出身。由于年龄更大，成名更早，他在武后时代就担任过宰相。他之所以知名，在于敢承担责任。武后执政时，曾经重用周兴、来俊臣等酷吏，授予他们生杀予夺的大权，可以随时施用酷刑。通过这种非常规手段，几乎让所有被陷害的人都屈打成招。而宰相们由于怕牵连到自己，往往闭眼不看这些酷吏的作为。当周兴、来俊臣都死后，武后反思这一段历史时，恰好是姚崇当宰相。他告诉武后，所谓谋逆大罪，都只是屈打成招，酷吏没有了，也没有人起来造反，这说明前面的谋逆之罪都是假的，所有的人都是被冤枉的。姚崇押上了身家性命向武后保证，宽容地对待大臣，不会导致大臣的反叛。武后被张柬之等人逼迫还政中宗时，所有的人都欢欣鼓舞，只有姚崇为武后流泪，他也因此遭到了贬黜。

到了睿宗时代，姚崇再次拜相，但由于他得罪了太平公主，又被贬到了地方任职，先后担任申州刺史、扬州刺史、淮南按察使、同州刺史。

他没有参与玄宗对太平公主的政变，但在武后和睿宗时期，姚崇都有着能吏的名声，他担任过兵部尚书，同时还兼任宰相，这使得皇帝认为他才是更加合适的宰相人选[①]。

但皇帝起用姚崇，却充满了困难。人们常常想当然地认为，所有的开元名相都属于一个集团，他们团结起来与所谓的"聚敛集团"做斗争。但事实上，经过了武后时代，官场已经变成了一个人人相害、没有永久朋友的场所。官员之间戒备重重，后来人们认为的名相们，在当时都是斗争高手。他们你推我踩，掌握着斗争的精髓，甚至不惜置对方于死地。在玄宗初期，由于四个宰相刚刚死于非命，官员们更是缺乏安全感，拼命地阻止自己的敌人上台。

在开元名相群体中，最著名的冤家对头就是姚崇和张说。他们两人的斗争一直持续到姚崇死亡，唐代的笔记中总是兴致勃勃地记载两人相争的故事。此外，姚崇和当时还在担任宰相的魏知古也算不上朋友。在当时的三个宰相中，两人都反对起用姚崇。

---

① 参见《旧唐书·姚崇传》。

皇帝属意姚崇，首先让张说感到紧张。他连忙找人推荐姚崇担任河东总管，因为河东总管也是要职，对姚崇来说也属于重用，但姚崇一旦赴任河东总管，就无法担任宰相了。皇帝识破了张说的阴谋，同一年（公元713年）十月十四日，乘自己出门田猎时召见了姚崇，任命他为兵部尚书同中书门下三品，位列宰相。

姚崇担任宰相后，立刻展开了对张说的阴谋设计。十二月时，姚崇在皇帝面前告了张说一状。原来张说听到姚崇拜相，立刻去见岐王抱怨，试图将皇帝宠信的岐王拉入自己的阵营。不想这件事被姚崇知道了，于是他故意在皇帝面前瘸着腿走路，皇帝问他是不是脚有问题，他连忙接道：我不是脚有问题，而是有心病。他随即告诉皇帝，作为宰相的张说不应该去见亲王，这可能会把皇帝信任的亲王带偏了。

皇帝听后，在当月二十四日宣布罢免张说的宰相之职，让他去担任相州刺史，此时距离姚崇上台只有两个多月时间。与张说一同被罢免的还有另一位宰相刘幽求，而和姚崇关系不错的黄门侍郎卢怀慎则在第二天被任命为宰相。

这件事反映出姚崇是经过武后时代历练的人，他的斗争技术充满了技巧，只需要轻轻一拨，就让皇帝罢免了两位同僚。

剩下的宰相魏知古也不是姚崇的对手。魏知古原本只是一个小吏，是姚崇将他推荐出来，才一路飞黄腾达的。姚崇担任宰相后看不起魏知古，把他排挤到东都洛阳，远离了皇帝。魏知古为了自保，只好寻找姚崇把柄。第二年五月间，魏知古终于找到了姚崇的短处。原来，姚崇的两个儿子都在东都，他虽为名相，两个儿子却有着纨绔子弟的一切特征。他们听说魏知古到了东都，因为这人是父亲举荐过的，便立刻派人托魏知古办事，不想魏知古把姚崇教子无方的事情都上报了皇帝。

皇帝对姚崇儿子的作为很生气，但他没有明说，而是在一次谈话时问他有几个儿子，都在干什么。姚崇回答有三个儿子，但有两个是在东都，并说自己担心魏知古去了东都，这两个儿子会托魏知古办事，因为他们知道自己的父亲曾经有德于魏知古。

皇帝听了姚崇的回答，反而认为是魏知古以怨报德。第二年（公元714年）五月二十五日，魏知古也被罢相了。

斗争高手姚崇不动声色地将三位宰相罢免，换上了自己人卢怀慎。他作为开元名相，也不得不依靠斗争经验才能保持在任上，恰好反映出唐朝官场一个根本缺陷，那就是：不管是亲王、皇子还是宰相，都是没有安全感的。由于唐代没有保护官员的法律，再大的官在下一刻也可能遭受灭顶之灾，因此他们必须成为斗争高手才能保护自己。这个缺陷在盛世时期还显不出危害，但随着时间的推移，人们的斗争意识越来越强，为了自保，就不得不做出越来越激烈的反抗行为了。

姚崇的搭档卢怀慎主要担任的是监察官和吏部职务，之前和魏知古在东都有过搭档的经历。① 他为人廉洁，不置家产，但由于资历较轻，在成为宰相之后，将政事大权放给了姚崇，自己只是一个"伴食宰相"。②

唐代的群体宰相制度虽然看似稳定，却有一个很大的问题，即在政治变幻莫测的时期，就会同时有多个宰相，比如玄宗初期就有七个宰相；一旦政治稳定了，宰相的数目就会下降。如果一个时期有一个宰相负责主要事务，其余宰相处于附属地位，那么这个时期的政治就更加稳定（也有可能是僵化，这主要是看这位主要负责宰相是否明智）。

皇帝在任命了姚崇和卢怀慎之后，似乎也确信宰相的数量不是越多越好，他只需要两个就够了。姚崇和卢怀慎的搭档之所以效率高，其主要原因就在于姚崇是负责人，而拥有自知之明的卢怀慎并不去争抢功劳。姚崇本来是一个强势的人，又有着丰富的斗争经验，如果是另一位强势宰相和他搭档，必然产生严重的冲突，但面对弱势的卢怀慎，姚崇反而发挥出了最大的能力。

此外，姚崇用理政成绩证明自己是个合格的宰相。那么，姚崇的政策措施又有哪些呢？在一部传说是唐朝史官吴兢所做的文言传奇《开元升平源》中，有一个流传颇为广泛的故事，记载了姚崇被皇帝接见时，曾经提出十条著名的建议，只有皇帝答应这十条建议，他才愿意做宰相。③ 这十条建议大致如下：

---

① 参见《旧唐书·卢怀慎传》。
② 开元二年还有一位将军，即和戎、大武节度使薛讷被授予宰相职务，但这是玄宗为了进攻契丹临时设置的，半年后，由于薛讷在军事上失败，就被除名了。真正负责事务的宰相就是姚崇与卢怀慎。
③ 引自《资治通鉴考异》，司马光认为这个故事是假的，是假托吴兢的名义而作的。吴兢最著名的作品是《贞观政要》。

一、改变之前的严刑峻法，以仁义为先。

二、休养生息，在三十年内不要进行对外战争。

三、宦官不准干预政事。

四、国亲不准干预政事，将名不正言不顺私自提拔的官员废黜。

五、远佞幸。

六、除了租庸调代表的正税之外，不准接受地方官员的进贡，不给他们横征暴敛的借口。

七、反对佛教和道教的奢侈浪费，不准造佛寺、道观、宫殿之属。

八、尊重大臣，待之以礼，不随便用刑和杀戮。

九、允许大臣特别是谏臣直犯龙颜。

十、外戚不准干预朝政。

这十条整体上包含了四方面的内容：一是去除不合格的官员，包括宦官（第三条）、国亲（第四条）、佞幸（第五条）和外戚（第十条）；二是行仁政，这包括弃酷法、行仁义（第一条），待大臣以礼（第八条），允许大臣直谏（第九条）；三是避免战争（第二条）；四是不要干扰民间经济，少花钱，这包括不要滥税（第六条）和不要建设形象工程（第七条）。

按照故事的说法，皇帝答应了姚崇的提议，所以他才担任了宰相。

但这个故事被司马光否定了，认为是后人编造的，并不存在姚崇和皇帝的这次对话。不过这个传说至少反映出唐玄宗初年所面临的问题。

玄宗所面临的问题表现在三方面：一是太宗以来的对外战争对财政的损耗太大，需要停止；二是对大臣过于苛刻，需要改变酷吏治国的现象，任用合格的官员，减少那些不合格的官员和各种私下里的权力；三是减少对民间经济的干预和抽税，让社会自然修复。

如果再加上一条，就是保持社会和政治的稳定，给整个社会以信心，让人们对未来可以预期，从而努力创造好的生活。

姚崇和卢怀慎的治理，从表面上看，并没有过多的内容。但姚崇在武后和睿宗时代已经担任过宰相，他的出山让人们意识到政治的混乱已经过去了。姚崇是一个诸葛亮式的官员，善于了解情况，将原本混乱的局面理顺。他还兼任兵部尚书，对边疆的人事、马匹、储备等事都了如指掌。作为宰相，他对帝国的大小事务也都了然于胸，随时可以帮助皇帝处理各种事务。

在玄宗初年，需要的恰好是这样的一个官员，能够将瘫痪的吏治重新带上轨道，给人以信心。姚崇的功劳主要是将帝国带入稳定的态势，这是玄宗初年政治得以恢复的关键因素。

但姚崇的性格过于精细，皇帝有时还得纠正他的做法。比如，一次姚崇向皇帝上报了一群小官的职务，皇帝不断地抬头望着屋顶，不想理他。姚崇非常担心地离开了，皇帝这才让高力士传话，宰相应该是负责大事的，向皇帝汇报重要的事情即可，这种小官的屁事，哪里用宰相向皇帝汇报？①

另外，必须看到的是，虽然姚崇非常能干，唐代一直以来存在的问题却并没有真正解决。比如，由于缺乏对官员的人身保护，唐代官员随时面临着死亡的威胁，这造成官场上的互相倾轧。就在姚崇为相的这几年，原宰相刘幽求只是因为被贬官而发牢骚，就差一点被皇帝下狱，多亏了姚崇、卢怀慎等人搭救，才得以幸免。而御史大夫宋璟只是因为监刑时让人打板子打轻一点，就被人告状，贬为睦州刺史。这还只是皇帝执政前期不杀人的情况下。唐朝的官场争斗始终没有变，且时常发展得更加血腥。玄宗初年的争斗只是因为局势的稳定而弱化了，但是制约官场争斗的机制却并没有建立起来。

再比如，唐代的财政一直不健康，缺乏财政收入，如果不开辟新的税源，如何解决未来的花费问题？边疆战事费用也始终是巨大的开支，玄宗并没有去抑制边疆问题，因此战争一直没有完全停止。② 这些问题只是暂时被掩盖了，并没有消除。

特别是姚崇本人也有着无数的问题。除了用智慧将原宰相张说和魏知古拿下之外，他的儿子也在不时惹祸。正因为这样，作为名相，姚崇在任的时间却并不长。到了开元四年（公元716年）十一月初七，姚崇的副手卢怀慎因病离职，随即去世。卢怀慎死时，家里没有一点积蓄，只有一个老仆，他只好把自己卖

---

① 这个说法见唐李德裕笔记《次柳氏旧闻》。
② 后两个问题在本书的其他篇章中还会详细展开论述。

掉来埋葬主人。

卢怀慎离职后,皇帝任命尚书左丞源乾曜替代他担任宰相。在源乾曜担任宰相时,姚崇也生了病。姚崇本人在长安并没有购买宅第,而是居住在罔极寺里,皇帝不断地派人去寺庙中看他,到最后又把他迁往住宿条件更好的国宾馆——四方馆里。

到这时,还看不出姚崇会失宠。但姚崇对于儿子和手下都没有看住,他的儿子不断地收取各种礼金馈赠,一位手下也接受了胡人的贿赂。姚崇担心这样下去,自己性命不保,只好提出辞呈。

卢怀慎死后不久,皇帝就批准了姚崇的辞呈(闰十二月二十七日)。他在玄宗朝担任宰相的时间只有三年零两个月,这么短的时间内,要求他做出太多的成就也是不现实的,因此,他的作用远小于他的名声,他的功绩在于帮助玄宗稳定了局面,使得政治和社会恢复了秩序。

姚崇作为唐代排名第三的贤相[①],只做了三年的宰相,后世的人都在为他打抱不平。其中最激烈的说法认为,玄宗时期政治环境比起太宗时期已经有了明显的恶化,太宗时期的贤相可以长期任职干到死,但玄宗时期,即便是贤相,地位也是不稳固的,皇帝在前一个月还难分难舍,下一个月就会让他走人。之所以造成这种局面,是因为随着政治环境的恶化,官员们的日子已经越来越难过了。如果坚持自我,不肯屈服于皇帝的私欲,就很难长期被皇帝信任。只有后来的聚敛集团发现投皇帝所好,帮助他解决财政和欲望问题,才能够长期留在台上。因此,贤相集团在玄宗初年的地位就是不稳固的。

休养出的盛世

对于开元初期的社会来说,幸运的是,接替姚崇的两位宰相是宋璟和苏颋,两人恰好又组成了类似姚崇和卢怀慎的搭档。

宋璟也是武后时期科举的获益者,武后对他颇为看重。这是因为武后为了

---

① 前两位是太宗朝的房玄龄和杜如晦。

与李氏对抗，不得不任用了一批酷吏，而为了对冲酷吏，还必须有一批正直清廉的官员。这些官员由于自身的廉洁，让酷吏抓不住太多的把柄，同时他们又养成了对事不对人的行事风格，给了酷吏一定的行动空间，却又可以形成一定的制衡。到了武后后期，廉吏与酷吏之间甚至形成了一种动态平衡，而宋璟就是武后培养的清廉官员的代表。

在张易之兄弟得势的时期，宋璟是极少数不肯讨好他们的人，他甚至向武后上书，要求惩罚他们。对于那些阿谀奉承张氏兄弟的人，他更是嗤之以鼻。

到了中宗时期，宋璟又和权臣武三思不和，导致他被外放任职。他先后担任过并州长史、贝州刺史、杭州刺史和相州刺史。睿宗即位后，他升任吏部尚书，同中书门下三品。从这时开始，宋璟大力整治吏治，将各路权臣硬塞给中央政府的不合格官员清退。之后由于得罪了太平公主，被贬为楚州刺史，之后担任了魏州刺史、兖州刺史、冀州刺史、河北按察使，又迁任幽州都督兼御史大夫。这些地方官职同样属于高级官员，可见即使宋璟被贬斥，皇帝也给了他足够的尊重。

玄宗即位后，宋璟回到国都，但好景不长，由于他心慈手软，命令打人板子时不要太用力，皇帝又将他贬为睦州刺史，后来又改任广州都督。

好在前宰相卢怀慎辞职时推荐了几位称职的官员，其中就包括宋璟[①]，于是皇帝决定重用他。开元四年（公元716年）十二月，皇帝要从西京去往东都，任命宋璟为吏部尚书、西京留守。宋璟当时还在外地，皇帝让自己的宠臣、内侍将军杨思勖专程去迎接他。如果换成其他人，一路上一定会想方设法讨好这位贵人将军，可是宋璟在路上却一言不发，没有任何讨好或者好奇的举动。杨思勖回来告诉皇帝，让皇帝也对宋璟的沉稳惊叹不已。

到了姚崇罢相那一天，皇帝也免去了源乾曜的宰相职务，同时授予宋璟和另一位叫作苏颋的官员为宰相。

姚崇是一个善于做事的官员，而宋璟却是另一种风格，他知人善任，刑罚无私，敢于直谏。与此同时，和他一同担任宰相的苏颋又和宋璟是互补的。姚、

---

① 参见《资治通鉴》。其余几位是李杰、李朝隐、卢从愿等。

宋都是武则天科举制度的受益者，苏颋却是世家出身，他的父亲苏瑰也在中宗朝担任过宰相，为一代名臣。作为世家子弟的苏颋虽然也经历过科考，但他在担任宰相之前，更多是生活在父亲的影子之下。①

苏颋的角色有些类似于姚崇时期的卢怀慎，宋、苏二人形成了以宋璟为主、苏颋配合的模式。这种配合模式在姚崇时代已经被证明非常有用，到了宋璟时代依然奏效。宋璟刚正不阿，他的决断大都得到了苏颋的认同，而在和皇帝奏对时，苏颋又往往配合着宋璟的说法。两位宰相的一致性，让整个政治格局变得融洽。

宋璟任宰相的时代，是玄宗时期整个官场最为舒适的时代，甚至可以记下来的事情都很少。就算是流传下来的少量事件，因为都是"小事"，不涉政局，都显得并不重要。

比如，宋璟曾经跟随皇帝去往东都，在经过崤谷时，发现这里的道路狭窄失修，难以通过。皇帝想免掉河南尹和负责官员。宋璟担心如果免掉他们，以后皇帝出行，地方官员都会兴师动众，造成扰民，因此认为不应该免掉他们。

再比如，他曾经劝说皇帝疏远宠臣姜皎兄弟。他还废除了武后以来的密奏制度，要求大臣们上奏时，必须有言官在场，好纠正大臣们的说法。他还曾经建议皇帝禁止大臣随意增高坟头，因为坟头是和礼制相关的，而礼制必须是公平和统一的。

宋璟对家人的要求很高，他曾经专门写信，告诫其他官员们不要为他的亲人开后门，如果发现，就当严办。

但这些小事与开元名相的身份比起来，总是欠缺了什么，人们期望看到一个有着丰功伟绩的大人物，而史书上给出的只是一个斤斤计较于小事，甚至"无事"的人。

然而，透过这段"无事"的时光，我们能够看到的是一个休养生息的时代。可以说，姚崇理顺了整个官僚制度，将唐朝从武后以来的乱局中拉了出来，而宋璟所做的则是尽量让人们各行其是：一方面政府尽量少干预民间；另一方面皇

---

① 参见《旧唐书·苏颋传》。

帝也少惩罚官员。这让民间有了余粮，官员也感到自己脖子上的脑袋是稳当的，不会因为各种小事被追究责任。唐代官员在大部分时间里是没有安全感的，即便在太宗时期依然要担心被别人陷害。而宋璟在执政期内，由于他正直和善于断案，让人们无法随意陷害别人，也让他们免于受到别人的陷害，使得玄宗朝早期不仅对民间有利，也成了唐代官僚阶层的黄金时代。

所谓的宋璟"无事"，恰好就意味着不给民间添麻烦，也不随便揪官员的辫子。这种思路在之后的十几年间得以延续。虽然皇帝的欲望越来越多，四处插手的事情也愈加繁复，但正是姚崇和宋璟打下了底子，形成了一定的规则，使得皇帝即便想破坏也没有这么容易，这就是开元盛世的基础。

然而宋璟担任宰相的时间也不长，只有三年零一个月。在任期间，他遭遇了一件贯穿唐代始终都没有办法处理好的事情，并由于这件事在开元八年（公元720年）正月下台。这就是货币问题。

唐代开国时期缺乏透明和统一的财政金融制度，他们继承的前朝税收制度也非常低效，导致商品经济并不发达。在这种情况下，政府的货币发行机构并不算强大。开元通宝发行数量不足，使得民间对开元通宝的需求总是处于饥渴状态，这种现象叫作钱荒。[①]

与后来的宋代和之前的汉代相比，唐代的官方铜钱一直跟不上市场的需求，铸造数量不足，而唐代到了玄宗时期已经变成了一个商品经济发达的时代，这种矛盾就变得越来越尖锐。在中国古代，钱荒一旦发生，就会造成民间偷偷铸造铜钱，这不仅仅是因为铸钱可以牟利，更多的情况下，是因为政府没有能力满足市场对铜钱的需求。

最初，唐代采取了禁止民间铸造的政策[②]，于是民间只能偷偷地铸钱。但这又产生了另外一个问题——货币质量。

唐高祖发行的"开元通宝"，每一千枚钱币重六斤四两，民间铸币质量则要

[①] 关于唐代钱荒的问题，参考彭信威《中国货币史》，以及本书作者的《中央帝国的财政密码》。
[②] 参见《新唐书·食货志》。

差得多。由于政府的禁止，人们只能偷偷地跑到山里，用小炉子熔化铜块，钱模的质量也比不过官钱。但由于整个社会缺乏铜钱，民间社会就连这样的钱币也一样接受。

唐高宗时期，民间的私铸行为就已经非常严重。高宗下令不准恶钱流通，但屡次禁止都没有效果，只能听之任之，这件事就成了一种默认的潜规则。之后的唐王朝一直摇摆在禁止私铸和允许私铸之间。如果禁止，那么铜钱数量不足，就会出现钱荒；如果不禁止，那么这些劣币的出现就会驱逐良币，人们会把好钱都熔化掉改铸成劣币。

到了开元早期，随着社会经济的活跃，人们对钱币的需求越来越大，民间私铸行为愈发泛滥，这件事已经成了宰相必须应对的大事。

事实上，在皇帝的朝堂上，也分成了不同的派别，有人认为，既然民间缺钱而官方又无法铸造足够的钱币，就干脆放开让民间铸造，官方只规定铸造标准，所有符合标准的钱币都可以进入流通，这样就减少了劣币，同时满足了市场。①

而宰相宋璟和苏颋却代表了另一派——禁绝派。宋璟的做法是这样的：他要求市面上流通的钱都必须满足开元通宝的标准，如果不满足，哪怕是官铸钱磨损之后的，也都由官方收缴上来销毁掉。为了收缴这些劣质钱币，宋璟专门拿出来十万斛稻米，用它们来兑换民间的劣币，再交给少府监②毁掉。如果坚持这样的赎买政策，民间是不受伤害的，但官方却并没有长期这样做的资本，一是官方储存的粮食不够兑换钱币，二是民间会制造更多的劣币来兑换粮食。

宋璟的另一个把柄出现在都城以外。当时江淮地区劣质钱币名目繁多，除了官炉钱，还有民间的偏炉钱、棱钱、时钱等。宋璟派出监察御史萧隐之前往江淮地区，挨家挨户查抄劣质钱币，如果不配合就要惩罚。除了严查之外，由于官方的税收都必须使用合格的钱币上缴，这就导致那些劣质钱币都沉在民间使用，当萧隐之再把这些劣质钱币收缴后，民间就没有钱可用了。这造成的局

---

① 持这种观点的人中，有后来的宰相张九龄，见《新唐书·食货志》。
② 少府官制自秦汉始，各代所司内容不尽相同。隋时设少府监，唐延其架构，掌宫廷手工业产品制作。

面就是人们无法做买卖了，物价也更加昂贵。随着民间积怨的增加，萧隐之被贬了官。

这些事情叠加起来，导致两位宰相受到了群臣的质疑，于是皇帝罢免了他们的宰相职务。

姚崇和宋璟一直被中国历史记载为少有的贤相，但他们实际上担任玄宗朝宰相的年份都只有三年多。这说明在玄宗朝，官员任职的问题并没有真正解决，即便是良相，只要有一点失误，也会立刻被要求承担责任。

更有甚者，即便是前任宰相，也依然缺乏安全感。当宋璟之后，张说再次成为宰相时，姚崇不仅要担心张说对他不利，更担心他死后张说会对他的家族动手。

君臣之间、皇帝和宗室之间、大臣之间的争斗问题并没有解决。只是在开元早期，斗争还没有那么血腥，加上社会经济的发展掩盖了朝廷上的斗争，让人们暂时忘记了它的存在。但是，当经济发展到一定程度，官场的不稳定状态还会再次激化。

虽然姚崇、宋璟都离任了，但经过六年的制度清理和休养生息，人们已经可以看到社会发生的变化。这与之前内斗不断、社会深受影响的局面形成了鲜明的对比。更重要的是，在这之后的十几年内，皇帝任命的宰相虽然性格不同，也带着或多或少的缺点，有着不同的派系和政策方向，但他们大都符合士大夫的标准，尽量让帝国顺畅地运行着，并努力让民间休养生息。这样的政策让皇帝、官员和百姓都享受到了帝国繁荣的福祉。

从鸵鸟政策到怀柔远人

唐朝开元盛世的到来，还和对外关系的转变有关。

在经过了太宗和高宗时期的南征北战之后，唐朝击溃了突厥势力，影响力直达中亚地区，同时在朝鲜半岛也灭亡了高句丽。但是，游牧民族并不会因为一两次战争的失败就整体消失。突厥系的东西突厥虽然灭亡，但到了调露元年（公元679年），东突厥的残余爆发了一次叛乱，这次叛乱持续了两年多，导致唐朝丧失了十八万四千九百匹马、一万一千六百头牛，八百余平民被杀害。[①] 叛乱最终被大将裴行俭镇压，但是，残余势力却在一位叫作骨笃禄的人率领下，前往现在的蒙古国，建立了一个国家，史称第二突厥汗国（也称后突厥汗国）。[②]

这个新的突厥汗国时而与唐朝对抗，时而又选择和平，直到玄宗时期依然强盛，加上它的旁支突骑施和附庸奚、契丹，对唐朝构成了极大的威胁。

除了这个敌人之外，吐蕃也给中原王朝造成了极大的麻烦。吐蕃不仅灭亡了吐谷浑，武后时期，由于唐朝专注于对内斗争，放弃了扩张，甚至两度放弃了安西四镇，吐蕃又得以占领四镇。之后，由于西北的丧失对唐朝影响太大，武后不得不出兵再次驱逐了吐蕃人，重新占领了四镇。在更加靠西的位置，吐蕃则占据了位于现在巴控克什米尔的吉尔吉特和斯卡都地区的大小勃律，将这里打造成进攻新疆西部的基地。

在云南地区，兴起了另一个势力：南诏。南诏时而依附唐朝，时而联合吐蕃，也成了唐朝不得不考虑的一个地缘角色。

在西方，阿拉伯帝国崛起，到了玄宗时代，它已经来到了中亚地区和印度，并截断了唐王朝和印度之间的交通，两大帝国的冲突也无法避免。

武后专心内斗，对于外事往往采取鸵鸟政策。一方面，她为了渲染自己的盛世，让许多居住在长安的外来人口扮演外国友人，将他们用在庆典上。另一方面，她对那些不友好的游牧部落的反应却往往是孩子气的，也是应激式的。

万岁通天元年（公元696年）五月，原本与唐朝友好的北方小部落契丹首领孙万荣和李尽忠叛变了唐朝。他们之所以叛变，是受不了营州都督赵翙的侮辱。这位都督性情刚愎，当东北地区发生饥荒时，他不仅不赈济，还将酋长们当作奴仆一样呼来喝去。两位契丹酋长联合邻族奚人，起兵杀掉了都督，占据了位于现在东北地区的营州。[③] 李尽忠自称无上可汗，而孙万荣作为他的前锋，与唐军展开厮杀。

---

① 参见《册府元龟》卷六百二十一。
② 第二突厥汗国的历史亦可参考吴玉贵《突厥第二汗国汉文史料编年辑考》。
③ 参见《旧唐书·契丹传》。《资治通鉴·唐纪·万岁通天元年》作"赵文翙"。

武则天大怒。但她对这件事第一时间的处理，竟然是给孙万荣和李尽忠改了名，将孙万荣改为孙万斩，李尽忠改为李尽灭。① 在接下来一年中，孙万斩和李尽灭带着滑稽的名字顽强地出现在史书中，他们两次大败唐军，杀死了唐军大将王孝杰，后来后突厥汗国的默啜可汗在背后袭击了他们，帮助唐军将叛乱镇压了下去，这两位酋长死于非命。可是，营州却依然没有收复。

然而，默啜并非是出于帮助唐军的目的，而是为了扩张自己的实力。很快，突厥人的扩张又超越了唐朝能够忍受的程度。在突厥人的不断骚扰下，武则天又气急败坏地将默啜可汗改为斩啜可汗。②

武后时代的对外政策在一次次的应激中摇摆，也表明唐代在这个时期一直处于收缩之中。

玄宗即位前，由于前两任皇帝（中宗和睿宗）都在处理内务问题，对外采取了忍让的态度，唐朝与吐蕃、突厥两大敌人之间的关系恰好处于一段平静期。一方面，后突厥汗国默啜可汗前来求亲，唐睿宗经过权衡，答应了双方的联姻。③ 在吐蕃方面，由于金城公主的和亲④，唐朝承认河西九曲之地（青海境内黄河上游地区）为金城公主的汤沐邑，属于吐蕃，通过割让一部分争议地区，双方进入和平时期⑤。吐蕃在开元二年（公元714年）派人前来请求结盟。而奚、契丹与突厥帝国关系紧密，随着突厥与唐朝关系的和解，两部落也承认自己为唐朝的附庸。

这本来是一个有利于和平发展的时代，但玄宗刚上台，这样的局面就出现了反复。由于执政初期地位还不稳固，从形势上看，玄宗需要战功来产生政权的凝聚力。他上台后，首先拒绝了突厥默啜可汗的和亲请求。默啜可汗只好退而求其次，为儿子提出和亲，这次得到了玄宗的同意。

---

① 参见《旧唐书·则天后纪》。
② 参见《资治通鉴·唐纪·圣历元年》。
③ 参见《新唐书·突厥传》。
④ 金城公主出嫁于景龙四年（公元710年）。
⑤ 参见《新唐书·吐蕃传》。

然而就在这时，唐朝与奚、契丹的关系却出现了恶化，并改变了唐和突厥的形势。这首先是因为延和元年（公元712年）三月，玄宗即位之前的一次人事任命。

奚、契丹与唐朝的交界主要在幽州。幽州大都督薛讷镇守该地二十年，在李尽忠和孙万荣事件后，一直采取了保守政策，人不犯我，我不犯人。久而久之，双方达成了一种军事平衡，这对于边境地区的人民非常有利。幽州大都督是该地的军政官员，在幽州城内还有民政当局燕州刺史。任刺史的李玼和薛讷关系不睦，于是把薛讷的行为报告给了户部尚书刘幽求。刘幽求于是推荐左羽林将军孙佺来取代薛讷。睿宗皇帝任命孙佺为幽州大都督，薛讷被调到了并州出任长史[①]。

孙佺到任后，立刻改变了薛讷不主动出击的办法，而是要寻找机会为国立功。在武后时期，虽然最后击败了奚、契丹，却无法完全消灭他们，皇帝最终只能对两个部族采取怀柔政策，营州也一直没有办法回归唐朝。孙佺认为只要能拿下营州，他就可以向皇帝邀功去了。他派遣步兵两万、骑兵八千前去攻打两部。在路上，唐军的四千骑兵先遣部队遇到了奚部的八千骑兵，唐军战败。此刻，原本准备去打胜仗的孙佺却退缩了，他虽然率领着主力部队，却不敢去救先遣队，也不敢说是来打仗的，只好向两部落谎称是奉皇帝之命来招慰对方的。他送上礼物，获得了对方允许，率军撤退。不想撤退却变成了溃退，一路上军队逃得连阵形都没有了，孙佺也被奚人抓住，送给突厥默啜可汗，默啜将他斩首。这件事让原本与唐朝维持和平的奚、契丹，变得与突厥人更亲近了。[②]

玄宗即位后，这件事情继续发酵。开元二年（公元714年）初，玄宗派遣并州长史（原幽州大都督）薛讷进攻契丹，还命他兼任同紫薇黄门三品，也就是宰相职务。六月，薛讷率军六万进攻契丹，但在檀州外的滦水山峡中遭到伏击。薛讷带数十骑突围。看到薛讷的逃跑行为，契丹人给他起了个新外号叫作"薛婆"，于是薛讷也被免职了。[③]

---

① 由于并州大都督是由亲王兼领，亲王并不负责具体事务，实际负责的就是长史。这里的并州长史职务上相当于并州大都督。
② 参见《资治通鉴·唐纪·先天元年》。
③ 参见《资治通鉴·唐纪·开元二年》。

这两场战争之后，奚和契丹两个民族眼看就要站到唐王朝的对立面。一旦产生了对立，很可能导致突厥势力的加强，甚至会有一场新的入侵。与此同时，吐蕃也开始了另一轮异动，于同一年袭击唐朝的临洮一带。如果处理不好，唐朝会在刚刚结束内斗之后，立刻陷入一场外部纷争。

此时唐玄宗的宰相明智地选择了息事宁人。不管是姚崇还是宋璟，虽然都不免参与局部性的冲突，但又都认识到最终还是要恢复和平，从而让帝国财政更加健康，继续休养生息的政策。皇帝本人是一个热衷战功的人，但在统治的初期，他依然选择了相信宰相，放手让宰相处理问题。

与此同时，皇帝的武将也很争气。刚刚在北方战败的薛讷临时受命，在西方打败了吐蕃，斩首一万七千，获得马、羊二十万以上。[①] 当战场取得胜利之后，玄宗皇帝立刻同意与吐蕃继续结盟，保持住了战胜成果，又维持了双方的"友谊"。

在契丹和奚的问题上，玄宗皇帝也选择了和解的姿态。由于后突厥汗国内部此刻突然出了问题，让奚和契丹无法投靠，玄宗皇帝乘机向两部落发出了和平倡议，甚至赐给他们丹书铁券[②]，获得了两部的归顺。不久前还在激化的形势突然之间又发生了逆转。

与此同时，后突厥的默啜可汗死了。在他死前，唐朝乘着突厥的衰落打了几个胜仗。他之后的毗伽可汗忙于内部整合，与唐朝虽然没有休战，但战争规模始终是可控的。到了开元九年（公元721年），突厥人终于决定向唐朝求和。[③]

从这一年开始，唐朝又享受到了久违的和平环境。这种和平不是靠武后的鸵鸟政策达到的，而是建立在实力以及平等地位之上的。这样的和平往往更加长久，并能赢得对手足够的尊重。

正是国际关系上的缓和，使得开元盛世有了基础。军事是古代政府最花钱的项目，战争一旦发生，政府总是很难取得财政平衡，不得不向民间加税。由于军事需求小，开元时期的前半段让民间获得了足够的休息。

---

① 参见《新唐书·吐蕃传》。
② 参见《新唐书·契丹传》。
③ 参见《新唐书·突厥传》。

读书人的科考往事

在玄宗时代前期，武后执政最大的成绩也开出了灿烂的花朵，那就是：通过科举大力提拔非世族出身的官员，替换那些依靠出身而上位的人。通过这样的换血，唐帝国解决了中国上千年来一直无法解决的阶层固化问题，加大了社会的流动性，使得唐代的中国实现了更加完备的一体化。通过科举、官僚集权化等措施，身在广州的读书人必须远赴长安参加考试，又有可能被分配到遥远的西北去任职，在他一生的调动中，甚至可能踏遍全国的土地。这让当时的人们都不再从属于一个地方，而是将身份国家化了。

在叙述唐代的成就之前，我们不妨看一看中国历史上人才选拔机制的变迁。

中国社会之所以一直保持着活力，是因为从汉代开始，皇帝就试图解决阶层固化问题。在秦代之前，周代和诸侯国的官位往往是世袭的，不利于社会流动。秦代商鞅改革，为了富国强兵采取了一种极其功利化的做法：一个人如果不是贵族或者依靠纵横之术被皇帝看上的客卿（外国人），就必须通过种地和杀敌这两种途径，积累足够的积分来获得军功爵位，从而进入仕途。[1]

汉代皇帝为了给普通读书人留下上升的空间，采取了"察举制"，就是由地方官员从他的辖区内选择人才，上报给中央政府，由皇帝录用为官员。[2] 这种制度的基本假设是，一个人如果足够优秀，那么他一定首先在家乡获得名声，只要他在家乡足够优秀，那么到了国都的官场也会足够优秀。

这个假设在很长一段时期内是基本成立的，因为当时每个地方的人口都是有限的，官员的确可以知道本地所有人才的状况。但是随着朝代的延长和行政效率的退化，察举制变成了一种官员们人情往来的工具。到了东汉时期，官员察举的人才一定出自大家族和官员的亲戚，于是阶层流动再次停滞。寒门再也没有机会出贵子，察举制也就无法起到增加人才流动性的作用了。

到了魏文帝曹丕时期，延康元年（汉献帝最后一个年号，公元220年），人

---

[1] 参见《通典·选举·秦》。
[2] 参见《汉书》《通典》。将察举制固定为制度的时间是汉武帝元光元年（公元前134年）。

们反思汉代察举制的问题，得出了结论：这种制度之所以失败，是因为人才的选择缺乏标准。由于没有统一标准，到底谁是人才，就只不过是官员口中的一句话而已。

当时有一种哲学上的风气叫作品评之风，不管是谈论人还是事务，都希望制定一定的标准将之分门别类。这种风气到了朝廷的人才选择上，就是由皇帝颁布一定的标准，将人才分成九等，分别是"上上、上中、上下、中上、中中、中下、下上、下中、下下"；在每一个地方设置一个叫作中正的官职，中正负责对该地区每一个人才进行打分，分高的人就可以送往中央当官。这种方法叫作"九品中正制"。[1]

现代人也许对这种方法持有异议，认为一个官员即便听说过，也不可能彻底了解本地区的每一个年轻人，这种复杂性的增加使得制度本身必然流于形式。但是，比起汉代来，三国时期的人口更加稀少，整个魏国也只有440万人[2]，不足现在一个中等城市的人口。从理论上来说，每一个地方的年轻人数量极其有限，官员与基层之间的联系也的确可以做到更加紧密，让官员对当地人才更加了解。

然而，问题的关键仍然是在打分的标准上，人分九等貌似客观，但要想对人进行区分，依然有很大的主观性。另外，由于行政效率问题和信息不完整，最后成为受益者的，仍然是官员身边的人和那些大家族子弟。

魏晋和南朝，一直采取察举制与九品中正制结合的方式选拔人才，但随着岁月的流逝，这种制度最终失去了效力，在南北朝时导致整个南方陷入了僵化的贵族体系中，所谓世族时代就是这样产生的。

南北朝时期，在南方阶层固化的同时，北方由于战乱时间更长，社会结构更加碎片化，一旦重新统一，社会的流动性和给人才的机会都大于和多于南方。机会多，也意味着制度更加不成熟，但制度不成熟，也意味着还没有被一个利益阶层所把持。因此，北方的人才制度在最初显得有些粗糙，甚至怪诞，却又

---

[1] 参见《通典·选举·魏》。

[2] 参见《通典·食货》。这方面讨论可以参考本书作者另一本书《中央帝国的财政密码》。

逐渐成长着，在人才选择上反而起到了更大的作用。

北魏时期，每个州郡也设置了中正这个官职。与普通的察举制不同，此时报送的人才并不能被直接任用，而是由吏部再进行一次考核，只有等级在中上的，才可以授官。这次考核的加入，就使得人才选举有了科举的味道，也导致了北魏和隋唐的人才选拔制度与之前的制度分道扬镳。

另外，此时的考核采用了"策"这种形式，也就是考官提出一些与现实紧密相连的问题，士子们针对这些问题提出自己的对策。这些问题都是当时社会真实存在的问题，士子们需要对现实有充分的了解。

北魏时期另一个现象则是文武官员的对立。随着军事扩张成为过去，武将不再受到重视，反而是在战争中没什么用处的文人受到了优待。文武的对立直到唐代仍然是一大问题，直至唐玄宗时期都没有解决好。

北魏孝明帝时期，征西将军、冀州大中正张彝的儿子张仲瑀上书请求将武官排除在铨选官员的资格之外。这一下捅了大娄子，武官们将怨气都撒在了他们一家头上，甚至张榜悬赏他们的人头。神龟二年（公元519年），上千名羽林、虎贲将士来到尚书省，要求交出张彝的长子、尚书郎张始均，引起了骚乱。之后，他们烧毁张彝的府邸，把张彝抓出来拳打脚踢，老头儿第二天就死了。更惨的是，将士们抓住了张始均，将他直接扔进了火里活活烧死。朝廷斩了为首的八人，将其他人赦免，作为让步，从此武官又可以进入铨选系统了。①

当北魏被北齐和北周取代后，北齐的选官制度基本上继承了北魏，却又有所发展。最大的发展是一种仪式感。地方察举的士人到了中央进行考核时，皇帝往往要亲自参加，穿上常服，乘着肩舆来到朝堂，士人们都来到堂下接受书面考核。如果士子的考卷中字有脱讹，就将他叫起来，立在座席后面作为惩罚；如果士子的书法过于拙劣，就要当众喝墨水；如果谁的文章写得孟浪，就把他的座席夺走，解除佩刀。②

喝墨水的做法看上去显得非常粗鲁，不像是皇帝应该做的，却又表现出皇

---

① 参见《通典·选举·后魏》。

② 参见《通典·选举·北齐》。

帝的仁慈，与千年之后明清时代的滥杀相比，这样的做法甚至连肉刑都算不上。

北周时期，地方举荐变得更加制度化。当隋朝取代北周之后，中国选官制度的大转折就到来了。

隋代与前代的不同，主要在于中央对官员的任命权扩大了。之前的南北朝时期，州郡的属官并不是由中央政府直接任命的。也就是说，州郡长官可以任命属于自己的班子，地方低级官僚的任命权并不掌握在中央手中。到了隋文帝时，他将大小官员的任命权全部收归了中央政府，规定六品以下的官吏由吏部任命，而六品以上的则归尚书省任命。① 到了唐代前期，州郡的属官（各种参军）和县级属官（县尉）都已经纳入了品级，由中央政府统一任命。到这时，中央政府任命官员的数量大幅度扩充，使得政府必须考虑一种更加流程化的方法。

从汉代到南北朝的察举制显然只适合于小规模作业，不适合更大批量的人才"生产"。这就会呼唤新制度的产生。

中央收回官员任命权的另一个问题是，地方政府的权力由此被削弱了。以前县官可以自己寻找合适的县尉，现在连这个权力都没有了。这在后来就导致了唐代中后期中央和地方的博弈。中晚唐时期，中央政府无法补充足够的底层官员，最终只好默许地方政府自己想办法，解决一部分底层官员的任命工作。这种新的做法让许多人（比如本书中将提到的高适、岑参、杜甫等）受益，他们都曾经担任过地方长官（节度使）任命的职务。

由于需要大批的人填充职位，隋代对人才也比前代也更加关注。在北周时期，地方举荐人才分为三类，分别是明经（通经典）、秀才（博学多才）和孝廉（孝顺端正），隋文帝时期又增加了两科，分别是志行修谨和清平干济。隋炀帝大业三年（公元607年），皇帝又把科目增加到了十科②，其中一科叫作进士，到了唐代，这一科异军突起，成了科举的主角。

---

① 参见《通典·选举·隋》。
② 《隋书·炀帝纪》载十科举人诏书，其余内容参见《通典》。按，现代人普遍认为隋代发明了科举，却缺乏足够资料的支撑。没有资料记载隋代就有大规模的考试，而小规模的考试自古就已经存在。更符合事实的情况可能是，科举制度是逐渐形成的，隋代对后世的最大贡献可能在于中央垄断了官员任命权，由于官员需求数量猛增，倒逼中央必须采取考试的做法，批量选拔人才。

唐代建立后，这个缺乏制度创新的朝代在制度上基本继承了隋代，但它也有一些小的变革，比如建立了完善的遍布全国的学校系统。关于唐代的学校系统[1]，可以与现在的制度做个对比。现今从小学到高中，需要经过十二年的学习，加上大学四年，就是十六年的时光，然后才能参加公务员考试，进入政务系统。那么，在唐代，一个学生要完成当时的各门学科，需要花费大约二十年半的时间。[2]

唐朝的教材，是唐太宗时期制定的《五经正义》以及其他的儒教经典。那时最高的学问叫"通五经"，五经皆通，就是最高级的儒者。学生从《孝经》和《论语》学起，每一本书学习一年。这两门课属于学前班教材，学通之后，才能继续学习小学，当时叫作"小经"。小经的教材包括四部，分别是《尚书》《公羊传》《穀梁传》《易经》。前三本书每一本学习一年半，《易经》则要学习两年，一共是六年半。小学毕业后，升入中学，学习的课程是"中经"。

中经的教材包括《诗经》《周礼》《仪礼》这三部书。三部书学习的时间各是两年，加起来是六年。六年后，中学毕业，升入大学。大学学习的课程叫"大经"。大经的教材只有两本书，分别是《礼记》和《左传》。这两本书各学习三年，一共六年。

学前班、小学、中学、大学的时间，加起来一共是二十年半。除了学习之外，学生还要参加一系列的考试，层层选拔，最终才被州郡官员推举到国都参加科考[3]。科考是由吏部的考功员外郎主持[4]，录取后授予的就是"明经"出身。

这个出身，就是进入官僚系统的通行证。学生刚刚考中时，是待业状态，过上几年，皇帝就会授予他实际的职位。

当然，每个人的天资有别，不见得一定要学通所有的经典。于是，唐朝又设立了低一些的考试，可以通两经，也可以通三经，当然前途也比通五经要差。

---

[1] 关于学校和科举的探讨，可参考本书作者的另一本书《中央帝国的哲学密码》。
[2] 参见《新唐书·选举志》。
[3] 大部分时间在长安举行科考，但在武后、玄宗时期，有时皇帝会在东都洛阳，则考试的地点也会随之到洛阳。
[4] 开元二十四年（公元736年），科考权力由户部考功员外郎转移到礼部侍郎，见清徐松《登科记考·别录上》。

如果仅仅看到这里，人们会以为，唐朝的科举已经开始束缚人的思想，要求人们花二十年时光背十一本书。但事实上，唐朝的科举是非常灵活的。

唐代是一个儒、道、释都获得尊崇的时代，明经出身其实在唐代并不受欢迎。一方面，由于自己姓李，皇帝追认道教祖师老子（李耳）为先祖，便不断地想把《道德经》也加入到经典体系中；另一方面，朝廷又针对专门的人才开辟了许多绕过明经科的通道。

隋炀帝时期开辟了十科取士，而明经科只是其中一科，唐代也继承了这种传统。现代人如果想理解所谓的科目，可以将之理解成不同的专业，现代有物理、化学、电子、经济、医学等各种专业，而在唐代由于缺乏自然科学，各专业不是按照现代规则划分的，而是划分成明经科、秀才科、进士科、明法科、书科、算科等。其中，明经科以学习儒家经典为主；秀才科则要求博学多才；明法科针对法律人才；书科、算科是小科目，针对书写、算术等专门人才；后来还有史科和开元礼科，针对史学和礼学人才。

除了明经科之外，其余科目大都不用学习儒家经典，而是针对他们专门的知识进行考察。在唐代初年，秀才科是最受欢迎的学科。因为它的地位高，而且绕开了那些教科书，更注重实务精神。首先，这科不需要在学校里学二十年的儒家课本；其次，在考试时，考官发五个问答题，都是针对现实问题的提问，考生只要针对五个问题写五道策文进行回答就可以了。

由于明经科大都是腐儒，而秀才科具有现代性，所以在官场上秀才科出身也比明经科出身更加受人尊敬。但秀才科到了唐太宗中期废除了，原因在于缺乏衡量的标准，五道问答题和临场发挥关系很大，不容易测出人的真实水平。由于秀才科也必须由州郡长官举荐，然后到国都参加考试，有人被举荐上来，考试却不合格，就会追究举荐人的责任，后来就把秀才科废除了。

秀才科废除之后，另一个科目进士科异军突起，成了整个唐代最受欢迎的科目。进士科继承了秀才科的简便性，甚至可以理解为进士科就是被废除的秀才科换了一个名字继续存在，最初它也不需要背诵儒家经典，只考几道策论。

由于进士科太受欢迎，参加考试的人数太多，贞观八年（公元634年），为了提高进士科的难度，朝廷规定学子必须学一门经史，才能接受进士科考试。但这样的难度比起明经科来，还是低了很多。到了后来，进士和明经两科就成了唐代科考的主流，而又以进士科机会最为珍贵，人们宁愿选择进士科而放弃明经科。

到了调露二年（公元680年），武后和高宗终于想到了解决这个差异的好办法。在此之前，进士科和明经科考试都是以策问为主，这一年朝廷规定，增加一种考试类型叫作帖经，也就是填空题。在考策问之前，教官首先发一份考卷，上有十道填空题，都是从儒家经典中摘出的句子，只有填空题过关了，才允许进入考试的下一环节——策问。①

但到了永隆二年（公元681年），政策又进行了调整，要求明经仍然要参加帖经考试，其中十题必须答对六题以上，才准进入策问环节。而进士科由于考的是才华，在策问之前，必须加试杂文两篇。这两篇杂文属于当时文人们常常需要写作的箴、铭、论、表之类，只有这一环节过关了，才允许参加策问。②

到了永淳二年（公元683年），朝廷将进士科的策问规定为三篇，这三道题的规矩就一直保持了下来。③

人们没有想到，就是永隆二年的规定造就了唐代诗歌的辉煌。在最早时，所谓的两篇杂文主要是一些实用性文体，比如箴、铭、论、表，但经过一段时间，到了开元年间，考试往往要求两篇中必须有一篇是赋或者诗，或者两篇都是诗赋。到了天宝年间，杂文就变成了诗歌的专享。④

就这样，在考试文体的变化中，诗歌成了最大的受益者。如同明清时期，读书人在八股取士的影响下都擅长写八股文一样，唐代的士人们之所以擅长写诗，也来自考试的诱导。⑤

虽然之后唐代的科举还有过多次变化，但基本形式已经固定。明经科主要考帖经和策问，而进士科有时候考帖经、杂文和策问，有时候只考杂文和策问，即便考帖经，其要求也比明经要低一些。比如，开元二十五年（公元737年）

---

① 参见《通典·选举·唐》。
② 参见《通典·选举·唐》。
③ 参见《登科记考·永淳二年》。
④ 参见《登科记考·永隆二年》。
⑤ 陈寅恪对此也有认识，他在《元白诗笺证稿》中提到了科举对于诗歌的影响。唐代科举之盛肇于高宗之时，成于玄宗之代，而极于德宗之世。唐代诗歌的两个繁荣期也对应玄宗与德宗、宪宗时期。

就要求明经科帖经必须十题对五题，而进士科的要求是帖经十题对四题，然后就可以进行杂文和策问考试。①

那么，作为进士科考试核心的策问又是什么样的形式呢？策问并不是唐代的发明，而是在很早的时候就用来取士了。在考试时，最初是采取射策的方法，也就是有许多道题目，由士人随机选择一道来回答。到了唐代，为了考试的标准化，就变成政府统一出题，所有的人回答一样的题目。

策问的题目可以是针对现实问题征求答案，也可以是针对古代的事情发表议论，这很像现代的议论文作文，但格式却比现在复杂得多。大部分的策文都是骈体的，要求对仗工整，其中四字句颇多，这就要求考生有组织文章的能力，并能迅速展现自己的文采。到最后，策文总是以"谨对"作为结束。②为了应付策问考试，唐代人甚至有教科书式的资料，这些资料中先假想许多可能的题目，再事先拟好稿子，这样做一是用于实战性的碰运气，二是唐代人有提前和考官打招呼的传统，去拜见考官时也可以投递此类文章。这类文章中，最著名的是白居易做的如同教科书一般的七十五道策文，在他的文集中都保留了下来，同时，文集中还保留了他历次考试的实战文章。③

进士科目如此受欢迎，考试的难度也就随之增大。根据史书记载，每年应考进士的不下千人，而通过考试的只有百分之一二，也就是总数只有一二十人而已。明经科的难度稍低，但也只有十分之一二的人通过考试。即便这样，还是有大量士子拥入京城来参加考试。到了开元时期，天下太平，每年应考进士的多达两千人，即便少的时候，也有一千人之多。④参加考试的人录取率极低，剩下的人就成了长安的过客，在这里交友、吟诗、消费，然后回家。这些落榜的士人也成了唐代社会人员大流动中除了官员之外的另一大群体。

---

① 参见《通典·选举·唐》。
② 唐代许多策文保留了下来，《登科记考》就辑录了许多篇实战文章。
③ 参见《白居易集》卷三十、卷四十五到四十八。
④ 参见《通典·选举·唐》。

应考进士难度如此之大，要从进士进入仕途也并不容易。这主要是由于国家的官位其实并没有那么多，但通过考试、恩荫等各种途径获得了当官资格的人却很多。比如，唐代内外官员的职位一共有一万八千零八十五个，而拥有当官资格的却有十二万余人，这就牵扯到八九个人才能争夺一个官位的局面。[1] 产生这种局面还有一个原因，就是隋代将所有官员的任命权收归了中央，而事实上，许多偏远的州县空闲了职位，却只能等中央的任命，而中央却管不过来，或者找不到合适的人选，就算任命了也不一定有人去报到，这样的职位就只好常年空着。到了唐代后期，解决此类问题的办法，就是节度使等可以自己选官，这拓宽了当官的途径，也就解决了一部分有资格的人无法当官的情况。

但在唐代早期，节度使选官这条路还没有开放，于是有资格的人只好等待任命。一旦通过了进士科、明经科等考试，士子们就拥有了当官的资格，但要轮到自己，还需要数年的等待。在他们等待的时间，政府是不发工资的。另外，一个官职也是有任期的，等到官员的任期结束，如果他是中央官员，就可以继续获得其他官职，可如果是外派的底层官员，那么他又要等待数年，才能有下一个任职机会。许多人一辈子可能只能当一两任小官，其余的时间都是在等待。[2]

可是唐代的制度又提供了一些别的方法跳过等待期，这些方法叫作制科和吏部试。进士科和明经科等常规科目的考试是户部或者礼部主持的，而有权授予官职的却是吏部。于是吏部就有举行新的考试的权力，这就是吏部试。

吏部试可以称为二次考核，已经通过了进士科或者明经科考试的人都可以参加，科目主要有"博学宏词科"和"书判拔萃科"等，测试的内容主要是诗赋，一旦通过了，可以直接授官，不需要等待。

除了吏部试之外，皇帝还会不定期举行一些特殊的考试，称为制科，所有通过制科的人也是不需要等待而可以直接授官的。比如，唐玄宗上台之前的景云三年（公元712年），唐睿宗除了设立进士、明经等常科之外，还设立了八种科目，分别是文可以经邦科、材可治国科、才堪刺史科、贤良方正科、道侔伊

---

[1] 参见《通典·选举·唐》。
[2] 关于唐代士子任官的更多情况，参见赖瑞和的"唐代文官"三部曲。

吕科、藻思清华科、兴化变俗科、怀能抱器科。① 这些科目就属于制科，只要通过了，就可以直接授官。

通过这种多元化的方式，唐朝将科举贯彻到了民间的各个角落，让大批文人跟着政府的指挥棒做学问。而由于政府提倡文采和诗歌，于是，诗突然间走向兴盛，成了唐代最具代表性的学问。

表 1　唐代的学校制度②

隶属	名　　称	人数	入 学 资 格
中央学校共六种，隶属于国子监	国子学	300	文武三品以上子、孙，从二品以上曾孙，勋官二品、县公、京官四品带三品勋封之子
	太学	500	五品以上子、孙，职事官五品期亲若三品曾孙，勋官三品以上有封之子
	四门学	1300	勋官三品以上无封、四品有封及文武七品以上之子，共500人
			庶人之俊异者，共800人
	律学	50	八品以下子及庶人之通其学者
	书学	30	
	算学	30	
特殊机构附校共两种	弘文馆，隶属于门下省	30	皇缌麻以上亲，皇太后、皇后大功以上亲，宰相及散官一品、功臣身食实封者、京官职事从三品、中书黄门侍郎之子
	崇文馆，隶属于东宫	20	
地方学校，隶属州县	京都	80	由州县长官决定，长史主持
	大都督、中都督府、上州	60	
	下都督府、中州、京县	50	
	下州、上县	40	
	中县、中下县	35	
	下县	20	

---

① 参见《登科记考补正》。
② 本表取自本书作者的《中央帝国的哲学密码》，材料来自《新唐书·选举志》。

表 2　唐代科举考试内容 ①

科目	内　　容	考 取 标 准
进士	时务策五道，以一部"大经"为题的帖文若干	经、策全通为甲第；策通四、帖过四以上为乙第。两者都算及第
秀才	方略策五道	根据文理打分九等，上上、上中、上下、中上这四等为及第
明经	先帖文，然后口试，经问大义十条，答时务策三道	根据文理打分九等，上上、上中、上下、中上这四等为及第
开元礼	大义百条、策三道	义通七十、策通二者，及第。通大义百条、策三道者，超资与官。散、试官员参加考试能够及第的，录为正式官员
（春秋）三传	《左传》问大义五十条，《公羊传》《穀梁传》三十条，策皆三道	义通七以上、策通二以上为及第。及第后，没有出身的视同五经及第，有出身和有资历的官员，视同学究一经
史科	《史记》《汉书》《后汉书》《三国志》，每史问大义百条、策三道	义通七、策通二以上为及第。能通一史的，没有出身的视同五经、三传，有出身和有资历的官员，视为学究一经；三史皆通，给予奖励
明法	试律七条、令三条	全通为甲第，通八为乙第
书学	先口试通过，再笔试《说文》《字林》二十条	通十八条为及第
算学	录大义本条为问答，明数造术，详明术理，通过第一关。再考《九章》三条，《海岛》《孙子》《五曹》《张丘建》《夏侯阳》《周髀》《五经算》各一条，十通六，《记遗》《三等数》帖读十得九，为及第	
	考《缀术》《辑古》，录大义问答，明数造术，详明术理，无注者合数造术，不失义理，通过第一关。《缀术》七条、《辑古》三条，十通六，《记遗》《三等数》帖读十得九，为及第	
童子	十岁以下，以五经和《孝经》《论语》为题，背诵其中文章十篇	通一经和《孝经》《论语》的，予官；七书皆通，予出身
弘文、崇文馆生	试一大经、一小经，或二中经，或《史记》《汉书》《后汉书》《三国志》各一，或时务策五道	经史皆试策十道，经通六、史及时务策通三，皆帖《孝经》《论语》共十条通六，为及第

---

① 本表取自《中央帝国的哲学密码》，材料来自《新唐书·选举志》。随着时间的变化，唐代的考试要求也有一定的变化，本表主要依据《选举志》整理，并不能反映整个唐代的情况。

自从科考制度在高宗和武后时期完善之后，越来越多的士人通过这个途径进入仕途。他们有的逐渐走到了高层，有的则变成了文坛领袖，影响了一代文学风气。在这份长长的名单中，包括如下这些人的名字：杨炯（显庆四年，659年，诸科）、李峤（麟德元年，664年，进士科）、岑羲（进士科）、魏知古（乾封元年，666年，进士科）、王勃（乾封元年，666年，幽素科）、苏味道（乾封二年，667年，进士科）、杜审言（总章三年，670年，进士科）、沈佺期（高宗上元二年，675年，进士科）、宋之问（高宗上元二年，675年，进士科）、张鷟（高宗上元二年，675年，进士科）、崔融（高宗上元三年，676年，词殚文律科）、马怀素（高宗上元三年，676年，词殚文律科）、魏元忠（仪凤二年，677年，下笔成章科）、姚元崇（仪凤二年，677年，下笔成章科）、卢怀慎（进士科）、张廷珪（仪凤二年，677年，下笔成章科）、苏颋（调露二年，680年，进士科）、宋璟（调露二年，680年，进士科）、源乾曜（进士科）、刘知几（开耀二年，682年，进士科）、陈子昂（嗣圣元年，684年，进士科）、郭敬之（郭子仪之父，嗣圣元年，684年，韬钤科）、张嘉贞（垂拱元年，685年，明经科）、裴耀卿（垂拱四年，688年，诸科）、张柬之（永昌元年，689年，贤良方正科）、崔湜（载初元年，690年，进士科）、张说（载初元年，690年，词标文苑科）、薛稷（天授二年，691年，进士科）、贺知章（证圣元年，695年，进士科，超拔群类科）、崔日用（证圣元年，695年，进士科）、崔沔（天册万岁二年，696年，贤良方正科）、刘幽求（圣历三年，700年，经邦科）、张九龄（长安二年，702年，进士科）。①

　　这份名单囊括了大部分玄宗前期的宰相，也有许多文坛领袖。正是在丰富的人才储备下，玄宗朝才有可能在短短几年的休养生息之后，就达到了一个富裕而又和平的盛世时期。

诗的进化

　　开元九年（公元721年），在唐朝辉煌的登科榜上迎来了一位年轻的重量级

---

① 根据《登科记考补正》整理。有的人参加过多类考试，这里只列出第一次或者主要的一次。

人物，他就是二十一岁的王维。

王维，字摩诘，他的家在河东地区，也就是现在的山西省境内。他大约在长安元年（公元701年）出生，有兄弟四人。与许多大器晚成的大家相比，王维在很早就表现出了非同一般的智慧。

由于长安是国都，唐代的士人有游学长安以等待机会的传统。王维十五岁就离开家乡前往长安，在路过秦始皇陵墓时，他写下了此生流传最早的诗歌《过秦皇墓》，表现出不一般的早熟。人们耳熟能详的《九月九日忆山东兄弟》作于他十七岁时。与普通文人不同的是，除了作诗之外，王维还擅长绘画，是唐朝有名的绘画大家，这就更增加了他的交游面。

这位年轻的才子与弟弟王缙一起在长安悠游于官宦之间，很快成了人们追捧的对象，不管是达官贵人，还是诸王、驸马，都对他们开门相迎。[①]当时长安的风流人物之首，是唐睿宗的儿子、玄宗李隆基的弟弟岐王李范。玄宗和兄弟们见过了太多的骨肉相残，他决定要改变这种风气，善待兄弟，而兄弟们则放弃了对皇位的野心。双方达成的妥协，创造了唐代皇室少有的兄弟和谐时代。岐王曾经帮助哥哥登上皇位，而他本人满足于做一个文坛领袖，领导长安的诗酒气氛。王维也是岐王府上的常客，时而随岐王悠游两京，时而在国都郊区策马探访。此时的王维显得意气风发，为了迎合达官贵人们，笔调也大起大落，充满了时代精神。

开元七年（公元719年），十九岁的王维终于考虑起他的功名来。虽然他人在长安，但如果想参加进士考试，必须首先获得家乡所在州府的推荐。要获得州府的推荐，他必须参加州府的考试，只有名列前茅的人才能拿到推荐前往京城。王维的家乡在山西，但他的名声主要在长安，如果他回家考试，反而没有在长安的把握大。唐朝的政策是相对灵活的，王维在长安找了推荐人将他推荐给京兆府，参加了京兆府试，从而获得了推举资格。[②]

---

① 参见《旧唐书·王维传》。
② 明清时期，随着户口制度的加强，像王维这样在异地获得科考机会的情况已经不再可能。这样的事件在明清称为"冒籍"，但在唐代却是正常现象，亦可见唐代的开放。

到了开元九年（公元721年），王维二十一岁时，他考取了进士。①这一年中进士的一共有三十八人，在唐代算是人数非常多的一年。到了五月，皇帝亲自在含元殿举行策试，并赐给酒食。王维的仕途看上去一片光明。

王维考取之后就立刻获得了重用，担任了太乐丞，进入帝国的官僚系统。虽然我们不知道随即授官的原因是什么，但显然只有最优秀的人才能获得这样的待遇。

与王维同年参加考试的另一位文人綦毋潜显然就没有这么走运，不幸落榜了。綦毋潜是虔州人（属于现在的江西地界），考试失利的他只好打好包裹，踏上了回家的路程。在他返乡的时候，得意扬扬的王维还写了一首诗送别他。②

如果王维按照这条极其顺利的路走下去，我们将看到一个成功的官员，但这个官员是否能成为一个著名的诗人却并不一定。但就在人们以为王维一帆风顺时，他却突然遭殃了。

当时王维任职太乐丞，顾名思义，就是管理皇家祭祀和酒宴的官员。在当时，有一种黄狮子舞是专门给皇帝表演的，只有皇帝在场的时候才能看到。王维有一次在皇帝不在场时也私下安排表演了这个节目，于是被贬黜前往济州（位于今山东省聊城市茌平区）担任司仓参军③。按照唐代的升迁秩序，一个进士如果能够留在京城任职，意味着接下来有可能获得更好的机会；可是一个州府的参军却意味着远离了朝廷。只要离开了中央，一旦任期届满，就要遵守轮休的纪律，也就是不能马上担任下一个官职，这种轮休对于官员的生涯是极其致命的。

这年秋天，春天刚刚及第的王维尝到了官场的苦涩，悻悻然踏上了远去的旅程。这一次历练让唐朝少了一个成功的官员，却留下了一个优秀的诗歌苗子。

玄宗初年，唐代的诗歌依然处于起步期，老一代的诗人正在死去，新一代的还没有到来。因此，在这个空档期里，我们不妨先看一看中国诗歌的发展过程。

---

① 除了《唐才子传》称王维进士及第是在开元十九年（公元731年），其余如新旧唐书均称是在开元九年（公元721年）。
② 参见《送綦毋潜落第还乡》。
③ 参见《集异记》。

在现代诗歌之前，中国的诗歌一直是格式化的，缓慢地进化着。

在世界各地，人类的诗歌形式在最早时都与音乐相关，但随着节奏和韵律的发展，又逐渐从音乐中独立出来，形成了以文字为主的形式。中国的诗歌也不例外，最早的形式是以四言为主，但格式相对自由。比如，流传至今的先秦《击壤歌》就是以四言为主，而最后一句是七言："日出而作，日入而息。凿井而饮，耕田而食。帝力于我何有哉！"①

孔子曾将先秦诗歌搜集整理成《诗经》。《诗经》的诗歌大都以四言为主，杂以三言、五言和多言，但整体上构成了一个四言的诗歌世界。这些诗歌都是可以唱出来的，表明诗最初是与乐相匹配的。

孔子整理《诗经》功不可没，但从另一方面来讲，这又是中国诗歌的不幸，因为没有被他整理的诗歌大都没有流传下来。他所选择的诗歌，格式又过于固定，使得现代人无法确知先秦诗歌的形式就是《诗经》中那样的，还是还有其他的形式。

《诗经》中的诗歌旋律简单，每一首诗都分成了若干相似的章节反复吟唱，每一章中的字词有许多重复，只有一部分字词被替换。这让先秦诗歌显得过于单调，其复杂度和完善形式无法与其他文明长篇累牍的史诗相比。

此外，有一些迹象表明，即便在中原地区，在《诗经》之外，还有其他类型的诗歌，但是流传下来的过于稀少，无法窥得全貌。比如，当荆轲前去刺秦时，高渐离就送了他一首"风萧萧兮易水寒，壮士一去兮不复还"。② 这是一首带上了语气助词的七言诗歌。此外，还有一首可能出自先秦的诗句，"祝融司方发其英，沐日浴月百宝生"③，已经带上了浓厚的抒情成分，显得更加特殊。但这样的诗句太少，因此早期的诗歌品味是被《诗经》固化的。

幸运的是，战国时期除了西部的秦国和中原的五国之外，在南方地区还有

---

① 参见《帝王世纪》。本书的古诗多转引自《古诗源》与《先秦汉魏晋南北朝诗》。
② 参见《战国策·燕策》《史记·燕召公世家》。
③ 参见《古诗源》卷一。

一个文化上比较特殊的国家——楚国。楚国并不是受周王分封而来的，本来就是南方的蛮夷国家。他们的语言与其余六国也有着一定的区隔，因此诗歌形式虽然受到中原的影响，却又保留着特殊性。

楚国的诗歌因为屈原的出现而得以保留。屈原活动于楚国衰微之时，用现代人的眼光来看，他的作品充满了牢骚，发泄着对现实世界的不满与怀才不遇的感慨。但是，在形式上，屈原所代表的楚辞体却是那么标新立异，使得习惯了《诗经》重复体系的人们产生了耳目一新的感觉。

《楚辞》与《诗经》相比，有着很鲜明的特点。首先，在形式上，《楚辞》不同于四言格式的单调，而是更接近于人们普通的说话方式，每一句话的字数更多、容量更大，更加口语化，而且随着感叹词的应用，感情也更加饱满。以屈原的诗为例，他的句式大都比四言复杂得多，又有多种特殊的格式。其中一种以《离骚》为代表，前后两句中，前句是七个字，后句是六个字，前句中往往带有一个语气词"兮"，因此可以看作六言诗歌，也可以看作七言的探索形式。但这种格式的字数也不是完全固定的，时常会根据实际诗句有所变化。比如"路曼曼其修远兮，吾将上下而求索"，这是基本形式；"皇天无私阿兮，览民德焉错辅"，前半句就变成了六字；而"夫维圣哲以茂行兮，苟得用此下土"，其前半句就变成了八个字。①

屈原的另一种句式以《九歌》为代表，其前后两句都带有语气词"兮"，两句大都为六字，如果去掉语气词，实际上就是五言诗。当然五言也不是固定的，有的句子会酌情增减字数。比如，"浴兰汤兮沐芳，华采衣兮若英"是基本句式，而"龙驾兮帝服，聊翱游兮周章"前半句就减为五个字。②

此外，屈原诗歌中也有四言形式③，这表现出《楚辞》灵活多变，可以适应人们的吟咏需求。

但仅仅是形式上，还不足以说明《楚辞》的丰富性。事实上，《楚辞》之所

---

① 参见《离骚》。
② 参见《九歌·云中君》。
③ 参见《天问》《九章·橘颂》等。

以让人们感到惊叹，还在于它内容的丰富程度。与《诗经》相比，《楚辞》在内容上可长可短，短的只有几行，长的却是普通《诗经》诗篇的几十倍。即便是同等篇幅，《楚辞》的内容含量也比《诗经》高得多，因为它不需要不断地重复和回环，这一点它不像是歌，而更像是一篇内容丰富的文章。这种方式让《楚辞》更加便于叙事。

而《楚辞》最令人惊叹的特点，还是它丰富的想象力。在《诗经》的诗篇中，由于教育的需要，孔子在选择题材时，大多采用了现实主义题材，从人们的日常生活、生老病死、婚丧嫁娶，到战争、生产、政治，我们看到的是一个现实主义的世界，而《楚辞》却代表了中国人充满想象力的另一个天地。

在屈原的笔下，他一会儿陷入现实的苦闷之中，一会儿又遨游天际，与神仙同游。他还不断地将自己比喻成各种鲜花奇兽，而将敌人比作衰草败鸟。我们读《楚辞》，仿佛进入了一个《山海经》的世界，这才意识到，中国人的创作原来也可以这么天马行空，产生出如此丰富绝伦的想象。

《诗经》与《楚辞》在想象力上的分野一直延续到了唐代，《诗经》的现实主义传统在杜甫的身上得到了很好的体现，而想象力则通过魏国的陈思王曹植传递给了李白，使得李白的诗句中充满了绮丽瑰异的修辞。

秦汉更迭之后，中国的诗歌有了新的发展，其中一种发展仍然与楚国的诗歌系统有关。项羽和刘邦都来自楚地，因此汉朝虽然是一个尊崇儒教的帝国，诗歌体系却受到了楚国传统的浸染。

当项羽被围垓下时，他所唱的"力拔山兮气盖世，时不利兮骓不逝。骓不逝兮可奈何，虞兮虞兮奈若何？"就是典型的楚语歌谣。而这首诗，已经有了非常明显的七言架构。虽然从内容上来讲它仍然属于《离骚》的六言体系，其中每句诗都至少有一个没有实际意义的语气词"兮"，但它从音节上来讲，却属于七言诗探索的一部分。

刘邦的"大风起兮云飞扬，威加海内兮归故乡，安得猛士兮守四方！"也是典型的楚语七言诗。此类的七言诗在汉代一直流传，比如汉武帝也曾经做过数首类似风格的诗，其中的《柏梁诗》被赋予了很高的地位，有人认为是七言诗祖，有人认为是联句之祖，因为这首诗是汉武帝和群臣以接龙的形式创作的。[①]此外，李陵也曾经有七言诗赠给苏武。

于是楚语对中国诗歌的贡献就分成了两支：一是《离骚》所代表的骚体，后来变成赋的一种形式，称为"骚体赋"，后人往往有模仿的，作为诗歌的一个小分支，但并没有壮大；二是楚国歌谣分化出的七言歌谣，最终成了七言诗的先驱。

除了楚语体系之外，汉代最著名的文体是赋。所谓赋，是一种骈文形式，讲究对仗。除了旁支的骚体赋之外，汉代的大赋讲究辞藻的华丽和堆砌，充满了对偶句，而对偶句又以四言为主，至于内容却显得很空洞。

汉赋对后世诗歌最大的影响就是对偶。虽然后人对学习汉赋的铺陈不感兴趣，却将其对偶借鉴到诗歌之中，成了诗歌的一种基本构成。

虽然七言诗诞生更早，但汉代诗对后世影响最大的反而是五言诗。五言诗的诞生，又和一个叫作乐府的机构有关。

乐府是汉代一个管理音乐的机构，这个机构起源于秦代，到了汉代继续沿用。汉武帝时，皇帝赋予了乐府在民间采集诗歌并谱曲的权力，乐府成了朝廷的正式机构。[②] 乐府从民间采集并谱曲的诗就称为乐府诗。

汉代的乐府诗有三言、四言、五言等，其目的多是为了表演，但表演的场合又是不一样的。最正式的场合是在皇帝郊庙祭祀时，这时演奏的歌曲多是三言和四言歌，为的是表现大汉王朝的赫赫威名。但这些歌曲由于充满了陈词滥调，流传领域非常狭小，反而是另一种采自民间的五言诗歌得到了后世人们的喜爱。

五言诗由于诗句的字数（比四言诗）更多，表达的范围更丰富，甚至带有了小说的性质。这在内容上和三言、四言形成对比，三言、四言往往是赞词组成的，五言诗中则不乏叙事的精品。比如，五言乐府诗《陌上桑》就写了一位名叫罗敷的女子拒绝官员（使君）调戏的故事；《孔雀东南飞》则写了一位女子

---

① 参见《秋风辞》《天马歌》《西极天马歌》等。
② 参见《汉书·礼乐志》。

被婆家逼死，丈夫也自缢跟随的悲惨故事；《十五从军征》则是写了一位归乡的老兵，回家后却发现家中亲人已经都死去的故事。①

这类乐府诗的特点是，它们都很擅长讲故事，用故事中人物的命运来宣泄作者的情绪。这和呆板的《诗经》比起来已经是一大进步。

之后，乐府诗的曲调渐渐被人忘记了，但是歌词却屡屡被后世模仿。后世的模仿之作往往有同样的名字，而内容也彼此相似或者属于同一类型。此外，乐府诗已经有了押韵的概念，后世在押韵上也进行了模仿，使得乐府诗成了中国古诗的一种品类。

但是，有配乐的乐府诗毕竟是少数，后人模仿的数量也是有限的。当人们需要更自由的表达时，五言诗也就跳出了乐府诗的藩篱。文人们开始自由创作五言诗，不再托以乐府的名义。汉代时，五言诗已经成了一个单独的门类，从《诗经》、《楚辞》、乐府中独立了出来，成了品牌。

汉代的五言诗数量不多，却很有代表性。最著名的是已经不知作者的《古诗十九首》，苏武、李陵、班婕妤、卓文君、蔡文姬等人也都有五言诗传世。苏武、李陵的几首五言诗被人赋予了很高的地位，认为是五言诗的鼻祖。②

五言诗虽然逐渐脱离了音乐，但与普通的文体相比，其最大的特点在于押韵，通过押韵来产生出韵律感，替代之前的音乐效果。

到汉末，五言诗仍然局限在很小的范围内进行创作，当时的人们将更多的精力放在了编造谶纬、注释儒教典籍上，对文学的关注是有限的。

汉末三国时期，随着曹操父子三人的出现，诗歌的地位获得了极大的提升。曹操时期的诗歌对于形式的要求还比较少，他本人既有"对酒当歌，人生几何"这样的四言诗，也有"北上太行山，艰哉何巍巍"这样的五言诗。此外，还有数首杂言诗，每句的字数不固定，却又有一定的规律性。③这表明诗歌的形式到这时还是未定型的。

---

① 参见《乐府诗集》。
② 明代周叙《诗学梯航·叙诗》中说："苏李诸作而五言出。"
③ 参见《曹操集》。

但到了曹操的儿子曹丕和曹植时代，诗歌的形制已经逐渐固定了。曹丕的文学作品中，除了当时人喜欢作的赋之外，诗则已经以五言为主。① 曹植更是将五言诗推上了一个新高度。

在这个时期，除了大量采用五言诗之外，诗的题材也出现了巨大的变化。

从曹操开始，诗歌成了一个有意识追求个人体验和在场感的工具。汉代的乐府诗往往是一个故事，故事描述的对象与作者无关，而是一个特设的角色，一首诗写尽春夏秋冬，通过故事的设计来打动人。三曹的诗歌却有意识地加入了自我，比如曹操的"对酒当歌，人生几何"从自己的感悟出发，写尽心中的苍凉感。这种苍凉感是他本人的人生体悟，风景也是他眼见的，自我的在场感又被后来的诗人所效仿，于是诗歌成了更加私人化的存在。

曹丕则提倡诗歌的美感②，而要达到美感，则必须写自己的真实心情和真实风景。

真正将父兄的提倡付诸实践的是曹植。诗到曹植，书写的绝对不再是一种静态的存在，而是基于现实观察的动态过程。人们几乎能够根据他的诗歌还原出当时的场景。不管他写景色还是写人或事，都带着饱满的情感。此外，曹植将屈原以来诗歌中丰富的想象力继续发扬光大，其最著名的篇章《洛神赋》更是想象了自己路遇女神，与之发生精神恋爱的故事。虽然是虚构的，但一方面想象奇特，另一方面场景描写又极真实，所以人们现在还在讨论洛神的原型到底是谁。

曹植对于中国诗歌最后的贡献在于押韵和平仄。在失去了音乐之后，诗歌更加讲究抑扬顿挫、朗朗上口。但是，如何才能做到顿挫呢？在汉代时人们并没有足够的意识。虽然在押韵上，人们已经有所体会，但即便到了西晋，人们仍然无法掌握平仄带来的诗歌韵律感。曹植却已有意识地通过炼句来产生韵律。虽然他没有明确提出平仄的规则，但他的诗却自觉地采纳了押韵，并通过吟咏产生了平仄，与后世的平仄规则已经非常接近了。

---

① 参见《三曹集·魏文帝集》。
② 《三曹集·魏文帝集·典论论文》："诗赋欲丽。"

晋代时人们曾经根据曹植的诗句来琢磨押韵与平仄，到了南北朝，终于产生了严格的诗歌规则，从而解决了诗歌的抑扬顿挫问题。

总结起来，到了曹魏时期，古诗的主流从四言变成了五言，而古诗的主题也发生了变化，之前的古诗以歌颂皇家或者描摹故事为主，之后的人们加入了个人的因素，强调个人的所见所思和主张，从而将诗歌变成了表达自我的工具。由于文人的重视，中国古诗（特别是五言）进入了第一个繁荣时期。

三曹之后，五言诗歌在主题上又有了数次变化。首先是竹林七贤，特别是以阮籍和嵇康的诗作为代表的哲理诗。其中阮籍的《咏怀诗》更是佳作。到了东晋，陶渊明将诗歌的主题用于山水田园和隐逸，使得诗歌的抒情意味更浓。

魏晋时期诗歌之所以能拓展出一片新的天空，在于人们摆脱了政治的束缚，强调自我和反叛，从而发展出百花齐放的局面。但是，随着诗人的士族化和官僚化，另一种制约诗歌的因素也变得强大起来。

由于诗人脱离了实际生活，诗歌也逐渐变成了应酬和往来的工具。到了南北朝时期，诗人大都出现在达官贵人之中，他们将诗歌看成是一种装点身份的工具，人们之所以要作诗，是为了证明自己属于贵族阶层，与普通民众不同。

到这时，诗歌从强调内容变成了强调格式。对于内容来说这并不是好消息，但对诗歌在格式上的成型来说，却有着巨大的意义。

在南朝齐的永明时代（公元483年—493年），围绕着皇族竟陵王萧子良，聚集了一批文人，其中的代表人物是沈约、谢朓。他们发展了从曹植开始探索的诗歌音律问题，强调诗歌的音律、对偶和平仄。

汉代时五言诗与歌曲是融合的，当五言诗从歌曲中独立出来，如果要做到朗朗上口，必须首先从押韵上做文章。其次，人们从汉赋中学到了对仗，通过两个句子的对仗，就可以产生出韵律之美。声调的高低同样是重要的，这就牵扯到平仄问题。中古汉语有四音，分别是"平上去入"，只有四声错落开，才能产生出美感。

沈约等人讨论了一系列这方面的问题，制定了所谓"四声八病"的规则，其中四声指的就是"平上去入"四声，而"八病"则是诗歌在韵律上必须避免的八种问题。通过对"四声八病"的遵循，就可以产生出诗歌的音律美。在当时，符合这些规则的诗歌，被称为"永明体"。

永明体诗歌虽然看上去过于烦琐，但这是人们第一次从理论高度上探讨诗歌的韵律问题，并试图制定出规则来。这一点可以视为唐代诗歌的先声。

不过，当诗歌的规矩过多，而人们由于生活的匮乏，缺乏足够的题材时，就到了诗歌变成靡靡之音的时刻了。

到了南朝梁时期，在皇帝简文帝周围又形成了一个新的派别，他们制作的诗被称为"宫体诗"。所谓宫体诗，是指强调诗歌的韵律规则，由宫廷大臣们应酬所作的诗歌。这些诗歌在规则上接近完美，但内容却极其贫乏。曹氏父子之后，人们作诗就开始强调要有真情实感和自我观察、体验，但到了宫体诗时期，题材最多的是爱情诗，且大都被编入了当时的一个集子《玉台新咏》[①]之中，这本书也就成了隋唐以前的诗歌课本之一。

到了这个时期，五言古诗已经进入了成熟阶段。另外两种诗体也在此时进一步发展。如《玉台新咏》专门用一卷收录了早期和当时的七言诗，篇幅约占全书的七分之一。

还有一种非常短的诗歌，只有四句二韵，如果是五言就只有二十个字，七言也只有二十八个字。要在二十几个字内将内容表达完毕，需要较高的水平。这种短诗称为绝句。

经过了隋唐的改朝换代，诗歌迎来了唐朝的巅峰时刻。唐代人习惯将之前人们创作的诗歌称之为古体诗，而将唐代的诗歌称为近体诗。那么，唐代的近体诗与古体诗又有什么区别呢？

区别在于诗体的严格程度。

唐初的人们写作的仍然是宫体诗，也就是古体诗的一种。宫体诗主要用于君臣之间或者大臣之间的应答，内容多是赞颂朝廷，或者寒暄凑趣，但在格式

---

① 其编者徐陵就是宫体诗的倡导者和实践者之一。

上又非常严格,有着押韵、平仄、对仗等要求。

唐太宗是唐代写宫体诗的大师,他的大臣们在皇帝的感染下,许多人都成了宫体诗高手。这个时期的大臣诗作中,有一个单独的品类——奉和诗。所谓奉和诗,指奉旨应和的诗歌,这样的诗充满了奢华辞藻,却并没有实际的意义。到这时,诗歌就如同到了汉代末年,需要另一次革新,因为宫体诗题材的狭窄性已经限制了人们的想象力。

盛唐以前对诗歌的改造可以分成两个方向。第一个方向是初唐四杰和陈子昂对诗的内容的改造,第二个方向是沈佺期和宋之问对诗的形式的改造。他们共同创造了唐诗的起步阶段,定义了唐诗风格。

高宗和武后时代的王勃、杨炯、卢照邻、骆宾王四杰之所以能够在唐诗上有所进步,是和他们的身世起伏相关的。早期的唐代宫廷诗人大都是高官显贵,他们的生活圈子狭窄,写诗更多是为了与皇帝应酬。而这四人的官宦生涯大都是边缘化的,骆宾王还因为反叛武则天而不知所终(也可能是被杀)。他们的生活圈子更广泛,从市井直到塞漠都有所接触,这使得他们在题材上脱离了宫体诗。他们的题材更偏向于羁旅、分离、边疆和险途,不再是应酬,反而像当初三曹对汉诗的改造那样,是从内心深处表达的真实情感。

到了陈子昂时期,他更是有意识地复古,反抗宫体诗,提倡兴寄和风骨,跳过齐梁的宫体诗,去寻找汉魏时期的悲怆和真挚。正是在这种思潮下,那首"前不见古人,后不见来者,念天地之悠悠,独怆然而泣下"才有了感动千年的力量。

真正令唐诗独具一格的,是沈佺期和宋之问等人对唐诗格式的改进和定型。沈佺期和宋之问都是武后时期的大臣。从政治上说,他们都是政治上的投机派,为后人所耻笑[①],但唐代的官场除了容纳那些正人君子之外,也给投机分子留有生存空间,这使得后人虽然鄙夷他们的人格,却仍然将改造诗歌的功劳授予了他们。

在唐代以前,宫体诗已经对诗歌的格式进行了严格的设定,但这又过于限

---

① 关于沈佺期和宋之问的政治生涯,可参考两唐书中各自本传。

制了诗歌的体裁，加大了作诗的难度，使得人们把焦点都放在了诗歌的形式上而忽略了内容。但如果不讲求格式，又影响了诗歌的韵律，到底如何折中，这里一直存在着矛盾。

沈宋的最大贡献，是将一种新的诗体定型了，这个诗体就是律诗。律诗的格式固定，只有八句四韵，如果是七言就是五十六个字，五言只有四十个字。如果律诗只有一半，也就是四句二韵，就是一首绝句，所谓绝句，可以理解为半首律诗。而唐以前的诗歌则不限定句数，可以很长，也可以很短。

律诗和绝句都属于唐代人所说的近体诗，而唐以前的四言、五言、七言和杂言诗等被称为古体诗（或者古诗）。一首八句四韵的七言诗可以是七言律诗，也可以是七言古诗。那么同为八句的律诗和古体诗区别何在呢？在于押韵、平仄和对仗。宫体诗也有平仄，但宫体诗的平仄更加严格，分"平上去入"四声，而唐代的律诗只区分平仄（上、去、入三声都算仄声）两声，这就改造了以前的音韵规则，减少了作诗的难度。

另外，律诗又制定了几个规则：粘、对、替。所谓粘，也就是相邻的两韵中，前一韵后句中的第二、四、六个字，平仄必须与后一韵首句中的第二、四、六个字的平仄相同。所谓对，也就是同一韵中，前后句的第二、四、六个字的平仄必须相对。所谓替，指的是每一句的第二、四、六个字必须平仄相反。

这个规矩造就了律诗的节律感。我们可以认为，平仄和粘、对、替都没有什么道理，只是唐人摸索出的一种规则，因循这些规则创造出来的诗歌最朗朗上口。再加上押韵规则，以及中间两联必须对仗的要求，形成了律诗较为严格的格式感。一首八句的七言诗，只有符合了这些所谓的规则，才能被称为一首律诗，否则的话就是七言古诗。

至于绝句，可以取律诗的前两联，也可以取后两联，同样可以取中间两联，甚至首尾两联，组成的四句诗就是绝句。

由此，律诗和绝句终于定型，唐代拥有了属于自己的诗歌。事实上，许多诗人是各种诗体都作，李白是五言古诗的高手，同时在七古、五律、七律等各方面都有着杰出的成就。而杜甫出生稍晚，在律诗方面更加突出。

沈宋对于诗体的固定，加上唐代科考对于诗歌的促进，随着玄宗时代再次采取了休养生息的政策，让民间变得更加富裕，养活得起一个闲适的文化阶层，诗歌的土壤就完全具备了。开元盛世还不是唐诗的高潮，只是它的起步。

只有当政治环境已经吸纳不了这么多的文人，并且随着社会的退化，一部分文人被迫将自己的目光从宫廷转向社会时，诗歌的盛世才真正到来。

第三章
盛世阴影

贤相集团的更迭

在开元初年,玄宗任命了一批贤相治理国家,他们虽然都有个人缺点,但整体上作为一个集团存在。这个集团的特点是,在中国传统文化的熏陶下,都赞成政府减少对民间的干预,尽量降低税收,并减少对外耀兵。

宋璟和苏颋之后,唐朝的宰相制度又保持了十年的稳定,其特征依然是以两个宰相为主。偶尔多出几人或者空缺,但这种时候大都是过渡期,一旦过渡完成,依然是双宰相制。

宋璟和苏颋罢相后,皇帝任命京兆尹源乾曜为黄门侍郎、并州(治所太原)长史张嘉贞为中书侍郎,两人同领平章事,成为宰相。并州是唐朝的北都所在地,也是唐王朝的发家地,那里设立了一个大都督府,相当于现在的大军区所在地。大都督府的都督都是由李氏的亲王兼任的,但这些亲王大都不会去往驻地,而是继续生活在长安。于是,大都督府的二把手长史就成了实际上的负责人,并州长史相当于帝国北方军事上的首席,因此,将他调入长安担任宰相也是情理之中的。

在玄宗初期的宰相中,任职时间最长的不是最著名的姚崇和宋璟,反而是源乾曜。

源乾曜也是进士出身,一直以干练闻名,在姚崇的搭档卢怀慎病重时,他曾经被皇帝选上来担任宰相,作为姚崇的副手。但干了没几天,姚崇就被罢相了,源乾曜将相位让给了宋璟等人。等宋璟罢相后,源乾曜又被皇帝请回来担任宰相,他从开元八年(公元720年)正月接替宋璟和苏颋之后,直到开元十七年(公元729年）六月才被罢相，一共担任了近十年宰相。①

那么，源乾曜到底有什么魔力，能够长期任职呢？答案是他除了干练之外，还有另外两个品格：能担事，同时放手少管事。

在宋璟担任宰相时，源乾曜担任京兆尹，相当于国都市长。这个官职本来就属于烫手山芋型的，富贵子弟云集长安，不管什么事，只要牵扯到权贵，都有被告御状的风险。当时，由于皇亲国戚和文人墨客云集，国都圈（关中平原）的粮食不够民众消耗，但要从内地运送粮食又非常困难，皇帝常常选择带着领导班子到东都洛阳居住一段。皇帝去洛阳时，宰相也要跟着同往，于是整个国都的事务都交给了京兆尹，而源乾曜的管理宽严相济，让皇帝感到满意。

有一次，皇家养的一只白鹰走失了，人们发现它死在灌木丛里。众位负责官吏害怕皇帝生气，只有源乾曜安慰众人，说白鹰是自然死亡，谁都没责任。他将责任担了下来，向皇帝解释清楚，事后也没有人受罚。

皇帝正是看上了源乾曜的宽容精神，才让他接替宋璟担任宰相。不管他的搭档如何换人，他始终在台上屹立不倒。虽然他的权力很大，但他永远谨慎地发表意见，甚至大部分情况下只附和别人的意见，只有少数他认为重要的事情，才说出自己的看法。他更像是曹参式的官员，喜欢萧规曹随，既然姚崇和宋璟等前任都已经打下了基础，那就继续下去。正是他的谨慎，让开元盛世得以延续。

另外，源乾曜一直注重让有能力的人上位，让那些依靠祖荫的官员让位。他上台不久，就以身作则，将自己三个儿子中的两个赶出了京城，派到地方任职，只留了一个在身边。在他的榜样作用下，文武大臣纷纷将自己的儿子、亲戚送出京城，形成了良好风气。②

源乾曜长期的搭档，最初是张嘉贞，之后是张说，最后是李元纮。③ 与源乾曜搭档的这三个人，或多或少有一些缺点，而正是这些缺点，让我们看到了开元贤相的复杂性。

最早与源乾曜搭档的张嘉贞是以明经进士登位的，也是武则天时期选拔的

---

① 参见《旧唐书·源乾曜传》。
② 参见《资治通鉴·唐纪·开元八年》。
③ 还有两位短期担任宰相的王晙、杜暹，以及和源乾曜宰相任期有短暂交集的萧嵩。

人才。在仕途中,他以干练刻薄著称。然而张嘉贞却有着几道过不去的坎:第一道是他的兄弟张嘉祐;第二道是他的几位亲信;第三道是他常用酷刑对待所谓的贪官。①

张嘉贞的晋升主要靠帝国的文官系统,而他的兄弟张嘉祐则在武官系统中晋升,最后担任了金吾将军,但这个职位却和张嘉贞在皇帝面前的求情不无关系。张嘉贞本人干练有余、决断有余,但是容忍不足,在碰到源乾曜这位搭档之后,他立刻吃准了搭档的脾气,开始大包大揽起来。很快在他的周围形成了一个亲信圈子,包括中书舍人苗延嗣、吕太一,考功员外郎员嘉静,殿中侍御史崔训,这四个人聚集在张嘉贞的左右,常常在一起议论朝事,形成了另一个小政府。

正是张嘉贞的性格,让人们对他的议论不断,关于他贪污腐败的流言四起,但实际上他本人极其清廉。他退职之后,依然没有任何的田产,就连他的亲戚都看不下去,劝他考虑一下将来,但他表示自己担任过帝国最高职位,这辈子不会受穷的,而且即便准备再多的财富,如果子孙不争气,一样会被败光,不如不留。由于这种清廉的态度,加上急脾气,张嘉贞对于任何指控他腐败的言论都特别敏感。

开元十年,曾经有人控告洛阳主簿王钧为了获得御史的官职,给张嘉贞在洛阳修了宅子。这件事被玄宗知道了,命令将王钧杖杀。张嘉贞不仅不救他,反而暗地里指使人加快行刑。这件事的真相到底如何,史料过于简单,已经不可考,但从张嘉贞不治田产的态度看来,至少不是有意受贿,很可能是陷入了某种潜规则之中,他本人也并不认为违反了官场的纪律。但他对王钧的态度,表明了急于撇清关系的心情。②

除了促使王钧被杖杀之外,张嘉贞还经常运用杖杀手段解决问题。秘书监姜皎因为泄露了皇帝想要废除皇后的秘密,皇帝命令张嘉贞想办法找到姜皎的问题,将其治罪。张嘉贞开出的药方依然是打板子,导致姜皎身受重伤,死在

---

① 参见《旧唐书·张嘉贞传》。
② 参见《旧唐书·张嘉贞传》。

了流放的路上。① 而广州都督裴伷先下狱后，皇帝询问到底怎么处置，张嘉贞又开出了打板子的药方。这次被张说拦住了，张说提出，如果现在乱打板子，那么未来这板子也许会打在退职之后的张嘉贞的屁股上。

张嘉贞一心防止腐败，不想最后依然因为腐败而倒台。给他带来麻烦的是他的兄弟张嘉祐。张嘉祐担任将军后，成了腐败官员中的一位，事情被揭发后，张嘉贞感受到了压力。这时，张说给他出了个主意：既然掩饰不住，不如先承认兄弟的罪过，等皇帝接见时，再请求皇帝的原谅。张嘉贞听从了张说的意见。

他等待着皇帝的接见，不想皇帝见他认了罪，连见都不见，直接将他贬为幽州刺史。开元十一年（公元723年）正月，张嘉贞被罢相。张嘉贞对于自己的被免一直愤愤不平，他认为兄弟的事情不应该牵连自己。特别是当他听说取代自己的就是张说时，更加生气了。第二年，他又被调回中央任职户部尚书兼益州长史判都督事，皇帝宴请他和宰相们吃饭，张嘉贞当面和张说吵了起来，被老好人源乾曜给劝开了。

在源乾曜的搭档中，张说是时间最长的一位。张说在玄宗时代刚开始时，也短暂地担任过宰相。到了开元九年（公元721年）九月，张说也是以并州刺史的身份被授予兵部尚书同中书门下三品。因此，从这时开始到张嘉贞去职，帝国事实上有三个宰相。但张说最初是以管理军事为主，第二年四月他就兼任了朔方军节度使，到北面巡边去了。张嘉贞免职之后，张说才更多地承担起了宰相的职责。至于张说承担的军事职责，则交给了吏部尚书王晙。玄宗任命王晙为兵部尚书同中书门下三品，但王晙随后被派往北方巡边，没有参与太多的决策。开元十一年（公元723年）底，王晙被人诬告谋反，皇帝虽然不认为他有罪，但为了防范，还是将他罢相。② 于是，双宰相制又在源乾曜和张说的搭档中运行了三年多。

张说是玄宗时代有名的大才子，主持过《三教珠英》的编撰，又帮助皇帝

---

① 参见《资治通鉴·唐纪·开元十年》。
② 参见《旧唐书·王晙传》。

设立了丽正书院，但如果从个人品性来说，张说甚至比张嘉贞还差。除了与张嘉贞的钩心斗角之外，张说最著名的故事莫过于与姚崇的恩怨了。

他在玄宗时代第一次拜相时，曾经试图阻止皇帝任命姚崇，不想姚崇上位后，立刻以其人之道还治其人之身，将张说贬斥了。张说第二次拜相的当月，恰逢姚崇去世①，于是民间就有了这样的传说。根据传说，姚崇死前已经知道张说又上位了，他担心自己子孙的安危，于是让儿子在张说来吊唁时，赶快投其所好，把家中的金银财宝都摆出来。②如果张说来了对这些财宝看都不看，那么这个家就完了。如果张说来了对这些财宝赞叹不已，就赶快请他写一份神道碑文，并用这些财宝当作润笔费。姚崇认为，张说为了得到财宝一定会说尽好话，但事后，他会后悔说了这么多好话，因为这样，他以后就没有办法报复姚崇了。因此，他会以需要修改文字为借口，派人来要回自己撰写的神道碑文。姚崇嘱咐儿子们，一旦拿到张说的文字，就立刻去刻碑，并拿去见皇帝，让张说无法收回去，只有这样才能保全家族。

根据传说，张说就这样被"死去的姚崇"算计了。这个传说虽然是编造的，但也可以看出当时人们对于张说的人品是持保留意见的。

张说担任宰相期间，对于唐王朝的贡献主要是正面的。他虽然性格刻薄，但整体上又提倡施政宽容，特别看不起那些新崛起的聚敛之臣，并建议皇帝不要乱发动军事行动，这些做法都让玄宗盛世继续了下去。由于他是当时的文坛领袖，在他任上，玄宗时期的文学活动为之后的文学鼎盛打下了基础。③

张说在后世的争议之一，是为了封禅泰山而劳民伤财。正是在他的主持下，玄宗皇帝效仿当年的高宗和武后，赴泰山进行了封禅。这次封禅活动进行得轰轰烈烈，开元十三年（公元 725 年）十一月，皇帝从东都出发，来到泰山脚下。再骑着御马登山，其余的官员被留在了谷口，只有宰相和祠官陪同，所带来的卫士都在山下警戒。

---

① 事实上，姚崇死于九月初三（丁未），张说拜相于九月十九（癸亥），这更说明下面的故事是虚构的。日期见《资治通鉴·唐纪·开元九年》。
② 参见《明皇杂录·卷上》。
③ 参见《旧唐书·张说传》。

这一次活动本来是张说增加威望的机会，不想，由于他选择的祠官大都出自亲信，而剩下的官员都不得上山，只有上山的人才得以加官，至于卫队，虽得加勋，却没有得到赏赐。这反而让组织者张说成了众矢之的，他的威望不但没有增加，下官对他的怨恨反而加深了。

到了第二年四月，张说就被罢职了，直接原因是他得罪了几个他看不起的人。河南尹崔隐甫没有文化，皇帝想重用此人时被张说暗中劝住了。而张说更加看不起的是御史中丞宇文融以及刚刚崭露头角的李林甫，这几个人在未来代表着另一股势力的崛起，他们属于一个叫作"聚敛之臣"的集团。

这几个人抓住了张说的软肋，控告他请术士占星，徇私纳贿，等等。皇帝于是派人将张说下狱。堂堂宰相转瞬之间成为囚徒。皇帝派高力士前往探视，发现平常仪表堂堂的张说蓬头垢面睡在烂席子上，用瓦片吃饭。皇帝动了恻隐之心，这才饶过了张说，仅仅将他罢相了事。但皇帝为了给他颜色看，还是当着他的面将他的"同党"杖杀，表明谁才是这个国家的主人。张说之后虽然依然享受着荣华富贵，但他在政治上的影响力已经告终。这也表明，盛世时期贤相集团的影响力已经接近尾声。

接替张说的是户部侍郎李元纮。李元纮是世家出身，他的父亲也曾经担任过宰相。他本人则是武后统治时期成长起来的又一位人才，崇尚简朴，性格正直，受到了皇帝的首肯，这才用他来取代喜好奢侈的张说。[①]

但是，到了李元纮执政时期，唐朝的政治变得更加复杂了。李元纮是一位正直的人，他虽然身居高官，却并没有随着升迁而换到更好的住处，他的仆人和马匹也一直沿用。他穿着旧衣服，如果皇帝有了赏赐，就分发给族人。但正因为他的正直，反而让许多人受不了，因为那些人等着利用官僚系统的漏洞升迁。

而更麻烦的是，李元纮时期，帝国的财政已经不是靠节俭就可以治理好的了。皇帝特别需要钱，他利用一切机会赚钱，希望扩大官僚对土地的管控权，

---

① 参见《旧唐书·李元纮传》。

而李元纮却反对这样。这可能是造成他离职的重要却未被明说的原因。

在李元纮当政时代，皇帝又任命了一位叫作杜暹的官员为宰相，与李元纮、源乾曜构成了三驾马车。杜暹出身武将，虽然人品无可置疑，与李元纮一样清廉，却由于学问不行而受到轻视，与李元纮成了官场上的对头。开元十七年（公元728年）六月，皇帝以李元纮和杜暹的矛盾为借口，将他们三人全部罢相。①

从姚崇开始直到李元纮，每一个宰相都带着很多的缺点，有的性格急躁，有的无法约束家人，有的自身就有纳贿的"习惯"。除了源乾曜之外，他们任职的时间也都不长，最多只有四年，但他们却有一个共同的特征，就是基本上符合士大夫的规范。他们都有着足够的正义感，虽然钩心斗角，但都认为政府应该减少对民间的干预，这是中国历史上士大夫们共同的认知。从这个角度上讲，他们都属于同一个集团，我们可以称之为贤相集团。即便每一个人的任职时间都不长，但在一个拨乱反正的时期内，他们作为一个集团所产生的合力造就了开元盛世的发生。

与此同时，民间经济在休养生息中继续发展，使得开元时期的经济活跃程度早已经超越了之前的太宗、高宗时期。

然而，就在人们已经习惯了享受盛世，八卦朝廷官员的斗争时，一股潜流却在逐渐发展，并最终成为盛世之下的阴影。这个阴影迅速扩大，在李元纮、源乾曜和杜暹被罢相之后初露头角，又经过了六年，就将玄宗时期的贤相集团彻底吞噬了。

战争与财政

开元十七年（公元729年）六月，唐帝国迎来了一个新的特殊的宰相。在此之前，帝国的宰相大都是由功勋卓著的文臣或者武将担任，但这一年，唐玄宗却任命了一位特殊的人物，他的身份既不文也不武，而是一位敛财之臣。他

---

① 参见《旧唐书·杜暹传》《资治通鉴·唐纪·开元十七年》。

就是宇文融。

当宇文融获得这个职务后，立刻掀起了轩然大波。不过，在讨论宇文融效应之前，不妨先看一看唐玄宗即位以来的军事和财政的发展，只有这样，才能理解为什么他既任命过姚崇、宋璟，也曾经任命过李林甫、杨国忠。

人们通常将张说当成文人，却忽略了他对唐朝军事的贡献。在他最后一次担任宰相之前，开元七年（公元719年），张说曾经担任检校并州大都督府长史，兼天兵军大使，摄御史大夫，兼修国史。这是一种兼具文人和武将特征的职务组合，张说甚至在赴军职时还带着国史的本子，一路上边统兵边编撰书稿。

第二年秋天，唐朝的朔方节度使王晙由于担心一批投降了唐朝的突厥人有阴谋，将他们杀掉了。这次事件导致北方的许多部落都惊恐不宁，认为唐军杀降是一种不祥的举动，他们因此都有了叛离的心思。这本来是唐王朝的一场危机，但张说听说后，立刻带领轻骑二十人，持旌节直闯部落营地。作为唐朝北方地区的最高首长，他的到来让部落酋长们感到吃惊，连忙接待。副使认为这样做太冒险了，劝说他加倍小心。但张说却说，我的肉不是黄羊肉，不担心他们想吃，我的血也不是野马血，所以不担心他们刺杀。大丈夫到了危险时刻要勇于搏命，这正好是我以死报效的时候。[①] 正是靠这种精神，张说赢得了对方的信任，将一次迫在眉睫的叛乱压制住了。

从这次事件的处理，也可以看到，到了张说时代，贤相们依然以和平为主来处理边境问题。

但张说也并非一味以和平处理问题。事实上，第二年北方首领康待宾反叛时，张说就率军击败了他。与康待宾一同反叛的还有党项人，张说却并没有追究党项人的责任，而是安置了他们。当有人提出异议时，张说回答说，不能靠把人杀光来解决问题。可见张说处理边事有刚也有柔。

张说担任宰相后，皇帝依然授予他朔方军节度大使的职务，让他去巡边。这时恰好又赶上康待宾余党的叛乱。张说镇压了这次叛乱，但同时，他做了一个令人瞠目结舌的举动：当时唐朝在边镇地区布置了六十万大军。张说却奏请将

---

① 参见《旧唐书·张说传》："吾肉非黄羊，必不畏吃；血非野马，必不畏刺。士见危致命，是吾效死之秋也。"

其中二十万人裁撤,让他们回归农业生活。这件事引起了皇帝的猜忌,但张说却回答:这些兵并没有战斗力,反而耗费了粮草,又无法务农,将他们裁撤是最佳办法。张说以自己全家的性命作保,换取了皇帝的裁军。

这次裁军,透露出唐王朝的一个痼疾。由于唐朝的财政问题一直不健康,事实上养兵是一个非常大的负担。而唐朝采取的府兵制名义上是兵农结合,但事实上兵不兵、农不农,既不能打仗,也不能务农,反而成了低效的代名词。

唐代的贤相们已经注意到了这个问题,他们所采取的态度是节流。也就是说,既然财政跟不上,那么就少用一些兵,节省财政。如果要少用兵,就要减少军事行动。因此,张说之前的宰相们大都不主张打仗,减少军事冒险。

当然,除了减少府兵之外,还必须有其他的配套改革,那就是增加职业军人。开元十年(公元722年),作为宰相的张说采取了另一项改革:由于国都地区的兵以前都是从地方上抽调轮值的,缺乏战斗力,还总是缺额,张说建立了十三万人的职业军队来保护京师,这就是后来的彍骑兵。减少不能打仗的府兵,建立精兵队伍,就是张说改革的总方向。

贤相们减少边境冲突的做法,对于玄宗盛世是非常有利的。但事实上,玄宗皇帝是一位喜爱排场,乐于花钱,不避讳打仗的皇帝。只是他在初期懂得放权,使得宰相们有了足够的操作空间。一旦承平日久,皇帝的内心就蠢蠢欲动了。到开元十五年(公元727年),玄宗皇帝对军功的渴望再次浮现。

这一次的冲突可以追溯到五年前,当时吐蕃进攻了小勃律。小勃律位于现在巴控克什米尔地区的吉尔吉特附近,如果从新疆坐车翻越红其拉甫,沿中巴友谊公路(喀喇昆仑公路)进入巴基斯坦,就会经过吉尔吉特地区。这里地处偏僻,本来不是一个重要地区,但临近吐蕃。吐蕃希望将其拿下,以便通过这里的山路进入新疆的南疆地区。①

小勃律国王害怕吐蕃,连忙和唐朝北庭节度使张孝嵩联络请求帮助,张孝嵩于是出兵四千,帮助小勃律打败了吐蕃。这次战争虽然获胜,却导致唐朝和

---

① 关于小勃律的记载,亦可以参考本书楔子部分的叙述。

吐蕃一直处于低烈度战争状态。①

唐玄宗和臣下谈起吐蕃问题时，大臣的意见分成了两派：一派以宰相张说为代表，他认为吐蕃与唐的连绵战争，已经造成甘州、凉州、河州和鄯州地区连年凋敝，即便获胜也是得不偿失，不如继续采取和平态度，接受吐蕃的表面服软，维持关系。但另一派以凉州都督王君㚟为代表。王君㚟作为武将是渴望打仗的，担心唐蕃维持和平，他就没有了战功。玄宗本人倾向于教训吐蕃，却碍于张说的面子无法做出决定，直到将王君㚟招入朝中，获得了他的支持，才决定采纳鹰派的意见。②

开元十二年（公元724年），王君㚟深入敌军，与吐蕃交战并获胜，将俘虏献于长安。这次献俘更增加了唐玄宗的信心。

开元十五年（公元727年）一月，吐蕃大将悉诺逻率军从大斗拔谷进入甘州地区③。王君㚟避开了他的风头，等对方疲惫之后跟在了后面。吐蕃人回军时恰逢大雪，冻死了很多士兵。王君㚟派人从小路绕到吐蕃军队之前，烧掉了道旁的草。悉诺逻到了青海湖以南的大非川时，由于没有粮草，马匹饿死了很多。王君㚟乘机派兵追击，击破了悉诺逻的后军，获得了一部分辎重马匹。

这次战役以唐军获胜告终，但唐军让对方的大部队撤退了，没有毕其功于一役。不过这样唐玄宗已经满意了，他封王君㚟为左羽林大将军，甚至他的父亲也受了封。

此刻，张说再次提出应该以和平为主，千万不要耀兵，但皇帝再次否决了他的提议。④

王君㚟的好日子并不长久，到了这一年的九月，悉诺逻再次率军前来，这次他的目标是北方的瓜州，也是唐代进入新疆的门户之一。吐蕃人将其攻陷后，抓住了刺史田元献，此外还有一个人因为恰在城中也被俘，他就是王君㚟的父

---

① 参见《新唐书·吐蕃传》。
② 参见《资治通鉴·唐纪·开元十五年》。
③ 这条路也是当年隋炀帝伐吐谷浑之后进入甘州的道路，隋军因为道路艰险，损失甚众，见《隋书·炀帝纪》。现在连接青海西宁和甘肃张掖的高铁线路，就恰好通过当年的大斗拔谷。
④ 参见《新唐书·吐蕃传》。

亲。吐蕃人为了羞辱王君㚟,将在瓜州抓住的一位僧人释放,给在凉州的王君㚟带了信,挑衅式地问他:将军常以忠勇许国,何不一战!

王君㚟考虑到双方的实力对比,登城向西眺望哭泣,却不敢出兵。①

吐蕃人的事情还没有过去,回纥人又带来了麻烦。在第二突厥汗国的默啜可汗强盛时,有四部游牧民族来到甘州和凉州之间躲避突厥人的锋芒,其中一部叫作回纥。在王君㚟没有发达的时候,曾经被四部轻视,等他当了官之后,便向皇帝上奏四部难以管理,不如迁走。于是,四部的人颠沛流离,被送往异乡。

这一年的闰九月,四部中回纥部的一支人马决定报仇。这时恰好吐蕃人想与突厥人联合,就派出特使前往肃州以北的突厥地区。王君㚟听到了消息,率领精兵从凉州出发拦截吐蕃特使。当他们行军到甘州西南的巩笔驿时,埋伏的回纥人将他杀死,之后回纥人想把他的尸体带走送给吐蕃,却由于凉州兵的猛追,不得不弃尸而走。②

王君㚟的死亡不仅是唐朝的一次军事失败,还将国家带入了另一次危险的境地,这时的吐蕃、回纥、突厥等民族有了联合的倾向,对唐朝造成了巨大的压力。到了开元十七年(公元729年),奚和契丹也加入进来,发生了又一次叛乱。

在接下来的时间里,唐朝再次抵御了吐蕃的进攻,逼迫其重新回归和谈,而突厥、回纥的情况也没有显著恶化,奚和契丹在经过数次战役后也进入了又一次和平时期。但从此之后,边境上低烈度的战争却一直没有平息,吐蕃、突厥、突骑施、奚和契丹等轮番给唐朝制造麻烦,使得边境的军事形势一直处于紧张状态。

频繁的军事行动又给唐王朝的财政带来了问题。在之前,各位贤相们一直想压住的就是帝国的开支,特别是军事开支。但随着唐朝盛世的到来,各处花钱的地方越来越多,让帝国的国库变得左支右绌。

根据统计,在玄宗初年,中央政府每年的养兵费用只需要二百万贯钱就足

---

① 参见《资治通鉴·唐纪·开元十五年》。
② 参见《旧唐书·回纥传》《资治通鉴·唐纪·开元十五年》。

够了。随着边境兵事的扩大，到了玄宗中期，直接养兵成本已经高达一千万贯，之后又扩张到一千二百六十万贯。①需要说明的是，这些钱只包括士兵的口粮和衣服以及零花钱，如果将运输成本考虑在内，再将打仗时的军事开支、赏赐计入，那么军事开支要比能够统计出来的还要高得多。

除了养兵费用之外，开元中期的官僚阶层也越来越庞大，官僚集团的开支也成了问题。

唐代官僚系统的增长还可以从下面的数字看出来，唐太宗早期，中央官僚的数量是七百三十人。太宗一代，养官成本仍然可以控制，贞观二十二年（公元648年），中央政府官员俸禄是十五万两千七百三十缗钱。②在这一情况下，即便加上办公费用，国家开支也不会过于庞大。

然而随后的高宗和武后时期，直到玄宗皇帝上台之前，是唐代官僚系统膨胀最厉害的一个时期。高宗显庆二年（公元657年），唐代的官僚已经从最初的数百人扩张到了一万三千四百六十五人，比起太宗初年已经增长了二十倍，而且每年有一千四百人的生力军进入官僚队伍，需要政府的财政供养。③

这还不算夸张，唐代初年的宦官人数也并不庞大④，到了中宗神龙年间（公元705年—707年），宦官人数已经达到了三千人⑤。到了玄宗时期，仅仅宫女就达到了四万人，带品的宦官已上三千人，更高级别穿紫衣的也有一千人。

开元二十一年（公元733年），官员达到了一万七千六百八十六人，其他公务员（吏）更是达到了五万七千四百一十六人，还有许多有了官员资格，但还没有授官的人⑥。

除了正规官员，唐代的宗室子弟也在呈几何级数膨胀，玄宗时期在这一块

---

① 唐·杜佑《通典》："自开元中及于天宝，开拓边境，多立功勋，每岁军用日增。其费粜米粟则三百六十万匹段，给衣则五百二十万，别支则二百一十万，馈军食则百九十万石。大凡一千二百六十万（开元以前每岁边夷戎所用不过二百万贯，自后经费日广，以至于此）。"
② 参见《新唐书·食货志》。
③ 《旧唐书·刘祥道传》："今之选司取士，伤多且滥，每年入流，数过一千四百，伤多也。……今内外文武官一品以下，九品已上，一万三千四百六十五员。"
④ 《旧唐书·宦官传》记载，唐制有内侍省，官员六十名；另外设有五个局，各有宦官人数不详。
⑤ 《旧唐书·宦官传》："中宗性慈，务崇恩贷，神龙中，宦官三千余人，超授七品以上员外官者千余人，然衣硃紫者尚寡。"
⑥ 参见《资治通鉴·唐纪·开元二十一年》。

的支出也已经是天文数字。以他建立的收容皇族的十王宅和百孙院为例，十王宅每院配置四百名宫人，百孙院每院也有几十人，这个庞大的群体都必须由财政来养活。

皇族、官员子弟，以及各式各样的仆人、供养人等，长安形成了一个庞大的脱离农业、需要供养的集团。官员有七万多人，宫人四万多人，再加上开元中期以后的军事行动造成的军费连年膨胀，帝国财政入不敷出。

玄宗时期，每年的财政收入是："租钱二百余万缗，粟一千九百八十余万斛，庸、调绢七百四十万匹，绵百八十余万屯，布千三十五万余端。"[1] 这些根本不够开销。加之唐朝的财政系统是典型的常时财政，不具有扩充性，一旦到了战时，立刻会出现困难。更何况，唐代作为一个繁荣的朝代，其财政系统在中国的历代王朝中，都属于非常不健康的。

即便在玄宗中期，如果从社会发展来看，已经是一次典型的盛世局面，可是如果打开皇帝的账簿，却会发现一个岌岌可危的财政系统。当北边的战争需要更多的财政支撑时，真正的问题就来临了。

那么，当皇帝财政吃紧时，他的官员（特别是贤相）是否能够帮助皇帝解决财政问题呢？

答案是否定的。

聚敛集团的出现

姚崇、卢怀慎、宋璟、苏颋、源乾曜、张嘉贞、张说、李元纮等人所代表的贤相集团有着无数的优点，他们大都赞成政府减少对民间的干预，尽量降低税收，并减少对外耀兵。但这个特点也成了贤相们的缺点，他们可以帮助皇帝节省财政开支，却不会帮助他增加财政收入。

所谓节省开支，指的是削减官僚机构，减少军事行动，政府可以少花钱。但是，随着官僚机构的扩大，能够削减的数量是有限的，政府能省的开支也

---

[1] 参见《新唐书·食货志》。

有一定限度。皇帝除了削减开支之外，还有着强烈的增加财政收入的需要。

但所有的宰相都不会帮助皇帝去增加财政收入，他们的心里还有着一个标准，认为增加财政收入就意味着对民间盘剥。到这时，皇帝和贤相集团之间的蜜月期就过去了。他需要的是另外一类人来帮助他增加财政。但不幸的是，由于文人阶层已经有了自己的选人目标，就连科举考试也只注重文采，不注重理财，这导致那些能够帮助他增加财政收入的官员很难进入到高层，也就无法为玄宗皇帝服务了。

到底如何才能解决这个问题呢？一群聚敛之臣的出现，恰好满足了皇帝的需求。①

根据唐人自己的叙述②，聚敛之臣出现时，恰好是唐玄宗加大对外战争力度之时。战争扩大了，但战争经费却一直入不敷出，玄宗盼着有人能够想出办法来帮助他。开元九年（公元721年）正月，一位叫作宇文融的监察御史突然毛遂自荐，向玄宗介绍了一套可以解决经费问题的办法。③

他的思路是这样的：在玄宗之前，唐代的户籍制度一直不够精确，民间社会实际上瞒报了很多的税基（人口和土地）。唐代之所以有这个问题，主要是因为吸取了隋的亡国教训。④隋朝统一全国，实际上是继承了北周、北齐和南朝陈三份国土，在这三份国土中，北周的户籍制度是相对完善的，而北齐和南朝的户籍制度却充满了漏洞。特别是北齐，也采取了从北魏传下来的均田制，人们在生下来之后从国家领得土地，种到死时再被国家收回去，而其他税收又是按照户来缴纳的。这种制度使得人们并不乐于申报死亡人数和实际拥有的土地，且为了减少户数，往往几十人上百人组成一个大家庭，这就减少了税收。

隋文帝统一全国后，采取了苛刻的方法，严格调查土地和人口，希望获得确切的数据来征收税款。不想，由于皇帝过于严苛，官员们摸准了皇帝的心思，纷纷加大了上报量，结果上报的土地面积超过实际土地近十倍。按照这个申报

---

① 聚敛之臣问题，参考了赖瑞和《唐代高层文官》第五部分，以及本书作者的《中央帝国的财政密码》唐代部分。
② 柳芳《食货论》，见《文苑英华》卷七四七。
③ 参见《资治通鉴·唐纪·开元九年》。
④ 隋代的财政大跃进，可参考本书作者的《中央帝国的财政密码》。

面积来收税，隋朝人民实际上被多征了十倍之多的税。这种重税使得隋朝成了短命王朝。

唐朝正是吸取了这个教训，从开国之初就没有建立过于细密的土地和户籍数据，宽容地对待逃户和瞒田现象。这样做使得民间经济由于税负不重而越来越发达，却使得财政收入总是不足。

根据宇文融的计算，逃户的人很多，这些人都不再向政府缴税，如果能够把这些人找出来，重新纳入户籍，就可以获得他们的税收，这叫扩户①。玄宗之前也曾扩户，但由于执行不力，一直很难找到足够的户籍外人口。宇文融认为自己有能力帮助皇帝将逃户的人抓出来，当这些人被纳入户籍开始交税时，也就增加了皇帝的财政收入。

唐玄宗采纳了宇文融的做法，于这一年二月份颁布法令，宣布扩户。同时，他让宇文融担任兵部员外郎兼侍御史，并由宇文融指派了二十九位劝农判官②去往全国各地，一是统计逃户，二是统计土地。这次事件让民间受到极大的骚扰，但成果又非常显著。宇文融采取的措施是，对于新找到的户籍人口，首先免五年的赋税，可另一方面，他们必须立即缴纳一千五百文钱。这样做的结果是，到开元十二年（公元724年），他已经找到了八十万的新户籍，相当于唐朝原有户籍的十分之一，此外还有同等规模的土地。同时，由于每人上缴一千五百文钱，还获得了大约十二亿钱③，这相当于一年财政总收入的一半左右。这些钱也并没有进入国库，而是进入了皇帝的私库。在唐代，中央政府的国库是左藏库，而皇帝还有两个私库，叫作大盈库和琼林库，一般政府的税收都是放在左藏库，而皇帝的花销则从两个私库出。宇文融将钱纳入私库，意味着皇帝不需要经过政府就可以直接动用，这些钱大都用于他的私人消费，还有一部分用于战争开支。

通过扩户，宇文融成了皇帝的亲信。由于他掌握着皇帝打仗的钱袋子，州县生怕得罪了他。他也是一个能干的官员，借机会走遍了全国。在皇帝的宠爱下，

---

① 参见《新唐书·宇文融传》。
② "二十九位"的数据参见《通典》和《新唐书》。《旧唐书》和《资治通鉴》记载为"十位"。
③ 参见《旧唐书·食货志》。

任何对他的做法表示异议的人都会被贬斥。①

对于宇文融的搜刮,并非没有反对者。比如,开元十二年扩户刚刚结束,户部侍郎杨玚就反对说,这样的做法既不公平,又让民间疲敝,虽然看上去得到了一些钱财,却无法弥补民间的损失。这种说法是有道理的,但结果却是,杨玚本人被从中央贬斥到地方任职。此刻,皇帝对财臣的需求,已经大大超过了传统的官僚。

第二年,皇帝干脆让宇文融兼任了户部侍郎(原本属于杨玚的职位),让他另外又起了一摊事情:利用搜刮上来的税收开办"常平仓",也就是反向操作,低买高卖,利用粮食差价赚钱。这样皇帝的搜刮生意就从税收转向了对物资流通领域实行国营的垄断政策。②

宇文融最大的对手是宰相张说。作为保卫官僚阶层价值原则的士大夫,张说对于这类"能臣"充满了警惕,认识到他们越能干,给皇帝搜刮的钱越多,民间就会越凋敝。宇文融也注意到这个最大对手,于是先下手为强,在开元十四年(公元726年)联合李林甫等人将张说弹劾入狱,张说虽然保住了性命,却丢掉了宰相的职位。唐玄宗时代姚崇、宋璟之后最强大的价值捍卫者不在了。③

张说离职后,皇帝有一段时间厌恶宇文融乱结朋党,将他贬往地方,但他很快发现离不开这个聚敛之臣,重新起用了他。宇文融也明白皇帝的需求,又提出了新的建议:由于黄河在历史上不断决堤,那些黄河故道已经成了土地,却并没有计算进入帝国的耕地之内,宇文融就请皇帝在黄河故道开垦土地,作为官田挣钱。这样的做法耗费了大量人力物力,但效果有限。可是宇文融在乎的不是效果,而是能不能让皇帝开心。

果然,皇帝的开心是无价之宝,到了开元十七年(公元729年)六月,随着源乾曜、杜暹和李元纮同时离开相位,宇文融终于迎来了巅峰时刻。这个月,唐玄宗为了填补空缺,同时任命了两位新宰相,分别是兵部侍郎裴光庭(任中书侍郎、同中书门下平章事)、户部侍郎宇文融(为黄门侍郎、同中书门下平章

---

① 参见《资治通鉴·唐纪·开元十二年》。
② 参见《资治通鉴·唐纪·开元十三年》。
③ 参见《旧唐书·宇文融传》《资治通鉴·唐纪·开元十四年》。

事）。加上之前任命的主要管军事的宰相萧嵩，构成了新的三驾马车。

这三人中，萧嵩是以战功出身。他本人是世家子弟，不是通过科考进入仕途，因此常常被人们认为文采不足，只是靠着资历深，不与人为敌，因此担任了宰相。

裴光庭属于传统的贤相集团，他的父亲是武则天时期著名的将领——宰相裴行俭。作为名门之后，裴光庭看不起宇文融这样的钻营之徒，但皇帝偏偏配给他这样一名同僚。

在三位宰相中，宇文融属于拥有治国理政新思想的新式人物。皇帝之所以这样配置，显示了他维持贤相集团与聚敛官员均衡的想法。离开了贤相集团，就无法保持民间的稳定，而宇文融带来的财政丰盈对于皇帝的吸引力同样很大，只有双方都尽力，才能保证皇帝的所有需求。

贤相集团看不起宇文融，宇文融也看不起贤相集团，他自许只有自己可以帮助皇帝解决问题。被任命为宰相后，宇文融认为大显身手的时机到了，认为只要能当数月的宰相，就可以让天下大治。①

不幸的是，他执政的道路并不平坦，这源于他对于一位皇族的妒忌。信安王李祎军功卓著，就在宇文融当宰相的当年，信安王组织了一场与吐蕃的石堡城大战，将敌人击溃，使得吐蕃决定向唐朝求和。②

当信安王回到长安时，宇文融首先安排人去弹劾他。不料信安王提前知道了消息，告诉了皇帝。当第二天宇文融安排的人去告状时，皇帝大怒，将宇文融贬斥。他只当了一百天的宰相就被贬，自然也无法实现自己的梦想了。

宇文融倒台后，告状信立刻飞一般到来。皇帝由于国用不足非常想念他，甚至对着宰相裴光庭抱怨，说宇文融贬了之后，谁能来帮我？但在朝臣不断的告状下，皇帝又只好将他越贬越远，直到他去世。

宇文融被免职后，唐代的贤相集团又主持了几年朝政，萧嵩和裴光庭的搭档持续到了开元二十一年（公元733年），随着裴光庭的死亡而告终。之后，萧

---

① 参见《新唐书·宇文融传》。
② 见本书附录《玄宗时期稳定边防和对外战争大事年表》。

嵩推举韩休担任自己搭档，但仅维持了不到一年，两人一同离职。

于是，开元二十一年十二月，唐王朝迎来了第二位能臣宰相，同时还有最后一位贤相。这位贤相就是著名的文人和政治家张九龄。他的搭档裴耀卿则是能臣中的特殊的人物，仕途与其他文官类似，但在作为上却又接近后期的聚敛能臣。

裴耀卿最大的功劳是帮助皇帝运输粮食。到了唐代，关中盆地显得过于狭小，自产的粮食无法满足中央政府各级官员的需要，于是只能从江南地区通过运河系统、黄河转运到长安。由于路途遥远，运送粮食依然不能满足中央需求，皇帝只好定期去洛阳居住，避免粮食长途运输，并节省长安的粮食。开元二十一年，裴耀卿主持了一项重大工程，以解决长安的粮食运输问题。[1]

他认为之前运粮最大的问题，在于从江南来的船一路上要等待很久，比如从淮河经过运河到达黄河口，由于运河水浅，要等两三个月时间才能通过，而从黄河口进入黄河，又由于水大，要等两个月时间，水小了才能过去。他希望在每一个等待的地方设立粮仓，让船直接把粮食卸在仓库里就调头回去，分级转运，以提高效率。

另外，黄河的大部分地段都可以通船，只有三门峡一段过于艰险，难以通船。以前如果人们强行通船，会有很大一部分的船只在这里沉没。如果不走这条路，又必须通过东都洛阳走陆路将粮食转运到长安。裴耀卿为了解决这个问题，在三门峡口的两侧都设了仓库，粮食经水运送到东库，从东库走陆运经十八里山路送到西库，再用水运从西库运到京师长安。整个行程只有十八里路是陆运，其余都走水运，降低了运输的成本。

裴耀卿还开辟了一条北路，将粮食先运送到太原，再走水路进入黄河和渭河，这条北路也保证了河东地区的粮食得以汇聚京师。

通过裴耀卿的努力，玄宗时期的税粮运输能力大大增加，从几十万石跳涨到平均一年二百三十万石，足以供应关东地区的消耗。到了唐玄宗后期，就已经没有必要不定期迁往东都了。

---

[1] 参见《新唐书·食货志》《旧唐书·裴耀卿传》。

裴耀卿个人野心不大，且接受的是传统的士人教育，没有投机钻营的表现。但他又是一个从贤相集团到聚敛集团的过渡体，做的工作是财政性的，还有一定的节操。但是，随着宇文融和裴耀卿这样的能臣上位，却出现了更多压榨民间的敛财官员。这其中的主要人物包括太府卿杨崇礼和他的两个儿子杨慎矜和杨慎名，以及户口色役使王𫟼、水陆转运使韦坚。

宇文融之后，太府卿杨崇礼接替他从地方压榨财物。[①] 杨崇礼是一个清廉的官员，但正因为他清廉，不肯变通、帮助民间减少损害，反而给地方经济造成了更大的伤害。除了杨崇礼之外，他的两个儿子杨慎矜和杨慎名也都是著名的理财官员。其中杨慎矜发明了贡品折现和购买轻货制度。地方进贡的贡品在路途上不好运输，常常出现损坏，比如绸缎等在运输过程中会被污染，因此，杨慎矜命令地方按照货物的价值进贡现钱，而他再用现钱从当地购买更轻的土特产，运送到长安后再高价转卖，获得更多的钱财。由于农民出产的是粮食和布帛，如果要交现钱，必须先变卖这些产品，而变卖时间集中，不得不压价出售，使得农民的负担加重了不少。

水陆转运使韦坚的主要能耐在于挖河。之前的黄河运输只能到陕西华阴的永丰仓，之后由于渭河水浅，往往必须陆运。韦坚指挥挖通了一条与渭河平行的运河，可以将粮食直接运送到长安城。这本来是好事，但随着运河的挖掘，全国各地的良品纷纷被韦坚搜刮并运送到长安，加之他很懂得皇帝奢侈享受的需要，不断变着花样讨好皇帝，甚至把运河行船变成了一种节日狂欢。[②]

更甚的是王𫟼，他善于搜刮财产，除了税收之外，甚至逼迫百姓缴纳运输贡品的钱，还故意高估运费，使得这笔钱超过了正贡的价格。正是由于搜刮得力，他每年献给皇帝的钱就达到上百亿，其他的财宝也有类似的数量级。和宇文融一样，王𫟼宣称这些钱都不是正式的税收，不用存入国库，而是存入唐玄宗的私人仓库——大盈库，供唐玄宗私人支配。这就彻底破坏了唐代的财政基础。[③]

[①] 参见《旧唐书·杨慎矜传》。
[②] 参见《旧唐书·韦坚传》。《中央帝国的财政密码》中也描述了韦坚组织的一次类似活动。
[③] 参见《旧唐书·王𫟼传》。

从张说下台到裴耀卿和张九龄担任宰相，随着皇帝的财政饥渴愈演愈烈，聚敛之臣越来越多地出现在皇帝的左右，控制了唐代的朝政。

到了开元二十一年（公元733年），这个集团的影响力已经超越了贤相集团。第二年，聚敛集团中的集大成者李林甫，就在这样的背景下上台了。

文人的宦游时代

就在玄宗的开元盛世达到高潮，并开始出现隐忧之时，唐代的文学却依然在积蓄着实力，向着顶峰攀登。

后世的人们总结文学与盛世的关系，得出结论：文学并不总是与盛世相伴，而是在盛世巅峰已过时才会到来。这种错位，是人的寿命长度造成的。虽然社会已经到达盛世，但正当年富力强的人却是在盛世之前接受教育的，只是教育资源的不足，使得他们的文采和能力在此时都没有达到高峰。而在盛世时期接受教育的人还没有足够成熟，都是些毛头青年，必须再给他们几十年，达到社会认知和资源的完善，才能创作出完美的作品。当盛世已过，进入乱世时，往往是这批文人各方面都接近巅峰之时，他们拥有足够的学问，又见过了世事沧桑，将所有的认知和感受付诸笔端，才能创作出不朽的作品。

开元九年（公元721年）王维进士及第后，本来有大展宏图的机会，却因为一点点小事而被贬往济州担任司户参军，这对于他的仕途是不利的，但对于一个诗人却是磨炼。直到五年后的开元十四年，他才从济州离任。之后，他在位于现在河南省新乡市辉县一带的淇水北岸短暂地当官，又舍弃了官职，在淇上隐居，直到开元十六年才回到长安。他在长安闲居数年，并以长安为中心，时而隐居，时而游荡，最远到达过四川和淮南地区。[①]

对于一位才华出众却无处施展的青年人来说，他生命力最旺盛的十几年就在低级官僚和闲居的生涯中度过，这对他的性格和兴趣塑造有着不可估量的作用。

在济州时，王维除了公务之外，还与当地的各种人物相往来，也是从这时

---

① 王维的经历，根据《王维集校注》所附年表推知。其中淇上做官和隐居一节有一定的争议性。

开始，王维有目的地接触了中国历史中最有名的两种化外之人：僧人和道士。

最初王维对佛教和道教都有所接触。他曾经给济州的崇梵寺僧人写过诗①，也曾经见过道教一位在当时非常著名的人物②。在当时，东岳泰山上住着一位有名的道士。这位道士最大的特点是，他宣称自己活了上千岁，去过王母庐，见过孔子和墨子。这位被称为焦炼师的神人特别善于选择地方，除了泰山，他还去过嵩山，由于选择的地方好，见过许多有名的人物，比如李白③、王昌龄④、李颀⑤、钱起⑥等人都曾经给他写过诗，并对他时而千年、时而万里的经历赞叹不已。王维也不例外，他见到了这位有名的道士后也写下了诗篇。

王维在淇上做官时，早有意放弃官职去隐居，但因为兄弟和小妹需要照顾，不得不又坚持了一段时间。⑦在苦闷中，他依然向往着陶渊明式的生活，认为只要当个田舍翁，比当皇帝都感到满足。不久，他终于忍不住辞官了，日子十分清贫，他却感到非常快乐。⑧但在内心深处，王维又是矛盾的，即便在隐居时，他偶尔也会有怀才不遇的感慨，这体现了中国文人希望通过做官来实现价值的矛盾心情。⑨不久，他还是选择了去往长安居住，这也表明这位山水田园诗人并非是无欲无求的。

开元十九年（公元731年）王维的妻子去世，因伉俪情深，王维选择了不再娶，从此孤独终身。也是在长安时，王维开始系统地学习佛法，成了唐代著名的信佛的诗人，对于功名利禄已经看得很淡。

但偏偏在这时，机会来了。开元二十三年（公元735年），在嵩山隐居的王维突然接到了玄宗皇帝发的告身帖，将他任命为右拾遗。原来，宰相张九龄举

---

① 参见《寄崇梵僧》。
② 参见《赠东岳焦炼师》。
③ 参见《赠嵩山焦炼师》。
④ 参见《谒焦炼师》。
⑤ 参见《寄焦炼师》。
⑥ 参见《题嵩阳焦道士石壁》。
⑦ 《偶然作》之三："日夕见太行，沉吟未能去。问君何以然，世网婴我故。小妹日成长，兄弟未有娶。家贫禄既薄，储蓄非素有。几回欲奋飞，踯躅复相顾。"
⑧ 《偶然作》之四："陶潜任天真，其性颇耽酒。自从弃官来，家贫不能有。"
⑨ 参见《不遇咏》。

荐了王维，使得他从等待任命的苦熬中解放了出来，也将他从隐居的山野带回了朝堂。[①] 此时的他已经三十五岁了。

就在王维进士及第的同年，蜀地一位与他同岁的年轻人依然在隐居，他的名字叫李白。

与王维简单的身世相比，李白的身份要复杂得多。首先，人们对于他的出生地就充满了争议，甚至有人认为他出生在今天属于吉尔吉斯斯坦的碎叶城。

李白的祖上可以追溯到西凉的开国君主李暠，而李唐王室也将自己的谱系追溯到李暠。但显然他们不是出自同一个支系。到了隋末，随着天下大乱，李白所属的支系从西凉地区西逃，来到了碎叶城。此时，碎叶城尚属于异域，因此这一支李氏并不在唐朝的户籍上。唐高宗和武后时期，将碎叶城纳入了唐朝的统治范围。也是在这个时期，李白的父亲李客决定回归中原，带着家人踏上旅程。到了神龙元年（公元705年），也是武则天退位这一年，李客来到了四川西部安家。[②] 这一年李白已经四岁了。他到底是在何处所生，是父亲踏上旅程之后，还是在碎叶之时，已经无法考证。但现代人宁肯相信一个更加浪漫的故事，更乐于让李白出生在碎叶。

不管怎样，李白在四川地区度过了他的少年岁月。日后，为了增加他的传奇性，他自诩在十五岁时就已经可以观奇书，作赋可以比肩汉代的司马相如。[③] 同时，他还学习了剑术，成为一名侠客。[④] 甚至有人传说，他曾经在年少时杀过数人。[⑤] 另外，传说他隐居在岷山地区时，曾经受到过州里的举荐，却并没有应举。[⑥] 这样的说法是否可靠，依然是值得商榷的，特别是考虑到李白并不反对做官，一心希望立不世之业，是否会拒绝举荐，并不能确定。

开元八年（公元720年），宰相苏颋离开了中央，来到了四川任职益州长史，

---

① 参见《新唐书·王维传》。
② 参见《新唐书·李白传》，范传正《翰林学士李公新墓志》。《旧唐书》误把李白写成山东人。
③ 参见《赠张相镐》其二。
④ 参见《上韩荆州书》。
⑤ 参见魏颢《李翰林集序》。
⑥ 参见《新唐书·李白传》。

与李白有过交集，并感慨他可以比肩司马相如，但这并没有给他带来一官半职。①

王维生在中原，这带给了他内敛的气质，即便是在逆境之中，也总是试图在悲伤中找到些许宁静与平和。而在李白所在的蜀地却是一个龙蛇之地，这里缺乏厚重的文化积淀带给人的束缚，反而更适合各种江湖人士生存。这种气质也在李白的身上有所反映，他喜欢说大话，憧憬做大事，张扬又不失才情。相比之下，王维的内敛促成了他对于佛教的推崇，即便接触过道教，最终还是选择了远离。而李白的精神却与道教的"大话连篇"和游走于江湖有着某种天然的契合，于是李白的文字总是从道教的汁液中寻求营养，充满着奇诡的想象力，简直就是一幅道教的神话画卷。

即便在对仕途的想象上，王维虽然赞同出世，却又想循规蹈矩按照规矩升迁，离不开官场的滋养。而李白却总是寄希望于某些虚无缥缈的机会突然降临，让他一步登天，立下奇功。他喜欢议论朝政，根本不管具体的细节，而是对整个官场充满了鄙视。这种态度在他年轻时就已经显露出来。开元十二年（公元724年），唐玄宗以不会生子为借口废掉了王皇后，改宠武惠妃，侠肝义胆的李白就作诗讽刺这件事，并为皇后流泪。②

开元十三年（公元725年），在蜀地没有混出名堂的李白终于离开了这里，前往东部地区。在唐代，统一所带来的巨大优势之一在于，唐代的官员是接受中央调动的。他们不得不在全国的范围内游荡，这就形成了所谓宦游的风气，即人们一生中为了做官要在中国四处游走。与官员类似，唐代的文人也形成了壮游的风气，他们四海为家，携带着自己的诗歌文章游走于江湖，希冀遇到知音。因此，唐代可以说是中国旅游业最发达的朝代之一。

李白也顺应了这种风气，他仗剑离开蜀地，顺着长江而下，南达苍梧（现广西地区），东面经过金陵直达大海；之后，到了位于现在湖北地区的云梦泽③。在这里，文采飞扬的他被高宗时期一位宰相家族的成员看中了。在高宗前期有一位宰相叫作许圉师，他的家族在安陆，唐代的官员既有四海为家的传统，但

---

① 参见《新唐书·李白传》。
② 李白为此事作诗《古风·蟾蜍薄太清》。
③ 中国古代位于湖北地区的云梦泽是一个著名的地理标志，但至今其主体部分已经完全变成了陆地，只剩下了少量的湖泊残迹。

也有在致仕之后不留在国都而是回老家的习俗。许圉师虽然贵为宰相，但他的家族根源依然在安陆。李白来后，这个家族将许圉师的孙女嫁给了李白，李白就在安陆安了家。① 由于科举的作用，唐代虽然看重家族势力，但地方的大家族并没有完全封闭，他们对于李白这样的文人是开放的，并没有因为他是外地人而排斥他。

从此李白在安陆居住长达十年之久，出手阔气，以豪侠闻名，认识了大批文人墨客和达官贵人。

大约在他到安陆的第二年，开元十四年（公元726年），一位湖北地区的文人和他结识了，这人的名字叫孟浩然。孟浩然，襄阳人，生于武后永昌元年（公元689年），经常隐居在襄阳城外的鹿门山。② 虽然淡泊名利，但他却是这个时期文人墨客的一大人际结点。襄阳位于从长安前往湖北的武关道上，这条路在当时全国道路系统上排名第二，仅次于连接两京的大道，几乎全国的官员和文人都要使用这条路③，而凡是经过这条路到襄阳一带的人莫不与孟浩然交往。李白以安陆为基地在南中国游荡时，也恰逢孟浩然在襄阳、扬州、宣城间漫游，两人由此相识。

两人当时都是布衣之身，相互有好感，他们曾经在江夏（现武汉）结伴游玩。之后，孟浩然去往长江下游的广陵，李白赋诗一首为他送行，成为千古绝唱。④ 对于孟浩然，李白一直心怀佩服，他称赞孟为"高山安可仰，徒此揖清芬"。⑤

孟浩然虽然是隐士，却并不埋名，事实上，由于他表现得与世无争，当时的许多文人都是他的好友。除了李白之外，孟浩然和玄宗时期的进士储光羲、崔国辅、綦毋潜和王昌龄都是好友。之后，孟浩然又串起了王维、杜甫等人，可谓名副其实的交友达人。

但就是这样一个淡泊名利的人，在认识李白后的第二年，却突然做了一个

---

① 参见《上安州裴长史书》。
② 参见《唐才子传》卷二。
③ 参见《唐代交通图考》。
④ 《黄鹤楼送孟浩然之广陵》："故人西辞黄鹤楼，烟花三月下扬州。孤帆远影碧空尽，唯见长江天际流。"
⑤ 参见《赠孟浩然》。

令人瞠目结舌的决定：他放弃了隐居生活，前往长安去参加科举考试了。

孟浩然的这个决定与他的好友王昌龄有关。王昌龄比孟浩然小九岁[①]，是山西太原人，也是唐代著名的诗人。在开元十四年到十五年，唐朝的文人在科举方面迎来了一次巅峰时刻，开元十四年，著名文人储光羲、崔国辅、綦毋潜同时进士及第，到了第二年，王昌龄和常建又同时及第。[②] 这些人有个共同的特点，就是都和孟浩然相识。

在好友接连及第的刺激下，孟浩然决然地来到了长安应试。作为一个已经名满天下的人，他自己信心满满。但不幸的是，写田园诗与写策论是完全不同的，孟浩然不知是没有掌握这种需求，还是因为运气不佳，竟然落榜了。这次落榜对他的打击很大，他自嘲不应该出来自讨没趣。[③]

也就在这时，孟浩然认识了王维，唐代两位山水田园诗的代表人物相聚了。王维当时恰好刚从淇上的隐居地回到长安，孟浩然已经在长安滞留了近一年时间，正要离去。王维对孟浩然有惺惺相惜之感，他正在系统地学习佛学，也恰好处于闲居状态，他也劝说孟浩然赶快回去诗酒牧歌，不必参与朝廷之事。[④]

这次科举失利，却成了孟浩然游历天下的机会。他从洛阳出发，经过汴水前往吴越地区，登天台山，宿桐柏观，泛镜湖，探禹穴，游若耶溪，上云门寺，礼拜剡县石城寺，一路来到了杭州钱塘观潮，再前往海上。这次游历花了他足足两年时间，直到开元二十年（公元732年），他才回到襄阳。

就在人们以为他已经失去了对仕途的兴趣，准备再次隐居时，孟浩然却突然又做了一个决定：开元二十二年（公元734年），他再次决定前往长安求取仕途。

孟浩然第二次的决定又和王昌龄有关。就在前一年，孟浩然的这位好友再次参加了考试，这次他考的是更加高级的制科，在博学宏词科考试中一举中的。王昌龄的好运让孟浩然羡慕不已，于是就有了第二次进京。

---

① 王昌龄的年龄存疑，孙映逵《唐才子传校注》将其出生日期定于大约公元690年。
② 参见孟二冬《登科记考补正》。
③ 参见《留别王维》："只应守寂寞，还掩故园扉。"
④ 参见《送孟六归襄阳》："杜门不欲出，久与世情疏。以此为长策，劝君归旧庐。醉歌田舍酒，笑读古人书。好是一生事，无劳献子虚。"

此外，孟浩然第二次进京还和一个人有关，这人就是荆州长史韩朝宗。作为地方官，韩朝宗担任荆州长史时就与李白和孟浩然相识。这一年，皇帝为了体察地方的民情，设立了十道采访使，韩朝宗也升任了襄州刺史兼山南东道采访使，负责察举人才。韩朝宗首先想到了在襄阳颇有名气的孟浩然，以及在安陆的李白。

孟浩然在韩朝宗的引荐下，再次前往长安。然而不幸的是，这一次他依然没有得到皇帝的重视，不得不再次离开。关于他为什么没有得到重视，人们也是猜测纷纭。

有传言说，孟浩然此次得到了张九龄和王维的重视，王维再次担任了官职，可以推荐别人了。一天，王维在皇帝的宫殿内值守，把孟浩然也带了进去谈天。这时皇帝突然来了，孟浩然急忙躲在了床下。王维不敢隐瞒，将床下有人之事告诉了皇帝。于是孟浩然得以见到玄宗，这可能是他最大的一次机会。皇帝命令孟浩然吟诵几首近作，孟浩然的一首诗中却有"不才明主弃，多病故人疏"。这句话惹恼了皇帝，认为他污蔑自己，于是不予任用。[1]

另一种传言说，韩朝宗本来决定向皇帝引荐孟浩然，并约好了日期，但到了那一天，孟浩然却因为和朋友喝酒，放弃了与韩朝宗的约定，导致他再也没有机会获得引荐了。[2]

这两种说法都很传奇，而最可能的情况则是孟浩然在长安缺乏更有权威、更得力的引荐人，在这个势利的官场上找不到自己的位置，最终只能怏怏离去。

韩朝宗对李白的影响，则是让他在开元二十三年（公元735年）决定离开安陆，到北方去闯荡一番。于是，李白的安陆时期也结束了。

唐代的文人关系网络极其发达，在后世人们惊为天人的各位诗人，大都有着或多或少的纽带。除了孟浩然串起了大批的文人墨客，这样重要的人际结点还包括他的朋友王昌龄。

开元二十二年（公元734年）前后，王昌龄认识了一位年轻的朋友岑参。

---

[1] 参见《唐才子传》。

[2] 参见唐王士源《孟浩然集序》。

岑参出生于开元三年（公元715年），他少年时跟随做官的父亲在晋州度过，之后迁居河南府嵩山一带。二十岁时他来到了东都，希望寻找父亲的故旧。① 他认识了时为汜水尉的王昌龄。之后不久，岑参又和高适、杜甫都有了联系，于是开元文人们的交游圈进一步扩大。

在当时，杜甫还是一位小角色，因此我们将他的出场放在更靠后的位置上。

在所有的开元文人中，高适是一个特立独行的存在。当时的文人都喜欢四处游荡，既可以陶冶身心，又可以增长见识。然而，除了李白之外，能够自觉自愿地在整个帝国范围内寻找自我存在的，就是高适了。

高适是唐朝的渤海郡人，他在他的父亲担任韶州（现在广东韶关一带）刺史时出生。高适生于长安四年（公元704年），比李白、王维稍小，但属于同代人，与年纪更大的孟浩然等则差了一代。

虽然高适出身官宦家庭，但不知什么原因（也许是父亲去世），他的家庭很快就变得非常贫困了。他年幼时曾经在中国南部跟随父亲迁移，到了二十岁，到达国都长安——也许是和岑参一样，出于结交故旧寻找机会的目的。② 但显然长安不是为这样一个地方小官的穷儿子准备的。他一无所获，只好离开了长安，从此寓居在梁宋地区（现在河南东部商丘一带）。这里，特别是宋州，未来成为安史之乱最激烈的战场之一。

高适在这里以耕钓为生，他生性落拓达观，不拘小节，缺乏生计时甚至四处找人接济③，但这并没有耽误他的游学生涯。也是在这一段时间里，他游遍了河南、山东、河北等地，每到一地，总是去拜访当地有名的文人。他曾经在蓟门去见著名的诗人王之涣，却没有遇上④；也曾经在邯郸感慨当地游侠古风⑤。他的文笔壮丽，带着豪气，与当时盛行的无病呻吟和华丽辞藻毫不沾边。

但是，直到开元二十二年（公元734年）时，高适依然是一头孤狼，王维

---

① 参见岑参《感旧赋序》。
② 参见《别韦参军》："二十解书剑，西游长安城。"
③ 参见《旧唐书·高适传》。
④ 参见《蓟门不遇王之涣、郭密之，因以留赠》。
⑤ 参见《邯郸少年行》。

在长安，李白在安陆，孟浩然在襄阳，都还没有机会与这个贫穷但是胸怀大志、又落拓不羁的人交往。他看上去是那么独特，不像一个文人，反而更像一个等待机会的武士。

那么，像孟浩然这样著名的诗人落榜，是否就证明唐代的科举有问题呢？恰恰相反，在玄宗开元年间，科举制度已经进入了成熟的时期，给唐王朝选拔了大量的人才。

自从开元九年（公元721年）王维中举之后，许多文人和名臣都是通过科举上位的[①]。开元十一年（公元723年），唐代另一位著名的诗人崔颢进士及第。开元十二年（公元724年），未来的宰相、书呆子房琯在玄宗封泰山之前上书赞美皇帝的封禅，从而获得了张说的青睐而拜官。开元十三年（公元725年），诗人祖咏进士及第，而安史之乱后著名的理财专家刘晏当年只有七岁，却已经有了神童的名声，通过童子试被直接授予了秘书省正字的职务，成了一大佳话。

开元十四年（公元726年），储光羲和綦毋潜进士及第。开元十五年（公元727年），著名诗人王昌龄和常建进士及第，王维的弟弟王缙（后曾任宰相）通过草泽自举科进入仕途。开元十六年（公元728年），安史之乱中的唐军将领贺兰进明进士及第，而另一位神童，在未来将发挥重大作用的李泌也同样在七岁通过了童子试。

开元二十二年（公元734年），著名书法家、安史之乱中的名臣颜真卿，以及另一位未来的宰相杜鸿渐举进士。王昌龄在七年前考取进士，由于不受重用，于是又考取了博学宏词科，这一次被授予校书郎。开元二十三年（公元735年），著名诗人李颀和萧颖士登进士第。开元二十四年（公元736年），除了颜真卿又考取了书判拔萃科，得以直接被授予秘书省著作局校书郎之外，在未来会成为唐朝一代忠臣的张巡也考取进士。

这些人进入仕途，或者成为一代文坛领袖，或者成为国家栋梁，在未来的唐朝历史中都发挥出了重要作用。

---

① 后文所列举的科举名人名单，参考《登科记考补正》。

第四章
危局之成

贤相集团的覆灭

开元二十一年（公元733年）底，皇帝任命了两位新宰相：裴耀卿和张九龄。这两人是典型的能臣（聚敛之臣）和直臣（贤相）的搭档。裴耀卿扮演的是一个能臣的角色，帮助皇帝处理经济问题，而张九龄则属于传统的贤相集团。

张九龄是武后末期选拔的进士，长安二年（公元702年）进士及第。之前他在家乡就有着聪敏善文的名声，十三岁时就获得了广州刺史王方庆的称赞。玄宗当太子时，张九龄又获得了他的称赞，被提拔为右拾遗。张九龄为人正直，曾经在吏部主持书判拔萃的考试。①

张九龄是张说的好朋友。他曾经叫张说防备宇文融等人，但张说没有听进去，这导致张说和张九龄同时被贬。但是，皇帝依然记得张九龄的才华，加上他风度翩翩，皇帝择人时总是以张九龄作为标准来衡量对方的风度。在当宰相之前，张九龄正在为母服丧。等他回来后，皇帝立刻任命他为宰相，与宇文融同列。②

张九龄当宰相时，范阳节度使张守珪向长安押送了一个人来，这个人身材肥胖魁梧，是个胡人，名叫安禄山。安禄山是张守珪的裨将，他曾经在与奚、契丹的战斗中打了败仗，张守珪认为失败的责任在安禄山，于是将他押送至京师接受处罚。张九龄在日后被人们提到最多的事情，是他坚决要求处死安禄山，

---

① 参见《旧唐书·张九龄传》。
② 参见《资治通鉴·唐纪·开元二十一年》。

但皇帝没有听从,而是原谅了安禄山,放他回去了。就因为这件事,皇帝后来很后悔没有听张九龄的话。①

唐朝笔记的传奇性质太浓,这件事的真实性值得商榷。张九龄在当时最著名的是他的刚正不阿,希望皇帝回到开元早期的明君行为上,贬斥那些不合格的权臣,不要随便提拔那些无才之人。他的做法可以说与之前的宋璟、张说等人一脉相承。

虽然裴耀卿更接近于理财官员,但至少也是一位相对廉洁的人,两人的配对可以保证皇帝的政策依然沿着开元贤相的路子走下去。

第二年五月,也就是任命两位宰相不到半年后,皇帝又任命了第三位宰相李林甫,于是事情就起了巨大的变化。

从世系上,李林甫可以算是皇亲,他是唐高祖李渊的从父弟、长平王李叔良的曾孙,他的舅舅是楚国公姜皎。李林甫非科举出身,他精通音律,最初任千牛直长这样的小官,玄宗初年姜皎得势时,让他当上了太子中允。李林甫又顺着姜皎的关系找到了姜皎的姻亲即侍中源乾曜,请求提拔,却被公事公办的源乾曜拒绝了。

开元十四年(公元726年),李林甫结交了玄宗时期的第一位聚敛之臣宇文融。宇文融也正好需要帮手,于是将他提拔为御史中丞。之后,李林甫又担任过刑部和吏部的侍郎。宇文融提拔李林甫,目的是为了对付张说。果然李林甫表现出了极强的战斗力,与宇文融合力将宰相张说扳倒。②

但宇文融随后的倒台并没有影响李林甫,他很快又有了新的靠山。这次的靠山是玄宗宠爱的武惠妃。武惠妃是杨贵妃出现之前的第一红人,她的最大目标是让儿子寿王挤掉当时的太子李瑛,成为皇帝的接班人。为了达到这个目的,武惠妃也在招兵买马,积攒自己的势力,她将李林甫招入帐下。李林甫除了武惠妃这一条路之外,还善于结交各色太监和宫人,这些人在皇帝面前不断地说李林甫的好话。到了开元二十二年(公元734年)五月,皇帝终于将李林甫任

---

① 参见《旧唐书·张九龄传》。
② 参见《资治通鉴·唐纪·开元十四年》。

命为礼部尚书同中书门下三品，成为了宰相之一。

李林甫上台后，立刻获得了皇帝的喜爱。他在宫中耳目众多，善于猜测皇帝的意图，因此，他的建议比起其他两位宰相来，更符合皇帝的口味。这里，就涉及一个宰相的职责问题。在贤相集团看来，宰相的职责是替皇帝治理好国家。但是，皇帝却越来越认为，所谓宰相，就是按照皇帝的意图做事的人。事实上，玄宗后期一直在寻找的，就是一个能够理解他的意图，并按照他的意思办事的人。

由于个人的局限性和私欲，皇帝的意图并不总是对国家有利的，贤相们依然认为，只要对国家有利的，就是皇帝应该支持的。这种矛盾导致了皇帝和贤相集团的冲突，只是不管皇帝还是贤相集团，都没有意识到问题究竟出在哪里。这时，突然间有一个看透了这一切的人横空出世，他就有可能垄断皇帝的意图，长期占据宰相的职位了。只有理解了这一点，才能明白，李林甫之所以长期把持宰相之位，并不是他有多厉害，或者多么残酷，而是因为皇帝需要他。

开元二十四年（公元736年）十月，皇帝要从东都返回西京，裴耀卿和张九龄两位宰相认为现在是秋收的季节，皇帝回京兴师动众，会影响农时，不如晚一点回去。但李林甫却认为长安、洛阳只不过是皇帝的东西宫而已，皇帝在两宫之间来往，不需要看时间，至于影响农时，可以考虑免除回京途经地区的租税。

同年十一月，皇帝和宰相之间再次起了冲突。皇帝想要重用一位武将出身的人——朔方节度使牛仙客。张九龄等人主张牛仙客无功不应重赏，李林甫却认为皇帝可以自己决定赏赐和任命。到底是制度至上，还是皇帝的意志至上，双方的立场在这两件事上表现得异常明确，越来越缺乏模糊的空间。

皇帝选择了支持李林甫，也就必然会抛弃张九龄等人。获得了皇帝的支持，在当年年底，李林甫就以张九龄包庇罪人为由，将张九龄贬斥了。继任宰相的正是牛仙客。[①]

牛仙客作为一位武将，不懂政治，于是，唐玄宗后期就进入了李林甫时代。

---

① 参见《资治通鉴·唐纪·开元二十四年》。

在这个时代，唐代的开元贤相们已经一个不剩，甚至宰相也不经常更换了。

人们在日后谈论玄宗时代，总是采取一刀切的二分法，将皇帝的前期和后期截然分开，前期的皇帝英明神武，后期的皇帝昏聩不堪。但事实上，皇帝并没有这么大的变化。在前期，他已经表现出极强的私欲和炫耀武力的虚荣心，只是因为拨乱反正的需要，不得不任命武后时期留下来的一批贤相，首先来稳定局势。但随着社会的发展和官僚集团的膨胀，贤相们只知道要求皇帝省钱和节制私欲，这已经不能满足皇帝的需要了。于是，聚敛集团在这样的背景下逐渐发展，并取代了贤相集团。两个集团的交接不存在明显的界限，只是随着事态的发展而逐渐达成的结果而已。可以说，开元年间和天宝年间的玄宗皇帝从来没有变过，他只是在不停地寻找着适合自己的宰相，经过无数次的试验之后，终于找到最适合的人选罢了。在他寻找的过程中，由于在初期无法突破官僚的限制让自己的私欲去干扰民间，从而无意中造就了盛世，可是一旦找到了那一双能够帮助他实现梦想的手，他对民间的干扰骤然增加，盛世也就成了过去。事实上，中国不缺乏雄才大略的皇帝，缺乏的恰是放手、不干扰民间的智者。这才是任何自诩为盛世的时期最需要警惕的。

李林甫与牛仙客的搭档直到天宝元年（公元742年）牛仙客去世才告一段落。之后，皇帝先后选择了李适之和陈希烈担任李林甫的搭档，直到天宝十一载（公元752年）李林甫死亡，才不得不换了人。[1] 在如此长的时间内，李林甫表面上满足皇帝的要求，但为了维持自己的权力，又将自己的意志强加给官僚系统，迫使官僚们放弃了为官的原则，只以皇帝和宰相的意见为命令，不许有反对。这就将原本造就了盛世的官员基础破坏了。

贤相集团虽然不存在了，但聚敛集团也并非铁板一块。事实上，由于缺乏道德标准，聚敛集团内部的斗争是远高于之前的官场的，他们争先恐后地争夺着皇帝的宠爱。李林甫除了满足皇帝的要求，还必须镇压聚敛集团内部的反对派，才能稳固自己的权力。

---

[1] 关于唐代宰相的变动，见附录《开元至大历初的宰相变动表》。

聚敛集团的内斗

李林甫为相的弊端，除了将官僚阶层从治理国家的阶层改造成为皇帝的工具之外，一个更大的弊端是重新将内斗的精神注入官僚和宗室之中。

由于唐代缺乏人身保护机制，不管是宗室还是官僚都可能出现"朝为天子客，暮入怨鬼坟"的情况，由此产生的人人自危，让唐代的宫廷斗争比其他朝代都显得激烈。只是玄宗在上台后意识到了问题的严重性，他善待自己的兄弟、亲王、宗室，希望通过兄弟和睦来降低斗争的残酷性。在对待大臣上，虽然皇帝依然时不时祭出酷刑，但整体的残酷程度已经降低了很多，让人们渐渐忘记了武后时期那段不堪回首的历史。

贤相集团内部虽然有时候也存在恶斗，但在他们心平气和时，总是试图减少酷刑，避免冤狱。许多贤相均以宽厚著称。

但是到了李林甫执政后，为了长期保持自己的权力，他又重新将内斗精神找了回来。从这里也可以看出，唐代的内斗并没有消失，只是暂时地隐身了一段时间，只要时机合适，一个李林甫就足以将这种残酷性召唤回来。

李林甫上台后，首先碰到的是如何处理太子的问题。玄宗有三十个儿子，其中二十三个活到了成年。他最初所立的太子是第二子李瑛（曾用名嗣谦、鸿），李瑛的母亲赵丽妃原本是一位歌妓，也是皇帝早期喜欢的妃子之一。与赵丽妃同样情况的还有皇甫德仪和刘才人，她们也分别为皇帝生下了儿子鄂王瑶和光王琚。太子瑛被选为东宫，很大程度上是因为母亲的关系，加之又是皇帝较为年长的儿子。[①]

随着武惠妃获得了皇帝的宠爱，赵丽妃等三人慢慢失宠了。对于另两位皇子来说还影响不大，但对于太子瑛，这意味着地位的不稳固。

果然，武惠妃生了两个儿子。她是一位有斗争经验的人，师法武则天，开始对皇帝施压，试图将太子换成自己的儿子寿王瑁。皇帝虽然暂时没有更换太子，但对于寿王的关心已经超乎其他皇子了。

---

① 参见《旧唐书·庶人瑛传》。

太子瑛和鄂王、光王之前都受过宠，现在却遭到了冷遇，不免发点牢骚。不想这些牢骚都被武惠妃的眼线收集起来，报告给了武惠妃。而武惠妃又向玄宗哭诉，指责太子结党。到这时，事情就类似于太宗、高宗时期的皇子冲突，一旦处理不好，就会造成宗室残杀。

　　所幸的是，此时的政坛依然处于贤相们的掌握之中。当皇帝有了废黜太子的想法时，宰相张九龄及时制止了他。他认为太子年长，又没有过错，鄂王和光王也足够贤明，在没有证据的情况之下，没有理由治罪，更没有理由废嗣。皇帝采纳了贤相们的观点，太子瑛的地位保住了。

　　但武惠妃并没有善罢甘休。这时，李林甫已经投靠了武惠妃，并借助她的帮助，逐渐爬到了宰相的职位上。李林甫和武惠妃勾结中官，让这些宦官不断地向皇帝吹风，报告太子将有谋反的举动。当皇帝听了宦官的报告，询问宰相李林甫时，李林甫一方面表现得不知情，另一方面却表示，这是皇帝的家事，别人不便参与。这种说法实际上是故意为皇帝指出了一条路，让他摆脱其他官员的影响，一意孤行地满足武惠妃的意图。

　　皇帝最终废黜了太子瑛。更令人想不到的是，他将废太子和鄂王、光王都赐死了。[①] 这是在武后之后皇室中发生的又一次杀死自己亲生儿子的事件。这个事件彻底复活了唐代残酷的内斗精神，容忍的美德成为了过去，也意味着官员和宗室再次丧失了安全感。

　　当内斗重新被激发之后，由于此时贤相集团已经被排挤得差不多了，聚敛集团内部开始显露出来，这必然导致一场你死我活的斗争。这些人都知道如何讨好皇帝，并且觊觎着宰相的位置，李林甫如果想长期执政，必须将他们一一剪灭。

　　首先进入射程的是水陆转运使韦坚。韦坚在天宝初年是仅次于李林甫的第二号聚敛人才。他最大的功劳是修通了一条水道，直接从黄河连接到长安城附近的渭水上，使得从关东地区运来的粮食可以直达长安。这项功劳让他获得了

---

① 参见《资治通鉴·唐纪·开元二十五年》。

玄宗皇帝的赏识。

韦坚是一个崇尚华丽的人，善于制造节日的气氛来取悦皇帝。他导演的最著名的节目，是打造了一出一千多年前的春节联欢会，或者说一出"百船来朝"的精彩好戏，让整个长安的人都大开眼界。[①]他在长安城外浐水旁的长乐坡，皇帝的宫苑望春楼旁，挖了一个水潭直通浐水，又从渭水开来了三百艘船，停在水潭外，长长地一字排开，首尾相接，绵延数十里。船上的人南方装束，头戴斗笠，脚穿草鞋，衣袖宽大，与长安一带的着装绝不相同。

皇帝和大臣们坐在望春楼。到了表演时间，一声令下，歌声四起，三百艘小船如同活了一般排着队挨个儿从水潭经过。在每一艘小船上，都写着州郡的名称，还摆放着各地的土特产：广陵的锦、镜、铜器、海味，丹阳的京口绫衫段，晋阳的折造官端绫绣，会稽的铜器、罗、吴绫、绛纱，南海的玳瑁、象牙、珍珠、沉香，豫章的瓷器、酒器、茶具，宣城的空青石、纸笔、黄连等，始安的蕉葛布、蚺蛇胆、翡翠，吴郡的三破糯米、方丈绫，等等，应有尽有。

船上还有人唱着歌。船两侧是从京城找来的一百多个妇女，她们穿着鲜艳的服装，鸣鼓吹笛地配合着。当船队来到望春楼下，水陆转运使韦坚走过来，将各郡船上代表的贡品拿过来，呈给楼上的皇帝，让他分赐给皇亲贵戚和文武百官。然后他又送上了上百种食品，并命教坊边奏乐边表演，造成了君民同乐的联欢场面。

正是这种长袖善舞，让韦坚成了宰相职位的竞争者。韦坚的姐姐是惠宣太子妃，妹妹又是皇太子妃，而他的妻子是楚国公姜皎的女儿。姜皎提拔了李林甫，因此韦坚和李林甫本应该是同党。事实上，他们一开始关系也不错。但随着韦坚地位的提升，双方关系开始恶化，韦坚又与另一位宰相李适之友善。这就触动了李林甫的神经，他决定除掉韦坚。

在韦坚导演"百船来朝"的当年，他被提拔为银青光禄大夫、左散骑常侍、陕郡太守、水陆转运使、勾当缘河及江淮南租庸转运处置使，一系列的使职表明他受到了极大的重用。但也从这一天开始，李林甫逐渐剥夺了他的权力。到

[①] 本故事见《新唐书·食货志》《旧唐书·韦坚传》。

了天宝三载（公元744年），韦坚被任命为刑部尚书，表面上看升官了，但实际上李林甫将他的使职都剥夺了，交给了另一位聚敛人才杨慎矜。就这样，韦坚被架空了。又过了两年，李林甫终于等到了机会。

天宝五载（公元746年）正月，韦坚和河西节度、鸿胪卿皇甫惟明夜间游玩，李林甫告发他作为皇亲和边将亲近，是为了谋立太子。这触动了皇帝的神经，他将皇甫惟明赐死，韦坚也被贬为缙云太守，六月，皇帝又贬韦坚为江夏员外别驾。

李林甫还借助这件事构陷了另一位宰相李适之，将李适之贬为宜春太守。七月，韦坚又被流放岭南，他的三个弟弟和一个儿子也遭到了贬黜。到了十月，李林甫还不放心，又派人将他们全都杀死。

韦坚死后，李林甫依然将此事用为一次清除异己的时机，前后贬斥了数十人。韦坚的妹妹是皇太子妃，就连皇太子也吓得赶快和妻子离了婚。为了挖掘韦坚作为水陆转运使时的罪证，李林甫专门派人到江淮地区，连船夫都抓起来，不断地拷打审问，直到李林甫死时才停止。①

韦坚之后，轮到了接替他使职的杨慎矜。杨慎矜在李林甫和韦坚的斗争中是个中立派，并不想站边。但由于他的地位，李林甫也必须将他除去。在审理韦坚案时，李林甫起用了另一位聚敛人才王鉷，王鉷对杨慎矜不配合揭发韦坚非常不满。韦坚案结束后，李林甫就怂恿王鉷继续构陷杨慎矜。

杨慎矜是隋朝宗室的后代，天宝六载（公元747年），李林甫和王鉷等人构陷他勾结僧人谋反。皇帝于是将杨慎矜和他的两个兄弟慎馀、慎名，以及所谓的同党都抓了起来。殿中侍御史卢铉审问"同党"太府少卿张瑄时，使用了酷刑，将其身体固定，在两腿处用木橛使劲拉扯他的身体，如果无限制拉扯，可以直接将他从腰部拉断。在一系列的酷刑和威逼利诱之下，审判者终于拿到了"足够的"证据，杨氏兄弟三人也被赐死。②

---

① 参见《旧唐书·韦坚传》。

② 参见《旧唐书·杨慎矜传》。

在所有的聚敛之臣中，只有王鉷能够在李林甫的羽翼下长期存活。王鉷采取的方法是完全将自己变成李林甫的打手，投其所好。李林甫怎么伺候皇帝，王鉷就怎么伺候李林甫。不管是构陷杨氏兄弟，还是清除韦坚，都离不开王鉷的身影。到了后期，王鉷已经成为仅次于李林甫的权臣，身兼二十多项使职。如果不出意外，在李林甫死后，将由王鉷继任宰相。

然而，就在这时，情况却出现了变化，另一位权臣杨国忠的到来改变了形势。

杨国忠不敢拿李林甫本人开刀，于是决定从王鉷入手。由于王鉷飞扬跋扈，导致他的把柄很多，只要打倒了王鉷，就可以限制李林甫。

杨国忠也知道普通的罪名不足以干掉王鉷，只有谋反之罪才能置他于死地。于是，历史就记载了这样一幕场景。

根据史书的记载，王鉷的弟弟户部郎中王銲，以及已故的鸿胪少卿邢璹之子邢縡形成了一个小团伙。这个小团伙不满足于让王鉷在李林甫死后接班，还想要加快速度。他们本来打算发动政变，杀死当时的宰相李林甫、陈希烈以及杨国忠等人，控制朝政。不想事情先泄露了。最初皇帝并不知道王鉷参与了阴谋，反而让他和杨国忠一起去捉拿邢縡等人。在捉拿时，邢縡等人边抵抗，边相互传话"不要伤了王大人"，这就引起了杨国忠的警惕，从而意识到王鉷也是叛乱者一伙的。①

由于史书缺乏反面的记载，后世也无法判断王鉷是否参与其中。但是，考虑情理，王鉷并没有发动政变的迫切要求。第一，他本来就是李林甫之下的第二权臣，根本不用发动叛乱，在李林甫死后就可以接班；第二，由于血统和威望，王鉷最多能指望的也就是担任宰相，他没有机会称帝。当时李林甫已经垂老，王鉷没有发动叛乱的必要。因此，在重重迷雾中，王鉷的这场叛乱反而可能只是李林甫与杨国忠两派内斗的结果，杨国忠需要一个借口拿掉王鉷，而最好也是唯一的杀招，就是让对方"叛乱"。

不管怎样，王鉷被赐死，让李林甫势力大损。不到一年，李林甫去世，上台的就是权相杨国忠。

---

① 《旧唐书·王鉷传》等。

当李林甫去世后，唐王朝的失衡已经愈加明显，整个社会向着失控滑去。但造成最大失控的还不是宗室和群臣之间的内斗，反而是皇帝的另一个爱好引起的连锁反应。

脱缰的战争

为了长期执政，李林甫对皇帝采取了纵容的态度，除了满足他的财政需求之外，对唐王朝影响最大的，还是他对皇帝热爱战争的纵容。在这个时期，战争的烈度也随之增加。

天宝四载（公元745年），在唐朝的外交史上，这是耻辱的一年。当年三月，皇帝选择了两位女子，分别是外孙女独孤氏和外甥女杨氏，封为静乐公主和宜芳公主，分别嫁给了契丹王李怀节和奚王李延宠。

唐朝有公主和亲的传统，但"公主"大部分情况之下都是宗室和大臣的女儿。依靠公主和亲所产生的亲戚纽带，唐朝就和外族维持了和平。事实上，从古至今，中外几乎所有的皇室都有联姻的传统，按照中国儒家思想来说，与外族联姻意味着耻辱，但对于正常的关系而言，这是一种常态。唐代遵循了规矩，是一种开放的表现。而由于唐王朝的强大，周边的民族也认可用皇亲国戚的女儿来代替皇帝的女儿。联姻本来是一种对双方都有利的维持和平的方式。

但这一次，却出现了例外。到了当年的九月份，奚和契丹两王突然杀掉了两位公主，叛离了唐朝。两位公主作为和平的使者不过半年时间，就死于非命。[1]

契丹和奚这两个小民族之所以反叛，既是他们与唐朝长期恩怨的延续，也是唐玄宗耀兵政策的必然结果。之所以说是长期恩怨，是因为在武后时期，契丹和奚反叛武后，夺走了营州。因而，拿回营州就成了唐王朝的一个既定目标。玄宗和父亲睿宗先后发动了四次征讨契丹和奚的战争，取得了一定的成果，但最终依然无法重新获得营州的控制权。

太极元年（公元712年），幽州大都督孙佺曾经想收复营州，却以惨败告终。

---

[1] 参见《资治通鉴·唐纪·天宝四年》。

孙佺被俘后被送给了突厥人，最终被斩首。

开元二年（公元714年），亲政的玄宗为了报仇发动了第二次远征。这一次指挥大军的是名将并州长史薛讷，他率领六万人出击，却在滦水山峡中遭遇伏兵，唐军死亡十之八九。

两年后，由于突厥衰落，契丹和奚曾经短暂地投靠唐朝，让唐朝短暂地取回了营州。但又过了两年，一个叫作可突于[①]的契丹王子异军突起，不仅夺取了营州，还在十几年间成了唐朝东北方向的劲敌。

开元十九年（公元731年），唐朝派出著名将领信安王李祎，大败可突于，却依然无法夺得营州的控制权。

开元二十一年（公元733年），幽州节度使薛楚玉派大将郭英杰进攻契丹，全军覆没。第二年，皇帝派著名将领张守珪任幽州节度使，出击契丹，这才将可突于杀死，契丹和奚暂时投降了唐朝。但即便这样，营州依然没有收复。[②]

张守珪是安禄山的上级，这次战役也让他的名声达到了鼎盛。然而，问题也恰好出在了这一次次的胜利上。对外战争的胜利触发了皇帝的野心，于是边境地区并没有回归安宁，反而更加混乱了。开元二十六年（公元738年），张守珪在一次镇压奚人叛乱时谎报胜利，最终被追究贬官。而在他离开后，契丹和奚依然时叛时附，这导致以幽州为中心的区域成了唐朝的一个战争热点。契丹和奚之所以如此摇摆不定，不仅仅是因为他们本身的实力变化，也是唐代的不明智政策造成的。

比如，天宝四载（公元745年）皇帝嫁给两王两位公主，本来是要招抚两个部落，如果按照这个思路，就应该采取怀柔的做法。但是，在中央层面上怀柔的同时，地方上却并没有同步。当时的平卢节度使安禄山刚刚又获得了范阳节度使的职权，他特别需要军功来巩固自己的地位，就希望将事态扩大，正是这种权责的不匹配，让安禄山不断地发动小的边境冲突，掳掠契丹人和奚人。这些小冲突积累起来，终于造成了契丹人和奚人的反叛，而他们首先要做的，

[①] 一作"可突干"。

[②] 以上四次战争的描述参考了《中国历代战争史》第十二卷第九章第三节。

就是杀掉两位可怜的和亲女子。

契丹人和奚人的反叛，又给了安禄山进一步扩大权力的借口。唐朝为了维持战争，也不得不投入更多的钱，甚至允许安禄山自行其是，这就形成了事态的恶性循环。不过，皇帝却并不怪罪这种恶性循环，反而对边功和战争充满了兴趣，丝毫没有注意到，那嘎吱作响的战争机器一旦打开，就可能摧毁一切。战争并非直接通过暴力来摧毁唐王朝，而是通过拖垮帝国的中央财政，让皇帝不得不开辟新的财源，或者下放部分权力，从而侵蚀掉统一的政治和社会。

在唐玄宗时代的对外关系中，契丹人和奚人只是小角色，除了两者之外，更重要的还是突厥人（以及后来兴起的回纥人和突骑施人）、吐蕃人（以及南诏人）、大食人等。

突厥汗国分裂成东西突厥汗国之后，太宗时期曾经击败了东突厥汗国。但在武后时代，东突厥汗国的残余又建立了第二突厥汗国。第二突厥汗国本身追求和平，但依然与唐朝发生了若干次战争。在玄宗初年，也是默啜可汗时期，双方曾经有过激烈的冲突，默啜死后，继任者毗伽可汗和他的弟弟左贤王阙特勤虽然也与唐朝发生过冲突，但两人依然是爱好和平的，加之这时恰好处于唐代开元贤相控制局势的时期，贤相们纷纷极力避免战争，减少财政开支，在唐和突厥之间就又形成了一次和平期。和平期内并非没有冲突，却依靠着双方的明智，控制住了耀兵的野心，从而达到了大治。

开元十九年（公元 731 年），阙特勤去世后，唐朝派人吊祭，刻碑纪念双方的交往。至今，位于蒙古国哈拉和林之北的毗伽可汗碑和阙特勤碑①依然诉说着当年两大强权所达成的动态平衡。这不是说双方都完全出于善意，而是因为互相牵制，最后都认定和平是唯一的保持双方稳定的办法。

毗伽可汗死后，他的儿子登利可汗继续与唐代维持着和平。然而，到了开元二十九年（公元 741 年），登利在内战中被杀，唐朝于是在第二年（天宝元年）开始组织对突厥的征伐，派遣朔方节度使王忠嗣，联合回纥、葛逻禄、拔悉密

---

① 两碑所在地距离后来蒙古人的国都哈拉和林不远，所在的盆地也是蒙古西部最大的盆地之一。本书作者曾骑车考察该地。

等部落进攻突厥，用时三年灭亡了第二突厥汗国。①

然而，灭亡了第二突厥汗国并没有给唐朝带来太多的利益，因为它灭亡后，唐军并不可能长期驻守于蒙古地区。在蒙古地区茫茫的草原之上，依然有许多别的部落等待着机会，其中最强大的是回纥人。当第二突厥汗国灭亡后，回纥人占据了哈拉和林丰茂的草原，成了唐朝的劲敌。回纥人在安史之乱的平叛中起到了决定性作用，也给唐朝的皇帝带来了新的耻辱。

除了回纥，还有黠戛斯（吉尔吉斯）、契丹人相继称霸。黠戛斯人后来迁徙到今蒙古国西北的吉尔吉斯湖附近，又迁到现俄罗斯境内的西伯利亚，最后来到中亚，成了现代吉尔吉斯斯坦人的祖先。契丹人则一直留在了北方，后来成了北宋的劲敌。

也就是说，唐代采取敌对的态度对付北方的游牧民族，几乎不可能将他们赶尽杀绝，却大大消耗了自己的财力和物力。从长远来看，作为东亚最强大国家的唐朝依然只能选择贤相们主张的休战，才能够在维持区域和平的同时，也维持内部政治的稳定。

在西突厥汗国方面，自从高宗显庆二年（公元657年）被苏定方征服之后，西突厥汗国已经臣属于唐。但到了中宗神龙元年（公元705年）时，突厥的一个别种突骑施人却取代了西突厥汗国，获得了西域的统治地位。到了开元二年（公元714年），随着第二突厥汗国的兴盛，突骑施人被突厥的默啜可汗击败，于是附属于突厥。然而默啜去世后，突骑施人在苏禄的率领下，于开元五年（公元717年）与大食和吐蕃联合，进攻唐朝的安西四镇。之后突骑施人时叛时附，直到开元二十六年（公元738年），突骑施发生了内乱，唐军在大将盖嘉运的指挥下于第二年灭亡了突骑施。②

但同样的问题依然存在：突骑施灭亡后，填补了西部空白的是两位巨型的对手——大食和吐蕃，唐朝依然无法突破地理上的限制，反而增加了许多的军事开支。

---

① 事见两唐书的《突厥传》，并参考了《中国历代战争史》第十二卷第九章第四节。
② 据《旧唐书·西突厥传》，亦参考了《中国历代战争史》第十二卷第九章第六节。

当突厥（包括突骑施）已经成为明日黄花，不再构成威胁，回纥人还在遥远的北方，没有进入中央政府的视野。然而此时，西方崛起的吐蕃人却成为了帝国最大的威胁。①

中心位于现代西藏的吐蕃几乎与唐朝同时崛起，又同时崩溃。唐玄宗时期，吐蕃恰好也经过了一个盛世时期，开始向外扩张，它不仅占领了现代的西藏，还向西进入巴基斯坦、阿富汗的山地地带。在东面，它占领了四川西部、青海、甘肃一代，在北面则攻占了新疆的部分地区。

在吐蕃人全面扩张时，唐朝也恰好处于全盛期，吐蕃与唐朝在从巴基斯坦经过新疆延伸到四川、云南的巨大弧形区域都有着军事对抗。吐蕃与唐朝的冲突持续时间很长，一直到安史之乱后仍未终止。

除了吐蕃之外，云南大理地区的南诏兴起，给唐朝的西南边境带来了压力。②南诏时而称臣于吐蕃，时而与唐朝结盟。由于唐朝的边将对待蛮族往往采取高压态度，造成了地方的反抗，这一点在南诏也屡见不鲜。另外，南诏除了对唐朝的云南、四川地区造成压力之外，还从红河直下越南，对当时控制在唐朝手中的红河三角洲（现越南首都河内地区）造成压力，影响到了唐朝的两广地区。

大唐虽然是当时世界上崛起最快的国家之一，却不是第一名。事实上，当时的大食（阿拉伯）帝国用更短的时间、更快的速度，取得了比唐朝还要庞大的疆土。如果我们将唐帝国和大食帝国做一个对比，就会发现，在唐帝国西方，还有一个强大的对手正等待着它。

公元622年（唐武德五年），唐朝刚建立不久，先知穆罕默德逃离故乡麦加，去了麦地那，此时的阿拉伯人对世界来说还毫无影响力。八年后的公元630年（唐贞观四年），贞观之治刚开始不久，从麦地那出发的穆罕默德征服了故乡麦加。③

公元632年，穆罕默德去世，继任者是首任哈里发艾布·伯克尔。他虽然只在位短短三年，却将阿拉伯半岛统一在伊斯兰教的旗帜之下。随后，他发动了对东罗马帝国所辖的叙利亚的进攻，这次进攻持续了八年。第二任哈里发欧

---

① 参见《旧唐书·吐蕃传》。
② 关于唐代南诏的情况，参看唐代史书《蛮书》。
③ 参见美国东方学家希提《阿拉伯通史》第八章。

麦尔,于公元 640 年(贞观十四年)完成了对叙利亚的征服。

继叙利亚之后,阿拉伯人对波斯的征服之战持续了十几年,到公元 651 年(永徽二年)完全结束,最后一个波斯皇帝叶兹德吉尔德三世被杀。

我们可以从另一个角度总结,更加清晰地理解阿拉伯帝国的速度。公元 627 年(贞观元年),唐太宗刚刚掌权,这时伊斯兰教还没有产生,先知穆罕默德还被认为异想天开。这时也恰好是唐代著名僧人玄奘出发前往印度的时间。到了公元 645 年(贞观十九年),玄奘在印度游历了一番,刚刚返回长安,阿拉伯人已经扩张到了中东的广大地区。又经过了短短的几年,西方就出现了一个横跨亚非的庞大帝国,从北非到现今的埃及、叙利亚、伊拉克,直达伊朗、阿富汗地域。

最后一位波斯王虽然被杀,但他有一个儿子活了下来。这个儿子叫作卑路斯,他逃到了一个叫作吐火罗①的地方,希望在这里继续反抗阿拉伯人。②卑路斯逃到吐火罗之后,意识到仅仅靠这里是无法打败阿拉伯人的,他采取了一个大胆的行动:向遥远东方的唐朝求救。唐高宗收到波斯王子的求救信之后,与大臣们进行了分析,认为吐火罗距离大唐过于遥远,即便派兵也没有什么用处,于是拒绝了。

公元 652 年(永徽三年)到 653 年,阿拉伯大军进攻吐火罗,征服了整个地区。但在第四任哈里发阿里时期,阿拉伯帝国陷入了内乱,吐火罗又争取到了独立,并把卑路斯接过去建立了统治。③公元 661 年前后(龙朔初),阿拉伯人卷土重来,占据了吐火罗。

这时唐朝行动起来,宣布建立波斯都督府,府衙设在了位于现伊朗境内一个时称疾陵城的地方,并宣布任命卑路斯为都督。唐朝建立波斯都督府并不意味着唐朝的统治延伸到了伊朗。唐朝实行羁縻制度,为当地的统治者分封一些称号,就好像对方接受了唐朝的官职一样,但在管理上对方是独立的。

波斯都督府也并没有给卑路斯带去任何好处,阿拉伯人很快占领了这里,将他赶走了。卑路斯继续他的流亡生涯,最后来到了长安,接受了右武卫将军

---

① 现阿富汗北部,兴都库什山以北、阿姆河以南,以巴尔赫为中心的地区。
② 本段历史参考《新唐书·西域传》。
③ 参见《中亚文明史》第三卷第十六章。

的官职，死在了长安。

阿拉伯人征服的脚步并没有停下，公元8世纪初，阿拉伯呼罗珊总督屈底波开始越过阿姆河，对北方的中亚河中地区用兵，于公元709年（景龙三年）夺取了布哈拉，公元712年（先天元年）获得了撒马尔罕。在公元713年（开元元年）和714年，阿拉伯部队甚至接近了喀什噶尔（现中国新疆喀什附近），也就是大唐王朝的疏勒的辖地。[①]

阿拉伯势力虽然来到了中亚，但与唐朝的直接冲突直到天宝中期才偶有发生。但是，阿拉伯人又在中亚产生了足够的吸引力，使得唐朝无法通过征服将中亚民族收服。皇帝和他的将军付出了巨大的代价，却无法获得成果。而阿拉伯人不仅将中亚的粟特人伊斯兰化，甚至还影响了整个中亚的游牧民族。突厥人也伊斯兰化了，从突厥人分离出来的土库曼人、塞尔柱人、奥斯曼人先后继承了穆罕默德的理想。

玄宗后期，唐朝面临着吐蕃和大食（阿拉伯）两大敌人，虽然对弱小民族取得了一系列的战争胜利，但是从大的战略上却是得不偿失的。随着玄宗的统治的延长，帝国的财政却捉襟见肘。获胜的战争也带来了一个致命的后果：皇帝受困于财政问题，不得不下放财权给地方将领，于是制造出了唐代最大的怪胎官职，而这个官职又是导致安史之乱的重要原因——这就是节度使。

土皇帝的职位

在与外部国家对抗时，唐玄宗发现，帝国兵制已经腐朽到不能打仗了。

唐代的兵制经过了三次变化，其中后两次都发生在玄宗时代。第一次是高祖以来建立的府兵制。府兵要求士兵一直服役，到老才能退休（六十岁）。但当兵过于艰苦，不仅要打仗，还要在空闲时种地。随着盛世的到来，青年们已经吃不了苦了，他们纷纷逃离兵籍成了流民，或者在其他地方找到了出路。由于政府招不够兵，许多士兵都已经白发苍苍，还在穿着军装守卫边防。

---

① 参见《中亚文明史》第三卷第十九章。

按照规矩，唐代还有边防轮换制度，内地的府兵过一段时间就要轮换到边防去，但随着制度惰性的增大，轮换也成了虚设，而这更增加了边疆地区的艰苦程度。①

兵制的第二次变化是在玄宗登基后不久。他对内外兵制都进行过一定的改革，特别是在宰相张说的主持下，政府裁撤了一批府兵，招募了一批新兵，建立了为数十三万的彍骑卫队来守备京师。募兵制建立后，由于皇帝只重视募兵了，府兵制更加成为累赘。

到了天宝年间，就连当初精锐的彍骑卫队也退化了。以守卫京城的部队为例，他们本来是最有战斗力的军队，但是在安史之乱爆发前，这支号称护卫皇帝的侍官队伍，却早已经变成了京城的耻辱，人们骂人时就骂对方是侍官。队伍里的人也是五花八门，富裕的变成了商人，身强体壮的就靠拔河、玩杂耍来糊口，他们已经彻底脱离了训练。到安史之乱爆发时，这些人根本不知道怎么穿甲胄，更别提打仗了。②

随着军队的退化，面对边境蛮族的挑衅，唐玄宗不得不另外组织部队，这一次，他倚重于一项源自唐高宗时期的改革——节度使。这就是唐代兵制的第三次变化。

要了解节度使制度，必须首先了解唐代的边疆建制情况。③

唐代的边疆地区设立了一系列的防卫组织，这些组织既是军事机构，也承担着民政功能，其中大的组织单位称为"军"，其次是"守捉""城""镇"，而这些机构都隶属于"道"。道相当于现在的大军区，不仅存在于边疆，在内陆也是划分各道的。道的军事长官叫大都督，负责和平时期的训练，在边疆地区的道，一旦到了行军打仗的时候，还会设立一个大总管来带兵出击。在道之下，边疆更低级别的民政机构"州"内也会设立都督这个职务，让他们平常带兵训

---

① 《新唐书·兵志》："自高宗、武后时，天下久不用兵，府兵之法浸坏，番役更代多不以时，卫士稍稍亡匿，至是益耗散，宿卫不能给。"

② 《新唐书·兵志》："故时府人目番上宿卫者曰侍官，言侍卫天子；至是，卫佐多以假人为童奴，京师人耻之，至相骂辱必曰侍官。而六军宿卫皆市人，富者贩缯彩、食粱肉，壮者为角抵、拔河、翘木、扛铁之戏，及禄山反，皆不能受甲矣。"

③ 参见《文献通考·兵考三》。

练，而打仗时，皇帝会派一些使职前来领兵打仗。在这时，负责训练的都督（以及大都督）和负责带兵打仗的使职（以及大总管）一定不能是同一个人，只有这样才能避免有人利用军队发动叛乱。

到了高宗时期，情况出现了改变。为了打仗方便，皇帝往往会给这些州（甚至各道）负责训练的都督们直接挂上使职，继续负责打仗。这些挂了使职的都督们，习惯上被称作"节度使"，也就是既"节度士兵的训练"，又"带兵打仗"的使职都督。

但这时"节度使"只是人们的一种俗称，并不是官名，或者说只是一种临时称号。一旦战争结束，这些人往往会把使职交还给皇帝，又变成了普通的都督或者大都督。

真正的变化发生在唐睿宗景云二年（公元711年），当时皇帝由于西北方向用兵的需要，给了凉州（甘肃省武威市）都督贺拔延嗣一个新的名号——河西节度使。这时的"节度使"成了一个永久性的称号，作为官职正式出现。①

那么这时的节度使又和之前的都督有什么不一样呢？最大的区别在于，之前都督只负责军事训练，不负责打仗，而节度使是把训练和打仗的任务集于一身了。如果从边疆战争的角度上来看，节度使的出现可谓正得其时，因为比起再派一个人来，一个负责训练的将军更熟悉他的手下，让他领兵会让战争变得更加高效。

但节度使并非仅仅意味着训练和打仗，我们这里可以将之和管理民政的州刺史再做一个对比。之前的都督负责军事训练，而在地方上，依然有刺史负责民政。但边疆的节度使除了军事之外，甚至连民事也一起负责了。

此外，节度使的权力比简单的军事加民事还要大。之前，各地还有一个角色，叫作观察使，这是皇帝派往各道行使监察权（专门监察各地官员）的官员。观察使既不管军事也不管民政，专门向皇帝报告官员的问题，因此权力非常大，而边疆地区的观察使甚至也是由节度使兼任的。

所以节度使变成了边疆地区独一无二的存在，不仅负责招兵买马，还负责

---

① 《资治通鉴·唐纪·景云元年》："丁酉，以幽州镇守经略节度大使薛讷为左武卫大将军兼幽州都督。节度使之名自讷始。"除此以外，《新唐书·兵志》《文献通考·兵考》《唐会要》《通典·职官》均以贺拔延嗣为节度使第一人。

民事和税收权，同时还可以选择下属官员，拥有了任命权和监察权。[1]节度使的兵员也不再依靠府兵制，而是直接从民间募兵。这样，士兵就会对直接长官产生非常强烈的忠诚，反而将皇帝边缘化了。也就是说，节度使变成了边疆地区的土皇帝，将原本属于皇帝的正式官员的一切权力都接管了。

可是，为什么皇帝要设立这样一个权力巨大的职位呢？训练和带兵打仗都属于军事权力，交给节度使还可以理解，但为什么又要给节度使这么多的民政权和监察权呢？这就要从唐代的财政角度去考虑。

玄宗时代，由于府兵制已经无法应付西方和北方的军事需要，在边境地区已经采取了募兵制，也就是招募士兵发给固定的薪水，不再需要他们种地。但是，中央政府却没有足够的钱能养得起这些士兵。根据统计，在玄宗初年，中央政府每年的养兵费用只需要二百万贯钱就足够了。随着边境兵事的扩大以及募兵成本的增加，到了玄宗中期，直接养兵成本已经高达一千万贯，之后又提高到一千二百六十万贯。[2]这些钱还只包括士兵的口粮、衣服以及零花钱，没有考虑军粮运输成本、打仗时的军事开支、赏赐。

随着军事开支出现数倍甚至十倍的增长，中央政府不可能获得足够的财政收入来支持庞大的花费。唐玄宗决定进一步削减内地的府兵，却使得边境的士兵占去了全国士兵总数的大半，形成了严重的失衡。

内地军费可以减，可是边疆地区的军费只靠内地省下来的钱依然是不够的。为了解决军事费用问题，玄宗除了设立节度使之外，还必须授予他们行政权，让他们在统治区域内自行搜刮。也就是说，节度使统兵，但他们的钱只有一部分来自皇帝的拨款，剩下的只能靠他们手中的民政权力，从地方上筹款解决。

这种做法非常符合宰相李林甫的心意，因为他要帮助皇帝筹钱来解决财政问题，但仅仅靠筹钱还不够，还得减少财政开支。如果财政开支减不下来，就

---

[1] 《新唐书·兵志》："及府兵法坏而方镇盛，武夫悍将虽无事时，据要险，专方面，既有其土地，又有其人民，又有其甲兵，又有其财赋，以布列天下。然则方镇不得不强，京师不得不弱，故上措置之势使然者，以此也。"

[2] 《通典》："自开元中及于天宝，开拓边境，多立功勋，每岁军用日增。其费粜米粟则三百六十万匹段，给衣则五百二十万，别支则二百一十万，馈军食则百九十万石。大凡一千二百六十万（开元以前每岁边夷戎所用不过二百万贯，自后经费日广，以至于此）"。

采取将财政"隐性化"的做法，也就是让地方自行筹措开支。至于这种自筹开支造成的搜刮是否会引起民怨，已经不是皇帝要操心的了。

唐玄宗时代，在边疆地区设立的节度使类官员已经有十个，分别是：安西节度使（镇抚西域，统龟兹、焉耆、于阗、疏勒四镇，治龟兹城，兵二万四千），北庭节度使（辖现北疆地区，防制突骑施、坚昆、斩啜，统瀚海、天山、伊吾三军，屯伊、西二州，治所在北庭，兵二万），河西节度使（辖现在的甘肃地区，断隔吐蕃、突厥，统赤水、大斗、建康、宁寇、玉门、墨离、豆卢、新泉八军，张掖、交城、白亭三守捉，屯凉、肃、瓜、沙、会五州，治凉州，兵七万三千），朔方节度使（辖黄河北部大拐弯内外，捍御突厥，统经略、丰安、定远三军，三受降城、安北和单于二都护府，屯灵、夏、丰三州，治灵州，兵六万四千七百），河东节度使（辖现在的山西北部，与朔方为犄角御突厥，统天兵、大同①、横野、岢岚四军和云中守捉，屯太原府和忻、代、岚三州，治太原府，兵五万五千人），范阳节度使（辖今北京河北一带，临制奚、契丹，统经略、武威、清夷、静塞、恒阳、北平、高阳、唐兴、横海九军，屯幽、蓟、妫、檀、易、恒、定、漠、沧九州，治幽州，兵九万一千四百），平卢节度使（辖今北京以东的东北地区，镇抚室韦、靺鞨，统平卢、卢龙二军，榆关守捉，安东都护府，屯营、平二州，治营州，兵三万七千五百），陇右节度使（辖今陕西西面的甘南、青海一带，备御吐蕃，统临洮、河源、白水、安人、振威、威戎、漠门、宁塞、积石、镇西十军，绥和、合川、平夷三守捉，屯鄯、廓、洮、河四州，治鄯州，兵七万五千人），剑南节度使（辖今四川西部和云南，西抗吐蕃，南抚"蛮獠"，统天宝、平戎、昆明、宁远、澄川、南江六军，屯益、翼、茂、当、巂、柘、松、维、恭、雅、黎、姚、悉十三州，治益州，兵三万九百），岭南五府经略使（绥靖夷獠，统经略、清海二军，桂、容、邕、交四管，治广州，兵一万五千四百）。②

节度使的权限之大，使得他能够调动足够的资源来进行战争，于是到了玄

---

① 玄宗时期的大同军是开元十二年（公元724年）由大武军改名而来，最初是防御史，到了中唐才改为节度使。大同军治所在朔州（马邑），中唐以后治云州（现山西大同市）。

② 参见《旧唐书·地理志》《文献通考·职官考》。

宗后期，战争也随之扩大。

但是，皇帝又面临着一个新的情况，到底如何才能保证手握兵权的节度使保持忠心而不发动叛乱呢？最初的解决之道，是派遣可靠的官员去担任节度使，比如请一些退职或没有退职的宰相来担任或者兼任，这些宰相对皇帝足够忠心，也有足够的社会资源来执行使命。

但是，随着贤相集团的崩溃，帝国的宰相职位被聚敛集团掌握。聚敛集团有着严酷的内斗传统，为了打击政敌，获胜的人不会把节度使的职责放给那些失败者。李林甫成为宰相后，决定再进一步，将节度使授予归顺的胡人。于是，唐帝国边境的军政大权经过了数次演化后，落入了胡人之手。

从能力上来说，李林甫是一个合格的宰相。他能够通过高效的行政系统达成皇帝的一切需求，特别是财政需求。另外，他还亲自主持汇编了一系列的法律，比如中国历史上著名的《唐六典》就是在他任职期间完成的。他非常能干，在他的新办法下，安禄山、史思明、高仙芝、哥舒翰等一批不同民族的名将掌管起庞大的唐朝军队的同时，还由于他的节制不得不俯首帖耳，不敢作乱。

但能干的李林甫却留下了巨大的隐患。他往宰相职位上堆砌了过重的权力，承担了过多的事务，只要他还在任，他亲手建立、精心维护的政治平衡就能保持下去，整个政府就不会出乱子。但他一离任，没有人能够在掌握如此重大的权力的同时，还做到滴水不漏。而这种平衡一旦被打破，整个政府机构会立即变得千疮百孔，不可收拾。

在李林甫建立的机制中，外族的将军虽然掌握大权，但对李林甫本人仍然保持着尊敬。等李林甫死后，继任宰相的杨国忠没有威信，外族将军不听从他的指挥，与宰相出现了严重的对抗。

漂泊的诗人

开元二十三年（公元735年），开元文人们迎来了特殊的一年。在这一年里，诗人李颀进士及第，王维则因为宰相张九龄的举荐，从嵩山隐居地回到了长安担任右拾遗之职。

李白在韩朝宗的鼓励下，离开了居住十年的安陆，前往北方交游，这也是他自童年离开后，第一次前往北方地区。关于李白在北方的游历，人们历来众说纷纭。可以肯定的一点是，李白曾经到过东都洛阳地区，与谯郡的元演结交，并在他的邀请下去了当时的北都太原府。在太原，李白在对方的盛情接待下度过了一段锦衣玉食、游山玩水、携妓看花的岁月，好不潇洒。① 人们后来关于他的一个传说就和太原有关。据说，在他游太原时认识了一位低级军官郭子仪，当时郭子仪恰好犯了罪，被李白救了下来。② 这件事很难说是真的，但有这样的传说，无疑增加了李白的传奇性，并为安史之乱后他受到轻判和赦免提供了一种可能的解释。

　　之后，李白去了西京长安，结交了玉真公主和张说的儿子驸马督卫张垍，但他发现长安没有他的位置，于是离开了。接下来，李白的行踪就显得更加凌乱，人们所能确定的是，他最终带着家眷来到了齐鲁地区，在任城（现山东济宁）住了下来。在这里，他结交了徂徕山上的五位隐士，分别是孔巢父、韩准、裴政、张叔明、陶沔，与他们日日饮酒沉醉，号称"竹溪六逸"。③

　　在开元文人中，除了李白，另两人的生活也发生了变动，他们不约而同地前往长安参加了当年的科考。这两人是高适④和杜甫⑤。

　　高适这时已经三十二岁，第一次参加科考的他毫不意外地落榜了，但随性的他回到了宋州继续过贫困却悠然的生活。科考对他影响最大的，莫过于结交了一群朋友，其中就包括两位年轻的朋友岑参和杜甫。

　　杜甫生于先天元年（公元712年），是武后时代著名文人杜审言的孙子。杜审言死后，他的家族渐渐没落，儿子杜贤（杜甫的父亲）只当到小官京兆府奉天县令。杜甫是襄阳人，但其家早已迁移到了河南巩县。我们并不知道杜甫年轻时的迁徙情况，只知道，到了二十四岁那一年，杜甫已经在吴越一带居住，

---

① 这段经历参见李白诗《忆旧游寄谯郡元参军》。
② 参见《新唐书·李白传》《唐才子传》。
③ 参见《唐才子传》。
④ 参见高适《酬秘书弟兼寄幕下诸公》序。
⑤ 《壮游》有"忤下考功第"一句。由于开元二十四年（公元736年），负责考试的职责转移到了礼部侍郎，而开元二十三年是最后一年由吏部考功郎负责组织考试，辅以杜甫游吴越的证据，可判断杜甫参加考试当为开元二十三年。

并结交了一批当时的文士。也是在这一年，杜甫第一次来到京城长安参加考试，以落第告终。

第二年，杜甫开始了他的壮游生涯，来到了齐地和赵地。接下来几年，杜甫或在齐赵，或在东都地区活动。与李白、高适等人想建立功业但并不执着于功业不同，杜甫显得更加传统，他的性格略显刻薄，缺乏气度①，对于当官看得也更重，这和王维的出世态度大不相同。而在作诗风格上，王维讲求天然之趣，李白更是天赋满满、出口成章，但杜甫的诗却更像是学院派风格，他注重当时刚刚建立的平仄和格律系统，对仗和押韵上更加严格，但也正因为过于注重文字，使得读者读起来感觉有些古板和深奥，缺乏李白等人的朗朗上口之感。

加之他的年龄较小，当开元诗人们已经建立起自己的交游圈子，杜甫的履历依然显得很苍白。也正是这个原因，关于杜甫的早期生涯，人们知之甚少，也没有迹象表明他在未来会成为一个大诗人。

开元二十四年（公元736年），随着李林甫得势，将开元时期最后一位贤相张九龄排挤出中央，玄宗时代正式进入了聚敛之臣控制朝政的权相时代。

张九龄离开相位后，被皇帝贬为荆州大都督府长史，于是来到了荆州地区，与孟浩然所在的襄阳比邻。张九龄立刻给孟浩然发去了邀请，请他加入自己的幕职，于是孟浩然终于出仕成为张九龄大都督府的从事。②这一段时间，也就成了孟浩然最接近朝堂的时期，同时也激起了他为苍生立功业的最后一点雄心。

然而张九龄此刻只不过是一个被皇帝贬斥的官员，自己也没有什么权力。他能给予孟浩然的只有一点尊重，剩下的就是由孟浩然等陪着诗酒田猎了。时间长了，孟浩然也只能哀叹有心无力。③

这样的生活过了两年，孟浩然因为背疽发作，只好于开元二十七年（公元739年）秋请求返回襄阳养病，他的官宦生涯也就告终了。

但他作为文人结点的功能还存在着。大约就在同时，他的好朋友王昌龄也

---

① 两唐书的《杜甫传》都提及杜甫的性格问题。
② 《唐才子传》与两唐书二人本传都提及此事。
③ 《陪张丞相祠紫盖山途经玉泉寺》："谢公还欲卧，谁与济苍生？"

遭难了。王昌龄虽然进士登第，还考取了博学宏词科，是学问上的优等生，但他这一辈子依然郁郁不得志。他担任过汜水尉，后来有幸成为校书郎，本来这是一个适合升迁的官，不想他一直原地不动，最后又不知道因为什么小事被谪往岭南，这一年他已经四十二岁了。①

作为一个交游广泛的人，王昌龄的贬黜也成了文坛的一件大事。在长安，岑参为他饯行送别。②一年前，岑参刚来到长安参加科举考试，落第后他索性留在长安并成了家，等待新的机会。

王昌龄行至襄阳一带，自然见到了好友孟浩然。他也很有可能是在这个时候结识了李白，又是一番诗酒唱和，依依惜别。③

但事情并没有结束，就在王昌龄刚刚到达岭南不久，皇帝突然间因为加尊号而进行了大赦④，王昌龄又被从岭南招了回来。到达襄阳后，他又和孟浩然相遇，自然又免不了诗酒应酬。孟浩然的病本来已经快好了，经过了这一场折腾，终于大病不起，去世了。

孟浩然死后，王昌龄继续北行，回到了长安。这一次，皇帝给了他一个近一点的地方，到江宁（现在的南京）担任江宁丞。王昌龄只好兴师动众地再次从长安出发，前往江宁。岑参作为朋友，又一次为他送行。⑤

在唐代诗人中，王维和李白可以被视为两个极端的存在：他们一个信奉佛教，另一个深受道家的影响；一个注重内敛和宁静，另一个追求波澜壮阔。玄宗时代的诗人大都有着千丝万缕的联系，但没有任何表明李白和王维有联系的故事流传下来，表明两人泾渭分明的兴趣和结交。但是，孟浩然同时是李白和王维的好友，两人都将其视为知己。李白很少向人表达崇敬，却对孟浩然赞不绝口，而王维本人是内敛的，在孟浩然面前却可以说点重话，甚至嘲笑他（也是嘲笑王维自己）一下。

---

① 参见《唐才子传》。
② 参见王昌龄《留别岑参兄弟》。
③ 参见王昌龄《巴陵别李十二》。
④ 《旧唐书·玄宗纪》载为开元二十七年二月大赦。
⑤ 参见岑参《送王大昌龄赴江宁》。

在孟浩然去世前，李白一直与他保持着联系。而更加真挚的情感则来自于王维。事实上，自从妻子去世后，王维为了追求宁静，与文坛很少有往来。张九龄举荐他再次当官之后，他除了学佛和偶尔隐居，剩下的时间都在处理公务。但这一段时间，他的官职变化很大，曾经陪伴玄宗在两京间迁移。开元二十五年（公元737年），王维以监察御史的身份使职至河西，顺势留在河西节度使崔希逸幕中担任了一段时间的节度判官。直到第二年崔希逸改任河南尹，王维才返回长安继续担任监察御史。开元二十八年（公元740年）又是变化颇多的一年，他先是改任殿中侍御史，到了冬天，又接了一个差事。当时，虽然在大部分地区，地方官吏都是中央政府直接任命的，但岭南、黔中地区由于过于遥远，还有一部分六品以下的官员是由当地任命的，有时皇帝会派御史以上的中央官员作为知南选，前往南方监督选官。① 这一年，王维被选为知南选，前往岭南、黔中地区。在唐代，要想去往岭南和黔中地区，最简单的路径就是经过武关和襄阳，从湘江流域前往。这就给了王维途经襄阳的机会。

到达襄阳后，他本来以为可以见到老朋友孟浩然，不想孟浩然已经在当年去世了。王维只好大哭一场，写下了一首诗作为悼念。②

从南方回来后，王维精研佛学，拾起了他半隐居、半做官的生活。到了天宝三载（公元744年），他在蓝田的辋川购买了一份产业，这就是有名的辋川别业。这所著名的别业成了诗人后半生托身的所在。

天宝元年（公元742年），盛唐时期的诗人们再次迎来了相聚的机会。这一次，以玄宗的一项政策为发端。

李唐的皇帝认为自己的祖先可以追溯到老子李耳，因此，除了封老子为玄元皇帝之外，还试图在学术上引入老子的道教作为儒教的补充。玄宗在统治后期，更是装神弄鬼，供奉老子画像。③ 开元二十九年（公元741年），皇帝干脆设立了崇玄学科目，要求各地在这个科目下设立生员，让他们学习《老子》《庄

---

① 参见《新唐书·选举志》。
② 《哭孟浩然》："故人不可见，汉水日东流。借问襄阳老，江山空蔡州。"
③ 开元二十九年（公元741年）和天宝元年（公元742年），玄宗要求各地张挂老子像。参见《资治通鉴·唐纪》相关年份记载。

子》《列子》《文子》等书籍,每年参加明经考试。[1]这次学科设置引起了一场轰轰烈烈的学习道学的风潮,各地也纷纷举荐学道之人或者道士们去往长安应聘。

在会稽地区,有一位叫作吴筠的道士受到了皇帝的召见。当时,吴筠正在剡中和李白隐居,于是将李白带到京师,推荐给皇帝。[2]除了吴筠之外,李白到达京城后还结识了一批知己,最著名的是贺知章。[3]

贺知章恰好是会稽人,这一点也可能有助于曾经隐居会稽的李白去结识他。贺知章在武后称帝时期中进士,以文学闻名,在仕途上却并不受重视。但他得益于族姑之子陆象先,陆象先担任过宰相,对这位兄长颇为提拔,让他在仕途上一帆风顺,在不甚重要的官职上安稳度过了一生。贺知章也不太在意自己的工作,他曾经担任丽正殿的修书使,但参与的书都没有写成。惠文太子死后,贺知章负责挑选挽郎,不想却摆不平各路关系,被门荫子弟堵了门,他只好蹬着梯子上到墙头上,露出头和外面的人说话,这在当时被传为笑柄。[4]

贺知章性格随和,大大咧咧,他的官运并不算差,担任过太常少卿、礼部侍郎、工部侍郎等。他最后的职务是太子宾客、银青光禄大夫兼正授秘书监,人们习惯称他为贺监。

他为人旷达,喜欢谈笑喝酒,自称秘书外监,也就是首要职责是在长安诗酒戏谑,第二职责才是工作。他的书法与张旭齐名,又好说话,喜欢给人写字。贺知章的诗流传下来的很少,却在不经意间留下了两首万世传唱的小诗。[5]

到了老年,天宝三载(公元744年),也就是认识李白的第三年,贺知章决定告老还乡,这件事竟然成了轰动长安城的大事,除了许多人请酒之外,就连皇帝也写诗送别。[6]考虑到他太老了,回去没有住的地方,皇帝还专门赐给他一汪湖水,供他养老之用。[7]

---

[1] 参见《旧唐书·玄宗纪》。
[2] 参见《旧唐书·李白传》。
[3] 贺知章引荐李白事参见《新唐书·李白传》。
[4] 参见《旧唐书·贺知章传》。
[5] 贺知章留下诗歌(含断句)二十首,最著名的是《咏柳》和《回乡偶书》。见《全唐诗》卷一一二。
[6] 贺监离开时,李白也奉旨写诗相赠,见《送贺监归四明应制》《送贺宾客归越》。
[7] 参见《唐才子传》。

如果要选择盛世文人的代表，贺知章无疑是最佳代表。他生于唐朝发展的中间期，老来享受、赞美了盛世的无限好处，他也尽情地享用和赞美。他去世后，玄宗盛世又继续了十几年。

李白到了长安，认识了贺知章。贺知章见到他，读到《蜀道难》和《乌栖曲》，惊为天人，称之为"谪仙人"①，和吴筠等人一起将他推荐给皇帝。皇帝让李白待诏翰林，于是有了"李翰林"的称呼。这一段时间，民间对李白的记忆最丰富，人们耳熟能详的关于他的故事有很多，诸如李白醉酒之后，皇帝从酒肆将他拉出来，往他头上浇水，再命令他写诗，他竟然也能下笔成章；醉酒之后让高力士帮他脱靴子等。这些看上去如同小说一般的情节竟然窜入了正史。②而李白会外语，吓退了渤海国使者的故事更是在民间流传。③

李白对于自己被招入宫中也很期待，认为自己马上就要被重用了④。但他到了宫中，虽然最初也很受赏识，但皇帝请他干的活儿却总是诗酒流连、歌功颂德，与政治无关，也就是说他只是个政治宠物而已。到了天宝三载（公元744年），也就是两年后他离开长安时，已经将自己比作一只会说话的鹦鹉，能哄皇帝快乐，却不会受到重用。⑤

人们事后复盘李白的境遇时，往往将他的不遇视为玄宗皇帝已经昏庸不堪的表征。但事实上，更多的问题可能出在李白的身上，另一部分则可以归咎于时机。

皇帝的大臣需要有实务经验，即便没有聚敛之才，也必须像贤相集团一样有一定的政治理念。但李白除了认定自己可以治国之外，却没有流露出任何政治观念，这使得皇帝不能用他。另外，李白进京之后所结交的人也是有问题的。如果他想要从政，则必须从一开始就结交从政的官员，通过策论等能够代表他政治理念的文章来获得推荐。可是李白进京之后，首先认识的是政治"吉祥物"贺知章，并迅速地与贺知章等人混在一起日日饮酒，这就将自己打造成了另一

---

① 参见唐代孟棨撰《本事诗》。
② 参见《旧唐书》。
③ 参见《警世通言·李谪仙醉草吓蛮书》。
④ 《南陵别儿童入京》："仰天大笑出门去，我辈岂是蓬蒿人。"
⑤ 参见《初出金门，寻王侍御不遇，咏壁上鹦鹉》："落羽辞金殿，孤鸣托绣衣。能言终见弃，还向陇西飞。"

个"吉祥物"。但事实上，贺知章能够成为不倒翁和吉祥物，与他的亲戚陆象先有关，也和时机有关。因为他入职早，刚刚当上皇帝的玄宗也较为尊重他，才给了他足够的空间诗酒流连。但李白入京时，皇帝早就变成了老皇帝，不再需要一个年轻的政治吉祥物了，也就不会再去给他机会了。

当然，李白在长安的时间也并不算白过，他结交了不少酒友，除了贺知章，还包括被李林甫排挤的宰相李适之、汝阳王李琎、侍御史崔宗之、吏部侍郎苏晋、写草书的张旭、布衣焦遂，这八个人号称"饮中八仙"。①

在长安，李白接触的著名诗人还有王昌龄。② 但李白可能并没有接触过王维。当时王维在长安任左补阙，除了隐居之外，就是与弟弟王缙，以及好友裴迪、王昌龄相往来，没有结交李白的文字证据。王昌龄与两大诗人都保持着友谊，却并没有让他们更加接近，这或许是文人相轻的唐代版本。

天宝三载（公元744年），久久不得重用的李白离开了长安，再也没有回来。然而，这对于唐代文学却是重要的一年，因为这一年的秋天，唐代的三大诗人李白、杜甫和高适相遇了。当时，李白四十四岁，高适四十一岁，杜甫三十三岁。事后来看，玄宗朝最具有代表性的四位诗人就是王维、李白、杜甫、高适，除了王维没有参加之外，剩下的三位聚在了一起。此时的三人最大的特点是：他们都一无所有。

李白虽然见过了皇帝，但最终却被皇帝放归，这几乎意味着他这一生很难再受重用。高适虽然还保留着入仕的机会，但概率不大，毕竟他已经四十一岁，除了以梁宋地区为基地四处浪游之外，看不出有任何经邦纬国的才能。在三人中，杜甫虽然年龄最小，但名声也最小，而且最看不开功名利禄，他还期待着能够金榜题名。日后，也是杜甫最怀念这次与高李的见面，毕竟对于另外两人来说，与同等级别的人交往并非难事。

关于他们的相见，人们猜测可能是李白来到了东都洛阳，与在洛阳居住的

---

① 参见杜甫《饮中八仙歌》。
② 李白曾写有《同王昌龄送族弟襄归桂阳》。

杜甫相遇，之后他们相约游齐鲁，与梁宋之地的高适又约到了一起。

虽然无法还原他们游览的每一个地方，但可以知道的是，他们曾经到过齐鲁地区的汶上①，以及位于现在山东单县的单父台②，也曾经到过高适居住的汴州，登古吹台怀古③。

离开两人后，李白此后十年继续漂泊。他曾经寄居在亲戚陈留采访大使李彦允处，又曾经请北海高天师授道箓于齐州紫极宫。他的行踪北抵赵、魏、燕、晋，西涉邠、岐，历商於，中至洛阳，南游淮泗，入会稽，还不时往来于齐、鲁、梁、宋间。高适继续自己的隐居生涯。杜甫则回到了东都。

天宝五载（公元746年），杜甫的父亲担任了奉先县令，他跟着来到了长安，之后开始准备考试。这一次，他遇到了一个大机会。在第二年，皇帝下令举行一次制科考试，诏令只要有一项特长的人都可以参加。这次考试的消息不胫而走，许多人跃跃欲试，其中就包括杜甫，以及另一位唐代诗人元结。

不幸的是，这一次考试是由李林甫主持的。他在民间的口碑太差，虽然已经控制了官场，但他最担心的是那些还没有进入官场的读书人。他害怕从地方来的新士子不懂规矩，将他的名声传到皇帝耳中，于是劝说皇帝不要将这些乡野俗人招来。皇帝依然决定举行这次考试，下令让郡县官员认真选择，只有最优秀的才能送来。李林甫只好委托尚书省负责考试，由御史中丞监考，考试的题目是诗、赋、论都考，难度极大，结果没有一个人合格。李林甫于是恭喜皇帝，已经野无余贤了。④这样，也就没有人能够见到皇帝告他的状了。

这次虚假的考试不幸被杜甫赶上了，他又一次落榜。这也是他最后一次参加科考。

至于高适，他依然在家乡苦守，留给他的机会已经不多了。事实上，就在他们交游的那一年，比高适小十一岁的岑参也已经进士及第，更加反衬出这位中年男子的凄凉和落魄。

---

① 杜甫《奉寄高常侍》："汶上相逢年颇多。"
② 杜甫《昔游》："昔者与高李，晚登单父台。"
③ 杜甫《遣怀》："忆与高李辈，论交入酒垆……气酣登吹台，怀古视平芜。"
④ 参见《资治通鉴·唐纪·天宝六年》。

第五章
战争前夜

权相的更迭

唐玄宗天宝十二载（公元753年），如果你问天下最忙的人是谁，会有人告诉你，是宰相杨国忠。[①]

杨国忠的繁忙程度超过了一般人的想象，他身兼大大小小四十余个使职，还担任着帝国的右相，兼任吏部尚书、集贤殿大学士、太清太微宫使、判度支、剑南节度、山南西道采访、两京出纳租庸铸钱使，掌管着帝国的财政、行政、军政大权，并负责官吏的考核与任命；同时，还监管着四川地区的军政、民政各方面事务。

杨国忠的效率奇高无比，在他以前，吏部对官员的选拔有复杂的程序，经过三道唱选，评比从春天持续到夏季，才能将官员选出。但是杨国忠却做得轻轻松松，他在私宅里进行选拔，再召集官员在尚书省的办公室里唱一次票，一天之内就选定完毕。

对于帝国的国库，他也是维护得井井有条，不让国库出现哪怕一时的短缺。直到安禄山兵起，各地的物资仍然在源源不断地送到京师长安，将府库填满。有一次，唐玄宗去左藏库调研，看到仓库堆得满满的，对杨国忠推崇有加。

杨国忠的崛起又和他的妹妹杨贵妃有关，这就牵扯到了本书的又一个配角——但在许多其他的书中却是主角中的主角，也是玄宗之祸的主要背锅者。

---

① 参见《旧唐书·杨国忠传》。

在开元二十五年（公元737年）底或者第二年初①，玄宗宠爱的武惠妃死了，玄宗在感情上陷入了一段空白期。直到有人告诉皇帝，寿王（武惠妃的儿子）的妃子、蜀州司户杨玄琰的女儿杨氏可以代替武惠妃。于是玄宗给寿王另聘了妃子韦氏，先让杨氏当了女道士，号太真，然后召入宫中，直到天宝初，才封为贵妃。②

杨贵妃受宠时，可谓一人得道，鸡犬升天，她的三位姐姐分别被封为韩国夫人、虢国夫人和秦国夫人，她的哥哥（不是亲哥哥）杨钊（即杨国忠）也因此受宠。

在野史③中，充满了对杨贵妃香艳的描写，这一方面是中国禁欲主义发展的一种必然，几乎所有的文人墨客都以意淫的方式幻想着皇帝和贵妃的温柔乡，并将当时的名人（最著名的就是安禄山）也都编排进去；另一方面，也是为了将玄宗之祸归罪于贵妃。

但事实上，杨贵妃的作为并没有超出其他的皇后或者妃嫔。在唐代，皇后家族一人得道鸡犬升天只是一种常态而已。比杨贵妃的家族更会弄权的家族不在少数，最著名的就是武则天所属的武氏，以及韦后所属的韦氏。杨氏家族虽然出了杨国忠和三位夫人，但这些人大都是享受型的人，并没有对帝位产生野心，反而对皇帝颇为忠心，这可能也是玄宗放手让贵妃家族享受荣华富贵的原因。

在杨贵妃家族中，唯一能够称得上野心勃勃的是杨国忠，他并不幻想篡夺皇帝的权力，却对李林甫式的权相位置颇为心仪。但所谓权相，也是皇帝的意图造成的，并非仅仅靠大臣的野心就能达成。皇帝总是需要一个人来满足自己的欲望并规训官僚系统，之前是李林甫，李林甫之后还是需要这样的一个人，唯一不确定的是最终谁去填补这个位置罢了。

如果按照亲缘来算，杨国忠的舅舅是武则天朝的宠臣张易之。④杨国忠本人不学无术，最初在蜀地的军队中混，后来投靠了剑南节度使章仇兼琼，而这位

---

① 根据《旧唐书》，事在开元二十五年（公元737年）十二月。
② 主要依据《新唐书》，太真父亲的官职依据《旧唐书》。
③ 参见《开元天宝遗事》《安禄山事迹》等。
④ 参见《旧唐书·杨国忠传》。

节度使需要他，更多是因为当时杨太真已经受到了皇帝的宠爱。

在章仇兼琼的引荐下，杨国忠被授予监察御史之职，这也说明杨太真最初并没有利用自己的地位来提拔这位哥哥，只是后来帝国的传统让这位贵妃的家人飞黄腾达了。如果只是贵妃的家人，还不足以让他担任宰相，偏偏杨国忠又是极其善于钻营的人，他很快就投靠了李林甫，帮助李林甫清理了其他的聚敛集团成员，如韦坚、杨慎矜兄弟等人。当把这些人清理完毕后，唯一能够与杨国忠比肩的，只剩下了王鉷。

最后，杨国忠把握住机会，利用谋反案将王鉷干掉。在这个过程中，杨国忠也有了一批亲信，其中最著名的是边将哥舒翰。由于哥舒翰与安禄山的矛盾，也注定了杨国忠与安禄山的矛盾。

清理了王鉷之后，杨国忠接替李林甫已经成为一种必然。但件事依然要等到李林甫死后才会发生。天宝十一载（公元752年）十一月，李林甫的身体已经很差了，但当皇帝前往华清宫时，他依然陪同。这表明这位老宰相的擅权之路充满了艰辛。果然，这一次从行加重了他的病情，自此他一病不起。在弥留时刻，他依然想从皇帝身上获得最后的宠幸，因为有人告诉他，见一见皇帝，能够给他冲喜。皇帝并不拒绝这么做，但左右却不让皇帝接触将死的人。皇帝只好让人将李林甫抬到院子里，他站在远处的楼上，遥遥地挥了挥手中的红巾。李林甫已经不能下床了，只好请人拜谢。

见过皇帝不久，李林甫又见到了刚刚从蜀地回来的杨国忠。杨国忠之前去了四川，派兵镇压南诏的反叛，大败而回，却向皇帝上奏获得了胜利，正在受宠的时刻。他亲自到家里去看望李林甫，并拜在床下。李林甫知道自己已经快死了，向杨国忠托付了后事。①

李林甫死后，杨国忠成了整个国家最有权势的大臣。这就有了本节开场的一幕：在很短的时间内，杨国忠就像李林甫一样，将所有的大权都揽在了身上。对于社会和普通民众来说，两人的作为几乎毫无区别，都是一样帮助皇帝解决财政问题，也满足着皇帝的私欲。整个社会依然在平稳地前行，就连边疆的几

---

① 参见《旧唐书·李林甫传》。

次败仗也小心翼翼地隐藏了起来，不为人所知。看上去一切都是没有变化的。

然而，人们却很少意识到，权力从李林甫向杨国忠的更迭并不像表面上那么波澜不惊。事实上，虽然杨国忠接手了李林甫的一切权力，但他又没有实现李林甫那样的完全控制。其中最重要的是边将问题。

玄宗初期的政策是由重要的大臣担任边将和节度使，这些人中，像张嘉贞、王晙、张说、萧嵩、杜暹等人都可以从节度使直接担任宰相。为了抑制这些人的权力，也是为了让更听话的人掌握军队，李林甫扶持了大量的蛮族将领。这些将领对李林甫感恩戴德，也表现出了忠心。李林甫死后，表面上是杨国忠掌握了这些人的任命权，但事实上，杨国忠很难获得这些人的尊重。为了树立自己的权威，他必须将这些老节度使罢免，换上新的，这些新人才会对他表现出忠心。

而要清理老节度使，又必然引起他们的反抗，就这样，这位最忙的宰相就在边将问题上陷入了无解的麻烦之中。

节度使的罪与罚

为了说明唐代的边将问题，我们可以做几个切面，去了解玄宗不同时期的边将变化。在玄宗时代，北方的边将是一个相对封闭的群体。在玄宗担任皇帝的四十多年间，曾经在北方地区担任过节度使一级长官的人不过五十几人。特别是在开元前期，边将群体甚至比宰相都稳定，皇帝换宰相的速度比换边将还快。

开元元年（公元713年），这一年在北方边境地区担任长官的大都是功勋卓著的将领，以及与中央有联系的高级官员。负责安西的是名将张玄表和阿史那献，北庭由汤嘉惠和郭虔瓘掌管，而守卫河西的依然是唐代历史上首位节度使贺拔延嗣。陇右由鄯州都督杨矩主持。而在朔方、河东和范阳，分别是三位（在之前或之后）担任过宰相的高官——王晙、薛讷和宋璟。

这是玄宗朝前期的典型配置。在西北地区升任高官的大都是战功赫赫的将领，既有汉人，也有少量汉化的胡人，只要有能力就可以担任。而在某些地区，还会选择中央高官去担任职务，这样做除了保证地方的忠心之外，还可以利用这些高官调动资源的能力，保证边疆地区的军事实力。在地方任职的将领只要足够优秀，也有机会到中央担任高官。

开元十八年（公元730年），担任河西、陇右、朔方和范阳节度使的，分别是牛仙客（宰相）、张守珪（功臣、将领）、信安王李祎（亲王、著名将领）和赵含章（战将、功臣、信安王下属）。这时的节度使模式依然是亲王、宰相和功臣模式，表明盛唐时期的边将还没有失控。玄宗甚至比开元初刚刚开始设立节度使时，更加在意边将的人选，将边境大权牢牢掌握在中央手中。而守边的将领只要足够优秀，依然还有机会升任中央高官。

天宝二年（公元743年），随着李林甫对宰相职位的把持，宰相和高官群体从边将的名单中逐渐消失，形成了专门负责边疆事务的将领群体。当然这并不是说边将与中央官员已经彼此隔绝，事实上，担任河西、陇右和范阳节度使的王倕、皇甫惟明、裴宽都在中央任过职，但由于李林甫把持了朝政，他与汉人的边将集团又往往有着冲突，导致边将升任中央也受不到重用，有时还会有性命之忧（例如皇甫惟明）。更值得注意的是，李林甫开始有意识地重用胡人群体担任边将，由于这些人比起汉人边将更加听话，成了李林甫巩固权力的一种工具。在此时，担任安西节度使的是著名将领、羌族人夫蒙灵察，而担任平卢节度使的是安禄山。

到了天宝七载（公元748年），李林甫已经将唐代的边将群体进行了换代，这一年担任帝国北边将领的是四个番将，分别是担任安西节度使的高仙芝、担任河西节度使的安思顺、担任陇右节度使的哥舒翰，以及担任范阳和平卢节度使的安禄山。在这四人中，有人始终忠于唐朝皇帝，而有的人则发动了叛乱，但不管怎样，手握重兵的番将控制了唐朝的边防，依然是唐朝即将出现问题的信号。之后，虽然偶尔有汉人担任边疆节度使，但唐朝的边疆控制权再也没有回到过中央的手中。①

玄宗后期的边将中，最早应该提到的是在北方多地镇守过的张守珪。

---

① 关于边将的变化，读者亦可参考本书附录中的《安史之乱前的十节度使情况表》和《安史之乱前的北方边境节度使任职表》。

玄宗早期的著名将领如郭虔瓘和郭知运①等人虽然也战功赫赫，但他们都是受皇帝节制的，不轻易言战，表达了盛世早期对战争的克制。但到了另一位名将王君㚟时代，由于他急于立功，与吐蕃人和回纥人发生了冲突。王君㚟表现出与玄宗执政后期相同的急功近利的特点，以失败身死而告终。②

第一个帮助玄宗实现了他的武功梦想的，是著名将领张守珪。③张守珪早年跟随郭虔瓘镇守西北，后来又在东北地区的幽州担任将领，对于边疆地区的局势非常熟悉。开元十五年（公元727年），王君㚟战败身死，张守珪也获得了他人生中最重要的机会。

由于王君㚟的死亡，唐朝在与吐蕃的斗争中是处于下风的。张守珪被任命为瓜州刺史、墨离军使，任务就是保住城池，但吐蕃的势头太猛，就是这一点也很难做到。就在他率领士兵们修城墙工事时，突然间敌人又来了。士兵们知道城池不够坚固，但是逃又没有地方可逃，人心惶惶之际，没有人考虑过长期的战略，只有张守珪不慌不忙，如同诸葛亮一般大摆空城计。他虽然没有打开城门这么嚣张，但在城上和将士们置酒作乐，表现得毫不担心。他的做法迷惑了敌人，让他们担心有埋伏，不敢进攻，只能撤走。张守珪这才放下酒杯，率军出击，击败了撤退中的敌人。这一仗树立了张守珪的威望，他被封为瓜州都督。张守珪继续率领兵民修缮灌溉设备和农田，让瓜州恢复了正常。

由于他的功劳，第二年他被授予鄯州都督，充陇右节度使，跻身高级将领的行列。他在这个职位上一直待到了开元二十一年（公元733年）。在这期间，张守珪与河西节度使牛仙客、朔方节度使信安王李祎这三大名将共同支撑起了帝国的西北防线，将吐蕃死死压制，帝国重新回到了和平的轨道。④

开元二十一年（公元733年），张守珪调任范阳，担任幽州长史兼御史中丞、营州都督、河北节度副大使，后又加封河北采访处置使。这一系列官职让他成了名副其实的"北京王"，这表明帝国的边疆军职权力有了失控的苗头，也是后

---

① 郭虔瓘先后任职于安西、北庭和河西，郭知运主要任职于陇右。
② 王君㚟主要任职于河西与陇右，他的敌人主要是吐蕃人，以及正在衰落的突厥（包括回纥）人。
③ 参见《旧唐书·张守珪传》。
④ 张守珪此时的记载不多，其中一次出击可见《资治通鉴·唐纪·开元十七年》。

来安禄山大权在握的前奏。

但是，张守珪本人并没有野心，他依然是唐朝中央政府忠心耿耿的大将。在他到达幽州时，恰好是可突于猖獗之时[1]，前两任幽州长史都拿可突于没有办法。张守珪却利用契丹人的内部矛盾，将可突于杀死，传首东都，获得了皇帝的信任。两年后，当张守珪本人前往东都时，他获得了隆重的接待，皇帝为他准备了一系列的欢迎仪式和赐宴，甚至亲自为他作诗。张守珪被封为辅国大将军、右羽林大将军兼御史大夫，继续镇守东北地区。在幽州，皇帝也下令给他刻碑记功。

张守珪的待遇成了一个关键性的转折点。在之前，边关将领们以守成为主，王君㚟的命运依然提醒他们不要轻举妄动，更不要试图主动出击。但在张守珪之后，边将们看到了榜样的力量，为了追求赏赐，纷纷开始主动出击。

事后，人们认为，张守珪对唐代最大的影响还不是他的战功，而是他发掘了两个人：安禄山和史思明。根据传说[2]，张守珪担任范阳节度使时，安禄山只是当地市场上的小混混，偶尔还偷牲畜，一次他偷牲畜时被抓住了，按照规矩应该被杖杀，就在这时，他看到了监刑的张守珪，大喊："大夫不欲灭奚、契丹耶？而杀壮士！"这句话让张守珪留了他一条命，从此他成了张守珪旗下的捉生将，担任同一职务的还有史思明。

所谓捉生将，类似于以抓"舌头"[3]为目的的侦察兵。安禄山由于会多种语言，这项活计他干得得心应手，率领三五个人就能抓回十几个俘虏来。张守珪给他的人数翻倍，他抓的"舌头"也会翻倍。久而久之，安禄山就担任了张守珪的偏将，之后又成了张守珪的养子，因为军功加封员外左骑卫将军，充衙前讨击使。

这段传说有合理的成分，但也可能有虚构之处。首先，张守珪担任范阳节度使是开元二十一年（公元733年）的事情，按照上面的说法，他招纳安禄山

---

[1] 关于可突于的事迹，可以参考《旧唐书·突厥传》。
[2] 参见《安禄山事迹》卷上。
[3] 抓"舌头"是指从敌人占领区抓获活的敌人，用以获取信息。

必在该年之后。但是也是在同一年，张守珪派遣安禄山前往朝廷奏事①，也就是说他至少已经成了亲信。从情理上说，安禄山不可能在不到一年的时间里从小毛贼变成节度使的亲信。

张守珪在没有晋升为高级将领时，也就是在开元十五年（公元727年）之前，曾经在幽州担任过游击将军，后来升为左金吾员外将军。很可能是在这一段时间，他发掘了安禄山，安禄山在几年的时间内逐渐升为张守珪的亲信，并跟随张守珪前往西北地区，后来又回了幽州。

另外，安禄山是否为张守珪的养子也是有疑问的。开元二十四年（公元736年），安禄山作为平卢将军，讨伐奚和契丹失利，张守珪就曾经奏请斩首安禄山②，这显然不是父子关系能够做出的。这也表明，张守珪与安禄山只是上下属关系，安禄山以功绩获得了张守珪的赏识，又因为失利而受到贬斥。虽然是张守珪发掘了安禄山，但这并不表示他有什么私心。

张守珪虽然没有太大的私心，但他毕竟也是一名将领，受到了自己建立的功绩的束缚。既然他因为军功而受封，并让其他将领学会了同样的套路，那么接下来，他就会被迫立更大的功劳，才能稳住自己的地位，否则就会被别人取代。唐代官僚缺乏保护机制的弱点又显露出来，一个人哪怕功劳再大、官职再高，一旦失去了上升的势头，就有可能瞬间倒台，并被对手陷害。要想防止这一点，就只能继续努力获得皇帝的欢心。

到了开元二十六年（公元738年），报应来了。这一次并不是张守珪的本意，而是他的下属立功心切，冒用了他的命令，甚至冒用了皇帝的命令，导致了灾难。张守珪的裨将赵堪、白真陀罗为了立功，命令平卢军使乌知义率领人马在湟水上与奚人作战，由于乌知义不想打仗，他们只好伪造了命令，逼迫他出兵。但这次战斗以失败告终。

这件事本身不是张守珪发动的，但作为领导的张守珪也难辞其咎。为了掩饰，张守珪只好谎报胜利。不想这件事被查了出来，皇帝派了宦官牛仙童前来

---

① 见后文的安禄山与张九龄故事。
② 这件事同样与张九龄有纠葛，见下文。

查验。张守珪前面做了假，已经不可能回头了，只好贿赂了牛仙童，把这事儿归罪给白真陁罗，并逼迫他自杀了。

但这件事又成了连环套，第二年，张守珪贿赂牛仙童的事情又暴露了，这次皇帝杖杀了牛仙童，并把张守珪降职为括州刺史。

努力了一辈子，最终只领了个偏远的刺史，张守珪羞愤交加，到任不久就死去了。他的死亡，也表明在这个时期即便是位高权重的将领，在皇帝面前依然无法做到全身而退。

张守珪被贬的第二年，开元二十八年（公元740年），恰好是玄宗后期最重要的一位汉人军官升为高级将领之时，他就是王忠嗣。王忠嗣的遭遇，再一次预示着番将的崛起。[1]

王忠嗣的父亲王海宾是一员西北地区的将领，曾经担任过太子右卫率、丰安军使、太谷男。开元二年（公元714年），薛讷担任陇右防御使与吐蕃对峙时，王海宾曾经作为先锋参与其中。当时跟随薛讷的名将如云，包括了后来担任高官或者高级将领的杜宾客、郭知运、王晙、安思顺等人。在这些人中，又以王海宾最为勇猛。他在渭州西界的武阶驿与吐蕃对抗，杀敌无数。就在敌人越来越多时，王海宾急需救援，其余将领却妒忌他的军功，纷纷按兵不动，导致王海宾死在了阵中。但王海宾的战死却为战争的整体胜利奠定了基础，成就了薛讷的胜利。

之后，玄宗感慨王海宾的英勇，不仅追赠他为左金吾大将军，还把他的儿子王忠嗣带入宫廷抚养成人。王忠嗣因此与后来的唐肃宗结识。他长大之后，与父亲一样擅长兵事，玄宗甚至夸奖他必然成为良将。

王忠嗣先后跟随了两员著名将领——后来的宰相萧嵩（时任河西节度使、兵部尚书）、信安王李祎（时任河东副元帅），在他们的手下得到了足够锻炼。开元二十一年（公元733年），在河西节度使杜希望的重用下，王忠嗣在对抗吐蕃的战争中屡获奇功，并被提拔为左金吾卫将军同正员兼左羽林上将军等。

到了开元二十八年（公元740年），王忠嗣终于步入最高级别的战将之列，

---

[1] 参见《旧唐书·王忠嗣传》。

兼代州都督，摄御史大夫，兼充河东节度使，加云麾将军。第二年，他被调到朔方担任节度使，河东节度使改为另一位战将田仁琬担任。

一般情况下，一位战将担任节度使，他的任职也就到了最高阶，但对于王忠嗣来说，这却只是一个开始。接下来几年，王忠嗣继承了张守珪的传统。他善于用兵，不断地指挥自己的军队进行北伐。他于天宝元年（公元742年）三次击败了奚人，又击败了突厥人。在他的领导下，到了天宝四载（公元745年），北方已经获得了足够的安定。王忠嗣也被封为御史大夫充河东节度采访使，后又进封清源县公。

到了这时，王忠嗣已经同时兼任了两路节度使（朔方和河东）。这在玄宗时期是非常少见的现象。

但也并不是说没有先例，就在一年前，另一位节度使安禄山刚刚以平卢节度使身份兼任了范阳节度使。平卢节度使主控现在的北京以东的燕山一带，而范阳节度使则主控现在北京周边至太行山一带，也就是说，现在的北京以东的加上周边地区，直达太行山东麓，在当时都已经控制在安禄山的手中。

但是，王忠嗣的朔方和河东却更加重要。唐代的两京分别为长安和洛阳，而唐之北都设在了太原。河东节度使的驻地在太原，既是北都又在洛阳北方，是控制东都的北方门户，而朔方主控区在长安以北，同样有着拱卫都城的作用。相对而言，安禄山所控的两个藩镇处于相对偏僻的角落之中。

与后来的将领不同，王忠嗣在稳固了自己的地位后，并没有居功自傲，继续打仗。可以说，他是最后一位能够保持自控力并明白和平更加重要的节度使。一旦取得了足够的军事优势，王忠嗣想到的是在保持唐朝优势的情况之下，与北方和西方诸民族和平共处。他曾说，将军的能力要表现在控制力，而不是消耗财力去获得功名。[①] 因此，他选择了随时做好军事训练，利用间谍摸清敌情，却不轻易发动战争的做法。他还是对后勤最重视的将领，在和平时期，发给将士的一弓一箭都要登记造册，不得遗失。在这样的指导思想下，盛唐的边关进入了最后一个安定期。

[①]《旧唐书·王忠嗣传》：(忠嗣)尝谓人云："国家升平之时，为将者在抚其众而已。吾不欲疲中国之力，以徼功名耳。"

王忠嗣的成就在第二年（天宝五载）达到了顶峰。这一年他不仅担任了河东、朔方节度使，皇帝还把陇右和河西节度使都给了他。这样他就成了北方四镇的节度使，这在之前的历史上是从来没有过的。或者说，他已经达到了作为一员武将的最高峰，再也不可能有人超越了。

但此时，说他闲话的人也越来越多，他也意识到了其中的危险性。唐代君臣缺乏互信的传统很可能将他变成一个牺牲品。于是他坚决辞去了朔方、河东节度使，只担任新获得的陇右、河西节度使，放弃了自己的老根据地。他这样做，一是为了让皇帝放心，二是想在新的地方出点成绩。

但不幸的是，这样的做法仍然不足以让他脱离毁谤。最大的问题出在皇帝和其他将领身上。虽然王忠嗣获得了足够的战功，不再渴望打仗，但其他将领在被他压制之后，急需战功来获得威望。而此时的皇帝早已完全忘记了休养生息的重要性，渴望着另外的胜利。

皇帝调王忠嗣担任陇右、河西节度使，是为了让他打仗。但王忠嗣却希望首先通过和平来控盘。王忠嗣的保守做法就同时得罪了皇帝和渴望战功的将领。首先，皇帝不听他的劝说，执意继续发动对吐蕃的战争；其次，另一名将领董延光在皇帝的授意下，准备进攻吐蕃的堡垒石堡城。

王忠嗣先是反对董延光出兵，后来接到皇帝的命令，让他去接应时，又不情愿出兵让自己的士兵去送死。董延光进攻石堡城失败后，顺势将责任推给了王忠嗣。嗅到了王忠嗣即将倒台气息的宰相李林甫乘机控告王忠嗣有意与太子联合谋反。这一切加在一起，导致玄宗皇帝将王忠嗣下狱，差点死在狱中。获救后，王忠嗣被贬，郁郁而终，死时只有四十五岁。

王忠嗣的死亡，表明一个边将在功高震主之时，哪怕他表现得再忠勇，依然无法获得整个官僚系统的信任。但是，他的冤枉又是众所周知的。在他遭难前后，部下李光弼曾经劝说他随波逐流，不能只考虑国家利益而忘了自己的生死。下狱后，接替他的名将哥舒翰又以死相保。这表明在这个系统中的人们都知道问题出在哪里，但仍然无法阻止皇帝对王忠嗣的打压。

王忠嗣的悲剧性结局，也启发了另一个身兼数职的节度使安禄山。当他遇到同样的问题时，就不再像王忠嗣那样坐以待毙了。

外族节度使

王忠嗣不愿攻打的石堡城,被皇帝赋予了特殊的意义。这其中的原因是,石堡城事实上是从唐军手中丢失的,而攻占了石堡城的吐蕃,是当时玄宗眼中最大的敌人。只有夺回石堡城,玄宗皇帝才能感觉到文治武功所带来的快感。

石堡城位于现在青海省西宁市湟源县日月乡石城山,至今遗址尚存。它位置险要,三面是悬崖,只有一面有一条小路可以上,是从西藏经过青海腹地前往青海湖和西宁的要道。如果唐军占领了这里,意味着青海湖以南的腹地就向唐军开放了。反过来说,如果吐蕃人占领了此处,就拥有了居高临下的优势,成了唐军的劲敌。

开元十七年(公元729年)之前,石堡城属于吐蕃,随着吐蕃与唐军的对峙,唐军著名将领信安王李祎率军攻克了这里,使得唐朝掌握了主动权,也逼迫吐蕃与唐朝议和。在这一回合中,唐朝占了上风。

然而,到了另一位著名将领盖嘉运时期,吐蕃再次兴起。盖嘉运在与突骑施人的战争中脱颖而出,担任了安西节度使,但开元二十九年(公元741年),盖嘉运在吐蕃的进攻中失利,导致石堡城失守。这次失利也让盖嘉运被罢官。[1]

盖嘉运之后,负责指挥唐军收复石堡城的,是陇右节度使皇甫惟明。皇甫惟明发动了数次针对吐蕃的战役[2],试图夺回石堡城,虽然取得了不少胜利,却并没有收复这座皇帝最想拿下的城市。天宝五载(公元746年),皇甫惟明被李林甫害死,接替他的王忠嗣被皇帝寄予厚望。不想王忠嗣却倾向于采取和平方式,他降伏了更靠近唐朝的吐谷浑人,却对吐蕃人采取威慑战略。当皇帝询问他如何夺取石堡城时,他认为:石堡城的地理位置过于险固,如果硬性攻打,必然造成数万人的死伤才能攻克,对于唐朝,就算赢了也是惨胜。唐军的最佳策略是等待机会,待吐蕃内乱的时候再智取。

王忠嗣的观点是对的,但无法得到玄宗的认同,这才有了玄宗派遣另一员

---

[1] 由于两唐书没有立传,盖嘉运被罢免之后的事迹也就无从得知了。
[2] 以天宝元年(公元742年)和二年(公元743年)的战役最为著名。

将领董延光去攻打的一幕。这次进攻不仅没有攻克石堡城，还让王忠嗣倒了台。

接替王忠嗣的就是大将哥舒翰。这也是唐代利用番将取代汉人将领的关键性一幕。哥舒翰是突骑施哥舒部落的后裔，在他父亲那一代就已经汉化了，他父亲曾经担任过安西副都护，距离高级将领仅一步之遥。

哥舒翰直到四十岁依然没有担任官职，只是在父亲的庇护下过着饮酒任侠的生活。到他父亲死后，哥舒翰居住在京师时，由于受到了长安尉的轻慢，才发奋图强，回到了河西并在当地崭露头角。他担任过节度使王忠嗣的手下，在与吐蕃人的战斗中脱颖而出，数次击败吐蕃，他本人也节节高升，直到担任了节度副使。[1]

王忠嗣离职后，哥舒翰继任节度使。虽然他曾经力保王忠嗣不死，但在战略上，哥舒翰却放弃了王忠嗣的保守政策，开始积极备战。他首先在青海湖中的龙驹岛修建了应龙城，让吐蕃人不敢靠近青海湖。之后，他把目标对准了皇帝朝思暮想的石堡城。

天宝八载（公元749年），哥舒翰率领陇右、河西两节度使的军队，以及突厥人阿布思的兵马，再加上皇帝给他增派的河东、朔方兵马[2]，一共六万三千人，进攻吐蕃的石堡城。而吐蕃在石堡城中的兵力只有数百人而已，他们囤积了大量的粮食和滚木、石头等战备物资。唐军一来进攻，吐蕃人就利用地理优势进行防守。唐军伤亡数万人也没有攻克。数日之后，哥舒翰要将他的将军高秀岩和张守瑜斩首，两将请求再给他们三天时间，率兵拼死进攻。最终唐军以数万人死伤的代价，攻克石堡城并俘虏了吐蕃四百人。[3]

这场大战虽然所获不多，但皇帝依然非常满意，哥舒翰因此得到了不少赏赐，包括拜官特进、鸿胪员外卿，同时赐给布帛千匹、庄宅各一所，加摄御史大夫。哥舒翰俨然成了皇帝除了安禄山之外最欣赏的战将。宰相杨国忠也认准了哥舒翰，将他拉入自己的麾下。到了天宝十二载（公元753年），哥舒翰被封

---

[1] 根据《旧唐书·哥舒翰传》。
[2] 参见《资治通鉴·唐纪·天宝八年》。《旧唐书》未提前几路兵马。
[3] 关于石堡城之战的传闻很多，为了迎合大胜的形象，后人习惯称吐蕃同样损失巨大。《旧唐书》并未提及吐蕃的损失，《资治通鉴》的记录可能更加可靠，指出这场战争更大程度上是得不偿失。本书的数字取自《资治通鉴》。

为凉国公，食实封三百户，加河西节度使，后来又封为西平郡王。第二年又加封太子太保，再加三百户，兼御史大夫。

这样的赏赐与哥舒翰的实力并不相符。事实上，就在石堡城大捷的当年冬天，哥舒翰新建立的龙驹岛应龙城就出了问题。他曾经派两千人驻扎在岛上，依靠四面环水的地形，吐蕃无法攻克。不想到了冬天，青海湖封冻，吐蕃人乘机自冰面进攻，将驻守的两千人全部杀光。① 这也表明皇帝的进攻性策略是消耗巨大的。

可是，皇帝的欣赏，以及他本人的英勇表现，让他在民间享有很高的威望，以至于有人写了诗歌来歌颂他。②

哥舒翰之所以受到如此的重视，还有另外一层原因，那就是新任宰相杨国忠对安禄山的防范。王忠嗣倒台后，中央政府也需要一个人能够与安禄山抗衡。恰好哥舒翰与安禄山又有矛盾，作为外族将领，两人存在着直接的竞争。③ 不管是皇帝还是宰相，都需要将哥舒翰作为榜样，以牵制安禄山。

哥舒翰的根据地在陇右和河西地区。而在更加遥远的新疆地区（安西和北庭），还崛起了另外两位名将。

在盖嘉运丢失了石堡城之后，接替他的是一位叫作夫蒙灵察的将领。正是在夫蒙灵察的手下，出现了高仙芝和封常清。

高仙芝本是高句丽人，与父亲长期在西域为将，曾经在节度使田仁琬、盖嘉运手下任职，都没有受到重用。夫蒙灵察提拔了他，直至使他担任安西副都护、四镇都知兵马使。④

与哥舒翰取石堡城相同，高仙芝的功劳同样源于一个遥远的所在。在本书的《楔子》中，已经叙述了高仙芝对小勃律的袭击，这次袭击可以作为难度最大的奇袭而载入史册。但不幸的是，小勃律对唐王朝的统治几乎没有影响，使得这场军事冒险虽然伟大，却没有产生实际效果。甚至可以说，这次奇袭反而

---

① 这场战役见《资治通鉴·唐纪·天宝八年》。
② 《哥舒歌》："北斗七星高，哥舒夜带刀。至今窥牧马，不敢过临洮。"
③ 两人之间的矛盾，《旧唐书》中有详细的描写。
④ 《旧唐书·高仙芝传》写得精彩异常，特别是高仙芝与夫蒙灵察的关系。

助长了唐朝的自大，这才有了几年后的怛罗斯战败。怛罗斯之战的发起人依然是高仙芝，虽然战败，却并没有影响到高仙芝的地位，使得他能够在安史之乱初年继续发挥作用。

高仙芝凭借对小勃律的袭击取代了夫蒙灵察，而他的手下，就有后来领导唐军抗击安禄山的封常清。封常清长期作为副手跟随高仙芝南征北战，其中就包括了征伐小勃律的战役。随着高仙芝被调往河西节度，天宝十三载（公元754年），封常清升为安西和北庭节度使。在这个位置上，他有机会参与到安史之乱初期的战局之中。①

在唐代天宝末年，不管是安禄山为代表的东北军事集团，还是哥舒翰、高仙芝、封常清为代表的西北军事集团，甚至南方的其他边区，都有一个共同的特点，那就是更加好战。在对外上，他们更加频繁地打仗，高仙芝在最西面的边境与吐蕃（及其盟友）和大食作战，哥舒翰在青海地区同样与吐蕃作战，而安禄山则在东北地区与奚和契丹发生冲突。这些边将大都是胡族或者出身低微，只有通过战功才能彰显自己的价值。

由于缺乏了贤相集团的约束，皇帝也变得更加好战，他的情绪又得到了聚敛集团宰相们的顺从甚至鼓动。在云南地区，宰相杨国忠（作为蜀地的节度使）更是亲自策划了针对南诏的灾难性战争。在这种情况下，也就不难理解为什么唐代的军费从最初的二百万贯膨胀到一千二百六十万贯了。

这种膨胀扩大了节度使的权限，使得他们有足够的资源发动对外战争和对内叛乱，而在叛乱发生后，又让中央政府缺乏足够的资金去镇压叛乱。

战争前夜的文人

天宝八载（公元749年），在家乡熬了大半辈子的高适突然间获得了机会。这一年，皇帝设立了有道科的制科。宋州刺史张九皋一直感觉高适是个人才，

---

① 参见《旧唐书·封常清传》。

这次终于找机会将他推荐了上去。制科的好处是，一旦通过了考试，就可以立刻获得任命，而不用像进士科那样有个等待时间，于是，做了四十六年平民的高适突然得到了封丘尉的职位。①

封丘位于现在河南省的东北部，距今河北地区不远，这里在唐代时已经接近北方的边境辖区。作为县令的下属，县尉只是一个杂事众多的芝麻绿豆官，活在蝇营狗苟之中，这与高适粗放的性格并不符合。②

唐朝有征兵的活动，作为封丘尉的高适就接手了向北方边境送兵的职责。天宝九载（公元750年），高适接受县令的委托，前往清夷军（驻地在现北京以北的河北怀来）送兵，这里已经是燕山以北，属于安禄山的地盘了。高适在送兵来回的路上，见证了北方的荒凉与凄苦，此时，他满腹的雄心壮志变成了一种无奈。回到封丘后，他感慨自己不适合做地方的小官吏。③又在封丘待了不久，他选择了辞职，前往长安寻找机会。此时他已经四十九岁了。

随着边境地区节度使的设置，唐代文人的当官之路突然拓宽了一些。以前，人们只能等待中央政府的任命，而现在，在边境地区，节度使可以招募一些急需的人才，并授予职务。这一部分节度使任命的官员虽然不经过中央政府的批准，但他们的履历是可以得到中央政府承认的。在未来，只要机会合适，节度幕府官还可以转成中央官。这条当官之路的拓宽，使得唐代的文人们突然多了不少的选择。在天宝年间，这条路刚刚打通；到安史之乱时，以及之后的中晚唐时代，则成为坦途大道，有时节度幕府官与中央官的待遇无异，甚至还更好。

高适到达长安之前，另一位边塞诗人岑参刚刚选择了这样的一条路。他在天宝三载（公元744年）进士及第，担任了录事参军的职务，但在天宝八载（公元749年），他却选择前往安西节度使高仙芝的幕府担任判官，走上了一条在幕府中担任文官的路子。岑参担任安西节度判官时显得如鱼得水，也让同样有志于四方的其他人看到了机会。

高适到长安之时，岑参已经从安西节度判官的职位上离职了，原因是节度

---

① 参见《旧唐书·高适传》。
② 参见《初至封丘作》。
③ 《封丘作》："州县才难适，云山道欲穷。"《封丘县》："我本渔樵孟诸野，一生自是悠悠者。乍可狂歌草泽中，宁堪作吏风尘下？"

使高仙芝刚刚在怛罗斯吃了败仗。但岑参带来的消息却让高适看到了机会，高适认为这样的一条路也更适合自己的性格，可以避开无数小官职位的磨炼，直接担任他喜欢的军队职务。

恰好这时，河西节度使哥舒翰正在组建自己的班子，需要人才的辅佐，就把他招入旗下。高适由此担任了哥舒翰的掌书记。哥舒翰的幕府设在金城（今甘肃兰州一带），高适先来到金城，又陪伴哥舒翰返回长安。由于与哥舒翰相得甚欢，高适终于找到了相对理想的职位。

回到长安后，他和朋友们一同登上了大慈恩寺的大雁塔登高望远。与他一同登塔的除了岑参之外，还有在长安的杜甫，以及另两位文人薛据和储光羲[1]。

杜甫在长安也终于有了起步。在前一年的天宝十载（公元751年）正月，皇帝举行了三场大的祭祀活动，分别朝献太清宫，朝享太庙，并在南郊合祭天地。[2] 这一次杜甫抓住了机会，接连写了三篇赋，称为三大礼赋[3]，歌颂皇帝的祭祀活动。

需要说明的是，此时的杜甫诗风已趋成熟。如果说他年轻时诗作还显得刻板，循规蹈矩，有时带着奉承的痕迹的话，在长安这么多年的打拼已经让他见惯了世态炎凉，笔锋也带上了苍凉之色。[4] 但为了做官，他必须强打起精神，写出最俗套的文字来赞美皇帝。不管在哪个朝代，最好的文字不会出自公文，而皇帝欣赏的，也必然是最俗不可耐的文字。

不出所料，这三大赋果然获得了皇帝的称赞，他决定给杜甫一个机会。于是，杜甫在屡屡考试不中之后，利用溜须拍马的功力，获得了机会。但是这个机会并不意味着立刻授官，而是首先策试文章，文章合格之后，再报备有司，列入资格，至于何时当官，还需要等名额。

---

[1] 高适有《同诸公登慈恩寺塔》。岑参有《与高适薛据登慈恩寺浮图》。杜甫、储光羲分别有《同诸公登慈恩寺塔》。杜甫诗有注："时高适、薛据先有此作。"
[2] 参见《资治通鉴·唐纪·天宝十年》。
[3] 即《朝献太清宫赋》《朝享太庙赋》《有事于南郊赋》。
[4] 例如《乐游原歌》："此身饮罢无归处，独立苍茫自咏诗。"

天宝十一载（公元752年），杜甫已经通过了考试，但还在等待。正是在这样的背景下，杜甫才显得更加活跃，出现在大慈恩寺朋友的诗酒活动上。他得到官职是天宝十四载（公元755年）时，最初授的是河西尉，他不想去，推掉了，于是又给了他一个右卫率府胄曹参军①的职位，他才接受了。但当他接受官职时，已经是安史之乱云起之时，不管当什么官，都无法生活在和平之中了。

高适接受了哥舒翰提供的职位后，往返于河西与京城之间。天宝十二载（公元753年）四月，他恰好在长安，见到了出征南诏回来的李宓②。史书中对李宓再出征时是战死还是战败而归有多种记载，但高适的诗表明李宓虽然战败，他本人还是回到了长安。

到了天宝十三载（公元754年），岑参也再次选择了节度使的幕府，这次他进入了北庭节度使封常清的幕中担任判官。封常清曾经是高仙芝的手下，岑参在高仙芝处任职时，想必与封常清是相识的。

到了安史之乱发生时，封常清被召回长安领导军队，岑参也就结束了与封常清晏游的生活，继续留在玉门关担任了北庭度支副使，按察边关的储备。封常清战败后，皇帝又命哥舒翰带兵，于是高适回到长安，担任了左拾遗，转监察御史，辅佐哥舒翰守潼关。两位诗人就这样介入了唐代的军事行动。

在安史之乱到来之前，还有一位奇人突然间进入了唐代的官僚系统。这位奇人并没有参加任何考试，他只是布衣出身。这样的人如果不是遇到大机会，很可能只是乡间的一个老头子。但是就在安史之乱发生之前不久，他的机会以一种奇怪的方式到来了。这个人就是张镐。

张镐，博州（位于现山东省聊城）人，文人出身，喜欢谈论军事和战略，却并不像当时人们通常做的那样参加科考。他曾经拜历史学家吴兢（《贞观政要》的作者）为师，得到了吴兢的称赞。后来他来到长安生活。他给人的印象

---

① 右卫率府，又称太子右卫率府，是执掌东宫兵仗仪卫的机构。其下的胄曹负责武器装备，胄曹参军可能是一个掌管武器装备（或兼有管理储备职责）的官职。

② 参见《李云南征蛮诗》。

是喜欢喝酒，只要有酒的场合，又有人邀请，他都会参加。也正是在长安的经历，让他认识了不少文人名流，但像他这样的人在国都并不少见，大部分的仕子一旦落榜，都有流落长安的经历。

但张镐幸运之处是，到了天宝末年，宰相杨国忠刚刚上位不久，需要培养自己的嫡系，为此，他号称要搜罗天下的豪杰，于是把张镐报了上去。张镐就这样稀里糊涂获得了左拾遗的官职。这里可以做一个比较，杜甫也曾经在长安混迹多年，却只得到个补缺的机会，必须等待许久才得到实职。而张镐不在乎当官，却得到了权相的青睐，轻而易举跨越了数级。更让人瞠目结舌的是，这位布衣人士当上左拾遗只是第一步，他从布衣跳到宰相，只用了不到三年。①

当安史之乱到来时，玄宗时期的文人们已经四散。李白游广陵，入秦淮，上金陵，最后留在了宣城。王维依然继续着他的半隐居半当官的生涯，他担任过吏部郎中、文部郎中、给事中，世事纷纭，对他的干扰并不大，不管什么权臣，都懒得去惹这位已经成名的才子。岑参留在了北方，高适回到了长安。但没有迹象表明，他们意识到即将爆发巨大叛乱。

唯一能够感觉到盛世已经成为过去的，反而是表现得最没有自我的杜甫。他通过给皇帝歌功颂德获得了一个小官——右卫率府胄曹参军。得到官职之后，他的第一反应是回家省亲。他的父亲曾经担任奉先县令，因此杜甫的妻子、孩子也都留在了奉先，正陷于困顿之中，连生活来源都没有。杜甫立刻赶往奉先，一是为了报喜，二是为了接济家人。也就是在这时，他写出了人生第一首万古传唱的杰作②。

杜甫的诗歌一直比较循规蹈矩，又显得有些干涩，这主要是由于他对于功名更加看重，缺乏李白式的洒脱。然而随着命运的变化，他的诗歌逐渐从给别人写，变成了给自己写，写自己的命运和观察。从这个时候开始，他的诗歌文风一变，成了命运的代名词。

在他赶往奉先时，恰逢安史之乱爆发的同一个月，只是消息还没有传来。

---

① 参见《旧唐书·张镐传》。

② 即《自京赴奉先县咏怀五百字》。

为了赶去见家人，杜甫在十月寒天半夜离开京城。他的指头冻得生疼，浑身沾满冰霜。天蒙蒙亮时，他来到了骊山脚下。在他之前，皇帝已经带着群臣来到了骊山，享受着温泉的云雾蒸腾。御林军层层保卫着皇帝的安全，皇家乐队演奏的乐曲在远处都能听到。跟随着皇帝的达官贵人有着参加不完的宴会，皇帝的赏赐也多如牛毛，可以想象皇家宴会的金珠玉盘、香橙金橘。

但是，"朱门酒肉臭，路有冻死骨"。在几十年的盛世之后，这个社会的分化已经无法掩盖，那脆弱的咔咔声已经响起，随时可能崩塌。

杜甫沿着河行走，又渡过了危桥，终于来到了奉先县。他多么渴望见到自己的家人。但在进门的那一刻，他听到了屋内的哭声。原来他的小儿子因为缺吃少穿营养不良，刚刚死去。他本来获得了一官半职，可以改善家人的生活，但是他的小儿子却没有等到……

只是，他还不知道，即便有了这个小小的职务，他的生活依然无法改变，因为在数千里之外，那场巨大的叛乱已经发端。

被"逼"的叛乱

天宝十四载（公元755年），节度使安禄山走到了命运的岔路口，他只有两条路可以选择：像张守珪和王忠嗣等前辈一样，等待着被皇帝除掉，或是铤而走险，除掉皇帝换上自己。对于这个胡人将领来说，已经没有其他更加安全、和平的路可以走了。

安禄山虽然是历史上有名的叛臣，但他的前半生却道尽了唐代胡人生活的艰辛。他的母亲是一位突厥的巫婆，可能就连他的母亲也不知道他的生父是谁。在生下安禄山之后，母亲才嫁给了一位叫作安延偃的胡人。[①] 安延偃的弟弟是一位胡人将军，名叫安波注，安波注有两个儿子分别叫作安思顺和安元贞，因此，安禄山和安思顺又成了后天的堂兄弟。

开元初，安延偃家族衰落，安禄山和安思顺兄弟跟随另一个胡人将领安道

[①] 《安禄山事迹》中所引《安禄山墓志》则称安禄山祖父为安逸偃。

买的儿子安孝节、安贞节，来到唐代的岚州别驾处，得到收留。在这里，安禄山遇到了他的贵人，后来的节度使张守珪。①

张守珪先是救了他一命，之后，在张守珪手下，一方面，安禄山受到重用，被提拔为员外左骑卫将军，充衙前讨击使；另一方面，张守珪又会随时甩锅给他，在安禄山充任平卢将军时，因为战斗失利，就差点被杀死。这也说明胡人在军中的处境是多么凶险。他们在节度使的庇护下才能获得一定的职位，还随时可能遭杀身之祸。

最能说明安禄山命运的，是他和玄宗时期最后一位贤相张九龄之间的纠葛。张九龄任职时期，已经到了李林甫时代早期，李林甫为了抑制贤相们的势力，将节度使和中央官吏之间的旋转门隔断了。之前的退职宰相可以去边关担任节度使，也可以从节度使调任宰相，但李林甫为了避免有人和他抗衡，将这个传统废弃了。胡人将领纷纷得到提拔，作为李林甫的势力对抗贤相。作为最后一位贤相，张九龄不是不知道李林甫的意图，因此他的策略就是坚决反对对胡人将军的任命，并利用一切机会打击胡人势力。

这本来是路线之争，李林甫的做法虽然带来了大祸，但张九龄的反对意见也并非全有道理，只是大家各自站在自己的立场上，利用唐代缺乏对官员的人身保护机制这个缺陷，使出杀招来进行博弈。但在唐人的记载中，却将张九龄神话了，因为他反对李林甫任命的胡人将军就是安禄山。

根据史书记载，张九龄似乎有未卜先知的能力，在第一次见到安禄山时，就认定安禄山是乱臣贼子。②到了开元二十四年（公元736年），在张守珪因为安禄山战败而要惩罚他时，又是张九龄坚决主张杀死安禄山，但皇帝没忍心下手。

这两件事让张九龄一直被人怀念，甚至有记载，就连皇帝在发生叛乱后，也怀念起张九龄来，后悔不已。③

到此时，安禄山已经有过两次性命攸关的时刻，却都扛了过来。更幸运的是，恰逢李林甫重用胡人的政策出台，加上他本人善于察言观色，于是，到了开元

---

① 根据《安禄山事迹》，关于张守珪与安禄山相遇之节，见本章第二节。
② 发生于开元二十一年（公元733年），根据《安禄山事迹》："中书令张九龄见之，谓侍中裴光庭曰：乱幽州者，必此胡也。"
③ 参见《旧唐书·张九龄传》。

二十八年（公元 740 年），他已经担任了平卢军兵马使。

第二年，御史中丞张利贞作为河北采访使到平卢考察时，安禄山获得了他的欢心。这次安禄山被加封为营州都督，充平卢军节度使，支度、营田、水利、陆运，押两蕃、渤海、黑水等四府经略使，顺化州刺史。除了这一串的官职之外，最重要的是，安禄山获得了皇帝的赏识。

天宝元年（公元 742 年），皇帝把平卢军从幽州划了出来，单独设立了一个节度使辖区，任命安禄山为节度使，安禄山就名正言顺地成了帝国的军事高官[1]。

第二年，安禄山入朝觐见，获得了玄宗的重视，加封骠骑大将军。下一年，安禄山兼任了范阳节度使、河北采访使，成为帝国东北地区两大辖区的节度使，权位更重了。他离开长安时，皇帝命令宰相以下高官都必须亲自相送。

但这还不是安禄山受宠的高峰。从天宝六载（公元 747 年）开始，在玄宗皇帝和李林甫的带动下，全国开始为安禄山疯狂。这里无法把安禄山受到的一系列礼遇都记载下来，如果相信唐人的记载的话[2]，只能简单总结为：李林甫和杨国忠两大权臣都以侍奉安禄山为荣，皇帝赐给他的财富、官职、宅第和宴会可谓皇家一般的待遇，超乎唐朝任何时期的任何大臣的。出现这样的疯狂，也预示着唐代中央官吏彻底失控，已经没有人能够提醒皇帝了。所有的大臣都只能顺着皇帝的意思，把事情做得更加过火，而皇帝在大臣的奉承下，也会做得比自己希望达到的程度更加过头。

安禄山显然也知道自己没有皇帝想象的那么好，这么多的赏赐砸过来，他的内心又是怎样的呢？

不幸的是，安禄山心中的恐惧并没有消除，就算皇帝赐给他铁券他也觉得并不保险。在唐代的官僚系统中，一个人爬得越高，他的危险也就越大，人们今天能够捧他，明天就能够棒杀他。为了证明自己无功不受禄，他必须做出足够的成绩，才能配得上这些赏赐。于是，在安禄山的掌控下，东北边境上战争

---

[1] 安禄山的职务还包括：左羽林大将军，员外置同正员，兼柳城郡太守，持节充平卢军摄御史大夫，管内采访处置等使。
[2] 详情可参考《安禄山事迹》。

频仍，甚至出现了安禄山主动诱杀熟番的情况。在这种疯狂中，边疆变得更加不稳定、不安全了。

但这依然无法为安禄山提供足够的军功来让人们闭嘴。对他最不服气的就是另一员边将哥舒翰。让哥舒翰不满意的还有安禄山的后天堂兄弟安思顺。安思顺于天宝六载（公元747年）接替另一员大将王忠嗣担任朔方节度使，不久又调任河西节度使，到了天宝十载（公元751年）又调回到朔方担任节度使，直到安史之乱起。河西和朔方接近哥舒翰的地界，在哥舒翰看来，这就是安氏兄弟准备侵犯他的利益。

天宝十一载（公元752年），随着李林甫的死亡，杨国忠继任宰相。安禄山终于意识到，自己吃肉喝酒的时光快要结束了。安禄山在长安时，杨国忠曾低三下四地搀扶他，却并不喜欢他，将他看成李林甫的人，需要除掉。哥舒翰才是杨国忠的人。

不要以为杨国忠反对的是李林甫任用胡人的政策。随着唐朝边疆将领的胡人化，谁也没有力量扭转这个政策。杨国忠想做的也只是换上一批听自己话的胡人罢了。至于安禄山，由于皇帝对他的恩宠过了头，即便他想表现出听话的姿态，杨国忠也不敢相信，因此杨国忠要对付的首要目标就是安禄山。毕竟在唐代的环境里，权位已极的人要么死亡要么造反，朝廷能做的就是在他造反之前把他解决掉。安禄山不管做什么，都无法改变这个命运。事实上，他们两人都处于唐代的一张大网中，这张网决定了没有人能够获得足够的安全感，他们的生命都受到对方的威胁，除了杀死对方，没有解决办法。

天宝十三载（公元754年），安禄山最后一次入朝。他已经预感到了自己的命运，并大胆地向皇帝进行了申诉，表示杨国忠要除掉他。[①] 皇帝也解不开这个朝代的死结，他在年轻时曾经试图以身作则，避免群臣陷入死斗，但自从他在统治后期杀死了自己的儿子，已经无力再让任何人相信了。

---

① 参见《安禄山事迹》："臣本胡人，陛下不次擢用，累居节制，恩出常人。杨国忠妒嫉，欲谋害臣，臣死无日矣。"

皇帝唯一能做的，就是给安禄山又加了官职和无数的赏赐①，希望这些外在的东西能够让他放心。人们将安禄山获得的赏赐一一列出，似乎是为了证明叛乱的责任全在安禄山，但他们不知道，由于缺乏内在的制度，不管多少外物，都无法改变人们内心的恐惧。皇帝赏赐的官职只是让安禄山叛乱更加容易罢了。

安禄山离开时，皇帝亲自到望春亭送行，将自己的衣服解下来给安禄山穿上。这个动作吓坏了安禄山，以为皇帝又要找借口将他留下。由此可见，双方的误会已经无法消除了。皇帝本该在安禄山离开前杀掉他，只要让他回去，他必然不会再来。可是如果杀掉安禄山，杨国忠又实现了他的阴谋。

安禄山逃离后，皇帝想给他加上宰相的头衔，最后一次示信于他，表明无意将他拿下。但由于杨国忠的干预，安禄山并没有获得宰相之衔。皇帝的善意反而成了他失宠的信号，加速了他的反叛。

天宝十四载（公元755年），安禄山的问题已经成了死结。他即将叛乱已经成了双方的共识，唯有皇帝还不想接受这个说法。不管怎样，安禄山都不可能再来见驾，并且长安和洛阳的任何动作都可能从事实上激起他的反叛。即便是皇帝想怀柔，但如果继续给他更多的权柄，也必然导致未来更大的危险。在这种两难之中，皇帝的不接受更多只是一种鸵鸟战术罢了。

作为宰相的杨国忠反而试图继续解决安禄山这个麻烦。他的方法是将安禄山和他的将军们调往中央，授予高官，同时解除他们的兵权。但这个办法被识破了，安禄山坚决拒绝再次前往长安，因为那意味着他必然会死在那里。

与此同时，安禄山也在试探皇帝，他申请用三十二个番将取代汉将，皇帝和大臣们犹豫不决，摇摆之后，拖延了下来。

从表面上看，双方彬彬有礼，皇帝不时派人去抚慰，顺便打探情报，安禄山继续虚报着对外讨伐的功劳，让皇帝为他的武功感到欢欣。但事实上，双方都知道，这样的局面已经不可能长期维持了。唐代缺乏底线的内斗终于结出了最大的恶果，将所有人都纳入局中挣脱不开，只是看谁先动手罢了。

---

① 参见《安禄山事迹》："九日，加禄山尚书左仆射，赐实封通前一千户，与一子三品官，一子五品官，奴婢十房，各庄宅一所。二十四日，又加闲厩、苑内、营田、五方、陇右群牧都使，度支、营田等使……二十六日，又加兼知总监事。"

最后打破平衡的是宰相杨国忠,他派人逮捕了安禄山在长安的几个手下,安禄山通过在长安的儿子(也是人质)安庆宗获悉此事,认为这是要对他动手的信号。

天宝十四载(公元755年)十一月九日,安禄山在范阳举兵反叛。当时的人们还没有意识到,唐朝的玄宗盛世,也被认为是中国历史上最伟大的盛世,就此成了过去。

下部・・・・・・・・・・・・・・・・・・・・・・・・・・・・・崩塌

第六章
战争的开局

唐代的军事地理

在叙述安禄山的军事战略之前，我们先看一看双方进行战争的战场情况①。

任何人拿起中国地图，首先都会被一片巨大的平原地区所吸引，这片平原从北方的北京开始，向南涵盖了河北南部、山东西部、河南、安徽、江苏北部等地区。再往南，虽然有一些小山的阻隔，但由于这些小山并非天堑，有一些孔道贯通，一旦过了这些小山，就到达了长江中下游平原、湖北和湖南组成的两湖盆地、江西的赣江谷地。这片区域是如此辽阔，成了古代世界最适合农业发展的地区之一。在美洲发现之前，世界上没有第二个地区能和这片平原媲美。也正因为这样，中国在古代世界一直跻身于经济最发达、人口最富裕的国家之列。

在唐代之前的秦汉时期，这片巨大平地的北方区域（包括今北京、河北南部、山东、河南、江苏北部），以及湖北所代表的长江中游地区，都已经很发达了，而南方地区（长江中下游、湘江和赣江谷地）依然处于发展之中。到了唐代，南方地区的经济已经足以和北方媲美，构成了更加广阔的经济地理范畴。这片巨大的区域也是唐帝国的经济重心，离开了它，唐朝就失去了生命力。

然而，这片区域却有着极其明显的弱点，那就是：虽然它经济发达，是帝国的农业中心，但由于它过于平坦，在军事上的价值却小得多。虽然地域广大，北方的骑兵却可以只用数天时间就从平原北部直达南部。而对于南方的防守方来说，要想在平原上抵挡敌人的机动部队，是非常困难的。

---

① 唐代的军事地理，可以参考本书作者的《中央帝国的军事密码》第十二章，以及《资治通鉴》《中国历代战争史》等相关章节。

在军事史上，这样的地方有个名字，叫作"四战之地"，指的是四面平坦却缺乏战略防守点的地区。这样的地方容易成为各个野心家争夺的对象，却无法组织起有效的防御体系。①

唐朝灭亡之后，下一个统一王朝宋朝，正是将国都选在了这片平原之上，使得皇帝无法对北方的入侵做出有效的防御，最后金军南下，用闪电战攻克了宋朝国都，造成了北宋的灭亡。这恰好证明这片区域本身是不可防守的。②

然而幸运的是，这片区域却有一个附属性的地带做补充，就是在华北平原的西侧，巍巍太行山西面的一片高地，即现在山西省的所在。山西省是由一片山区中形成的几个小盆地组成的，每一个盆地都形成了一定的防御体系，使得山西成了一个易守难攻的地域。也就是说，和华北平原比起来，山西是一个农业不发达的地带，却由于它的地势，反而成了华北平原的屏障，因而要想保卫华北平原，必须首先占据山西形成防御。山西和华北是一体的，山西提供安全屏障，华北提供生存资料。③

从东汉光武帝以来，人们就已经意识到了山西的重要性，光武帝正是同时拥有了华北和山西，并由此获得了天下，而唐朝的开国者们也是从山西的太原（后来的唐朝北都）出发，进攻长安，从而获得天下的。

与华北、山西、两湖、长江中下游组成的东部区域相比，在西部还有两个地区也非常发达，一片是位于长江上游的四川盆地，另一片则是秦汉时期的核心区域关中平原（位于今陕西，也是唐朝国都长安的所在）。

关中平原在秦汉时期的重要性堪比华北。这主要是因为它开发早，更是因为它在军事上几乎是一个完美的地方。关中平原除了出产粮食的平原部分之外，四周是一圈的高山，因此它也可以叫关中盆地。在它的南面是巍峨的秦岭，秦岭一直延伸到东面的华山和崤山，与黄河共同构成了东面的防御系统。关中平

---

① 河北军事地理，见清地理学家顾祖禹《读史方舆纪要》卷十。
② 唐朝之后的宋朝就由于定都在这片平原之上，缺乏必要的防御体系，被金国迅速击破。关于此段历史，可参考本书作者的另一本书《汴京之围》。
③ 山西的重要性，见《读史方舆纪要》卷三十九。

原的西面则是另一条著名的山脉陇山①，而在北面是不算高大的北山山系，加上北方黄土台地的干旱地区，形成了军事上的保护。

对应着这些山脉，关中平原一共有四个重要的关塞，分别是东面的函谷关（到了唐代则改在潼关）、东南面的武关、西南面的大散关以及西北方的萧关，这关中四塞成了保卫关中地区的关键。只要守好了这四个关口，关中平原就成了易守难攻的堡垒。②

秦朝和西汉都是依靠关中平原的战略地位，加上富庶的四川盆地和汉中盆地（夹在关中和四川之间的小盆地），从而获得了逐鹿天下的优势的。

四川盆地在秦汉时期与中原的联系也很特殊，最初（秦代之前）它没有直接沟通中原的道路，首先要经过蜀道和汉中盆地，到达关中平原，然后才能从关中转向中原。至于从四川直接经过长江进入湖北的道路，则开通得比较晚，直到东汉时期还不是主流。然而到了唐代，四川已经不再是一个死角，人们更加习惯从四川经过长江和三峡进入湖北，而不仅仅是与关中相接了。③

在安史之乱开始时，人们要想从四川向关中运输货物，大都选择从四川顺江而下，先到扬州，再经过运河前往黄河，最后溯河而上，经过渭水到达长安。这等于是在中国大地上绕了一个巨大的圈，但由于借助了水力，反而比经过蜀道（汉中盆地、翻越秦岭的陆路）更加容易。只有在运送轻货或者人行路时才选择蜀道。

在唐代的战略交通上，还有一个非常重要的因素，就是隋炀帝开凿的大运河。这条运河在扬州与长江相接，北上后经过淮河，再继续北上，与黄河相连。在唐代，江南的物产已经超过了北方，江南的粮食要经过扬州进入运河，再经过黄河的转运，才能到达东都洛阳和西京长安。因此，江苏、河南等河淮之间的地区，就成了重要的战略地点，一旦被叛军攻克，就意味着无法从江南经过运河运送粮草到关中平原了。④可以说，这些地区起到的是枢纽性作用，将作为

---

① 陇山的北方是可以看作同一山系的六盘山，它们构成了关中平原西北部的屏障。
② 关中平原的军事价值，见《读史方舆纪要》卷五十二。
③ 四川与中原的交通情况，参考《读史方舆纪要》卷六十六。
④ 武后和玄宗早期，都因为黄河的运力不足，朝廷只好在两京之间迁徙，以减轻往长安运送粮食的压力，从这里也可以看出运河体系和粮运系统对唐朝的重要性。

政治中心的关中与作为经济中心的江南连接了起来。

了解了军事地理之后，我们才能对安禄山的战略进行一次全面的评估。

安禄山之谋

在反叛之前，安禄山已经被皇帝授予了三个地方的节度使，也由此占据了卢龙、范阳和河东三地，具体说来包括三部分：一是现在北京附近（范阳），二是现在北京以西的辽东地区（卢龙），三是现在山西北部的大同地区（河东北部，当时的云州[①]）。

此外，在河北地区，安禄山还是河北采访处置使，有一定的监察权，也拥有着较强的控制力。但与节度使掌握了一切军政大权不同，采访处置使的权力要小得多，河北道所辖的二十五个州仍然由各州的民政长官控制，安禄山只有监察权。

但由于河北就在安禄山所控范阳的南面，只有通过河北，才能渡过黄河进入洛阳与长安组成的轴心区域，因此河北就成了安禄山首先要控制的区域。

另外，与安禄山势力范围接壤的地区中，山西太原依然在唐军手中，从山西向西，黄河以西的河套地区，则是朔方节度使郭子仪[②]的控制区。前文已经提到，河北平原是一片四战之地，如果要想占据战略主动权，就必须同时占据太行山后的山西地区。唐朝由于掌握了山西与河套，无意之间就占有了战略地理上的优势。只要守住山西太原及其南面的附属地区，就把控了华北的屋脊，将叛军压缩在平原地带。

综合上述形势，安禄山制定的军事计划展现了他卓越的军事战略才能。他的计划可以分成几方面：第一，保住大本营；第二，由于出征的距离遥远，要想获胜，必须保证军事补给线的畅通；第三，必须尽快破坏敌人的军事补给线，让

[①] 唐代的云州即现在的山西大同一带，天宝元年（公元742年）改为云中郡，安史之乱后又改为云州。为了避免混乱，本书中皆称云州。

[②] 安禄山起兵后，皇帝用郭子仪取代了原来的朔方节度使安思顺，见下文。

敌人在财政上无法支持战争的消耗；第四，出其不意，迅速占领两京，瓦解唐王朝的指挥中枢。

他对于"保护自己后勤"和"破坏敌人后勤"这两方面的强调，尤其显示出一个军事家的智慧。针对上述四个目标，具体的计划是：

第一，安禄山的大本营主要是云州、幽州、辽东一带，三地又以幽州最为重要。而对幽州造成最大威胁的，是唐军在太原的基地。从太原到幽州，中间只隔着一座太行山。为此，安禄山一方面在太行山主要通道井陉布设了军队，防止驻扎太原的唐军从这里过境；另一方面派遣云州的军队进攻太原，期待攻克这座城市，彻底保证侧翼的安全。

第二，安禄山的基地是幽州，因此他要进攻的第一目标是距离较近的东都洛阳。从幽州到洛阳最重要的通道是隋炀帝开通的北运河永济渠，为了保证这条运河的安全，安禄山在运河沿线设下了重兵进行防守。

第三，在唐代，国都长安实际上已经处于一个非常尴尬的位置。唐代的经济中心已经转移到了江淮一带，而长安所在的关中平原虽然在秦汉时期是巨大的粮仓，可到了唐代，关中的粮食产量已经无法满足国都庞大的人口需求，只能依靠从江淮地区转运粮食来维持。从江淮转运粮食到国都，主要通道是从淮河到黄河的通济渠（即大运河），一旦通济渠被截断，长安的粮食就会立刻陷入紧张。

此外，从长江到长安还有一条次要的运输通道，这条通道利用长江将物资转运到武汉地区，从武汉转入汉江，经过襄阳地区，最后到达陕西汉中，再从汉中走陆路，翻越秦岭，到达长安。次要道路需要经过陈仓道或者褒斜道，二者都是古代重要的通道，却并不好走，所以只是作为应急道路使用。

安禄山为了掐断国都长安的粮食供应，在进入河北地区后，就派人去攻占江淮，以切断大运河组成的主要通道，同时又向襄阳进军，以封锁次要道路。如果这两条通道被封锁，时间一久，长安也就不战而溃了。

第四，当军队到达黄河后，打闪击战，尽快攻克洛阳和长安。[①]

这就是安禄山的进攻方略。接下来就要看实施的情况了。

---

① 安禄山时期的战争形势，也可以参考《读史方舆纪要》卷五。

大燕皇帝

天宝十四载（公元 755 年）十一月初九（甲子），安禄山率领所辖士兵，加上他所联络的同罗、奚、契丹、室韦等胡族军队，加起来一共十五万人，号称二十万大军，在范阳宣布反叛。为了掩人耳目，他宣称是皇帝派了一位叫作胡逸的官员前来，带来密旨，要求他调兵去长安勤王，铲除杨国忠。① 为了巩固他所辖的三个节度使辖区，他派范阳节度副使贾循守卫范阳，平卢节度副使吕知诲守卫平卢，别将高秀岩守卫云州。这些将军率领人马连夜离开。

到了天亮，安禄山把剩余的军队集合起来，在蓟城举行了誓师仪式，以讨伐杨国忠的名义宣布进军。为了防止出现不同的意见，他下达了严格的军令，违令者斩及三族。

誓师之后，安禄山的主力军队向南进发，经过现在的河北地区，向洛阳前进。大军所过之处，烟尘千里，大地震动。唐朝自从建国统一之后，除了宫廷内乱之外，一般的战争都是对外战争，只有武后时期发生过一些针对武后、旨在恢复李唐王室的小型冲突。② 整体上，国境内的人们已经享受了一百多年的和平时光，早就忘记了战争是什么样子的了。安禄山大军所过之处，大部分人都陷入了恐慌之中。

河北地区是一个特殊的区域，安禄山作为河北道采访使对河北所有的州县都有着监察权，从这个角度，河北的州县不应该过度反抗。但人们又知道这是一次典型的叛乱，从忠于皇室的角度来看，不应该听从安禄山的调遣。

在最初的震惊中，大部分的州县都没有形成抵抗意识，而是望风瓦解了。各个州县的长官要么开门迎接叛军，要么逃走。那些既不想投降又不想抵抗的，一旦跑得晚了被叛军抓住，就会被砍头，以震慑其他的地区。进军中，安禄山为了激励士气，采取了不宽容的原则，对于敢于持异议的人往往直接杀掉，这也对河北的守臣们形成了压力。

---

① 参见《资治通鉴考异·唐纪·天宝十四载》引《蓟门纪乱》。
② 参见《旧唐书·李敬业传》《旧唐书·骆宾王传》等。

除了河北之外，安禄山也意识到了山西的重要性，他早已派遣了将军何千年、高邈，率领人马前往太行山后，希望能够智取山西重镇太原。太原是唐王朝的北都，也是唐朝起家的地方，当初唐高祖就是率领着他的儿子们从太原出发，沿着汾河谷地进入陕西，从而取得天下的。安禄山一旦获取了太原，就可以复制唐高祖的路线，从山西直接打击陕西地区。

为了不惊动太原唐军，何千年等人带着二十个奚族的骑兵，以献俘的名义前往太原。初十，也就是叛乱的第二天，他们出现在太原城下，太原城的北都副留守杨光翙出城迎接他们。但不知为什么，很可能是杨光翙发现了他们的企图，何千年等人没能进太原城，只将杨光翙劫持，就离开了太原。安禄山控制太原的企图暂时没有得逞，反而将叛乱的企图过早地暴露了。

太原发现安禄山叛乱后，立刻将消息向都城长安传递。另外，黄河以外的东受降城也得到了消息，将情报快速送到了长安。

此时的皇帝正在长安城外的华清宫[①]，收到消息之后，依然不肯相信安禄山已经造反了。直到十五日，叛乱的消息不断地传来，皇帝终于不得不信了。杨国忠由于之前就屡次提醒皇帝说安禄山要造反，现在被证实了，显得扬扬自得。但是他也犯了一个非常大的错误：低估了安禄山的实力。他认为安禄山造反并不是坏事，反而证实了他之前的观点，而且士兵们一定不想造反，安禄山要么吃败仗，要么被自己人杀掉，叛乱很快就会结束。

但不管怎样，皇帝终于开始做准备了。由于临时找不到合适的人，他派了特进毕思琛和金吾将军程千里两个人分别前往洛阳和太原，各自招募数万人进行防御。

到了十六日，皇帝终于找到了一位合适的讨逆人选。这人就是安西节度使封常清。[②] 封常清长期担任高仙芝的副手，以思虑缜密闻名。他当时正在长安，皇帝在华清宫接见了他，向他询问讨伐安禄山的方法。封常清献策表示，只要皇帝同意，他立刻前往东都洛阳募兵，然后从洛阳出发，向东进军，守住黄河

---

① 皇帝此次去往华清宫，也就是杜甫在诗中所记录的那一次。
② 参见《旧唐书·封常清传》。

一线,将叛军阻挡在黄河以北。叛军如果被压缩在河北地区的平原地带,就不难讨伐。

封常清对于黄河以及黄河的重要渡口河阳的把握是具有军事大局观的,也因此得到了皇帝的赞赏。第二天,皇帝就命封常清取代安禄山,担任范阳、平卢节度使。当天封常清骑马前往东都洛阳募兵,很快他就招募到了六万兵马,来到洛阳以北的河阳,将河阳浮桥斩断,开始为防御做准备。

在历史上,要想从北方渡过黄河进攻洛阳,胜负手往往在河阳。所谓河阳,其实不是一座城,而是三座城。这里的黄河中间有一个小岛,小岛与黄河南北两岸都有浮桥相连,在南岸、北岸和小岛上各有一个城池,构成了一个立体的防御系统。北方的进攻者来到黄河边,往往过不了河阳桥。可是,一旦他们过了河阳桥,守军要想守住洛阳,就非常困难了。① 封常清事先断掉了河阳桥,也就断掉了叛军最可能过河的地点,之后,他就可以率军向东,在更加开阔的地方做防御了。

十九日,安禄山的军队行进到了博陵(现河北定州)以南。他任命曾经的上司张守珪的儿子张献诚为博陵太守。在这里,何千年给他带来了礼物——北都副留守杨光翙。安禄山恰好需要立威,他历数了杨光翙与杨国忠的勾结之后将他斩首。

但就在这时,安禄山也受到了来自皇帝的重重一击。二十一日,从华清宫回到太极宫的皇帝对于安禄山的叛变依然震怒不已,他下令将安禄山留在京师的儿子安庆宗斩首,安庆宗的妻子荣义郡主也被赐死。这件事意味着皇帝与安禄山之间再也没有缓冲地带了。

这一天,皇帝还做了一系列重要的任命,他首先把朔方节度使安思顺调入中央,升为户部尚书,安思顺的弟弟安元贞也调入长安成为太仆寺卿。安思顺是安禄山的后天堂兄弟,他本人并没有参与安禄山的阴谋,但安禄山的起兵却

---

① 河阳的军事地位,在魏晋南北朝时期的冲突中就得到了很大的体现,特别是东西魏之间的争夺,河阳三城更是成了战争中一个重要的战略点。唐代之后,河阳的地位开始衰落。

让皇帝警惕了起来，采取了预防性的措施。朔方节度使一职则授予了原朔方右厢兵马使、九原太守郭子仪。郭子仪作为安思顺的下属，终于脱颖而出成为一方大员，并将在未来发挥出巨大的能量。①

另一个影响了后来格局转变的事，是皇帝第一次在内地设立了节度使。原来的节度使都位于边关地区，是为了对外作战而设立的。这一次，皇帝看到河南地区恰好位于安禄山的进攻路线上，如果要防范安禄山，有必要在河南设立节度使，于是他将位于前线的陈留等十三个郡整合起来，设立了河南节度使，让卫尉张介然担任了首任河南节度使。此外，在一些郡中，如果恰好位于安禄山的进攻路线上，还设立了防御使。

在内地设立节度使在当时来看是迫不得已的做法，也可能是最有效防御的手段，但之后分析，安禄山的叛乱并不必然导致之后的藩镇割据。事实上，在击败安禄山后，唐王朝依然有可能重建中央集权。但不幸的是，在内地设立节度使的政策将这个希望击得粉碎，唐王朝的盛世也因此而彻底终结。

二十二日，皇帝依然不放心帝国的防御系统，又任命了荣王李琬为元帅。同时，他又把西北地区的另一位高级将领右金吾大将军高仙芝任命为副元帅。皇帝从自己的内府出钱，在京师从市井子弟中临时招募了十一万人，组成了一支军队，号称天武军。

但这十一万人并没有全部出征。到了十二月初一②，高仙芝率领五万人向东出发时，这支军队是由天武军、飞骑、彍骑以及一部分西北边兵共同组成的。此刻的皇帝疑虑重重，他甚至连高仙芝都不放心，又派出了一位心腹宦官边令诚担任监军使。这支军队出发后，屯驻在陕郡，也就是现在的河南三门峡市陕州区③。

到这时，唐王朝的军队部署已经有了层次感。帝国的防御系统中，对敌的第一线设在了太原和山西（守将王承业、程千里等人）以及河阳到虎牢关一带

---

① 郭子仪一直认为安思顺是被冤枉的，因此在事后为安思顺争取平反。这表明郭子仪与安思顺的关系一直是不错的。
② 此时按照阳历，已是公元756年1月7日。
③ 陕郡是从河南进入关中盆地的第一道屏障。如果洛阳失守，那么叛军与官军下一个战略点将在陕郡，陕郡之后的下一个战略点在潼关。

的黄河南岸（封常清）。玄宗还将河南变成了节度使辖区（张介然），与封常清共同保卫东都洛阳。在东都以西，则是高仙芝率领的大军，在陕郡守卫，防止敌人通过河南与陕西之间的隘道，保卫长安的安全。

中央军队部署完毕，那么安禄山此刻的兵力又怎么样呢？

安禄山的策略是：首先，拿下河北。他认为这是不成问题的，因为他就负责监察河北道，与河北之间有一定的领导关系。其次，防止山西的唐军越过太行山打击河北地区。山西太原通往河北的通道主要在井陉，因此必须对井陉进行严密的防守。同时，对于山西不能只采取防御态势，还应该进攻，安禄山选择了从北方的云州向南方的太原进攻。进行这几项计划的同时，安禄山的主力军队则继续南下，向两京推进。

此外，还需要说明一点，安禄山的主要进攻路线在河北地区，也就是黄河以北。如今河北省与山东省交界地带，就是当时的黄河所在。安禄山的目标是控制黄河北面、西面的所有地区，因为这里处于进攻路线上，也是隋代运河的所在地。但他暂时没有考虑获取黄河以东的山东地区（齐地），因为那里的战略地位并没有河北那么重要。他只求守住河北，保证河北免遭来自山东的唐军的袭击。

这样，整体形势就变成：叛军要拿下河北，同时在与山东接壤的黄河上采取守势，防止山东唐军对河北的袭击；叛军还要在太行山和井陉采取守势，防止唐军从山西进攻河北。至于叛军想打击山西，大都是从北方的云州发起进攻，而不是走河北。获得河北后，叛军继续向南推进，在河北与河南交界处的黄河上寻找渡河口，渡过黄河之后就可以迅速向东都洛阳进军。

对于河北，果然比较容易解决，早在安禄山到达博陵时，常山（现河北正定）太守颜杲卿就派长史袁履谦去迎接他，表示效忠。常山所在地，就在井陉口的东面，安禄山获得了常山，就可以防止唐军从太原方向进入河北。安禄山让颜杲卿继续留守常山，同时派遣将军李钦凑率领数千兵马前往井陉口。大多数河北郡县都采取了观望或者投靠安禄山的政策，这就让他放心地通过了河北，前往河北与河南之间的黄河地带。

要想前往黄河以南的洛阳，最便捷的渡河地点是洛阳以北的河阳，然而封常清早已经将河阳的浮桥烧掉了,这条路不通。十二月二日,安禄山大军来到了灵昌郡(现河南安阳市滑县东)以北的黄河边,准备在这里渡黄河。[①]由于没有桥,渡河不易。但这时恰好是冬天,虽然河面还没有结冰,但安禄山却制造了一座冰桥。他的做法是找一些残破的小船,用绳子把小船连起来,横跨黄河,再在船和船之间塞上草木,形成了一道由草木和小船组成的漂浮的链子。第二天,围绕着链子的水都结了冰,就形成了一条冰做的浮桥,他的士兵就顺着这座冰桥渡过了黄河。

过河后,叛军很快攻克了灵昌郡。安禄山的军队铺天盖地,又缺乏纪律约束,看上去如同成群的野兽肆虐着城乡。人们既不知道叛军的数量,也惊于他们的残忍,往往望风而逃。

接下来他们遇到的,就是新设立的河南节度使的治所陈留了。此时,首任河南节度使张介然刚刚来到这里不过几天时间,他想组织军队抵抗,但陈留的唐军早已经吓破了胆,不愿意抵抗。到了初五,陈留太守郭纳不顾张介然的命令,率众开城投降。投降的人有近万人之多,这些人以为只要投降就可以活命,不幸的是,也正是在这里,安禄山得到了儿子安庆宗的死讯,他大哭一场,决定将所有的投降将士都杀掉。近万人在街道两侧排开,被一一斩首,皇帝刚刚任命的第一任河南节度使张介然也被斩于军门。

陈留的失守,让皇帝的第一道防线崩溃了。

安禄山获得陈留之后,第二个目标是荥阳郡和旁边的虎牢关。在中国历史上,荥阳曾经是一座颇具战略意义的城市,它在黄河以南,距离黄河不远,同时又是豫东平原和豫西山地的分界点。在楚汉相争时期,汉高祖正是把握住了荥阳,才让项羽无法将他赶回到陕西关中地区,荥阳也如一把刀子,搅乱了项羽在东部的布局。从荥阳向西北面的黄河进发,在黄河边已经是沟壑纵横的黄土台地地貌,在一片台地上睥睨着黄河的,就是著名的虎牢关。唐初,秦王李

---

① 唐代之后,军事家面临的一个现实是,随着架桥技术的进步,单纯的河流已经很难构成天堑式的防御体系。之前黄河还可以被认为难渡,这也是为什么河阳的地位如此重要,但之后,河道上任何平缓的地带都可以渡河,仅仅守河阳意义就不大了。到了宋代,金军对于黄河的突破更是易如反掌,黄河已经不再具有太大的防御价值。

世民就在这里将窦建德的部队击败，因此虎牢和荥阳就成了保卫关中和洛阳的又一道屏障。①

不过，唐玄宗时期的荥阳郡却要比传统的荥阳城大很多，它不仅包括了荥阳城，还包括了东面的郑州。天宝年间，唐玄宗对全国的地名做了一次全面的修改，将原来的州都改成了郡，而原本的郑州就改成了荥阳郡，所以这里的荥阳实际上指的是郑州城。②

大约在初七，安禄山的军队到达了荥阳郡，对唐朝不利的是，此时的荥阳郡守军也被吓破了胆，许多士兵被外面的鼓声吓坏了，从城墙上掉了下来。到了第二天，士兵们早早开城投降，安禄山杀掉了荥阳太守崔无波，乘着势头派遣将领田承嗣、安忠志、张孝忠为前锋，向封常清所在的虎牢关进发③。

从实力上说，在虎牢关对峙的两军是有明显的差异的。在西北领军时，封常清所率领的士兵大都是身经百战的老兵，这些老兵是在与蛮族的较量中培养的战斗技能。但在此时，他并没有办法把西北士兵带来，只能就地招募新兵。这些新兵都没有战斗经验，甚至连训练的机会都很少。封常清接受任职只有短短的二十天，他要从长安赶到洛阳招募兵马，前往虎牢关做好守卫，还要训练士兵，时间显然是不够的。

此时，安禄山的军队却是身经百战，又恰好处于士气的高峰。唐朝的士兵们遭遇采取闪击战的安禄山军队，立刻陷入了绝境之中。刚刚一接触，安禄山就派出铁骑对唐军进行冲击，唐军立刻大败。

封常清丧失了虎牢，向洛阳方向逃去，一路上他收集残兵，在一个叫作葵园的地方做了二次防御，随后再次被叛军击败。溃军背后紧跟着追兵，一路上兵荒马乱，到意识到形势的严峻时，他们距离东都洛阳已经很近了。

到达洛阳城外，封常清做了最后一次努力。洛阳城向东的方向有三个城门，封常清将他的残兵集结在东北方向的上东门外，与敌军对峙。但这一次又失败了。

---

① 关于楚汉相争以及李世民的虎牢关之战的详细内容，可参考本书作者的另一本书《中央帝国的军事密码》。
② 关于天宝年间地名的更改，见《新唐书·地理志》。
③ 不幸的是，由于黄河防线不再构成天堑，荥阳和虎牢关逐渐丧失了战略重要性，导致在唐代之后的战争中，很少在这里发生决定性的战役。而两地战略地位的丧失，就是通过安史之乱才发现的。

十二日，叛军攻入洛阳城，唐朝的东都陷落了。到这时，距离安禄山离开范阳的根据地，才刚刚过了一个月的时间。

叛军的士兵在洛阳城内烧杀掳掠，享受着征服了半个帝国的乐趣。他们丧失了纪律，反而给了封常清最后的机会。他在洛阳城再次搜集残军，展开了巷战。

洛阳城以洛水为界，城市分成了两部分，分别在南北两岸，中间有数座桥沟通。其中皇帝居住的宫城位于城市的西北角，宫城以南是皇城，而在宫城和皇城的东面还有一个小城区叫作东城，东城的北面是一个叫作含嘉仓城的小堡垒，是洛阳的仓库所在地。

封常清在上东门外交战失利后，他的溃军进入城中向西逃窜。城内也有许多里坊，坊间都有墙，溃军一路上经过了几个里坊，来到了东城外的清化坊，这里是从洛阳到长安的驿道的起点。这个起点上有一个叫作都亭驿的地方，是千里驿站的第一站，也是人们饮酒送别的地方。① 此刻，封常清在这里召集了溃军，再次与叛军作战，但依然失败了。

唐军再次向东逃窜，这就到了东城的东门：宣仁门。在宣仁门，屡败屡战的封常清又一次与叛军作战，还是失败了。

到这时，封常清终于认定洛阳已经守不住了，于是继续向西穿过皇城，进入洛阳城以西的西苑，再向西离开。此时已是十三日。封常清离开后，河南尹达奚珣投降了安禄山，留守李憕、御史中丞卢奕战死。至此，洛阳之战落幕。

封常清逃离洛阳后，在河南地区，唐朝的军队还剩最后一道防线，那就是位于陕郡（现河南省三门峡市陕州区）的高仙芝部队。事实上，封常清也希望与高仙芝会合后再做抵抗。高仙芝曾经是封常清的上司，两人在西北任职时，配合默契，因此两人如果能够联手并获得全权，假以时日，且不在乎一城一池的得失，是有可能与安禄山抗衡的。

当封常清到达陕郡时，作为民事长官的陕郡太守窦廷芝已经渡过黄河，向北到河东地区（现属于山西）躲避，他的属下和人民也纷纷四处躲藏。但高仙

---

① 关于都亭驿的作用，参见《唐代交通图考》。

芝的军队还在陕郡准备迎敌。

封常清见到高仙芝，向他提议说，安禄山的士气正处于高涨状态，唐军应该避开这个风头。陕郡并不是好的防守地，因为它面向河南的方向过于辽阔，而面向陕西的出口却很狭窄，这其实是对叛军有利、对唐军不利的。唐军容易被敌人死死压在窄道上无法机动出击。一旦敌人攻克了陕郡，就可以长驱直入进入关中地区。

在唐代时，防守关中最险要的关口已经从函谷关转移到了更西的潼关。潼关是一个建在黄河南岸高地上的堡垒，堡垒本身就易守难攻，更何况它还有一个天然的附属系统，几乎是不可越过的：在堡垒的南面有一条巨大的沟壑深深地切入地下，叫作禁沟，敌人要进入陕西，要么攻克高处的潼关堡垒，要么就下到陡峭的沟底，再爬到禁沟的另一侧——这显然是不可能的。守军只需要以少量的兵力守在禁沟的西侧，就可以消灭无数的大军。所以只要利用得当，潼关几乎是不可攻克的。①

但在封常清与高仙芝部队会合前，唐朝的军队竟然没有利用好潼关天堑。高仙芝驻扎在陕郡，潼关竟然没有人把守，这事实上意味着叛军只要通过压缩唐军的机动性，消灭掉陕郡的唐军，就可以长驱直入关中地区了。封常清建议高仙芝放弃不易防守的陕郡，向西回到潼关，设立一条更加牢固的防线，只要唐军不犯大的错误，叛军根本无法攻克潼关，到时随着叛军士气的低落，才是收复洛阳，乃至进攻河北的时机。

高仙芝采纳了封常清的意见，于是拔营向潼关撤退。不想他的士兵也没有经过训练，不懂得如何有序撤退，加之已经丧胆，一听说要撤退，立刻你争我赶，变成了溃军。就在这时，叛军也赶到了，在他们的追赶下，唐军骑兵踩踏着步兵，步兵之间也互相践踏，死伤无数。

在将军们的努力下，唐军终于退到潼关建立了防守，叛军一时占不到便宜，就退回了陕郡。安禄山派他的大将崔乾祐屯驻在陕郡，随时准备再次进攻。这样，唐军和叛军就在潼关和陕郡一线，利用地形形成了稳定的对峙，双方暂时都无

---

① 本书作者亲自考察了禁沟的防御体系，这条在历史上有重要作用的禁沟至今犹存。关于潼关军事地理亦可参考《读史方舆纪要》。

法再占对方的便宜了。

但在帝国东部地区，事情依然在麻烦之中：随着叛军的得势，东部更多的地方开始投降安禄山。其中包括位于中原的临汝、弘农、济阴、濮阳，以及位于北方的云州周边地区。

在西进的同时，安禄山还不忘向河南的东方进攻，试图将战线延伸到淮河地区，打通前往扬州和长江流域的道路。安禄山认为，如果占据了扬州，就等于彻底破坏了唐朝的粮仓，也等于获得了无限的供给。于是，他派了千余骑兵向睢阳[1]方向进攻。

天宝十五载（公元756年）正月初一，安禄山在洛阳自称大燕皇帝，改元圣武。此刻的他依然处于上升期，而捉襟见肘的唐王朝看上去已经日薄西山了。

然而，也就是在这时，唐朝中央的转机突然到来了……

河北的抵抗

早在大约上一年十一月十九日，安禄山离开博陵，率军前往藁城（现河北石家庄藁城区）时，守卫常山的太守是一位叫作颜杲卿的人。颜杲卿曾经是安禄山的手下，在河北任常山太守，常山也属于安禄山的监察区域。[2]此人有些特殊，他有个从弟叫颜真卿，恰好是东面的平原太守。与颜杲卿不同，颜真卿是正宗科班出身的中央官员，也是当时就已经很著名的书法家。颜真卿被派到河北地区任职，只是因为他与杨国忠不睦，才被发放到了平原（现山东省德州市陵城区）任太守[3]。这样，颜氏兄弟就控制了河北道的两个重要城市。

安禄山发兵时，由于与颜杲卿曾经有上下级关系，并不担心这位属下。颜真卿虽然曾经是京官，但因为其从兄的缘故，也并没有被安禄山放在心上。但事实上，兄弟两人对待安禄山却是有区别的。

---

[1] 睢阳的战略地位，在战国时期就已经有所体现，随着运河系统的加强，其地位也在提升，到北宋时期，更是被提为南京。

[2] 参见《新唐书·颜杲卿传》。

[3] 参见《旧唐书·颜真卿传》。

在安禄山造反之前，作为平原太守的颜真卿就听说了他有反心，暗地里开始做准备。他加强了城防，疏浚了护城河，完善了本地的出工体系，储备好粮食，以备万一。不过，由于颜真卿是书生，他的作为可能没有传到幽州，也可能传过去了，但没有引起安禄山的注意。

安禄山反叛之后，当他的士兵来到常山境时，颜杲卿果然如同预料一般，派人到境上迎接安禄山，毕恭毕敬地让他的大军过境。由于颜杲卿的顺从，安禄山继续让他当常山太守。常山在河北是最重要的战略要地，在它的西侧就是著名的井陉口，也是去往山西太原的主要道路。为了保险，安禄山还派遣另一位将军李钦凑率领数千人前往把守。

而平原太守颜真卿最初并没有受到太多的骚扰，与常山相比，平原是河北地区主要的粮仓，是后勤的必须。但它并不在从幽州向河南进军的必经之路上，所以安禄山的大军没有立刻来到这里。

平原在黄河以北，按照安禄山的战略，他需要的是河北地区，至于黄河以南的山东地区，暂时还没有考虑，只是采取防守态势，避免唐军从山东进攻河北，破坏运河通道并截断北京与洛阳之间的通道。安禄山以为颜真卿也是自己的人，向他下达命令，要求他率领平原和旁边博平（现山东省聊城市东北）的七千名士兵把守住河津，防止唐军进攻河北。不想，颜真卿收到消息之后，首先派遣平原司兵李平走小道向长安报告，将安禄山谋反的消息汇报给了皇帝。此时皇帝已经通过其他渠道知道了安禄山谋反，正在感慨河北地区的二十四个郡竟然没有一个忠义之士，收到了颜真卿的消息，才意识到自己错了，在河北地区依然有人是忠于朝廷的。①

事实上，在河北地区愿意跟随安禄山反叛的人并不多。以颜真卿的从兄颜杲卿为例，虽然他曾经是安禄山手下，并且在安禄山大军出动后也选择了归顺，但在他和长史袁履谦前往归顺，被赐金紫官袍之后，在回去的路上，颜杲卿指着袍子问袁履谦：穿这个干什么？两人会意，只是由于机会不对，在等待机会罢了。

到了十二月，安禄山攻克洛阳，被阻挡在潼关之外时，颜真卿终于做好了

---

① 参见《资治通鉴·唐纪·天宝十四年》。

勤王的准备。他招募的士兵已经达到了万余人。在内部，颜真卿涕泣着声讨叛军，士兵们一个个义愤填膺，但此刻的安禄山却不知道平原勤王的消息。攻克了洛阳之后，安禄山命令自己的党羽段子光带着李憕、卢弈、蒋清的人头，在河北诸郡之间展示。

十七日，段子光来到了平原郡，颜真卿毫不客气地将段子光腰斩，将李、卢、蒋三人的人头和用蒲草做成的身体拼起来，装入棺中埋葬，亲自祭奠。平原郡的做法鼓舞了河北的其他郡县。在景城郡（现河北沧州境内），安禄山任命了海运使刘道玄担任太守，景城郡的郡治设在清池县，郡下辖的县中还有一个盐山县，清池尉贾载、盐山尉穆宁一起斩杀了刘道玄，得到了五十多艘船的兵器。他们带着兵器和刘道玄的人头投靠了郡长史李暐，李暐将在郡中居住的安禄山心腹严庄的宗族抓了起来，全部斩首。

此外，河间郡的司法李奂杀死了安禄山派遣的长史王怀忠。而安禄山虽然向饶阳郡派遣了新的太守，但唐朝任命的饶阳太守卢全诚却不接受新来官员的替代。这些郡县每个都有数千人甚至上万人，他们共同推举颜真卿为盟主进行调度。

在得到消息后，安禄山派遣张献诚率领上谷、博陵、常山、赵郡、文安五郡的士兵共万人去攻打饶阳，试图加强自己的统治。

我们可以把安禄山占领的幽州与洛阳之间的地带分成四部分。第一部分是以太原为中心的山西地区，也就是安禄山战略中必须拿下的侧翼。山西地区的东方是太行山和河北，北方是安禄山掌握的云州，南方则隔着太行、王屋山与黄河以北的走廊地带相望，并威胁着黄河以南的洛阳。第二部分是河北西部，以颜杲卿的常山为核心的区域。这里之所以重要，在于它的西面就是井陉和太行山，可以防卫来自太原的袭击；同时，它还位于幽州到洛阳最近的大道上。第三部分才是颜真卿守卫的河北东部。这里的存在主要是为了给叛军提供粮食，并防范来自山东的袭击。第四部分是黄河以南（也是以东）的山东省境内。这里隔着黄河威胁着河北的安全，同时又可以通往淮河地区，形成对河南的压力。

颜真卿联合的抵抗安禄山的力量主要是在第三部分，也就是河北东部的力量。而与河北一河之隔的山东境内（也就是第四部分），安禄山暂时还没有考虑进攻这里，但山东境内已经出现了勤王的军队，采取了主动的态势。在大部分官员都还处于遭遇叛乱的恐慌之中时，有两个地方的太守率先行动了，一个是东平郡太守李祗，另一个是济南太守李随。其中李祗是唐朝名将信安王李祎的弟弟，继承了父亲的爵位吴王，山东地区大部分的抵抗力量都团结在了他的旗帜下。[①]

除了巩固山东地区之外，两人还派出军队，分别向西和向南前进。其中李随派人渡过黄河向西，击杀了安禄山任命的博平太守马冀。而更重要的则是向南的战斗。安禄山已经占据了洛阳，他的下一步战略是向长安进军，推翻唐王朝。可是，即便推翻了唐王朝，如果不占据长江、淮河一带富庶的地区，就无法稳固政权。只有将江淮流域都收入囊中，才能建立更加持久的王朝。所以虽然他还没有占据长安，但还是先分出来一部分人马，对江淮地区做出了试探。如果唐军在江淮地区守卫力量薄弱，叛军也可能开拓出一片新的天地。

在淮河以北，最重要的地区在现在的商丘、徐州一带，特别是商丘，由于与洛阳更近，更是安禄山必须解决的首要目标。在当时，商丘叫作睢阳。安禄山派遣了亲信张通儒的弟弟张通晤为睢阳太守，去占领这个战略地点。不想，此时李祗和李随已经南下，一个叫作贾贲的小官[②]率领士兵向南进攻，将张通晤杀死，暂时阻止了安禄山的试探。由于叛军当时的重心放在了西进长安上，所以没有再向东进军。

事后来看，贾贲的一击是关键性的，正是因为他最早守住了睢阳，才有了后来雍丘、睢阳战役的可歌可泣，以及淮河以北保卫战的决定性成绩，让安史之乱没有骚扰到南方的经济区域。

在幽州到洛阳的四个地带中，第三和第四部分是安禄山战略目标中比较靠后的两部分。决定他生死的是第一部分的山西特别是太原，以及第二部分的河北西部（常山）。既然第三和第四部分都有忠于唐朝的官员带兵抵抗，那么第一

---

① 参见《新唐书·李祗传》。
② 他的职务是单父尉。

和第二部分又怎样呢？

事实上，第一部分的山西一直掌握在唐军手中，这里本来应该是安禄山最先拿下的地区，只有拿下了太原，拥有一片高地，才能起到高屋建瓴的作用，彻底保护河北与河南的安全。在中国地图上，从幽州到洛阳的平原通道呈现一个巨大的⌐型区域，⌐型的起点是幽州，向南经过河北地区，到达如今的郑州一带，在这里形成一个拐点，拐向西方的洛阳，并以洛阳为终点。安禄山所占据的就是这个巨大的⌐型走廊。但是，由于太行山的存在，这个走廊区域始终面对着来自西面高处的打击，只有将山西地区拿下，才能控制太行山。这道山脉如同一连串的堡垒，能够保证河北、河南的低地的安全。

安禄山的战略里也设计了打击山西的计划，但由于洛阳和长安两个都城吸引了他的目光，作为北都的太原却被他忽略了。虽然他也派出部队去进攻太原，但兵力过少，无法达成其战略目标。

从云州进攻太原的大将是高秀岩。如果高秀岩领会了太原的重要性，一心一意攻打太原，那么安禄山的战略意图也许是可以达成的。在太原以北有一座著名的山叫作句注山，也称为雁门山，这条山脉上有一组著名的关口，构成了大同和太原之间的防卫体系。在这组关口中，最著名的是雁门关（当时又称东陉关）[1]。唐军封闭了各个关口，将高秀岩挡在了句注山以北。高秀岩见进攻不易，没有坚持向南，而是选择了向西方进攻，这就减轻了太原的压力。太原这一重镇始终没有脱离唐朝的控制。

年底时，高秀岩进攻位于单于都护府（现内蒙古和林格尔西北的土城子）的振武军[2]，振武军属于朔方节度使郭子仪管辖，这就把郭子仪这位在当时并不算有名的人物推上了历史舞台。

郭子仪率军打败了高秀岩，解救了振武军。与此同时，他还乘胜追击，攻克了更加靠东的另一座原本属于高秀岩的要塞静边军（今山西省朔州市右玉县西北）。高秀岩原本希望威胁长安的北方，不想却让唐军乘胜威胁到了他的根据

---

[1] 在更西面，还有宁武关，但由于过于偏僻，并没有受到重视。
[2] 进攻振武军，目的是从北面威胁长安。但由于军事目标的不专一，既起不到震慑的作用，又影响了对太原的进攻。

地云州，不得不派出薛忠义去夺回静边军。郭子仪则派出了另一员大将李光弼，加上右兵马使高濬和左武锋使仆固怀恩、右武锋使浑释之等人逆袭，再次打败了叛军，将骑兵七千人坑杀（十二月十二日）。

这几次战役削弱了安禄山北方的军队，令叛军在云中地区的侧翼（西部）暴露给了唐军，而且唐军进一步围攻云中时，还派了一支两千人的骑兵队伍向南进攻了马邑（现山西省朔州市，当时大同军治所）。马邑在军事史上的地位不下于云州，它比云州更加靠南，距离太原更近。在马邑与太原之间的关口是东陉关。太原的守军听说唐军已经获得了马邑，立刻打开了东陉关，使得太原与长安之间打通了一条绕过洛阳的通道①。到这时，安禄山要想再取得太原可谓难上加难了。

太原解围事实上是安禄山落败的第一个迹象。一旦无法获得太原和山西，河北与河南之间的」型低地就永远是唐军打击的方向。这之后，唐军的许多战略部署都是以太原为中心或者出发点的。郭子仪也因为这一系列振奋人心的战斗获得了御史大夫的加衔。

唐军巩固了太原防卫之后，河北地区的常山和井陉的重要性就更加突出了。这里是从太原进攻幽州或者截断安禄山首尾联系的关键位置。一旦唐军从太原经井陉出兵，必然造成安禄山后方的混乱。

守卫常山的是颜真卿的从兄颜杲卿，而在井陉，安禄山派遣李钦凑率领数千人把守。唐军怎样才能突破井陉呢？

颜真卿起兵后，已经将河北的东部地区截断。早在他起兵的消息传到常山之前，河北西部的颜杲卿与参军冯虔、前真定令贾深、藁城尉崔安石、郡人翟万德、内丘丞张通幽等人就在谋划起兵事宜。颜杲卿的策略并不限于考虑一个郡的事，而是首先派人联系上了在太原的王承业，希望与太原联合行动。颜真卿起兵之后，派人联系颜杲卿，并与之相约从东西两方面截断安禄山的供给通道，这样也可以缓解安禄山进攻长安的步伐。

---

① 长安—太原道的开辟，足堪比拟战国时期秦赵的战争。当时，赵武灵王开辟了一条绕过河内的通道，经过北方的包头一带，从北方打击秦军。这条通道本来可以起到很大的作用，却由于武灵王的死亡而没有得到有效的利用。

恰好在这时，安禄山派他的将军高邈去往幽州继续征兵，从常山过去之后还没有回来。颜杲卿假装高邈带来了安禄山给李钦凑赏赐的命令，请守卫井陉的李钦凑带人到常山郡接受犒赏。十二月二十一日，李钦凑带了人来，颜杲卿准备了好酒好肉，还提供了歌妓，让袁履谦、冯虔等人好好招待李钦凑等人，将他们全都灌醉了。据当时人们传说①，为了吸引他们来，颜杲卿给每一位头领准备了帛三百段、马一匹、金银器各一组、美人各一人，其余的士兵一共赏赐帛一万段，还有歌妓数百人，在州府南面的焦同驿通宵达旦宴饮，直至他们全醉。李钦凑从此再也无法醒来，他的头颅当晚就被砍下，其余的人都被没收了武器，一一绑好，第二天全部斩首。安禄山在井陉的人马全部被解散。这样，唐军在打通了从朔方前往太原的东陉关之后，又打通了从太原前往河北的井陉口，一条重要的军事通道正在形成。②

二十二日，高邈从北方返回，到达藁城时被冯虔擒获。当天，又有一个使者——安禄山的副将何千年从洛阳过来，在南境被擒获。

何千年决定将功赎罪。见到颜杲卿后，他表示，常山郡的士兵大都是临时招募的乌合之众，不具有战斗力，因此应当采取的策略是加高城墙、挖深护城河，尽量以防守为主，而不要与敌人交战。只有等从太原方向的朔方官军来了，才可以与朔方军一起进攻。进攻的方向首先要放在河北地区，之后再向北，直捣安禄山的老巢幽州。

在当时，对常山威胁最大的是围困饶阳的张献诚的部队。③饶阳位于常山和平原之间，是颜氏兄弟的连接部。张献诚的部队是由团练兵组成的，战斗力也不强，却又比颜氏兄弟临时募的兵要强一些。

何千年继续献策，让颜杲卿不要与张献诚硬拼，而是散布消息说李光弼已率领一万精兵出井陉了。张献诚的团练兵显然不是朔方军的对手，听了消息自然就会解围而去。颜杲卿采纳了何千年的计策，果然张献诚在听说李光弼到来

---

① 参见《资治通鉴考异·唐纪·天宝十四载》引《河洛春秋》内容。
② 这条通道可以从长安出发，经过北部的朔方到达太原，再从井陉口进入河北地区，将安禄山军队截成两截，因此是官军最重要的军事通道。
③ 十二月中，原唐朝任命的饶阳太守卢全诚拒绝了安禄山任命的新太守，导致安禄山派张献诚进攻饶阳，见前述。

后，就率军离开了。颜杲卿进入饶阳城，并与平原取得了联系。

到这时，唐军距离胜利更进了一步：一条经过朔方、太原、常山、平原的拦腰锁已经形成，将安禄山的老巢范阳和东都洛阳截为两段。颜杲卿还趁着形势有利，派人到河北各郡进行游说，威胁说唐军已经到达河北，再不归顺就是死路一条。很快，河北十七个郡都再次归属唐朝中央政府，兵力达到了二十余万，只有范阳、密云、卢龙、渔阳、汲、邺六个郡还属于安禄山。

颜杲卿还不想罢手，他想直接拿下安禄山的老巢范阳。当时守卫范阳的是节度副使贾循，随着安禄山的失势，贾循也在观望。颜杲卿派人前往劝说他投诚，与此同时，一位叫作马燧的人也在劝说他，跟随安禄山是死路一条，投诚反而能够获得重用。贾循同意马燧的看法，但他在犹豫不决时，机会已经失去了。①别将牛润容知道了贾循的企图，秘密报告了安禄山，安禄山派亲信韩朝阳回到范阳，假装有事会见，却埋伏了人。等贾循一进来，就将他勒死，又灭掉他的家族。巩固了范阳的控制权之后，安禄山派遣将领史思明、李立节率领万人进攻博陵、常山。就这样，颜杲卿没有办法毕其功于一役，让安禄山留下了幽州的基地。

但河北的反正显然影响了叛军，在前线的安禄山原本就要进攻长安，听说后防不稳，立刻停止了前进，派人回去夺取常山。

在通往长安的潼关防线前，叛军停止了进攻，在河北地区，叛军的通道已经被截断，军队分成了两部分，分别以老巢范阳和东都洛阳为中心。安禄山原想向东进攻淮河地区，也遭到了失败。与此同时，唐军已经打通了从北方经过山西前往河北的通道，并在山东、河南、山西等地频频对叛军施压，在安禄山起兵仅一个多月后，唐军就已经占了上风，看上去获胜指日可待。

但就在这时，唐军再次发生了危机……

---

① 见《旧唐书·马燧传》："燧说循曰：'禄山负恩首乱，虽陷洛城，必当夷灭。公盍建不代之功，诛其逆将向润客、牛廷玠，拔其根柢，禄山西不能入关，则坐而受擒，天下可定也。'循虽善之，计不时决，事泄。"

又一次危机

在对安禄山军队的围剿中，关键的一环是位于潼关的唐朝守军。

对于高仙芝的官军来说，最正确的布置是利用潼关天险，在这里采取守势，消耗敌人的耐心，缺乏训练的唐军也不至于失手吃败仗。之后，利用朔方更强有力的职业兵，经过刚刚建立的朔方—太原—井陉通道进入河北地区，截断安禄山的退路，再进攻其范阳老巢。最后，将他夹在河南地区的平原地带，这时，失去了老巢的安禄山迟早会束手就擒的。

这样的战略看上去并不痛快，却是最有效的方法。说它不痛快，是因为缺乏在国都长安附近杀敌取胜的豪迈；说它有效，是因为首先安禄山的失误是没有控制住山西，缺乏高处优势，又因为河北地区各位将领的誓死反抗，为朝廷赢得了先手，这使得唐朝几乎立于不败之地了。

但人们唯一没有考虑到的，是皇帝的心理需求。已经垂老的皇帝一直有着统治世界的雄心，希望打仗，打痛快仗，打歼灭战。玄宗对安禄山的造反耿耿于怀，恨不能立刻将他消灭，怎么愿意等待更慢却更有效的做法呢？

事实上，洛阳刚刚丢失，皇帝就有些坐不住了。他采取了两项措施，从后来的情况看，这两项措施都是值得商榷的。

首先，皇帝为了对抗敌人，又在内地继续设立节度使。按照传统，内地的大都督都是宗室子弟担任的，这次他又将几个宗王封在了各地。皇帝在围绕着荆州的山南地区设立了节度使辖区，将永王李璘封为山南节度使，江陵长史源洧作为他的副手。原本就存在的剑南节度使授予了颖王李璬，蜀郡长史崔圆作为副手[①]。两个王暂时都不赴任，这叫作遥领。虽然这个措施看上去无害，但荆州地区处于战争的大后方，这么早就设立节度使，事实上就已经留下了未来藩镇割据的隐患。此外，永王李璘虽然暂时不出领职衔，但当后来玄宗逃亡之后，永王李璘出现在江南，引起了一场巨大的混乱。

皇帝的另一个措施是御驾亲征。但事实上唐朝已经不再像刚建立之时那样

---

① 根据《资治通鉴》，《旧唐书》记载李璬的节度使职是在玄宗离京后授予。

需要皇帝和儿子们一同上阵。此时的皇帝亲征不仅对战争无益，还会让事情更加复杂——人们为了保卫皇帝的安全，打胜仗反而成了第二位的任务。

按照正史的记载，皇帝亲征的消息吓坏了杨国忠。因为皇帝出征后，后方要由太子监国，可是太子对杨家十分不满，可能趁皇帝不在时，对杨家动手。于是，他让妹妹们说服皇帝放弃了亲征的想法。[①]但更大的可能性则是大臣们担心皇帝出征让事态更加复杂，进行了劝阻，以便让将军们在前方更加灵活地作战。

皇帝虽然不再坚持去往前线，但是他仍然不放心前线的将士，他的做法是派出自己的心腹去做监军。与许多朝代一样，皇帝的心腹最稳定的莫过于宦官。玄宗皇帝在即位之初，就得到了宦官高力士的支持。高力士虽然不干政，但其他的宦官深深地参与政治之中。当高仙芝领兵迎敌时，皇帝派出了一位叫作边令诚的宦官作为监军[②]，赐予他的权力甚至大过了主将。

封常清战败丢失了东都之后，退到了高仙芝的部队中，并提议封锁潼关，让河北的唐军断了安禄山的退路，再长久计议，而且在叛军疲惫之前，尽量不要与敌人作战。高仙芝根据自己的士兵素质判断，也认为这是最稳妥的方法。

作为已经吃过败仗，最了解敌人的将军，封常清想把自己的所见所想赶快报告给皇帝，以加强戒备。不想他三次上表，皇帝都不收，他只好亲自前往长安汇报，但在路上又被拦截。人们告诉他，他已经被撤职了，应赶快回到高仙芝部队中作为白衣人士，戴罪立功。

封常清怏怏回到部队之中。他不知道的是，还有更残酷的命运等待着他们。到了十二月下旬，皇帝对高仙芝迟迟不战已经极其不满意了。此时宦官边令诚又浇了一把油。边令诚本来只是监军，不负责指挥，却屡屡提出自己的看法，但都被高仙芝否决了。此时，他看到了机会，向皇帝汇报，认为封常清屡吃败仗，又宣扬敌人的强大，动摇军心，而高仙芝则被吓破了胆，不敢进军。在当时，对于安禄山的轻视依然弥散在整个朝野，随着河北军情的好转，人们普遍认为

[①] 持有这一观点的史籍中，最典型的是《资治通鉴》。
[②] 事实上，唐代的监军使出现得更早，高仙芝出征小勃律时，就有监军使的参与。

他已经挺不了多久了。

皇帝听信了宦官的说辞，大怒，下令让边令诚斩杀高仙芝和封常清。

二十一日①，边令诚到潼关后首先去见封常清，展示皇帝的命令。封常清写了一封遗表，恳求皇帝不要再看轻敌人，随后饮药而亡。②封常清死后，边令诚将他的尸体放在一边，恰好高仙芝也回来了。边令诚带了百余持刀的士兵，叫他下拜，然后宣旨。高仙芝听了皇帝的命令，还想争辩几句。边令诚除了告他临敌而退之外，还告他克扣粮饷，他认为这是诬告。在士兵们的一片喊冤声中，这位当年名震西域的大将被斩首。这两人都是在西北地区屡经战火洗礼的战将，他们虽然也有各自的性格缺陷，但他们的军事才能绝不亚于后来的郭子仪和李光弼。但不幸的是，由于安史之乱开场之时，皇帝恰好处于一个听不进正确意见的阶段，他们就在内耗中死于非命了。

两位主将被杀，导致唐军士气低落，宦官边令诚显然无法指挥军队，只好任命将军李承光暂时代职。这件事导致唐军中人人噤口不言，不敢再提出正确的战略。

可能就在主将被杀的同一日③，皇帝又任命了一位新主将，与高仙芝、封常清一样，也是一位西北地区的名将，他就是正在长安养病的河西、陇右节度使哥舒翰。在战乱之前，哥舒翰与安禄山一东一西，互相看不起，皇帝认为，只有哥舒翰出马，才能与安禄山对抗。

哥舒翰抱病在家，屡次推辞，但皇帝最后依然任命他为兵马副元帅，一共凑了八万人，再加上高仙芝的人马，号称一共二十万，甚至有传说是二十一万八千人。④哥舒翰领到的命令依然是号令天下，会攻洛阳。但考虑到哥舒翰在生病，皇帝又给他配了几个副手，其中御史中丞田良丘担任行军司马，起居郎萧昕担任判官。在士兵中，还有一批少数民族兵，由一位叫作火拔归仁的将领率领。

---

① 参见《资治通鉴考异·唐纪·天宝十四载》引《玄宗实录》。
② 参见《资治通鉴考异·唐纪·天宝十四载》引《明皇幸蜀记》《安禄山事迹》。
③ 是否为同一日并不确切，有的史书记载的日期更早，司马光考订后，认为很可能同一天既下令杀人，又进行了新的任命。只是诛杀封、高二人可以立刻办理，而人事和军队调动需要时间。
④ 参见《安禄山事迹·卷中》。

与皇帝的期待相反，哥舒翰的军队前往潼关，依然采取了高仙芝的做法：固守潼关，等待敌人的士气枯竭。但不幸的是，作为病人的哥舒翰并没有能力统军，他本人以严格训练和严明的军纪著称，需要长期与士兵磨合，才能形成战斗力。但给他的士兵都不是他的嫡系，也不理解他的方法。如果他的身体是好的，依然可以依靠时间来解决这个问题，但当他卧病不起时，只好将军权交给了副手田良丘。但田良丘同样无法掌握这支军队，指挥权只好再次分割，其中骑兵部队交给了王思礼，而步兵部队交给了李承光。骑兵和步兵主将还不和睦，又引起了新的争端，虽为兵马副元帅但是个病人的哥舒翰无力解决这些问题。

这样的军队事实上比高仙芝统军时更加没有战斗力，不可能与安禄山交战，唯一的方法依然是固守潼关，靠时间解决安禄山部队的士气问题，再利用山西—河北通道将安禄山部伍斩断，造成他的物资枯竭。

因此，哥舒翰并没有受心急的皇帝的影响，而是选择了继承高仙芝的打法。他坚守了数月，到了第二年正月十一日，安禄山做了试探性的攻击，派遣儿子安庆绪率军进攻潼关，被哥舒翰击败。哥舒翰的严防政策正在起到作用，这对一位还在病中的名将尤为不易。

更重要的是，哥舒翰的坚固防守给山西、山东、河北战场的唐军争取了足够的时间。于是，一场绞杀与反绞杀的大战在河北地区发生了。

绞杀与反绞杀

天宝十五载（公元756年）正月初一，安禄山在洛阳称帝。对他来说，这本来是一个喜庆的日子，但对于叛军来说，日子却并不好过。

几乎在他称帝的同时，位于山东的济南太守李随率领数万唐军南下，来到了军事重镇睢阳。从这里，他们可以从侧翼进攻洛阳，对叛军构成了极大的威胁。从睢阳到荥阳之间是豫东的平原地区，适合骑兵驰骋，只有到了荥阳才会有山区，但荥阳已经接近洛阳的东大门了。

初二，皇帝任命李随接替死去的张介然担任河南节度使。从设计上说，河南节度使是一个权力非常大的地方大员，他的新治所在汴州（现河南省开封市），下辖陈留、睢阳、灵昌、淮阳、汝阴、谯、济阴、濮阳、淄川、琅琊、彭城、临淮、东海等十三个郡，大都位于现在山东、河南、安徽、江苏交界地带。除了李随之外，皇帝还有一个重要任命：一位叫许远的人担任了新的睢阳太守兼防御使[①]。日后，许远与睢阳的名字必定刻在平定安史之乱的丰碑之上。

虽然设立了河南节度使，但前期其辖区内的部分地方实际上是掌握在安禄山手中的。比如，灵昌和济阴（现山东省菏泽市定陶区）就是这样。但随着局势的改善，几位编外人员举起了义军的大旗，起兵夺取了济阴，杀掉了安禄山在济阴的守将。

但是，叛军占据了洛阳之后，还拥有着一步先手：他们有从洛阳经过南阳、襄阳进入江汉平原和两湖盆地的可能。在中国古代军事史上，沟通南北的道路一共三条，其中从关中进入四川是西路，而从睢阳经过运河到达扬州是东路，至于中路，指的就是从洛阳经过南阳—襄阳隘道直达两湖盆地的道路。[②] 一旦占据了两湖地区，就截断了四川和长江下游的联系，并且拥有了另外两条进攻关中的通道：从武关进入长安[③]，或者顺着汉江进入汉中地区，再抄后路进入关中。

为了防止叛军走这条路，必须在南阳地区设防，将叛军阻挡在南阳—襄阳隘道以北。正月初十，皇帝为此设立了一个新的节度使：南阳节度使。这个节度使的驻扎地在南阳郡，首任节度使是原来的南阳太守鲁炅。鲁炅带领着从岭南、黔中地区招募的士兵，加上原来的襄阳兵共五万人驻扎在叶县以北，卡住了安禄山向南方突破的道路。

到这时，大网已经扎了起来，潼关、南阳和睢阳如同三把大锁，阻止安禄山的叛乱向唐朝其他区域扩散。此时，决定安禄山命运的依然是河北地区。在河北地区，安禄山所剩的地盘也已经不多了，此时距离唐军收网的时候也已经不远了。

---

① 参见《旧唐书·许远传》。许远的曾祖是高宗时的宰相许敬宗。在担任睢阳太守之前，许远因为待罪遇赦，没有实职，因此这是战争时期的特别提拔。

② 参见本书作者的《中央帝国的军事密码》。

③ 这条路就是汉高祖灭秦的路线。

但就在这时，大网却出了漏洞，而且是关键的位置：山西与河北通道上的常山。

只要得到太原的配合，颜杲卿守卫常山本来并不算难事。更何况在常山起义之后，颜杲卿就已经联系了太原，看上去胜利十拿九稳。但问题恰恰出在了唐朝诸路兵马的协调问题上。

颜杲卿杀掉了李钦凑，又俘虏了何千年和高邈，他准备把这些人送往长安，于是派遣儿子颜泉明率领数人经过太原前往长安。在颜杲卿的手下，有一位叫作张通幽的将领，他的哥哥就是安禄山的心腹张通儒。他向颜杲卿哀求说，希望一起去长安献俘，这样皇帝知道了他的情况，就不会再因为他的哥哥而夷灭他的家族。颜杲卿一心软，同意了。

不想，张通幽到了太原，立刻与太原长官王承业勾结了起来。他劝王承业另外派人去长安献俘，把颜泉明等人都留了下来。在换人的同时，他们把颜杲卿的上表也偷了出来，换了一份，在其中贬低颜杲卿，将功劳都归于张通幽和王承业。

他们刚刚完成了偷梁换柱，颜杲卿的求救信就到了。原来，在他起义八天后，叛军一方史思明的军队就赶到了城下，此时颜杲卿还没有完成守备工作，只好向太原紧急求救。

刚刚窃取了颜杲卿功劳的王承业心怀鬼胎，决定不予理睬。于是，原本指望得到太原支援的颜杲卿变成了孤军奋战。守备力量不足的他支撑了三天，到了正月初八，常山就沦陷了。这次沦陷导致数万人被杀，颜杲卿和他的副手袁履谦被俘，送往洛阳。而此时，皇帝刚刚收到王承业的报捷信和俘虏，正处于兴奋之中。他将大部分的功劳归结到王承业的头上，封王承业为羽林大将军，王承业手下封官的人更是达到了上百，颜杲卿只获得了卫尉卿的职务。皇帝不知道的是，他的命令还没有到达，城池就已经在王承业的故意忽略下陷落了。

颜杲卿被送往洛阳后，安禄山斥责他，自己亲手提拔了他，却遭到了背叛。颜杲卿说，是皇帝提拔了安禄山，却遭到了背叛。安禄山大怒，将他和袁履谦两人绑在洛阳的中桥上肢解，两人死前依然骂不绝口。颜杲卿的家属死亡者一共三十多人。①

常山的陷落不仅仅是一个城市的问题：一旦丢失了常山，也就丢失了井陉，断绝了太原与河北的联系；失去了太原的帮助，河北诸城都很难抵御叛军的进攻。

史思明等人攻克常山后，立刻开展了掠地运动，出击那些反抗的郡县。在他的强力打击下，位于河北西部的邺城、广平（邯郸）、巨鹿、赵州、上谷、博陵、文安、魏郡、信都等郡又都被叛军控制了。只有饶阳太守卢全诚不肯投降，依然拼死抵抗。河北东部的河间与景城试图提供救援，都被叛军击败。

到这时，形势发生了对叛军有利的变化。但是，接下来，一位将军的出现，让形势再次摆动，变得对唐军有利了，此人就是李光弼。

常山陷落的第二天（初九），皇帝做出了两个决策。第一个决策，鉴于安禄山从洛阳对长安造成的压力，他将郭子仪从北方战场调回并命其率军前往洛阳。第二个决策，他已经意识到了山西与河北联动的重要性，决定加强山西对河北地区的支援。这两个决策就引起了一系列的人员变动。首先，郭子仪正在进攻北方的云中地区，对叛军占领的云州形成压力，现在只能撤回到朔方。由于郭子仪要负责东都洛阳，皇帝便命郭子仪再推荐一员大将，率领人马从朔方经过东陉关前往太原，再从太原出井陉，进攻河北。郭子仪推荐的大将就是李光弼。

李光弼长期在朔方任职，先后经历了节度使王忠嗣、安思顺和郭子仪，此时终于也步入了唐军的高级将领之列，被任命为河东节度使。他率领万名朔方兵出发了。

二月初二，皇帝又加封李光弼为魏郡太守、河北道采访使。此时，李光弼已经率军过了太原，向河北地区进军。在史思明的围困下，饶阳城已经坚守了二十九天。

二月十五日，李光弼带着蕃汉军队上万人，再加上从太原补充的三千弓弩手，出了井陉，来到了常山城下。此时，距离常山陷落已经一个多月。唐军再次出现后，常山的三千名本地团练兵并不想抵抗，他们把史思明留下的胡人士

---

① 参见《旧唐书·颜杲卿传》。颜杲卿的妻女关在常山狱中，被李光弼救出。

兵杀死，将叛军方面的守将安思义抓住，举城投降。

虽然收复了常山，但唐军并不能小看叛军的实力。事实上，就在常山投降的第二天清晨，一支两万人的叛军精锐骑兵部队就在史思明的率领下来到了常山城。他们本来在攻打饶阳，常山叛军投降之前，早已经将唐军到来的消息送了出去，于是在饶阳的叛军骑兵支援部队仅仅花了一晚上就赶来了。这也可以看出李光弼的部队处境是多么惊险，只要对方晚投降一天，就可以与援军夹击这支唐军部队，到时胜负就难料了。

常山是拿下了，但疲惫的唐军真的能抵御人数更多、更加强壮的叛军吗？所幸的是，安思义为了活命，已经将形势都告诉了李光弼。他建议唐军暂时不要硬碰硬展开野战，要依城固守，直到对方的士气低落下去。

李光弼首先进城布置好士兵的守卫工作，在叛军到来之前做好了准备。史思明直抵城下，在城东准备攻城。李光弼首先派出步卒五千人出城与叛军作战，希望让叛军离开城门。但叛军借着人数上的压倒性优势，依然在不断地靠近城门。李光弼只好派五百名弓弩手登上城墙，从城上向下放箭。这一次，唐军终于找到了方法，城下的叛军无法反制弓弩手，遭受了重大伤亡，这才稍有退却。

李光弼见弓弩奏效了，继续增加弓弩手到千人规模，分成四队轮流射击，这种轮换式的射击使得间隔缩到了最短，也最有效地打击了敌人。发现不能短时间攻克城池后，叛军只好选择了扎营。在常山城东，有一条叫作呼沱水（即滹沱河）的河流，叛军选择了在河北岸就地休息，李光弼则趁着叛军疲惫时派出了五千兵马，在河的南岸组成方阵。

在历史上，最著名的步兵方阵莫过于亚历山大的马其顿方阵。这种方阵由长矛军组成，所有的长矛军将矛对着同一方向，由于矛的长度远大于两排之间的间隔，后排的矛可以从前排士兵的腋下穿过，在阵前形成数层密密匝匝的矛阵。这种阵形对骑兵的震慑是巨大的，骑兵即便可以拨开第一层矛头，也会直接撞在第二层和第三层上，被刺成刺猬。

李光弼的五千人也持着长枪，形成了类似的枪城阵，将长枪都对着叛军。在枪城阵之外，又有弓弩手协助。这样实际上就形成了三重防御：第一重是在两军之间的呼沱水，第二重是枪城阵的长枪的保护，第三重是枪城阵之后的弓弩手的射击。这种阵法比拼的不仅是蛮力，更是士兵的纪律性和勇气，这也证明了李光弼的军事训练有多么严格。①

叛军的数轮冲击都被李光弼的部队击退了，并且伤亡很大。他们只好停下来等待后续部队的到来，希望通过人数优势打破僵局。最早到来的叛军大都是骑兵部队，而后续的步兵还没有赶到。

但这一次，又是李光弼占了先手。原来，叛军有五千名步兵从饶阳赶来，他们已经到了常山下辖的九门县南面，一昼夜行进了一百七十里路。从常山到饶阳一共有二百三十五里，也就是说，只要再走六十五里路，叛军步兵就可以与骑兵会合了。

九门县的百姓将叛军步兵到来的消息告诉了李光弼。李光弼立刻派遣步兵、骑兵各两千人，偃旗息鼓，顺着河流前行，来到了叛军休息的地方。唐军到达时，疲惫的叛军正在吃饭，仓促之间无法应战，五千人被唐军一扫而光。②

这次奇袭之后，史思明意识到无力在短时间内攻克常山，只好率军退回了常山下属的九门县。到这时，李光弼正式在常山站稳了阵脚。事实上，常山一共下辖九个县，除了九门和藁城之外，其余的都已经回归了唐朝。

但是，不要以为此时的唐军已经占了上风。事实上，李光弼的军队依然人数太少，除了保卫住井陉通道外，暂时还不具备占据河北的条件。他和史思明在常山城外僵持了四十多天，等待着援军和机会。虽然河北战场是与叛军鏖战的主战场，但趁这时间，我们去看一下其他几个战场唐军的进展。

首先是河南战场。前文已述，在安禄山占据了洛阳后，曾经派人沿着大运河向淮河流域前进，却被贾贲在睢阳击败。之后，皇帝任命李随为河南节度使（驻汴州），许远担任睢阳太守兼防御使。

到了二月中，皇帝又任命吴王李祗为灵昌太守、河南都知兵马使，三月

---

① 从理论上说，轻骑兵无法对抗组成枪城阵的重装步兵，只有重装骑兵才能形成穿透性冲锋，但直到宋金时期，北方民族都没有装备足够的重骑兵来突破重装步兵方阵。

② 《资治通鉴》详细地叙述了这次战役，将其中的战略意义表现得淋漓尽致。

十五日，又命他取代李随担任河南节度使，并兼任陈留太守。① 与此同时，贾贲再次立功，为皇帝拿回了雍丘，雍丘之后成了仅次于睢阳的抵抗名城。

雍丘位于睢阳的西北方，也在运河上，夹在陈留和睢阳之间，地理位置非常重要。最初，雍丘的县令是一个叫作令狐潮的人，他投降了安禄山。南方的淮阳军听说后，派兵前来攻打，却被令狐潮击败了，并俘虏了上百个淮阳兵。② 令狐潮下令将这些人绑好，要将他们砍头。就在这时，叛军的将军李庭望突然来到了雍丘，令狐潮没有时间杀人，只好先把他们捆好，去见李庭望，准备回来再行刑。不想，淮阳兵中有人挣脱了出来，帮助其他人解开了绳子。他们杀掉了守城的人，占领了城池。恰好此时贾贲率领的两千人马也在附近，淮阳兵将贾贲引入了城中。令狐潮见大势已去，抛弃了妻儿逃走了。贾贲等人将令狐潮妻儿处死，表明自己抵抗的决心。

此时在贾贲的队伍中，已经有了另一个传奇人物——张巡。张巡原本是真源县的县令，谯郡太守杨万石投降了叛军，派遣当时在谯郡的张巡去迎接叛军。张巡走到半路，经过自己的辖区真源，率领吏民在当地的名胜古迹玄元皇帝庙③大哭一场，宣布起兵讨贼。张巡的手下有数千人，他带了其中精兵千人来到了雍丘，与贾贲会合。④

二月十六日，令狐潮杀了个回马枪，带人进攻雍丘，贾贲在与叛军作战时被杀，于是守卫雍丘的主将就变成了张巡。

到了三月初二，令狐潮率领一众叛军共四万余人，再次来到雍丘。由于敌人太多，这里本来只是一个县城的规模，雍丘人民面对大军感到害怕了。张巡却认为，敌人正是由于人数太多，反而会轻视这个小小的县城。只有出其不意地打击叛军，让他们吃几个败仗，让他们感到惊怕，城市才有守住的可能。

他率领千人在城门口集合，分成数队，突然开门之后冲了出去，出其不意地打了个胜仗。

---

① 之后，李随再未在历史中出现，原因未知。
② 参见《资治通鉴考异·唐纪·至德元载》引《肃宗实录》。亦有一种说法称，令狐潮要杀的是不服从的百姓，而不是淮阳兵。
③ 即老子庙，唐朝皇族以老子为祖先，封老子为玄元皇帝。
④ 参见《旧唐书·张巡传》。

不想第二天，叛军再次来攻城，而且这一次他们吸取了前次的教训，决定利用机械化装置辅助攻城。他们带来了上百门炮①，将城市围住。在炮石的打击下，城墙上的楼橹和城堞被击得粉碎，眼看就无法守城了。但张巡依然不肯放弃，他命士兵用木头在城墙上建了许多的木栅，继续躲在木栅之后御敌。

叛军开始爬墙，张巡命令士兵将易燃物品沾上油脂，点着后扔下去，毁掉对方的云梯。就在叛军专心爬墙时，他还派士兵出城与敌人厮杀。到了夜间，叛军睡着之后，张巡又派人袭击对方的营地，骚扰他们，不让他们睡好。

张巡在雍丘支撑了六十多天，前后经历战斗三百多次，小小雍丘成了叛军进攻的边界，他们始终无法突破这里，向更南方进军。这也避免了将唐朝的南方地区变成战场。张巡本人带甲而食、裹疮复战，直到敌人再次败退。

除了以睢阳和雍丘为代表的运河、淮河战线之外，安禄山还可能向南方的南襄盆地和江汉平原进军。这里交给了南阳节度使鲁炅。鲁炅在叶县北设立了防线，一直抵抗到五月初四，后来抵挡不住，撤往南阳。叛军尾随鲁炅来到了南阳。②

为了保住南阳，皇帝进行了一系列任命。在之前，河南节度使与南阳节度使没有隶属关系，他们各自为战。为了便于协调各路大军，皇帝将原来的河南节度使吴王李祗召回了朝廷，派遣另一位宗室虢王李巨担任河南节度使。李巨还兼任着陈留和谯郡的太守，同时还统领着南阳节度使鲁炅以及两个南方更加遥远却提供了兵源的地区的长官——岭南节度使和黔中观察处置使③。

这样，防止叛军向南进攻的防线就都置于李巨的指挥之下了。皇帝意图使军事调遣和资源分配更加顺畅。十五日，李巨率军向蓝田方向出发，从关中沿武关道来到了南阳，他的出现使得叛军放弃了南阳。

在南阳和睢阳之间，还有一个叫作颍川的郡（现河南许昌），也处于叛乱区以南。皇帝任命了来瑱担任太守，此人作战英勇，阻挡了叛军，被称为来

---

① 唐代和北宋的炮指的是投石车，并非使用火药的火炮。
② 参见《旧唐书·鲁炅传》。
③ 《资治通鉴唐纪·至德元年》中记为黔中节度使，但黔中地区当时应没有成为节度使辖区，见胡三省音注。

嚼铁①。

雍丘、颍川和南阳的军事行动，保证了唐朝的南方安全，虽然是防守性质的战役，却为河北主战场上的胜利创造了条件。

在河北东部和山东地区，唐军也有了进展。河北东部的唐军领袖是平原太守颜真卿。颜真卿起兵后没有打开局面，很重要的原因是：他的军队都是民团组织，战斗力有限，很难与安禄山的正规军相抗衡。但一位叫作李萼的清河人却看到了一次机会，劝说颜真卿借给他六千兵马，前去进攻叛军占据的魏州（现河北邯郸市魏县）。

在河北地区，山西联系河北的通道最重要的是常山所辖的井陉道，但除了这条路之外，还有一条同样很著名的道路，那就是位于邯郸以西的壶关道。壶关道经太行山上的重要关口滏口，在唐代叫崞口，连接的是山西的上党地区（现山西长治）和河北的邯郸。在战国时期，这条道路的重要性远超过井陉道，因为赵国的国都邯郸就在滏口的东面。秦国的将军白起之所以发起长平之战，就是因为长平（现山西省高平）所在的上党地区，是通往滏口的必经之路，只有获得了长平，才能打开滏口的通道②。

在安禄山起兵后，上党地区在唐军守将程千里的控制之下。程千里率领数万人③从上党出发，沿着这条路前往河北，却被叛军阻挡在了崞口。

与此同时，在平原郡的东南方，有另一个重要的郡——清河郡。清河郡在当时是一个巨大仓库（清河仓）的所在地。由于濒临运河，这里是南面的物资向北方边境调拨的关键性仓库，里面放置了三百余万匹布、八十余万匹帛、三十余万缗钱、三十余万斛粮食，甚至还有五十余万件武器装备。在之前，由于河北地区屡次易手，清河采取了观望的态度。因为清河夹在颜真卿控制的平原郡与叛军控制的魏郡中间，如果颜真卿不能帮助清河抵御叛军，那么它早晚会倒

---

① 参见《旧唐书·来瑱传》。来瑱的父亲长期在西域任职，也担任过节度使。来瑱作为唐代藩镇变革中的主要人物之一，他的死亡也预示着皇帝与藩镇之间信任关系的恶化。

② 长平之战的遗迹至今可见，详情见本书作者的《中央帝国的军事密码》。

③ 参见《资治通鉴》。李萼的说法是十万，但恐怕有些夸大了。

向叛军。

按照李萼的计划，他率领军队从平原郡出发，越过清河，直接打击魏郡，一旦魏郡被攻克，清河也获得了安全，接下来就可以进攻更加靠西的邯郸等地，打开崞口，将山西的唐军放进来。

李萼的计划很成功，他们顺利地占领了魏郡。接下来，本来可以顺势打开崞口，但唐军内部发生了一些协调问题，使得军事行动推迟了。

所谓协调问题，指的是颜真卿与处于山东地区的北海太守贺兰进明[①]之间的协调。贺兰进明率领五千人马渡过黄河，来平原与颜真卿合兵。作为书生的颜真卿并没有军事经验，在与贺兰进明合作的过程中，权力逐渐被贺兰进明架空了。在上报魏州之战功劳的时候，贺兰进明也压倒了颜真卿。颜真卿的手下由于没有获得足够的奖励，士气低下，影响了接下来的军事行动。

但即便这样，贺兰进明依然向西夺取了平原郡西面的信都郡，与河北西部的李光弼形成了呼应。接下来，就看李光弼能否在常山击败史思明了。

到了三月底，李光弼已经在常山与史思明对峙了四十余日，由于史思明断绝了常山的粮道，城内开始缺乏马草。李光弼迫不得已，组织了五百辆粮草车组成方阵，前往石邑（由唐军控制）取草。所有赶车的人都穿上铠甲，车旁还有上千弩手护卫，在这个车阵面前，叛军没有占到便宜。车阵缓缓而行，叛军看到无法击破车阵，又想直接进攻石邑，但被石邑的守军击退。

李光弼这一次虽然获得了粮草，却由于人少，一是无法取得更大的突破，二是等粮草用尽，第二次会不会有这么幸运就很难说了。

就在这时，救兵来了。在派遣李光弼来河北时，皇帝将郭子仪调回了朔方，原本是想让他率军进攻东都。但随后，皇帝改变了计划，命令郭子仪精选士兵，继续支援河北地区。早在三月初五，郭子仪就率军赶往代郡，为东征做准备。

到了三月底，李光弼发出了告急信，郭子仪收到后，率领军队从井陉进入

---

① 贺兰进明是安史之乱中较为复杂的人士，除了对抗叛军之外，还掀起了数次内斗，见下文。作为唐代的才子，他在两唐书中没有传，但在《唐才子传》中有小传。

河北。四月初九，援军来到了常山城外。郭李的军队加起来一共有十余万人，大大超过了史思明。双方一接触便大打出手，战场选在了九门县的南面。史思明损失惨重，只好收拾余众，向东南方逃往赵郡，而另一位将军蔡希德逃向巨鹿。史思明北逃博陵，夺取博陵后，杀掉了这里投降唐朝的官员。

但不管史思明如何努力，郭子仪的到来已经改变了河北的战略平衡。在官军到来之前，河北各地由于不堪叛军的骚扰，已经各自组成了民团组织，占据了村镇自保，最大的组织可达两万人。官军到来后，他们纷纷与官军取得联系。

史思明逃窜后，郭李的部队迅速获得了人心。十七日，他们联手攻克了赵郡。两人之后的作为也体现了治军风格的不同。李光弼治军强调军纪，由于士兵们劫掠得非常厉害，李光弼坐在城门口，将士兵的掠获物一一索回，交还给当初的主人。郭子仪则更加仁厚宽容，他把生擒的四千叛军全部都释放了，只杀了一个安禄山任命的太守。①

李光弼随后进攻博陵，围困十天没有攻克。于是，郭子仪和李光弼退回常山附近的恒阳解决辎重问题。在这里，史思明又拼凑了五万人前来作战。

郭子仪指挥军队固守，以骚扰为主，直到叛军疲惫才出战。五月二十九日，双方在常山东面的嘉山摆开战场，这一次，唐军斩首了四万人，俘虏了千余人，史思明在逃跑途中从马上掉下来，头盔也掉了，靴子也丢了，只能一瘸一拐拄着半截折断的枪走回了营地。他率军逃回了博陵，被李光弼围困。

至此，唐军在河北的优势已经确立，河北的十多个郡再次反正，将守城的叛将杀死，倒向了唐军。

唐军这次胜利给安禄山的震动是巨大的。首先，随着颜真卿和贺兰进明在东部、郭子仪和李光弼在西部扼住了幽州和洛阳之间的通道，安禄山的部队已经首尾脱节了。如果他再继续以长安为目标进行攻击，郭李的部队就会从后面进攻他，如果他想返回幽州，也必须首先突破河北唐军的堵截。

安禄山十分犹豫，到底是进攻长安还是返回幽州。他在西部进攻长安的路上留下的兵力只有大将崔乾祐的部队。由于兵力分散，进攻乏力，很难再突破

---

① 两人的治军风格，亦可参照新旧唐书《传赞》对他们的评价。

潼关。到这时，唐军在各个战场上都争取到了主动权。

如果此时唐军能够在河北战场获得彻底的胜利（此时距离战争开始不过只有半年时间），击败安禄山，唐玄宗开辟的几十年盛世或许还可以延续下去。一方面，可以派郭子仪等更加可靠的战将控制住边疆；另一方面，虽然皇帝已经在内地任命了一些藩镇，但那些割据一方的大藩镇还没有形成，皇帝完全可以凭借实力撤销这些藩镇，在内地形成集权式的和平。这样，唐王朝的中央集权并不会解体，边疆的豪强安禄山和手握重兵的高仙芝、封常清也都已经灰飞烟灭，这甚至可能是对唐朝有利的。

但就在这时，情况突然急转直下，一次错误的决策葬送了一切优势，使得令人们怀念的盛世再也无法回来了。

第七章
逃亡的皇帝

急转直下

唐军在所有战场上都获得彻底的优势之后，事情之所以会突然变糟，是有多方面原因的。

最初始于唐军统帅哥舒翰的性格缺陷，他是一个好的将领，却不是一个合格的政治家。这首先表现在他对待安思顺的态度上。

安思顺也是唐朝北边著名的大将，历任河西节度使、朔方节度使。在他担任朔方节度使时，郭子仪和李光弼都是他手下的将领。虽然他与安禄山没有血缘关系，但由于安禄山的母亲改嫁而成为后天的堂兄弟。不过，与他的堂兄弟不同，安思顺对唐朝是忠心的，甚至在安禄山造反之前，还屡屡提醒皇帝注意安禄山的反状。安禄山起兵之后，安思顺再次入朝上奏，因为他的忠心，皇帝并没有追究他和安禄山的亲属关系，只是将他留在了京师，封为户部尚书。这样做有助于增加君臣互信，而这恰好是唐代最缺乏的，也是最需要的。

但不幸的是，安思顺在任节度使时，与同是一方大员的哥舒翰关系并不好。哥舒翰之所以与安思顺有隙，更多是受哥舒翰与安禄山之间的瑜亮情结的影响。

哥舒翰担任兵马副元帅之后，想到安思顺还在朝内，怕他对自己不利，于是抢先行动，让人做了一封假的安禄山书信，在潼关将这封信截留后，送给了皇帝。哥舒翰还不忘向皇帝上奏了安思顺的"七宗罪"，并请求皇帝杀掉他。天宝十五载（公元756年）三月初三日，安思顺和他的弟弟安元贞被皇帝处死[①]。

[①] 具体过程见《旧唐书·哥舒翰传》。《全唐文》载有邵说《代郭令公请雪安思顺表》，是郭子仪请求为安思顺平反的上表。

哥舒翰之所以这样做，根源还是唐朝的老毛病：无法给大臣们提供安全感，不进行斗争，就可能被别人斗死。他认为自己只是先发制人罢了。但哥舒翰对安思顺的做法却引起了另一个人的注意，就是宰相杨国忠。杨国忠第一次体会到了哥舒翰的心狠手辣，开始防范他。

同样，按照唐代的人际关系原理，既然杨国忠开始防范哥舒翰，就会有人提醒哥舒翰防范杨国忠。哥舒翰手下大将王思礼担任起了这个角色，他请求哥舒翰向皇帝上表，将整个乱局归罪于杨国忠，必须诛杀杨国忠以谢天下。哥舒翰沉吟着不敢答应，因为他对皇帝没有把握，也可能是因为在对付安禄山的过程中，他曾经属于杨国忠的派系。王思礼进一步提出，如果担心皇帝不答应，不如派三十个骑兵去长安把杨国忠抓来，在潼关斩首激励将士。哥舒翰依然不敢同意，因为不经过皇帝同意而谋杀宰相，就等于他也造反了。

哥舒翰虽然没有同意，但杨国忠却听到了消息。他担心哥舒翰对自己不利，劝皇帝在长安把一些小官组织起来进行训练，又招募了一万人交给一位叫作杜乾运的心腹，让他屯军在长安东面的灞上，表面上是构建第二道防线，实际上却是防范哥舒翰。

哥舒翰听说后，也采取了反制措施。他请求皇帝，既然灞上军队是第二道防线，那么这支军队的最终领导权也应该交给他统一指挥。皇帝没有理由拒绝。到了六月初一，哥舒翰请杜乾运去往潼关述职，却找借口将他杀了。

整个事件体现出的，是统军的将领（哥舒翰）没有安全感，宰相（杨国忠）没有安全感，就连皇帝也没有安全感。他们缺乏不伤害对方生命的共识，只能互相防范，将大量的精力消耗在内斗之中。

在斗争中，杨国忠表现得比较弱势，但他很快就等到了新的机会，这个机会不仅葬送了他的对手，葬送了自己和家族众多成员的性命，也葬送了唐王朝的盛世。

在这时，由于官军在河北、河南的胜利，安禄山已经将精力转移到了后方，暂时不敢觊觎长安所在的关中地区。有人来告诉皇帝，在洛阳以西的陕州，与潼关遥遥相对，崔乾祐的军队只剩下了不到四千人，并且都是老弱病残不能打仗，连防范措施都没有。皇帝听了大喜，催促哥舒翰赶快出击。

哥舒翰上书表示不是出击的时候。他提出了正确的看法：在潼关，首要的目标不是一两场胜利，而是坚决避免失败。只要能够守住潼关，等敌人疲惫了，唐军也集结了更多兵力，再打仗不迟。远在河北的郭子仪、李光弼也上书表示，潼关不可轻动，唐军首先应该攻击安禄山的老巢范阳，到时他在洛阳的势力自然就会崩溃。

但是，这种正确的战略却遭到了宰相杨国忠的反对。杨国忠真实的心理，是担心哥舒翰权力过大会伤害自己，但他却找到了冠冕堂皇的借口，表示现在恰好是敌人没有防备的时机，如果不行动就会失去机会。杨国忠的说法正好符合皇帝的意图，于是他们共同逼迫哥舒翰出击。为了逼迫哥舒翰，皇帝派出的传令宦官相望于道，绵绵不绝。

六月初四，哥舒翰不得已，大哭一场，率军上路。

六月初七，唐军在灵宝（现河南省灵宝市）西原（现焦家寨附近）遭遇了崔乾祐的部队。如果是对历史有了解的人，听到灵宝心里就会一激灵。在潼关之前，关中地区的防御系统建立在一个叫作函谷关的地方。灵宝以北有两道数十公里长的平行小山，中间的峡谷如同一个箱子，因此号称函谷关。在秦汉时期，函谷关是著名的关中四塞之一，只要守住了这里，就保证了关中东境的安全。秦朝之所以能够统一六国，函谷关功不可没。

但到了后来，人们又发现函谷关以西的潼关是更好的防守地点，于是函谷关慢慢被放弃，退出了历史舞台。①但函谷关虽然被放弃了，却并不表示这里的地形不重要。

事实上，灵宝地区一直是陕西与河南之间的重要连接部。它本来只是南面的华山与北面的黄河之间的一小条平地，而在平地上还有数条小的丘陵带，将平地割得支离破碎。但是，这种地形在军事上却非常适合于打伏击。不管是陕西来的军队，还是河南来的军队，一旦遭遇伏击都很难全身而退。

---

① 函谷关退出历史舞台，还和中国的统一形势有关，随着隋代的统一，中国内部的关口重要性下降，让位给了更加靠北的雁门关等。关中地区对关东的防御也随之收缩，才有了用潼关取代函谷关的必要性。

在古函谷关区域以西，有一小片地方叫作西原。如果从陕西方向过来，在还没有到达函谷关区域时，就先到达了西原。西原的地形更加特殊，这里北面是黄河，南面是一道小丘陵，中间夹着七十里的隘道。隘道的西头还比较宽阔，形成一个小平原，随后逐渐收窄；隘道的最东头，从黄河岸边又起了一小条山丘，这条山丘和南面的丘陵形成了一个喇叭口状的关口，这个关口非常狭窄，士兵们列队通过都很困难。自然，这里是设伏的最佳地点。①

唐军到来时，最初表现得非常谨慎。他们知道崔乾祐肯定要打伏击战，但是他们又认为，即便叛军想打伏击也很困难。这是因为唐军总人数达到了二十万人，而崔乾祐的人数太少，即便是伏击也很难弥平这样的差距。②

为了发现敌情，观察岸上的情况，哥舒翰和田良丘在黄河中乘船前行。当他们发现崔乾祐的兵马之后，见叛军人数不多，连忙催促着唐军赶快发起进攻。

唐军的分配是这样的：王思礼的前军有五万精兵，而庞忠等人统率的后军有十万人。由于狭窄的地方用不了这么多人，哥舒翰还分出来三万人到黄河以北，在北面的高处鸣鼓、助阵、观察。

双方的交战发生在西原较宽阔的西部小平原上。最初，崔乾祐的军队看上去只有一万多人，还军容不整，没有阵容，懒懒散散，这让唐军窃笑不已。到了交战时，叛军立刻逃走，更让唐军轻敌。他们在不知不觉间就来到了东面更加狭窄的区域。

就在唐军越来越放松，快到东面的喇叭口时，唐军的队伍已经密密匝匝如同蚂蚁一般挤在了狭小的空间里。崔乾祐准备的精英部队开始从丘陵的顶部向下扔木头和石头。唐军阵营立刻大乱，开始互相踩踏。由于道路狭窄，他们连枪都施展不开。

哥舒翰军队的前面还有一些战车，用马拉着，试图对叛军形成冲击。但敌人在前面堆积了稻草，乘着东风点着后，反而让唐军的马车乱了套。唐军在混

---

① 这里的地形和以下的战争过程，系根据《资治通鉴·唐纪·至德元年》并结合作者的实际考察得出。
② 根据杨国忠的情报，崔乾祐只有四千人。这个情报是错的。但虽然他手下不是几千人，可满打满算也就三万人，与唐军人数依然是相差悬殊的。人数情况见《资治通鉴·唐纪·至德元年》。

乱中以为烟幕后面都是敌人，不停地射箭，射了很久，到最后却发现烟幕后面什么都没有。混乱中，唐军自相残杀又死了不少人。

那么叛军跑到哪里去了呢？

在西原南山的东侧，就已经是古函谷关所在的峡谷了，从这个峡谷向南，可以绕过西原南山，来到唐军的后面（即西面）。唐军混乱时，崔乾祐已经让叛军的精锐部队骑马绕过南山，来到唐军身后，形成了前后夹击。这最后致命的一击，让唐军终于彻底崩溃了。唐军士兵或者在山谷中逃窜，或者慌不择路掉入黄河淹死，剩下的大都溃散了。

在黄河以北的三万人一看南岸的乱象，虽然没有遭到进攻，却也溃散了。哥舒翰只好带着数百骑兵逃走。他们向西逃到了位于现在的山西省永济市的首阳山，从那儿渡过了黄河，再渡过渭河，回到了潼关。

当他们回到潼关时，唐朝的溃军也回来了。在潼关之外，作为防御体系，还有三条宽两丈、深一丈的大沟①可以阻止敌人过来，但溃军慌不择路时纷纷跳进去，下面的尸体很快就把沟填满了，上面的人才逃进了潼关。经过清点，二十万大军此时只剩下八千人。

叛军也跟在溃军的身后来到了，他们甚至不用担心过不了防御沟，因为那里面早就填满了死人。

初九，叛军进攻潼关，一攻而下。关中最重要的关塞就这样轻而易举被拿下了。哥舒翰想逃回长安，却被他的将军们挟持着投降了崔乾祐。将军们之所以逼迫他投降，也可能是出于保护他的目的，因为按照唐朝的内斗传统，一旦回到长安，他必然只剩下死路一条②。

潼关失守的当天，在潼关以北的河东，以及以西的华阴、冯翊、上洛等防区的士兵闻风而溃，将通往国都的通道留给了叛军。

也是在当天，哥舒翰麾下不断来告急，皇帝频频接见，却拿不出足够的人

---

① 这里的描述根据《资治通鉴·唐纪·至德元年》，无法确定三条大沟具体位于现在何处，但其中一条应该是禁沟。
② 哥舒翰后来也没有逃脱被杀的命运，为了保命，他在东都试图帮助安禄山说降各路军队，不成。后被杀害。根据《旧唐书》，是安禄山杀了他。根据《新唐书》，叛军丢失东都时，安禄山之子安庆绪（此时安禄山已死）带他渡黄河北归，最终也杀死了他。

去救援，最后只派了一小部分人去潼关。在潼关与长安之间原本也设置了平安火，大约每三十里设一个墩台，到了夜间，如果平安，就依次放火直达长安，表示一切正常。①

这一天，平安火没有到。士兵们纷纷逃亡，已经没有时间去点火了。这时皇帝才开始真的着急了。初十，皇帝召集宰相议事。杨国忠本身也是剑南节度使，安禄山刚刚造反时他就已经派人去四川打点，以备最坏的情况发生，他提不出救国之策，只告诉皇帝，最好去四川避难。

十一日，杨国忠召集百官上朝，官员们惊恐不安，当皇帝询问他们有什么御敌之策时，所有的人都像遭遇了课堂提问，不敢吭声，还生怕点到了自己。只有监察御史高适提议，现在应该赶快招募士兵，在长安死守。他的声音激切，听到的人都受到鼓舞，但皇帝没有采纳。②

安史之乱发生时，高适还在遥远的河西地区。哥舒翰被任命为兵马副元帅后，作为哥舒翰手下的高适也被征召到长安担任左拾遗，后转监察御史，这才有了他朝堂之上的表现。③

散朝后，皇帝朝堂之上的情况变成小道消息传遍了长安的集市，于是人们纷纷开始准备逃跑。但是到底逃到哪里去，大部分人没有目标。

杨国忠继续让自己的姊妹劝说皇帝入蜀。到了十二日再上朝时，文武百官继续参加早朝的已经十无一二了。皇帝在勤政楼下命令说即将亲征，但事实上已经没有人相信他的话了。皇帝又进行了一系列的任命，让他们在自己亲征之后负责长安的防卫。由于之前颖王李璬已经被任命为不赴任的剑南节度使，现在皇帝也发布命令让他赴任，并为自己去往四川做准备。

当天皇帝还从城中的太极宫撤到了城北的大明宫。太极宫位于城内，要想逃走必须从北面出去绕路，否则就必须经过居民区，会引起人民的恐慌。而大明宫在城外，周围就是皇帝平常游猎的禁苑，从这里逃走很难被普通人发现。

当天晚上，皇帝命令龙武大将军陈玄礼整顿好六军，多给赏赐，又从皇家

---

① 根据《唐六典》。
② 参见《册府元龟》卷四七七。
③ 高适的情况可参考附录中的年谱。

马厩中选了九百多匹马,做好准备。

第二天(十三日)一早,皇帝带上了贵妃三姊妹、皇子与王妃、公主、皇孙,加上杨国忠、韦见素、魏方进、陈玄礼,以及亲近的宦官、宫人,悄悄地出发。他们从大明宫出来就是禁苑,禁苑将大半个汉长安城①包含在内了。从禁苑的西门延秋门出去后,就来到了郊外,接着渡过渭河上的便桥,就算离开了长安界。

在离开前,关于左藏库的财富问题,皇帝与宰相还有一次讨论。左藏库所藏都是皇帝的私家财富,却无法全部带走,按照杨国忠的意见,不如一把火烧掉,免得留给叛军。但皇帝却认为,就算烧掉了左藏库,叛军还是会从长安人民手中压榨出足够的财富,还不如将左藏库留下,让人民的日子好过一点。②

皇帝离开得神不知鬼不觉,大部分的官员都被扔在了长安,其中不仅包括提议抗敌的高适,还包括一心要做维摩诘一样达人的王维。

到了清早,文武百官中依然有人来到宫外等待上朝,宫门外的仪仗队依然保持着一个王朝的尊严。但出乎意料的是,等宫门打开,情况突然变了。从宫门冲出的宫人四处逃窜,皇帝离开的消息也散布开来。这时不管是王公贵族还是平民百姓,纷纷四处逃走。流氓们乘机进入宫廷之中,将各种奇珍异宝盗走,甚至有人把驴都赶来,好驮更多的东西。皇帝好不容易忍住没有烧掉的左藏库也在一把火中烧掉了。

留守官员一面救火,一面杀人,整顿好秩序。之后京兆尹崔光远派他的儿子带上长安城门的钥匙,去见安禄山,将长安城拱手让给了叛军。

皇帝的幸运在于,安禄山已经被胜利吓坏了。他没有想到崔乾祐能够用这么少的军队击垮唐军的主力。之后,他反而变得优柔寡断,首先命令崔乾祐停止进攻,等待他的大部队,之后才派人进入长安。在长安进行掠夺和巩固,这一切又消耗了他的时间,使得护卫着皇帝的那支充塞着老弱病残的队伍得以从容地离开,完成了一次唐朝版的敦刻尔克撤退。

---

① 参见《雍录》。汉长安城在唐长安城的西面,在当时依然有遗址存在。
② 关于皇帝离开最详细的记载,来自于《资治通鉴·唐纪·至德元年》和《安禄山事迹》。

皇帝过了渭河继续向西，派遣宦官先行通知途经的各个郡县赶快迎接皇帝。中午吃饭时间，他们已经走到了咸阳东面的望贤宫。皇帝原指望有人前来迎接，不想前面去的宦官把消息告诉县令之后，县令和百姓立刻跑得一干二净，就连传信的宦官也跟着他们跑掉了。杨国忠只好自己掏钱买了几个胡饼送给皇帝充饥。当人心稍稳时，当地人终于来了，他们带来了一些夹杂着豆子的粗饭，给皇子皇孙们充饥，这群饿惨了的公子哥儿们立刻抢了起来，一会儿就吃光了，还嫌没有吃饱。皇帝为这些粗饭都付了账。

除了人不禁折腾之外，就连皇帝的御马也受不了，得了病。皇帝见大家没有吃饱，想把马杀了吃，但他的提议没有人同意。① 这可能和时间不够有关。

父老乡亲们望着皇帝大哭，有大胆的人开始和皇帝说起了话，甚至怀念着玄宗早期的贤相集团，并感慨现在围绕着皇帝的都是小人。他们当然不可能知道，所谓贤相与小人，都只是皇帝的需要罢了。皇帝装模作样表达了悔恨之情，但是由于政治条件的变化，即便在未来，也没有皇帝能够将朝政恢复到当年贤相集团的面貌了。②

到了晚上，皇帝一行来到了距离京城八十五里的金城县（即始平县，位于陕西咸阳西北）。这里的县令也早已经逃窜，百姓也大都逃散了。他们走时过于匆忙，家中的锅碗瓢盆都没有来得及收拾，士兵们就拿起炊具自己做饭吃。此时，跟随皇帝的人也出现了大量的逃亡。在驿站中休息时，由于没有灯，条件也不行，只好人压着人密密麻麻睡下，不再区分贵贱老幼。也是在这时，王思礼从潼关赶了过来，将哥舒翰被擒的消息带来，皇帝这才知道在潼关到底发生了什么。

皇帝任命王思礼为河西陇右节度使，让他赶快北上去招兵，等待机会。王思礼见过皇帝一面就匆匆上路了。

十四日，皇帝一行来到了马嵬坡，将士们又饥又累，怨气很大。陈玄礼担心士兵们哗变，通过宦官李辅国与太子商议，把杨国忠作为事件的元凶除掉，

---

① 《资治通鉴考异·唐纪·至德元载》引《唐历》。
② 不管是肃宗、代宗还是德宗，虽然一面批判玄宗时期的聚敛集团，但他们的任命，依然首先考虑的是聚敛才能。到了德宗之后，事情就更加一发不可收拾了。

但太子不敢这样做，也不敢告诉皇帝。跟随皇帝逃难的还有二十多个吐蕃的使者，他们恰好拉着杨国忠的马，向他诉说着什么。士兵们中立刻流出杨国忠和吐蕃人图谋造反的传言，有人对着他射箭，但只射中了马鞍。杨国忠策马逃跑时被士兵们追到了马嵬驿的西门杀死肢解，将他的头颅挑在枪尖上。① 御史大夫魏方进试图阻拦士兵，也被杀死。一同死去的还有杨国忠的儿子杨暄，以及他的姊妹韩国夫人和秦国夫人。韦见素被乱兵打破了头，但被人救下。

皇帝在驿站中听到了外面的喧哗，他的左右却告诉他那是杨国忠谋反。皇帝拄着拐杖来到门外，请求军士们散去。但是士兵们害怕日后被报复，不肯离开。陈玄礼乘机告诉皇帝，除非杀掉贵妃，表明杨家彻底倒台，否则士兵们是不甘就此罢手的。

皇帝沉吟了一下，表示会亲自处理这件事。他回到驿站，拄着拐杖低头而立。身边的京兆司录韦谔（韦见素之子）见他为难，当即跪下请他当机立断。皇帝做了最后一次努力，表示国家的事情无关贵妃，但这一次，就连高力士也劝他这不是考虑谁有罪的时候，只是为了救自己一命。皇帝这才命令高力士把贵妃带到佛堂，将她勒死。

在正史中，贵妃在死前到底说了什么，她是顺从，还是哀求，还是大义凛然，一概没有记录下来。对于写正史的人来说，这个女人只是一个工具，她之所以成为贵妃，是因为皇帝的需要，她的死也是皇帝的需要，一切都不需要她自己开口。

死后，她的尸体倒还是有用的，因为必须把尸体展示给将士们，士兵才会继续接受皇帝的领导。

杨国忠被定为安史之乱的罪人也是有疑问的，虽然他自身有着很深的偏见和内斗特征，但杨国忠却是较早提醒皇帝安禄山会反叛的人。至于说他作为宰相作恶太多，事实上，他更多的是充当了一个权臣的角色，权力过重却使用不当。但权力过重也不是他造成的，而是唐玄宗的政策逐渐演化的结果。可以说，皇帝创造了太多不适合的职位，其中最不适合的有两个，一个给了安禄山，另一个给了杨国忠。只要坐到了这个职位上，唐朝所不可避免的内斗和对人身的威

---

① 参见《旧唐书·杨国忠传》。

胁，自然会酿成最糟糕的结局。

十五日，皇帝离开了马嵬坡，他的高级朝臣中只剩下了韦见素一人，韦见素的儿子韦谔也受到了提拔，成了御史中丞充置顿使。

皇帝一直想去四川，但将士们却认为路太远，而且是杨国忠过去的地盘，有的想去河陇，有的想去灵武，还有的想去太原，甚至有的想回长安。韦谔建议不如先到扶风再做商议。

关于皇帝和士兵的争执，实际上还和一个中国军事地理秘密有关。这个秘密就是：一旦一个王朝被迫离开北方，到了南方，它几乎是不可能再回到北方的。在历史上，不管是唐代之前的东晋，还是后来的南宋、南明，只要统一的王朝被北方势力赶到南方，就彻底告别了中原，只能作为一个偏安一隅的小朝廷存在了。①

南方之所以无法反攻北方，在于南方的地理太破碎，而北方的地理利于防守。南方的地理结构是一条长江串起来的几个盆地和平原，包括四川盆地、两湖盆地、赣江谷地（现江西）、江东地区（长江中下游平原）。这几个地理单元过于支离破碎，每一个都很难与北方抗衡，它们之间的联络又不容易，无法产生协同性。②

而北方的地理却非常简洁，有着巨大的华北平原，华北平原又有着山西高地的保护，并附带着地理结构完整的关中地区。一旦北方政权将华北、山西、陕西同时占据，即便南方政权能够进行北伐，甚至能够拿下华北，北方军队依然可以通过山西高地打击华北地区，让他们无法久守。③

玄宗皇帝放弃北方逃到四川，就可能陷入这样的境地。一旦安禄山获得了华北和陕西，就很容易扫荡山西地区，从而掌控整个北方，到时就拥有了军事地理上的优势。即便唐朝能够继续存在，也只能作为南方的一个小朝廷而活着。

---

① 南方攻打北方，只有极少数胜利的例子，一是朱元璋从南向北击溃了元朝（事实上元朝已经自动分崩离析了），二是20世纪中国人民的抗日战争。
② 最早尝试从南方统一北方的是三国时期的孙吴政权和蜀汉政权，他们发现了南北三条通道，但都以失败告终。之后南朝进行了大规模尝试，但发现南方由于过于破碎，无法同时利用三条通道进攻北方。到唐代，南方军事地理的不足已经普遍为人所知。
③ 中国南北军事地理的差异，可参考《中央帝国的军事密码》。

很可能皇帝再也回不到关中，这里的父老也就永久性地脱离了唐朝的庇佑了。

但是，玄宗皇帝为什么最终还是选择了逃亡南方呢？这主要是从自己的安危出发。随着关中和华北失守，北方留给唐朝的只剩下山西以及西北的一些边角地带，皇帝在北方比在南方要危险得多。而四川虽然无法反攻北方，却是建立小朝廷的安稳之地。考虑到皇帝年纪已经大了，只要防守得当，四川撑上二三十年，皇帝就可以平平安安死在那儿了。

人们可以谴责玄宗皇帝的自私，却无法强迫他留下。但另一个人所承受的压力却要比玄宗皇帝大得多，那就是他的太子。按照正常情况，太子可以比玄宗多活很多年，如果去往南方地区，一旦玄宗去世，那么留给太子的必然是一个烂摊子，很可能撑不到太子也死去的时候，到时太子将作为一个亡国之君被记录在历史之中。只有看到了这一层，才会理解百姓苦苦哀求皇帝留在北方的意义，以及后来玄宗、太子的各自选择。

当皇帝向扶风逃走时，数千名父老乡亲的苦苦挽留，皇帝不胜其烦，只好留下太子抚慰百姓，自己先行离去，到前面等太子。不想等了很久也不见太子来，后来他的孙子广平王李俶到了，带来了口信，皇帝才知道太子决定不跟他走了，而是选择北上。他感慨万千，给太子留了两千兵马，自己离开。

按照史书[①]，劝说太子留下的是父老乡亲、宦官李辅国、太子的三儿子建宁王李倓等人，但很可能太子本人就不愿意跟随父亲入蜀。不管怎样，父子二人从此分开，也意味着玄宗皇帝从此脱离了政治的中心，太子担起了拯救国家的重任。我们先将玄宗的行程简单带过，再转回到太子的抵抗上来。

皇帝十七日到达岐山，十八日抵达扶风，十九日宿陈仓，二十日到达了散关道的起点大散关。二十四日，皇帝到达河池郡，也就是凤州。七月十二日，皇帝到达普安（剑州）。十八日，皇帝到达巴西（现四川绵阳）；二十八日，经过了几十天舟车劳顿的皇帝终于抵达成都，跟随他的官员和士兵只有一千三百人。等他到达成都时，太子已经掌握了权力，在北方领导着抵抗运动，玄宗皇帝和他代表的那个盛世都已成了人们的回忆。

[①] 参见《旧唐书·肃宗纪》和《资治通鉴唐纪·至德元年》。

太子的行踪

六月十五日，太子李亨离开了父亲，决定留在北方抵抗安禄山。但由于整个关中盆地的核心区已经陷落，唐朝在平原地方没有立足点，到底哪里才能成为更加稳固的统治中心呢？

他的儿子建宁王李倓提议说，可以选择的地方满打满算也只有两个。在陕西北边，黄河将北方区域分成了两块：一块是黄河以西的河西走廊地区，包括河西和陇右两个节度使辖区；另一块在黄河以东的河套地区，主要是朔方节度使辖区。

河西和陇右以前是哥舒翰的领地，哥舒翰失败后，他带出来的防守潼关的大量士兵都投降了安禄山，剩下驻扎在河西的士兵虽然依然归属于唐朝，但他们的父兄子弟却可能已经投降，人心惶惶，所以这里是不能去的。

剩下的就只有朔方节度使辖区可以去了。太子在作为亲王时，曾经担任过朔方节度使，而现任节度使郭子仪是太子的熟人，而且距离他们出发的地方要比河西更近，因此这里是比较可靠的根据地，最好的选择就是去往朔方。[1]

太子同意了儿子的看法，日暮时分，他们出发了。

但一路上并不太平。太子一行首先遇到的还不是叛军，而是潼关的溃兵。他们刚刚准备渡过渭河，就碰到了一大批溃军，双方互相不认识，发生了激战，死伤甚重。太子兵马击败了溃军之后，准备渡过渭河时，却发现没有桥，骑马的人只好找水浅的地方乘马涉过河流，而徒步的人却过不去了，只好散去。[2]

太子从奉天（现陕西省咸阳市乾县）北上新平（现陕西省彬州市），一夜奔驰了三百里，但这也意味着大量的士兵和辎重都散掉了，剩下跟随着他的只有数百人。十六日到达新平后，发现新平太守已经逃走了，太子派人找到了他，将他斩杀。当天他们又赶到了下一座城市安定（泾州，现甘肃省平凉市泾川县），其太守也逃走了，太子也将他寻到并斩杀。

---

[1] 哥舒翰辖区继承自王忠嗣，而郭子仪辖区继承自安思顺。由于主将的关系问题，两大区域本身也有一定的矛盾。

[2] 本处以及下面的行程叙述，都采自《资治通鉴·唐纪·至德元年》。

十九日，太子来到了乌氏驿（现泾川县北），彭原太守给他送了衣物和粮食。在这里，太子补充了数百随从。当天到达平凉（现甘肃省平凉市区）后——这里是皇帝的养马场，太子得到了数万匹马。玄宗皇帝任命的河西陇右节度使王思礼也在平凉。在得到玄宗的任命后，由于河西乱了套，他没有去河西，而是在平凉等候，此时与太子会合了。获得了这些马，又有了将军的辅佐，太子稍稍感到安全一些了。他又招募了五百人，暂时在平凉观望。一时间，太子在平凉的消息传出，离散的官员和将领们纷纷赶到这里。

几天后，得到太子消息的朔方留后（在郭子仪出兵后代理节度使）杜鸿渐等人认为平凉并不是一个好的屯兵之所，太子应该撤到更北方的灵武（现宁夏灵武市）去。灵武位于现在贺兰山和黄河的东面。在这里，由于贺兰山的阻挡，将来自东面的水汽都挡在了本地，在黄河岸边形成了一片如同江南一般湿润的绿地，适合种粮食。灵武的东面是沙漠，西面是黄河，是一个不易到达却适合作为后方的地方。而灵武又非完全封闭，处于朔方与河西之间，是一个可以联合西北地区的中心地带。到了这里，太子可以放心地联合西北的军事力量，组织反击，还不用担心安禄山跨越中间的沙漠袭击他们。

杜鸿渐等人并不在平凉，他们将朔方的军事力量、后勤状况的记录呈给太子。与此同时，河西行军司马裴冕也派人来见太子，他们也认为去朔方（灵武属于朔方）是更好的选择，这帮助太子下定了决心。

当太子来到平凉以北，杜鸿渐甚至专门从朔方赶过来迎接太子。事实上，由此也可以看出唐代君臣之间的微妙关系。由于缺乏不互相伤害的共识，即便是忠臣要想获得皇帝或太子的信任也是非常困难的。既然河西节度使王思礼和太子在一起，那么杜鸿渐就不敢进入平凉；但如果他不迎接太子，又无法让太子打消疑虑，于是杜鸿渐选择了来到平凉以北等待太子的到来。

到了七月初九，太子终于抵达灵武，这里也就暂时成了他组织反击的中心。此时玄宗皇帝还在蜀道所在的大山中跋涉，要在二十一天后才能到达成都。

但是，到达灵武之后，太子首先考虑的并不是反击，而是另一件事情——

即位。根据史料记载，玄宗在和太子分开的当天，曾经有意让位给太子。①而在灵武劝进的主要是太子的亲信裴冕和杜鸿渐，理由是：一是玄宗的意思，二是有利于反击。太子在拒绝五次之后才同意。

但是玄宗是否有传位意愿却是可疑的，更可能的情况只是形势造成的而已。逃跑的玄宗已经失去了人心，但是他却依然是一国之君；太子虽然留在了北方抗战，此时即位却对玄宗的权威是一种冒犯。在未来，玄宗感觉到太子威胁的时候，完全可以以皇帝的名义对太子不利，即便不会杀太子，却可能对他的亲信动手。这一点太子是深有体会的。在他韬光养晦的几十年里，他屡屡受到玄宗的威胁。②

在这种情况之下，所有辅佐太子的人都不得不担心玄宗的报复，要想专心做事，只有一种情况，就是太子的地位足够稳固。而要做到这一点，只有把太子变成皇帝，把老皇帝变成太上皇，让玄宗无可奈何地接受这种新的现实。

太子即便不想冒犯自己的父亲，但要想抵抗安禄山，即位是不可避免的。这既可以保护自己和大臣，也便于整合抵抗力量，让他们放心。唐代君臣之间的不信任是一把利剑，割裂了所谓的仁义道德，让双方都生活在战战兢兢之中。

太子到达灵武三天后，十二日，他就迫不及待地即位为皇帝，并任命了一批心腹，将太上皇的官僚系统边缘化。同时，为了宣示正统，他进行了改元，选择了一个表明自己更加正统的年号——至德。从此倒霉的天宝年号告终，玄宗天宝十五载变成了肃宗至德元载。

太子成为皇帝之后，解除了人们对太上皇的恐惧，于是前来灵武投靠的人越来越多，这里终于有了行在（皇帝暂居的所在）的模样。而太子的即位非常及时的另一个证据是，当他即位时，不知道自己已经成了太上皇的玄宗皇帝依然在逃亡的路上发号施令。他的号令造成了巨大的麻烦，如果不是肃宗和他的官员及时处理掉，甚至会酿成大祸。如果肃宗皇帝优柔寡断，晚一点即位，那

---

① 参见《资治通鉴·唐纪·至德元年》。司马光非常擅长捕捉这些有益教化的故事，太子如果不得到皇帝的同意，就不利于教化了，所以他一定会记载这些皇帝有意让位之类的传言。

② 玄宗后期的宗室斗争再次激化。由于武惠妃的受宠，玄宗皇帝曾经杀掉了太子瑛。现太子得位后也屡屡受到李林甫等人的干扰，对于皇室内斗的传统深有体会。

么太上皇乱政的命令会对唐朝造成不可挽回的损失。

太上皇对国家造成的最大损害发生在肃宗继位四天后。这一天玄宗发布命令，任命太子（已是肃宗）为天下兵马大元帅，领朔方、河东、河北、平卢节度都使（即四地的总节度使）——这一点没有问题，但他还任命了另外三个儿子：永王李璘担任山南东道、岭南黔中江西西道节度都使；盛王李琦担任广陵大都督，领江南东路及淮南河南等路节度都使；丰王李珙担任武威都督，领河西陇右安西北庭等路节度都使。这就相当于把全国分成了四部分，其中太子所领只是其中一部分，还有三部分足以与之抗衡。这是防止太子擅权的一种做法，却把全国的指挥权更加零散化了。

不过好在盛王和丰王都没有赴任，只有永王李璘去了任所，这导致能够挑战太子的只有永王一人，之后所发生的永王之乱就是由此种下的根源。这也改变了李白接下来的命运。

这一天，太上皇还继续下达命令，建立了山南东道节度使、岭南节度使、黔中节度使，将江南道分成了江南东、西二道。① 这些做法进一步弱化了朝廷的权威，为未来的藩镇割据留下了隐患。②

肃宗继位一个月后，到了八月十二日，他的使者才到成都，将玄宗皇帝已经成为太上皇的消息带到。我们已经不知道玄宗皇帝的真实感受，史书给我们留下的描述是：太上皇听了高兴无比，表示"吾儿应天顺人，吾复何忧"③。但不管太上皇怎么"高兴"，直到四天后的十六日，他才接受了现实，发出了诏书，同意当太上皇，将政事交给了儿子，但表示皇帝依然必须将国家的消息告知他。

两天后的十八日，太上皇派出自己的嫡系大臣韦见素、房琯、张镐、崔涣等人带着传国玉玺去见肃宗，表明他到这时终于认命了。

太子解决了统治权的问题，但他面临的更大的挑战依然是来自叛军的攻击。人们之所以对他充满了期待，是指望他能够光复两京，完成中兴。但在他即位时，

---

① 山南东道领襄阳等九郡，岭南领南海等二十二郡，江南东道领余杭诸郡，江南西道领豫章诸郡。
② 唐朝在北方设立节度使是为了平叛，但在南方设立如此众多的节度使却是不明智的，这也导致了唐朝进一步的碎片化。
③ 这又是司马光选择了有益教化的说法之后，给我们留下的记载，见《资治通鉴·唐纪·至德元年》。新旧唐书都没有记载太上皇的这句话。

唐朝却处于最黑暗的时期，不仅两京失陷，就连曾经光复的河北地区也再次陷落，唐朝曾经差点儿镇压了叛乱，现在重新变得遥不可及了。

危急时刻

日后复盘来看，安禄山一定会对自己攻克潼关之后的作为懊悔不已。六月初九攻克潼关后[①]，他由于担心兵力不足，命令崔乾祐等人在潼关停留了十天，等后续部队跟上了，才命令孙孝哲进取国都长安。

此时的长安早已经被溃兵和乱民掠夺一空，甚至连皇帝的左藏库都已经烧了。更可惜的是，玄宗皇帝早就过了散关，进入了茫茫蜀道之中，而太子也早已经到了平凉，等待官兵的集合。即便这样，孙孝哲在占领了长安之后，还是没有拟定像样的西征策略，反而陷入了破城军队通常容易犯的错误之中——他们开始了对城市的劫掠。

士兵们劫掠的是金银财富，而统帅们看中的则是文武百官、宦官、宫女等。安禄山要求，每发现数百个官员、宫女等，就要一起押送到洛阳去。那些未随玄宗和太子离开的官员的家属都会被杀死，安禄山甚至连婴儿都不放过。

大量的官员在被押送到洛阳后，投降了安禄山。其中最著名的是与杨国忠一同担任宰相的陈希烈，以及前宰相张说的儿子张均、张垍（也是驸马）等人。这些肯投降的官员重新得到了任命，比如陈希烈和张垍就都担任了大燕的宰相。与此同时，安禄山为了给儿子报仇，还展开了两场复仇行动。在七月中，安禄山指示在长安的孙孝哲在崇仁坊残杀了玄宗的姊妹霍国长公主、永王妃侯莫陈氏、义王妃阎氏、陈王妃韦氏、信王妃任氏、驸马杨朏，以及杨国忠、高力士等人的党羽，一共八十三人。崇仁坊位于皇城东面景风门外，靠近尚书省的选院，它的西南角又和东市相连，所以安史之乱前，这里聚集着大量的文人墨客，昼夜喧嚣，灯火不绝。这里有一个院落叫作礼会院，凡是公主或郡主出嫁，都要在这里举行仪式。玄宗逃走之后，那些受到冷落的王室成员都聚在了这里，比

[①] 司马光在六月戊申的《考异》中又提到克潼关的日期是初八，但从其叙述的顺序性上看，依然可能是初九。

如霍国长公主，她与丈夫离婚多年，没有再嫁，皇帝也没有将她带走。这一批人在崇仁坊被抓后，都被折磨致死。①

十七日，安禄山再次下令将抓获的皇孙和郡主、县主二十余人杀害。

在当时的人们看来，随着两都的陷落，唐朝大势已去，即便玄宗退到了四川，也只能做一个偏安的小政权。如果仅仅是唐朝的故吏这样看，那么对安禄山是好事，但是就连安禄山本人以及他的将军们都这么看。这就导致叛军在长安作威作福，只占领了附近的一些城镇，却没有进一步扫荡西部。

此外，安禄山本人留在了洛阳，将洛阳作为他的都城，因此长安在他的规划里的重要性已经降低了，这也给西部忠于唐朝的势力留下了空间。

二十六日，一支忠于唐朝的民兵部队袭击了被安禄山军队占据的扶风，杀死了两百多人。二十八日，陈仓令薛景仙又进攻扶风，杀死了叛军的守将，夺取了扶风。这些小型的战斗都表明，叛军在长安以西的控制力非常弱，这就给唐朝留下了一条通道，连接起了南面的四川和北面的朔方。②

不过，虽然叛军在西部犯了错误，在东部的河北地区却取得了巨大的胜利。

潼关失守之前，郭子仪和李光弼在河北地区已经进入了扫尾阶段，大部分的郡都已反正。潼关失守时，李光弼正在围攻博陵。可是，随着潼关丢失的消息传到河北，李光弼知道大势已去，立刻放弃了围攻，向南撤退。他且战且退，与郭子仪会合后，率领军队从井陉撤回了山西地区。他们只留了少量的人守卫景城、常山等地。

平卢节度使刘正臣原本想袭击安禄山老巢范阳，但不想史思明在击退了郭子仪、李光弼后迅速回军，将刘正臣击败。颜真卿原本等待着与郭子仪、李光弼会合，见他们离开，不得不独自抵抗。

当安禄山在洛阳经营时，河北地区就成了史思明的狩猎场。郭子仪到了太原后，被肃宗皇帝紧急召往灵武，他率领五万军马前去。这支军队的到达让皇

---

① 参见《唐两京城坊考》卷三。

② 日后，唐代新建立的交通运输线改为从两湖经过汉江到达汉中，再翻越秦岭从陕西西部进入朔方。安禄山没有将这条交通线截断，导致南方的物资依然可以到达肃宗军队，这是他的一个重大失误。

帝第一次感到了力量，却削弱了山西的实力。李光弼在太原只能以守成为主，无暇东进。而山西的削弱又导致没有人能够救河北了。

八月初十，史思明攻克了九门县，杀害了数千人。二十日，攻克藁城县。九月初一，史思明围困赵郡，初五攻克赵郡，之后又拿下了在河北西部最重要的常山郡，杀死数千人。

在获得了河北西部之后，安禄山大将尹子奇围攻河间四十多日。到了十月上旬，史思明率军与尹子奇会合，将河间攻克。随后他们攻克了景城，招降了乐安。当他们进攻东部的中心平原郡时，颜真卿知道打不过对手，于十月十八日放弃了平原，渡过黄河向南逃走。

史思明以平原为基地，进攻清河、博平等地，并一一拿下。接下来他又招降了信都。最难攻克的城市是饶阳，事实上，安禄山的军队已经数次围困饶阳，却始终无法拿下。但到这时，饶阳已经成了孤城，再也无力抵挡叛军。城陷后，史思明招降未果，将饶阳的守将张兴锯死在木头上。

在攻破每一个城池的过程中，叛军都将城内所有财物、女人掳掠一空，凡是壮年男子都被抓壮丁，老弱病残则全部杀死，一个不留。

到饶阳攻破后，河北地区唐军已经完全被叛军肃清。当颜氏兄弟起兵反对叛军时，史思明只带来了三千人马，之后他与颜氏兄弟、李光弼、郭子仪，以及唐朝各个郡中军队轮番厮杀，直到河北完全被他占领。这也可以看出，从谋略上讲，史思明是远超安禄山的。他的军事策略甚至超过了唐军主将郭子仪和李光弼，了解了这些，才能理解为什么安史之乱进入到史思明阶段之后，战争的难度反而加大了。

协助肃清河北唐军的叛军大将尹子奇继续渡过黄河，率领五千骑兵横扫了现在的山东地区，这个地区当时属于北海郡。之后，尹子奇想从北海郡向南进军，直达淮河、长江流域。但就在这时，唐朝获得了北方同罗人的帮助，袭击了叛军老巢范阳，尹子奇才率众北归。

尹子奇的撤退让唐军获得了喘息的机会，特别是位于雍丘和睢阳的张巡。叛军获得河北之后，本来有机会扩大战果。如果他们迅速南下，占据淮河和长江流域，那么给唐朝剩下的地盘就非常有限了。而尹子奇的北归让唐军在南方得以巩固防线。

但是，当叛军意识到他们浪费了机会时，又杀了回来。这时的唐军南方防线，特别是睢阳的张巡和南阳的鲁炅，是否能够抵挡得住呢？

首先看鲁炅所在的南阳地区。早在潼关丢失之前，鲁炅的军队已经从叶县撤往了南阳，在南阳构筑了第二道防线。他在南阳抵抗到第二年的五月十五日，才撤往下一个防御点——襄阳。① 这种步步为营的战法让叛军始终被阻止在南襄隘道上，无法继续向两湖地区前行。这不仅仅是土地的得失问题，接下来，我们还会看到鲁炅守住南阳的更大的意义。那就是，襄阳掌握在唐军手中，可以让皇帝建立起另外一条连接关中与江南的通道，否则唐朝就分崩离析了。

鲁炅的南阳经受住了考验，而更加重要的地方是雍丘和睢阳的张巡防线。一旦这里被叛军突破，就意味着他们可以长驱直入淮河地区，再从淮河地区借助运河通道直下扬州，完成对唐朝江南地区的征服。在唐朝已经有了"扬一益二"的说法，四川一带的益州虽然足够富裕，但比不过扬州所在的长江地区的财富。叛军若是获得了江南，就意味着最富裕的江南和华北将置于他们掌握之下，同时他们还控制着关中的平原地区，唐军即便掌握了一些战略地点，却缺乏足够的粮食供应，要想反攻就更加不可能了。因此，淮河地区极为重要，由此才引出了张巡可歌可泣的故事。

长安城还没有陷落时的五月份，投靠了安禄山的令狐潮（原雍丘令）再次进攻雍丘。到太上皇到达成都时，双方已经相持了四十多天。在这期间，雍丘对于朝廷的消息一概不知。

首先得到玄宗消息的是令狐潮，当他听说玄宗皇帝已经去了四川，立刻写信给张巡。这件事在张巡的军中引起了强烈的震动。有六位高级将领②找到张巡，表示现在的局势已经不可收拾，甚至连皇帝都不知死活，不如投降。张巡表面上答应了他们的请求。第二天，他在大堂之上设立了天子的画像，瞒着六人率

---

① 事见《资治通鉴·唐纪·至德二年》。
② 《新唐书》说这六位大将都是开府、特进的高官，但雍丘本不是大县，不应该有这么多高官。另一种说法是六员大将应该是早就投降安禄山的将领，被令狐潮派来劝说张巡。后一种更合理，但从字面意义上，似乎又是前者。存疑。

领士兵们朝拜,慷慨激昂处,人人都流下了眼泪。张巡这才把六人找来,痛斥他们忘记了大义,将他们斩首。

张巡与令狐潮的斗法甚至可以称为攻城和守城的教科书案例。当城上没有了箭,张巡就在夜间用稻草人伪装成士兵,放下城去,远处的敌人以为他们乘夜间偷袭,连忙射箭,"草人借箭"就帮助张巡获得了数十万支箭。等到后来张巡再放人下去时,敌人以为又是草人,在一边大笑不已,不想这一次放下去的却是五百名敢死队士兵,他们乘叛军不备,大败叛军,将叛军追出了十余里。

张巡治军极其严格,他的大将雷万春在城上和令狐潮喊话,脸上中了六箭,却岿然不动。[1]

张巡数次击败令狐潮,擒获了不少人马。对于俘虏,他也是用不同的方法来对待:把远道而来的胡兵全部杀死,因为认为他们是侵略者;近处被胁迫参军的都放回,不予惩罚。这样的做法让周围的百姓纷纷赶来参军。

张巡的战略眼光非常敏锐,不仅守卫雍丘城,还注意到了周围的敌军。八月份,叛军派出李庭望率领两万余人袭击宁陵、襄邑,他们夜间驻扎的地点距离雍丘只有三十里。张巡率领三千士兵偷袭,杀死敌军一大半,李庭望只好仓促逃离,放弃了进攻。

十月初四,令狐潮再次率领万余骑兵进攻雍丘,被打败后离开。

十二月,叛军终于有了收获。在久攻不下之后,他们首先在雍丘以北设立了营寨,断掉了张巡的粮草,之后派出了数万大军包围,而张巡的部队到了后来只剩下千余人。唐军在河北和山东的失利,也给了张巡新的压力。十二月,随着叛军扫荡山东地区,鲁郡、东平、济阴等地接连沦陷。叛军顺着山东地区南下,向着雍丘袭来。与此同时,他们派出了两万人,试图进攻雍丘以东一百二十里的宁陵,从后面包抄张巡。这一次,张巡终于被迫离开了雍丘,但抢在敌人前面到达了宁陵。宁陵与更东面的睢阳已经不远,雍丘和宁陵都属于睢阳下属的县。张巡与睢阳太守许远联络后,双方联军在宁陵西北,与叛军战斗,斩杀了万余人。敌人再次逃窜。

---

[1] 参见《新唐书·雷万春传》。

第二年正月二十五日,叛军大将汴州刺史、河南节度使尹子奇率领十三万人进攻睢阳,许远请求张巡援助,张巡率领三千人从宁陵进入睢阳,与许远一共凑了六千八百人。他们与叛军大战十六日,擒将六十余人,杀死敌兵两万余人。

就这样,张巡放弃了雍丘和宁陵,与许远在睢阳开始了第二阶段的保卫战。在更东方,则是河南节度使虢王李巨所在的彭城,也就是现在的徐州。彭城位于睢阳的后方,只要睢阳还在,彭城就不会受到威胁。只要彭城在,河南的旗帜就还没有倒。因此,到了至德元载(公元756年)底,虽然安禄山的叛军占领了很大一部分郡县,但由于攻不破睢阳,唐军依然牢牢地守住了淮河防线。①

深陷战争的文人

对于唐朝而言,最幸运的是,安禄山并不是一个野心勃勃的人,他更多的是被形势推到了高处不胜寒的位置上,在唐朝的内斗中没有能力全身而退。他对唐朝君主的羡慕,缘于他在唐玄宗宫廷中看到的歌舞升平。

获得了两京与河北,但在南方受阻之后,安禄山并没有进一步做消灭唐朝的残余势力的计划,反而开始学着玄宗享乐起来。

在大燕朝中,安禄山杀掉了能够找到的唐朝宗室为儿子报仇,对于唐朝投降的官员则给予优待。这是因为安禄山所建立的大燕也同样需要官僚,身为武夫的安禄山无法找到足够的统治人才,最简单的办法,还是在获得对方效忠的基础上,保留唐朝的官僚架构和人员。从这里也可以看出,安禄山虽然造成了战乱,但从统治上,他对唐王朝的政治有着强烈的继承性。

唐玄宗的宫廷是唐代歌舞艺术发展的高峰,每一次安禄山去长安时,皇帝都会用歌舞宴乐款待他,于是他记住了唐朝的教坊系统,羡慕那些鼓吹、胡乐和杂耍。宫人演奏的《霓裳羽衣曲》以及马戏、珍禽异兽的表演,也都给他留下了深刻的印象。②

---

① 张巡与许远的保卫战,可参看《资治通鉴·唐纪·至德二年》《旧唐书·张巡传》《旧唐书·许远传》。
② 关于唐代的教坊系统,可参考《教坊记》。

攻克长安后,他一方面让士兵不断地搜刮长安的宝物,另一方面几乎将整个教坊系统打包带到了东都洛阳:包括乐工,也包括会杂技的马匹、犀牛、大象,还有各种乐器、戏服。教坊系统到了洛阳后,安禄山把同样从长安带来的唐朝臣工集合起来,欣赏表演。

在东都洛阳城的西面,是皇帝游猎专用的禁苑。禁苑周长一百二十六里,其中有一个东西长五里、南北长三里的水池叫作凝碧池,这个池子是隋炀帝所建,池子的设计模仿了大海,其中设有蓬莱、方丈、瀛洲三座小岛,还有一座叫作龙鳞宫的宫殿建筑。①

就在凝碧池上,安禄山大宴群臣,让乐工表演助兴。乐工们一个个面带悲伤,而士兵们扶刀而立,随时准备惩罚那些不听话的人。到后来,一位叫作雷海青的乐工再也忍不住了,他把乐器扔在地上,向着西方痛哭。安禄山大怒,把他绑起来肢解了。

这件事对于宴席上的群臣震动很大。而最受影响的,是本书中一位常客——王维。

玄宗皇帝仓皇离开长安,大量的臣工都没有来得及跟随,就被皇帝抛弃了。随后叛军到来,专门把那些跟随皇帝逃亡的大臣的家属杀死,这让留下的群臣再也不敢逃亡了。

担任给事中的王维就是没法逃跑的大臣之一。②叛军到来后,为了不被抓,他只好立刻进入了装病状态,吃下泻药,装作得了痢疾。整整十天时间他粒米未进,服药时间则可能长达十个月之久。

但即便这样,叛军依然怀疑王维在耍花样,怕他逃走,将他囚禁了起来。随着大臣们纷纷被押往洛阳,王维也不例外,在一片兵戈之中被迫上路。

到了洛阳之后,王维被囚禁在洛阳以南龙门镇附近的菩提寺中,不得已接受了安禄山的任命。③安禄山在凝碧池宴请群臣时,王维并没有参加。但他却听说了

---

① 参见《唐两京城坊考》卷五。
② 记载此时王维事迹最详细的莫过于他自己写的《大唐故临汝郡太守赠秘书监京兆韦公神道碑铭》,其中提到了他本人的遭遇。文见《王维集校注》卷十一。事见《旧唐书·王维传》。
③ 参见《明皇杂录·补遗》。

这件事，对于乐工的做法感慨万千，又为自己的前途感到不安。这位维摩诘的信奉者陷入纷纭的世事时，不仅做不到随心所欲，甚至连保全自己都是奢望。

在洛阳，唯一与王维关系密切的是他一生的挚友裴迪[①]。与王维是在任官员不同，裴迪此时恰好没有担任官职，也就不被安禄山所关注。作为平民百姓的裴迪可以自由出入，他经常来看好友王维。两人在一起诉说对于未来的惶恐时，王维才敢于吐露一点自己的心声。

一次，在裴迪来访时，王维写了一首诗，这首诗从内容到风格都只能算是平庸之作，与王维巅峰时期的诗歌有着天壤之别。但在王维活着时，它却成了最有用的一首。[②]王维在诗中除了描写东都洛阳的荒凉之外，还感慨，不知何日才能再见到皇帝。也正是这一句话，成了他没有屈服于叛军的见证，在日后帮助他摆脱了通敌的嫌疑。

此外，他还向裴迪感慨，希望摆脱这一切，归向桃花源。[③]这位当时著名的诗人不断地出世，却总是舍不得官场的利益，再次陷入了尘网之中。

与王维一样倒霉的还有杜甫。安史之乱前，杜甫获得了一个右卫率府胄曹参军的职务，当年十一月叛乱爆发后，他正在奉先县的家人处。到了第二年五月，四处兵荒马乱，他从奉先前往白水的舅家（崔少府）投靠。[④]次月，长安失陷，杜甫又从白水赶往鄜州。听说肃宗在灵武即位后，他连忙从鄜州向灵武赶去。[⑤]

由于肃宗当时的草台班子缺乏人才，凡是在他即位初期赶到灵武的官员都得到了重用。如果杜甫能够早点赶过去，就是他的一个机遇。不想，倒霉的杜甫在路上碰到了安禄山的军队，陷入了叛军之中，无法前往行在了。杜甫被叛军押回了长安，他的妻子却留在了鄜州。[⑥]但杜甫的官职又不够大，不足以让叛

---

① 王维一生中有大量的诗歌是写给裴迪的，到晚年在终南山隐居时，他交往的少数人中依然有裴迪。
② 参见《菩提寺禁，裴迪来，相看说逆贼等凝碧池上作音乐，供奉人等举声，便一时泪下，私成口号，诵示裴迪》："万户伤心生野烟，百官何日再朝天。秋槐叶落空宫里，凝碧池头奏管弦。"
③ 参见《菩提寺禁口号又示裴迪》："安得舍罗网，拂衣辞世喧。悠然策藜杖，归向桃花源。"
④ 参见《白水崔少府十九翁高斋三十韵》。
⑤ 参见《三川观水涨二十韵》。
⑥ 根据《彭衙行》，杜甫将妻子留在了鄜州一位叫作孙宰的故人处，之后独自前往灵武途中被捕。

军将他带到洛阳，于是他就滞留在长安将近一年。

在这一年里，杜甫不断地思念着家人，也正是从这时开始，他的诗歌带上了悲壮的色彩，出现了巨大的升华。当望着长安的月夜时，他想到的却是鄜州的月也应该是一样的，但只有妻子一人独自在看，至于自己何时才能和家人团聚，则未可知。①

他时时刻刻思念着亲人，各地战争的消息又不断地传来，他盼着唐军打胜仗，却又由于身陷叛军，听到的总是战争的惨烈，让他更加无助。官军在西面打了败仗，他为那些死去的官军哀悼时②，恨不得有人给他带信，好告诉官军敌人的兵力，也告诉官军仗该怎么打③。他最著名的诗句之一"国破山河在，城春草木深"，就写于这个时期。对于一个与家人隔绝的囚徒来说，家书抵万金，是他最深刻的体会。④

直到第二年，杜甫才有机会逃离长安，继续去投奔皇帝，只是这时皇帝已经不在灵武，他的官位大都填满，杜甫最好的时机也已经过去了。

构建反击基础

任何一次改朝换代，最重要的因素，是让人们在混乱之后能够感受到安全和秩序。能否建立一套秩序，是安禄山是否可以取得合法性的关键。但是，安禄山在洛阳并没有组织起有效的政府，虽然他从长安"搬去"了很多官员，但这些官员大都处于观望和恐惧之中，没有为他建立起正常的社会秩序。而在长安，由于只是掠夺式的占领，人们在经过了最初的惶惑之后，立刻怀念起李唐的统治。安禄山没有继续从长安出发扫荡南北，更是给了李唐组织反击的机会。

这时在成都的玄宗已经无法指望了，唐朝组织反击只能依靠新皇帝肃宗以及辅佐他的小圈子。在这个圈子里，最重要的人物除了郭子仪、李光弼以及另

---

① 《月夜》："今夜鄜州月，闺中只独看。遥怜小儿女，未解忆长安。香雾云鬟湿，清辉玉臂寒。何时倚虚幌，双照泪痕干？"
② 《对雪》："战哭多新鬼，愁吟独老翁。"
③ 《悲青坂》："焉得附书与我军，忍待明年莫仓卒。"
④ 参见《春望》。

一位战将仆固怀恩之外，还有两位非常重要的人物，一位是给皇帝提供战略的李泌，而另一位是提供财政基础的第五琦。

在中国历史上，很少有人像李泌一样神秘莫测，游走于官宦与江湖之间，人们甚至认为，他进入官场不是有求于皇帝，反而是皇帝欠了他。

从学问上说，李泌与李白有相似之处。在唐代，由于皇室的提倡，道家学派一直是一支显宗，许多人都会受到道家的影响，其中的代表人物就有李白与李泌。在李白的诗篇中，充斥着奇诡的想象，时而上天，时而入地，但这些内容的大部分来源，都是道家所传的仙境与神仙，这表明李白在知识层面上从道家汲取了大量的成果。

李泌也是道家出身。相较于李白，他的优势在于，他本人是世家子弟。[①] 玄宗时期，他曾经在东宫陪伴过太子，之后由于恃才傲物，被杨国忠等人排挤，脱离了官场，在颍阳地区隐居，依然是一副道家风范。

安史之乱爆发后，已经成了皇帝的太子缺乏辅佐人才，将李泌紧急招到了灵武。由于之前就互相了解，双方很快进入了合作状态，甚至达到了出则并辔、寝则对榻的程度。皇帝想要任命李泌当宰相，但他不要官职，只表示自己是皇帝的朋友。直到后来，由于李泌一直穿白衣，与穿黄衣的皇帝一起时，人们都对这个没有官职的人感到好奇，皇帝才给李泌穿上了紫袍，并强迫他接受了侍谋军国、元帅府行军长史的名号。李泌的权力也很大，军务和四方的奏报都要先送给李泌，让他判断轻重缓急再呈送皇帝，甚至禁门的钥匙也都由李泌掌管。[②]

与李泌作为对比，同是持道家思想的李白却并没有享受到如此崇高的待遇。他同样怀有云游四方、归取功名的想法，也同样恃才傲物，不肯屈服于权贵。当安史之乱爆发时，李白恰好在南方云游，就在叛乱发生之后的天宝十五载（公元756年），李白至少周游了宣城、溧阳、剡中、庐山等地。洛阳被叛军占领后，李白的儿子李伯禽被隔在了山东地界，他还曾托人去照看一下自己的儿子。[③]

但由于没有途径能将他带到皇帝面前，他只能在南方空叹息。最后，他终

[①] 参见《旧唐书·李泌传》："其先辽东襄平人，西魏太保、八柱国司徒徒何弼之六代孙，今居京兆吴房令承休之子。"

[②] 参见《资治通鉴·唐纪·至德元载》。

[③] 《赠武十七谔》序："门人武谔……闻中原作难，西来访予。余爱子伯禽在鲁，许将冒胡兵以致之。"

于找到了一个机会，那就是太上皇封的山南东道、岭南、黔中、江西西道节度都使——永王李璘。永王是太上皇任命的负责国土四分之一的大人物，从地位上，虽然在太子之下，却远在其他人之上。

永王也听说了李白的才干，专门征召他担任幕僚，这种身份事实上与李泌在肃宗处也不相上下。这也是李白一生中最好的一次机会。但不幸的是，随着太子变成了皇帝，永王这样的一方大员突然成了皇帝的拦路虎，于是原本正常的任命就变成了兄弟阋墙的起因。再后来，我们还会看到站错了队的李白付出了惨痛的代价。李泌由此进入了正史的本传，并由司马光摇旗呐喊，而李白则只能在正史的边角料《文苑传》中寻找自己的位置，更多关于他的线索只能在野史以及他的诗中寻找了。

那么，李泌到底有什么样的才能，让肃宗皇帝对他如此看重呢？

李泌的作用主要有三个：第一，协调皇帝的家庭关系；第二，稳住皇帝的心，让他敢于承担如此艰巨的平叛重任；第三，提出军事战略。但有些正确的军事战略却没有被采纳。

肃宗并不是一个好的皇帝人选，由于他的父亲过于强势，这位太子的前半生都是在小心翼翼的避祸思维中度过的，生怕被父亲废黜甚至杀掉。一旦登基，这位新皇帝在处理家庭问题上也并不擅长，以至在唐朝自始至终存在的宗室内斗中迅速迷失，落入了一系列的陷阱之中。

比如，皇帝在他的两个儿子广平王李俶和建宁王李倓之间取舍不定。广平王就是后来的皇太子、代宗李豫（原名李俶），是嫡长子，而建宁王却更有才干，在战争中的作用更大。[①] 皇帝在如何对待这两个儿子上犹豫不决，反而是两个儿子之间没有芥蒂，相处十分融洽。最终李泌帮助皇帝确定了以广平王为主，却又能够发挥建宁王优势的策略。此外，皇帝与太上皇的关系非常微妙，太上皇身在成都，生怕儿子害自己，而皇帝又担心父亲在四川搞分裂，到底如何取信，李泌也提出了减少太上皇的疑心的意见。

皇帝本身是个优柔寡断的人，有了李泌这个贴身伙伴，才能迅速做出重要

---

① 广平王与建宁王的境遇，见《旧唐书·代宗纪》。

决策。关于李泌的战略问题，我们放在后面再讲。

李泌对于皇帝非常重要，但是皇帝也得依靠其他的人辅佐。除了郭子仪、李光弼等有军事才能的人之外，还有一个人必须提到，那就是新一代聚敛之臣的代表人物——第五琦。

在和平时期，一个聚敛之臣对政权的危害是巨大的，他能够帮助皇帝聚敛大量的钱财，却让民间陷于凋敝。但在战争时期，皇帝的开销大增，已经顾不上民间的死活，最重要的是开足马力，将民间的财富源源不断地吸入战争机器之中。这就不是那些道德之臣或者军事将领能够做的了，必须依靠一批专门的人才。

在太上皇入蜀之后，北海太守贺兰进明向四川派去了一名叫作第五琦的官员。第五琦曾经是聚敛之臣韦坚的手下。韦坚死后，他变成了贺兰进明的幕僚。安禄山叛乱后，由于贺兰进明最初在河北地区没有战功，太上皇要追究他的责任，是第五琦用金钱招募了一群敢死队，这些人攻城略地，帮助贺兰进明获得了信都。贺兰进明需要派人到成都向太上皇邀功，于是想到了第五琦。①

第五琦到了成都，决定离开贺兰进明另谋高就。他告诉太上皇，现在是打仗的时候，最重要的莫过于财政，而他本人就是能够让军队财政无忧、不缺物资的人才。太上皇对于聚敛之臣的能力了如指掌，大喜，立刻拜他为监察御史、江淮租庸使。到了十月，第五琦又见到了肃宗皇帝，皇帝封他为山南等五道度支使。②

那么第五琦到底有什么样的魔力，能够让两位皇帝如此看重他呢？

原来，第五琦最想解决的，是如何沟通江南地区与灵武之间的物资交通。唐朝的抵抗军力主要分布在陕西西部和北部以及山西地区，而唐朝的粮仓却位于江南地区。在叛乱之前，江南地区的粮食要想运到长安，只需要从扬州经过运河前往黄河，再通过黄河经过三门峡进入渭河，最后就可以到达长安。这条路是如此方便，甚至有时候四川的货物都不走四川和陕西之间的陆路（蜀道），而是顺着长江而下，先到扬州，再送往长安，相当于围着中国绕了一个大圈。

可一旦战乱到来，这条路就断了。由于这条路要经过河南进入黄河，而河

---

① 参见《旧唐书·第五琦传》。
② 参见《资治通鉴·唐纪·至德元载》。

南的许多地区都已经成了战区，被叛军占领了，叛军就掐断了原来的粮道。一旦江南的粮食无法运送到西北，西北地区的军事实力就大打折扣。

如果要解决军事后勤，首先要再打通一条不经过叛军控制区的新道路才行。第五琦要寻找的就是这条道路。他发现，从长江中游即现在的武汉地区，经过长江的另一条支流汉江，可以上行到南襄盆地的襄阳，从襄阳继续沿汉江上行，可以到达四川与陕西之间的汉中地区，从汉中地区走陆路，就可以把货物送到陕西西部的扶风地区。而这里就已经是肃宗的唐军控制区了。

这条路有一个前提条件，就是安禄山的叛军在占据了长安之后，不再向西进攻扶风地区，一旦占领扶风，这条路也就断了。所幸的是，叛军一开始的确占领了扶风，却被陈仓县令薛景仙击败了。薛景仙占领的扶风，成了唐军一块不可动摇的基石。可以说，是薛景仙和第五琦共同支撑起了唐朝的后勤工作。[①]

第五琦除了帮助皇帝解决通道问题之外，还想出了种种办法帮助他筹钱。比如，这条新路由于有一些陆路行程，运力比不上之前的大运河，第五琦就想办法把江南的重货换成更加值钱的轻货（重量轻、价值高）上路。皇帝仍然缺钱，第五琦就设计了盐法，将食盐的生产从民间收归国有。在中国历史上，大部分朝代都由官方垄断食盐生产，将食盐价格提高，从而获得足够的税收。唐朝前期是少数不实行盐业专卖的朝代，这对民间经济的活跃非常有利，但到这时，第五琦帮助皇帝建立了盐业专卖，唐朝盐业从此之后也成为国有行业。[②]

第五琦还帮助皇帝设计了乾元重宝钱币。这些钱币的面值更高，含铜量却减少了，从而可以帮助皇帝筹款。[③]但这种做法却搅乱了金融市场，造成了后期物价飞涨。不过在战争时期，这一切弊端都必须忍受。战争对于社会经济的破坏，除了战场区域内的直接损失之外，战场之外的区域所承担的金融动荡、税收加重，也是造成一个社会解体的重要原因。

---

① 《资治通鉴》分别记录了薛景仙和第五琦的功劳。
② 盐业专卖直到公元 21 世纪才结束，在漫长的专卖年代里，中国历代王朝都靠盐业给王朝提供了庞大的税收，甚至有的朝代（宋朝）以盐作为准备金发行了钞票（盐钞）。具体细节见《宋史·食货志》，以及本书作者的另一本书《中央帝国的财政密码》。
③ 参见《新唐书·食货志》。

解决了后勤问题与组织问题，皇帝还需要考虑援军。唐朝能够作战的军队都出自北方边境，而北方边境的部队，东半部的军队都归了安禄山，西半部的军队大都在哥舒翰一战中被击溃了，剩下的虽然服从皇帝的领导，却有很大的观望姿态。比如八月份河西节度副使李嗣业接到皇帝的命令，要求他带领五千兵马去往灵武，他就想采取观望的态度，被他的手下段秀实抢白了一通，才决定发兵。[①] 这样的情况说明，许多将领对于唐朝能否支撑得下去是有疑问的。

唯一完整的军队，就是郭子仪的朔方军。郭子仪和李光弼曾经在河北地区作战，潼关失守后，他们立刻离开了河北，郭子仪率领五万军队去见皇帝，李光弼则率领不到一万人守卫太原。他们的军队虽然完整，士气正旺，却数量有限。

要想与安禄山的胡汉混合部队作战，必须引入更多的兵源。这时，皇帝想到了请北方胡族助阵。

皇帝最早对胡族的招募竟然来自叛军内部的一次叛乱。安禄山的军队中有许多来自同罗和突厥部落的胡族士兵，在攻克长安后，他们驻扎在长安城外皇帝的禁苑之中。但安禄山的将军们在长安不断地搜刮，却并没有惠及这些胡族士兵。到了七月二十二日，两族的五千名骑兵们在将军阿史那从礼的率领下，盗窃了马厩中的两千匹马叛逃了。这些士兵并没有很明确的目标，他们知道在朔方地区，安置着许多投降了唐朝的胡族部落，被称为熟番，于是希望到这里加入熟番，割据一方。

皇帝听说了阿史那从礼的军队到来，并没有感到惊慌，而是派人去招降这支部队，将他们变成了勤王军的一部分。许多人都选择了投降，但是阿史那从礼却依然有一批追随者，继续实施他们的割据计划。

朔方是郭子仪的领地，大部分熟番很难跟随一支陌生的流浪部族，但也有一部分人选择了阿史那从礼。到了九月中旬，阿史那从礼已经聚集了数万人。皇帝派遣郭子仪去镇压他们。九月十七日，郭子仪的大将仆固怀恩击败了这支军队。十一月十一日，郭子仪与回纥的联军又彻底击垮了他们。

---

① 参见《资治通鉴》。《旧唐书·段秀实传》记载皇帝要求节度使梁宰发兵，但梁宰首鼠两端，段秀实便劝说副使李嗣业响应皇帝的命令。

除了招降了一部分同罗军之外，皇帝还和其他的胡族取得了联系。比如，八月初，北方的回纥可汗和西方的吐蕃赞普也都得到了唐朝发生叛乱的消息，并分别派遣使节前来，表示可以帮助皇帝讨伐安禄山，皇帝对他们表示了感谢。这也是回纥第一次出现在唐军的友军名单中。

同样是九月十七日，皇帝任命幽王李守礼之子李承寀为敦煌王，与仆固怀恩一起到回纥请救兵。同时，他还把唐军在费尔干纳谷地（当时为拔汗那国属地）的军队召回，一路上经过西域的各个绿洲国家，招募军队前来援助。这支由安西、北庭、拔汗那、大食诸国组成的联军，于第二年正月十五元宵节那一天赶到了凉州一带。

十月二十一日，仆固怀恩与敦煌王回来了，敦煌王除了带回回纥的使者，还带回了一位新妻子。她是回纥可汗的女儿，这表明他们的进展是顺利的。皇帝将她封为毗伽公主，并优厚地款待了回纥使者。到了十一月初八，郭子仪就和回纥的援军会合了，击败阿史那从礼的就是这支联军部队。

皇帝与吐蕃的联合则进展不大。事实上，到了年底，吐蕃利用唐朝羸弱的间隙进攻边境地区，占据了青海一带的土地。①

此外，皇帝的援军还会从一些意想不到的地方出现，比如，到了年底，一支五千人的队伍出现在皇帝面前，它竟然是由一位国王率领的。原来，于阗王尉迟胜听说了消息，把国家交给他的弟弟领导，自己则率领五千人跨越数千里来援助唐朝皇帝了。

这些军队的到来让唐军逐渐积聚了反攻的力量。

灵武虽然是一个可以躲避敌人进攻的地方，但由于距离前线较远，在反攻中并不利于第一线指挥。随着安禄山军队停留在长安一线不再向西，长安的西部地区，特别是扶风一带已经具有了安全性。这里位于平原地带，是个进攻长安的前线基地。到了九月十七日，随着君臣上下乐观情绪的积聚，李泌建议皇

---

① 《资治通鉴·唐纪·至德元年》载：吐蕃占据的城市包括威戎、神威、定戎、宣威、制胜、金天、天成等军，以及石堡城、百谷城、雕窠城等城。

帝离开灵武,将指挥基地设在扶风。这样一是便于指挥,二是离长安更近,让人民看到皇帝的勇气。

皇帝于十七日离开灵武,二十五日已经到达了庆州的安化郡,皇帝将这里改名为顺化。

十月初一,皇帝从顺化出发,初三到达了彭原。就是在彭原,皇帝安排了第一场试图收复长安的军事行动。只是这场军事行动不是由郭子仪、李光弼指挥的,而是由一位叫作房琯的人。

房琯是唐朝名相房玄龄的本族,他的父亲房融也曾经担任过宰相。在安史之乱时,房琯的职务是宪部侍郎[①]。玄宗皇帝逃离长安,房琯和名相张说的两个儿子一同去追玄宗,但走了没多远,张氏兄弟舍不得家业回头了,后来两人都在安禄山占领的洛阳担任了高官。只有房琯誓不回头,进入了茫茫的蜀道,在普安郡追上了玄宗皇帝。[②]

他的忠心得到了回报,玄宗皇帝将他晋升为宰相。当肃宗皇帝登基的消息传到了成都,太上皇决定派几个人带上宝册等象征皇帝的信物去见儿子,这几个人包括房琯、韦见素、张镐、崔涣等人。他们北行到达顺化时,肃宗皇帝已经来到了这里,于是碰到了一起。众人将宝册献上,皇帝推辞过后,将宝册放在了别殿朝夕供奉,既表示接受,又表现出足够的尊重。在这几个人中,韦见素之前是杨国忠的人,所以皇帝并不待见。可是房琯作为一介书生,却一直有着很好的名声。房琯习惯于慷慨陈词,以天下为己任,很快就超乎众人之上,得到了肃宗皇帝的宠信。

这里,需要特别说明的还有张镐。在安史之乱前,他因为杨国忠的举荐刚刚当了官。安史之乱发生后,他一路跟随太上皇去了成都,又被太上皇派到了皇帝身边。皇帝出于对太上皇的尊重,也给他授予了宰相官职。于是,这位刚刚当官不到三年的人就幸运地跻身帝国最高级官僚行列。[③]

作为书生,房琯虽然位高权重,却得不到将领们的信任,他本人提拔的也

[①] 宪部侍郎即刑部侍郎,天宝十一载(公元752年)改,至德二载(公元757年)复名刑部侍郎。
[②] 参见《旧唐书·房琯传》。
[③] 参见《旧唐书·张镐传》。

大都是没有实务经验的书生，对自己看不上的人不屑一顾。很快，他和从北海来到这里的贺兰进明起了冲突，被贺兰进明告了一状，称太上皇将天下分成四块，只给肃宗一块，就是房琯出的主意。

眼看肃宗皇帝要疏远自己，房琯决定发起一次收复长安的军事行动来获得更大的恩宠。肃宗皇帝也希望尽快夺回长安，以争取主动权，双方一拍即合，将其余将领晾在了一边，制订了军事计划。

在房琯版收复长安的计划中，房琯担任使持节、招讨西京兼防御蒲潼两关兵马节度等使，又自己选择了副手，任命御史中丞邓景澄为副，户部侍郎李揖为行军司马，给事中刘秩为参谋。这些人大部分是书生，缺乏带兵经验，但房琯却信心满满。

出发时，房琯将军队分成了三军，其中裨将杨希文率领的南军从宜寿（现陕西省西安市周至县）向长安进发，刘贵哲的中军从武功出发，而李光弼的弟弟李光进率领的北军从奉天出发。其中中军和北军为前锋。这三路大军事实上都位于长安的西侧，相距只有不到百里，在这么近的距离上展开三路大军，很难起到夹击的效果。

十月二十日，中军和北军的前哨已经到达了长安西面渭河上的便桥。第二天，他们终于和叛军将领安守忠的部队相遇了，地点在咸阳东面的陈涛斜。双方列阵后，房琯想到了古代特别是在春秋战国时期经常使用的阵法——车阵。他排出了两千辆牛车，中间夹杂着马匹和步兵，一同向敌人移动。

叛军方面不断地顺风鼓噪，惊吓到了拉车的牛。接着，叛军开始放火，这不仅烧毁了牛车，还让牛横冲直撞，唐军复杂的阵形中还夹杂着人和马，于是乱成一团，再也看不出阵形。

战国作战使用车阵，更多是一种无奈，因为没有马镫，骑马是非常困难的。一旦骑马的技术进步了，人们就慢慢地抛弃了战车，选择更加有机动性的骑马作战。房琯作为书生，不知道车战早已经过时，还将牛车与行动迅速的马匹混合编队，导致马匹也丧失了机动性，而牛车也并没有提供足够的保护，反而因为对方放火成了软肋。这一切，都可以看到这位书生有多么迂腐。

这次战斗导致唐军死伤四万余人，只有数千人撤退回去。到了二十三日，唐军的南军也到了，房琯率领着南军与叛军作战，再次失败，他的两位将军杨希文和刘贵哲都投降了叛军。唐军收复长安的首次战役在食古书生的领导下完败。

也就是在这个时期，史思明率领的叛军横扫了河北，唐军的收复行动再次陷入低潮。

更麻烦的是，皇帝还没有来得及组织反攻，唐朝宗室的老毛病犯了，皇帝在平叛的同时，还有两场家事要解决。

宗室之乱

肃宗皇帝并不是一个有雄才大略的人，他之所以留在北方，只是因为他不想承担父亲失去国家带给他的后果。他的政策大都是在大臣的辅佐下做出的，大臣们有时为了做事，甚至不得不排除他的干扰。在远方的太上皇也给他制造着危机，于是，在安史之乱的过程中，又叠加了两次唐朝宗室的内部纠纷。

首先是肃宗皇帝两个儿子——广平王李俶和建宁王李倓——的问题。广平王作为长子，后来被封为太子，而建宁王却是最英勇善战的一位皇子。肃宗作为太子跟随父亲来到马嵬坡时，就是建宁王劝说父亲不要去四川，而是北上。在北上途中，建宁王一直守在父亲身边血战，只要父亲没有吃饭，建宁王就会感到悲伤。之后，建宁王也率领军队在陕西西部多次打败叛军。[1] 如果是按照唐朝传统，广平王与建宁王争宠，会产生极大的矛盾，但这一次却出现了不同，两位皇子之间并没有矛盾，反而互相体谅，共同为唐朝的复兴而努力。

但两人的地位也并非没有冲突。事实上，在九月时，肃宗按照传统，要让一位皇子担任天下兵马大元帅。他本意是想让最适合的建宁王担任，但大臣（包括李泌）都认为应该由长子广平王担任。肃宗认为，广平王未来就是太子（当时他还没有成为太子），不需要军事职务，但其他人劝说，为了巩固太子的位置，必须让广平王任大元帅。这件事虽然反映了两者的地位在大臣中的争议，但并没有证据显示两位皇子之间有隔阂。

---

[1] 参见《旧唐书·承天皇帝倓传》。

两位皇子关系融洽本来应该是唐王朝的幸运，但肃宗皇帝身边除了李泌等大臣、郭子仪等将军之外，还有两类人——女人和宦官。

　　自从他作为太子北上时，一位姓张的妃子（被封为良娣）和一位叫作李辅国的宦官就寸步不离、忠心耿耿跟随着他。张良娣一路上就寝时都想着挡住太子（肃宗），避免晚上有人偷袭他。到了灵武之后，她产下了一个儿子，三天后就起床为战士缝衣服了。①

　　虽然李辅国与张良娣对肃宗忠心耿耿，却又带着当时后宫与宦官普遍都有的毛病——权斗。张良娣爱慕虚荣，李泌劝谏她要简朴，因而得罪了她。而建宁王和广平王由于与李泌关系密切，也受到了牵连。建宁王性格耿直，更是不知道掩饰。他曾经试图帮助李泌除掉李辅国和张良娣，被李泌制止了。

　　张良娣有儿子之后，由于两位皇子论资排辈都在自己的儿子之前，她更加将两人视为对手，与李辅国联合，要将两人除掉。

　　不久，在大臣中突然兴起一股请求将广平王立为太子的运动。皇帝听说后，也同意了。但李泌却看到了其中的危险：肃宗称帝虽然得到了玄宗太上皇的追认，却依然被许多人视为擅自称帝，如果他再绕过太上皇立太子，势必引起太上皇一派的敌视，也给广平王树立了许多敌人。广平王本人在李泌的提示下，也坚决推辞，不当这个太子，躲过了祸患。

　　陷害广平王不成，接下来，张良娣等人在建宁王处找到了突破口，他们向皇帝告状说，建宁王由于没有当上大元帅，对广平王恨之入骨。皇帝这一次听信了他们的谗言，大怒之余，竟将建宁王赐死了。这样的结局不仅表现了肃宗皇帝的摇摆性格，还表明，即便在战争时期，唐朝宗室的各个皇子依然是没有安全感的。

　　广平王对于弟弟的死亡一直耿耿于怀，当他克复两京之后，让李泌去向皇帝报捷时，还让李泌为弟弟申冤，李泌也让皇帝明白了不能再杀害自己的亲生儿子。广平王即位后（即代宗），多次追封这个弟弟，首先追赠他为齐王，到了

---

① 参见《旧唐书·肃宗张皇后传》。

代宗晚期，甚至追谥他为承天皇帝，表明代宗对于这个弟弟的惋惜。[1]

除了北方两位皇子的事件外，对平叛军队影响最大的，还是南方的另一位宗室永王李璘的叛乱。这个麻烦实际上是太上皇给肃宗皇帝造成的。玄宗在南逃四川的路上，由于还不知道太子已经即位，便按照自己的构思任命了几位宗室王担任地方长官。

在玄宗的构思下，太子（肃宗）并没有权力指挥全国军队，而是只负责朔方、河东、河北、平卢。玄宗在全国的其余地区任命了几个听从自己节制的节度都使，其中永王李璘负责山南东道、岭南、黔中、江西西道，盛王李琦负责江南东路、淮南、河南等路，丰王李珙负责河西、陇右、安西、北庭等路。丰王和盛王都没有赴任，他们负责的地方都听从了肃宗的调遣，只有永王李璘赴任了，于是就给肃宗皇帝造就了一片飞地。[2]

从根子上说，永王的赴任并非是他本人的错，而是玄宗造成的。可是一旦就任之后，永王就很难将自己重新置于肃宗的支配之下了。按照他的理解，他和肃宗应该是平等关系，肃宗负责北方，而他统领南方，他们共同向四川的太上皇负责，由太上皇作为总指挥。

永王和北方的肃宗一样开始招兵买马，于是唐朝的有效统治范围内，除了肃宗之外，又出现了一个竞争性的永王政权。

永王李璘是玄宗的妃子郭顺仪的儿子，由于母亲早亡，肃宗将他留在了身边，常常抱着他睡觉。他跟随玄宗入蜀，在路上得到了任命。作为四道节度都使，他的行政所在地在江陵（现在的湖北荆州）。这里在第五琦重塑了运粮通道后，已经成了天下之重心，江淮地区几乎所有的税赋都要从这里沿着汉江谷地发往北方。永王李璘所辖的部队达到了数万人规模，这也是一支消耗巨大的军队。永王李璘本人缺乏远略，但他的儿子襄城王李偒野心勃勃地聚集了一批谋士。这些人并不把肃宗皇帝的登基当回事儿，认为成都的玄宗才是真正的皇帝。

---

[1] 参见《旧唐书·承天皇帝传》。

[2] 参见《旧唐书·永王璘传》。

当天下大乱之后，江陵地区已经成了天下的中心，这里的土地完整，物资丰富，战略地位重要，为什么要听从偏远的北方的肃宗领导呢？如果从江陵顺江而下，占据长江下游地区，再加上四川的太上皇，就构成了东晋领土的规模。与之相比，肃宗的领土却支离破碎，比起永王台面上的实力要弱很多。①

永王的看法并非毫无依据，却忘记了肃宗在两方面的优势：第一，除了叛军之外，全国最好的军队都掌握在肃宗手中，他还能通过北方联络胡族帮忙；第二，肃宗作为太子登基虽然仓促，却获得了太上皇的事后认可，这就使他在名义上接近正统，更容易获得人们的拥戴。

肃宗皇帝听说了永王在江陵的所作所为，立刻想到要将永王征召到身边。但根据李唐王室的内斗传统，永王也一定知道自己去了必然受到压制，这只能加快他脱离中央政府。

肃宗和永王的钩心斗角还直接影响了两位诗人的命运，一个走了好运，另一个遇到了坏运气。

走好运的是高适。

在长安陷落时，玄宗逃走，根本没有人通知高适——皇族逃跑时，无暇顾及一个小小的监察御史。但高适是一个善于把握时机的人，在叛乱蔓延到长安之前，他独自从长安出逃，前去追随玄宗。他没有像玄宗一样走遥远的散关道，而是抄了秦岭的一条近道——骆谷道。于是他在河池郡（现陕西宝鸡市凤县）追上了玄宗，这里甚至还没有到达汉中地区。由于玄宗离开时，对潼关失利的情况还不甚了了，高适慷慨激昂地叙述了潼关的情况。虽然他曾经是哥舒翰的属下，但玄宗不仅没有追究他的责任，反而对他的忠勇印象深刻，提拔他担任侍御史。

到了成都，玄宗任命几位皇子担任节度都使时，已经成为谏议大夫的高适又提出了反对意见，认为将国家分成几部分交给各个皇子并不是好主意，但玄宗没有采纳他的意见。

---

① 这些只是台面上的实力。但事实上，仅仅从地理上说，永王所在的南方军事地理支离破碎，几乎不可能成为反攻安禄山的基地，只有与北方的肃宗地盘呼应起来，才能产生足够的战略重要性，压迫安禄山所占据的河北、河南地区。

当永王紧锣密鼓地准备军队时，江陵长史李岘一看大事不好，以疾病为借口离开了江陵，昼夜兼程赶到肃宗皇帝所在的北方。见到肃宗后，李岘将情况说明，并提到最初高适曾经反对永王的任命。

肃宗皇帝立刻派人到成都将高适带来，向他询问计策。高适将南方地区的重要性陈述给皇帝，并告诉皇帝，在这样的形势下，与永王之间的决裂已经不可避免了，但皇帝也不用担心，永王是必定要失败的。[1]

到了十二月，皇帝决定采取行动，他首先设立了淮南节度使。节度使的行政中心位于长江下游和运河交界的广陵（现江苏扬州），领有十二个郡。高适被任命为首任节度使。高适此时已经身兼数职，从中层官员升任为高级官员。他是大唐的御史大夫、扬州大都督府长史（都督必由亲王担任，而实际上的负责人就是长史）、淮南节度使。一同设立的还有淮南西道节度使，领有汝南等五个郡，来瑱为节度使。皇帝命令他们和江南东道节度使韦陟一起防范永王。三道节度使相约共同出兵，会师于安州（现湖北安陆）。

高适高升时，在庐山的李白却不幸卷入了这场兄弟之争。李白在南方的名声响亮，永王决定将之召入麾下。

作为山野人士的李白对政治动向并不明了。他只是一个父亲、一个爱国者、一个试图建立功名又不得其门的人。他的儿子李伯禽留在了山东地区，作为父亲，他思念儿子却见不到。作为一个爱国者，他并无反心，当太上皇到达成都后，他立刻写了十首诗歌赞美成都和太上皇[2]，诗中充满浪漫主义的精神，看不出国家正在遭受危机，反而可以看出蜀道的壮丽、人民的欣喜和太上皇的豪迈。

到了永王召他入幕时，他不仅没有意识到皇家争斗的残酷，反而认为这是一个成就功名的机会。满怀壮烈的李白随即写了十一首诗歌，对永王进行了全方位的讴歌。[3] 此时，永王正率军从长江中游的江陵东下广陵，这件事被肃宗皇帝认为是永王的反叛行为，但在李白看来，永王只不过是出兵去攻打安禄山罢了。他在诗中把永王写得极其豪迈，这只是诗人的夸张说法，却被人当成是拥

---

[1] 参见《旧唐书·高适传》。
[2] 即《上皇西巡南京歌十首》。
[3] 即《永王东巡歌十一首》。

护永王称帝。

但事实上，李白是知道两位皇帝的存在的，他只是把永王看成是东晋的谢安这样的人。他认为，安史之乱就是东晋永嘉之乱的一次翻版，也就是北方的胡人作乱，将王室赶到了南方，只有永王这样的人才能如谢安一般定住乾坤。李白甚至想当然地认为，所有的人都会欢欣鼓舞地庆祝这位贤王的到来，翘首期盼永王收复失地。①

他对于政治的无知，与好友高适对于政治的敏感，形成了鲜明的对比。曾经一起喝酒的两位平民，一位已经成了高官，另一位依然是一介书生。

但到了永王的反状已经明确时，李白也意识到了危险。永王此时将他带在身边就有了胁迫性，当进军到中途时，李白逃走了。②

到了年底的十二月二十五日，永王终于率军东下。当他刚刚出发时，众人对于他的意图并不知情，甚至连他自己都没有意识到这是一次谋反。李白也仅仅将这次行动当成是向北进攻叛军的转场。永王的军队从江陵出发，沿着长江而下，向广陵进军。广陵恰好在长江和运河的交汇点上，从此处北上，可以沿着运河进入淮河地区，并到达安禄山正在围攻的睢阳地区。

然而，永王这次出发并没有得到皇帝的命令。皇帝也不可能命令弟弟率领大军北上，即便这不是造反，也是争功。皇帝连自己的儿子建宁王都不肯相信，听信谗告赐死了他，更何况是一个潜在的皇位争夺者呢？

永王的进军显然受到了沿途官员的质疑，首先提出质疑的是吴郡（现江苏苏州）太守、江南东路采访使李希言。李希言发去牒文，询问永王的意图。永王也许是因为意图被识破了而愤怒，也许是对有人阻止他建功立业而愤怒，不管怎样，永王选择了不回复，反而分兵去攻击李希言所在的吴郡。吴郡位于长江以南，不在北上路线上，永王此举就可以被认为是谋反了。

此外，广陵依然是永王的主要目标，但广陵也不肯接纳他，于是永王也派遣军队袭击了身在广陵的广陵长史、淮南采访使李成式。袭击的军队出发后，

---

① 《永王东巡歌十一首》其五："二帝巡游俱未回，五陵松柏使人哀。诸侯不救河南地，更喜贤王远道来。"
② 《为宋中丞自荐表》："属逆胡暴乱，避地庐山，遇永王东巡胁行，中道奔走，却至彭泽。"

永王的主力军也到了长江上的重镇当涂（现安徽马鞍山市当涂县），在这里，他们击败了李希言和李成式派来的部队，引起了江淮地区的震动。

到这时，永王完全露出了造反的面目。但是，历史依然是不明确的，到底是永王一开始就有反心，还是在众将对他的防范之中大开杀戒？这依然是争论不清的。

此时的高适、来瑱、韦陟三节度使已经在安陆会师。安陆接近永王在江陵的基地，而永王本人这时已经到达了长江下游的当涂，距离广陵不远了。

出乎人们意料的是，就在人们以为永王已经锐不可当的时候，至德二载（公元757年）二月二十日，永王在与朝廷军队僵持了近两个月后却失败了。事实上，自从占据了当涂之后，永王就再也没有更进一步，甚至连高适等三节度使的兵力都没有用到。平定永王之乱的，主要是位于广陵的李成式。他一方面派军队把守江上各个要地，另一方面派人在长江沿岸大张旗帜，永王从城上往水面上一望，发现四周都是对方的旗帜，不由感到了紧张。

让永王更措手不及的是本方的叛逃。在永王的将军中，大将季广琛本来就以为是去进攻安禄山的，一路上却发现处处受到自己人的阻挡。季广琛意识到自己并非是去救一个王朝，而是与这个王朝为敌。他也知道一旦仗打起来了，在战场上被擒获，必然就没有活路了，只有在没有打时逃走，才能够活命。于是，他率领自己的部队撤走了。

失去了一部分军队的永王更加担心了。到了晚上，他望见四处的火炬，以为皇帝的军队已经过江了，于是带领家属逃走。不过，到了白天他发现对方还在对岸，又回来收拾军队，一起南逃。这一来一去之间被对方所乘，将他的军队击溃了。

永王带领残军向着鄱阳湖方向逃去，准备顺着赣江逃往两广地区，却被江西采访使皇甫侁抓获并杀死。

轰轰烈烈的永王之乱就这样草草收场了，肃宗巩固了自己的政权，从宗室层面上，再也没有人能够和他竞争了。攘外必先安内，到这时，他才能更加放心地对付叛军，部署对两京的收复。

他首先获得的是一个意想不到的好消息。

第八章

血肉抗战

死守太原

至德二载（公元757年）正月初六，一件人们意想不到的事情发生了。

这一天清晨，位于洛阳的大燕朝廷突然发布了一则消息：大燕皇帝安禄山病逝了。这个消息是由他的儿子安庆绪发布的。在这一天之内，安庆绪首先宣布父亲留下遗诏，立自己为太子，接着立刻登上了皇位，将父亲安禄山尊为太上皇，然后发丧。安禄山时代就在一片混乱中落幕了。

事后，人们才知道，安禄山并非是自然死亡。事实上，在他刚刚起兵不久，就由于身体过胖引起的一系列病变，出现了视物困难。夺取洛阳之后，他更是连看都看不见了，加上肥胖引起的皮肤病，让他更加痛苦。

这位瞎子皇帝忍受着剧烈的病痛，苦苦支撑着，在原本应该继续进攻时，他选择了死守两京，将外围区域完全放弃。随着病情的加重，安禄山性格暴躁的一面表现得更加明显。他的大臣、侍从和儿子都成了他发脾气的牺牲品。

在大臣中，最尊贵的莫过于大燕国的丞相严庄。安禄山在统治后期深居简出，其余的大臣已经很难见到他的面，外面的一切奏章都要靠严庄传达。严庄虽然在外人面前显得大权在握，但安禄山对他却一点都不客气，不如意就用鞭子抽打。

在侍从中，安禄山最亲近的是一个叫作李猪儿的宦官，这人也不幸成了挨打最厉害的人。

而在他的儿子里，由于安禄山当时宠幸一位姓段的妃子，一直想把这位妃子的儿子安庆恩立为太子，这就让他的长子安庆绪感到了压力。

安庆绪是一个优柔寡断的公子哥儿，严庄眼见安禄山的病情加重，就与安庆绪密谋，认为机不可失，要赶快动手了。安庆绪顺水推舟，将决定权推给了严庄。加上他们联合的李猪儿，安禄山身边的人都已经背离了他。

在正月初五的夜里，严庄和安庆绪带领士兵来到安禄山帐外，让李猪儿带着刀进去。安禄山在屋里看不见东西，就时时把刀放在枕头边上。李猪儿进去后，二话不说直奔床头拿刀，对着安禄山胖大的肚子就是一刀，这一刀直接把他的肠子捅了出来。安禄山感觉到有人来杀自己，慌乱中试图去摸刀，却摸不到了。他大喊一声"这一定是家贼干的"，由于流血太多，很快就死了。

他死后，安庆绪和严庄进去，在他的床下挖了个数尺深的坑，将他的尸体用毯子一裹就埋了。

第二天，当安庆绪宣布父亲病死时，人们虽然感到有些突然，却没有人对这位大燕皇帝表现出更多的忠诚，很快接受了安庆绪这个新皇帝。帮助安庆绪登基的严庄，也由此当上了冯翊王，总揽了大燕帝国的军事和行政大权。[1]

安禄山在起兵不到一年两个月，当大燕皇帝也不过只有一年，就死于亲生儿子的阴谋。这个叛臣在军事上的成果我们已经看得很清楚，他从北方的幽州出发攻占了两京，迫使唐朝皇帝逃离了国都，并截断了唐朝至关重要的从广陵到长安的交通线。但是，他战略上的弱点又在什么地方呢？

他最显著的战略弱点有两个：第一，在攻克长安之后没有再接再厉，剿灭唐朝的余脉，导致唐肃宗领导的军队东山再起；第二，也是最直接的，是他放弃了对太原的争夺，这是导致他无法控制北方全局的关键。

在控制面积最大时，安禄山的势力范围是由平原、低地组成的⌐形区域，这条区域从幽州向南到郑州附近转向西方，经过洛阳直达关中的长安地区。这个⌐形区域大都位于华北平原上，只是在洛阳和长安之间，包括了一些黄河与秦岭组成的狭窄通道（与周围比起来依然是低地）。由于缺乏制高点，安禄山的叛军一直处于唐军从高处的打击之下。

---

[1] 见《安禄山事迹》下卷。《资治通鉴》和两唐书大都采纳了该书的说法。

这个」形区域（也可以视为一个箱体）由于过于狭长，很容易被唐军从首尾进行打击，而叛军则在这个长长的箱体上分布过于稀疏，容易陷入"顾头不顾尾"的境地。要想解决这个问题，只有拿下太原，获得山西高地，并建立起幽州经过太原到达长安的通道。一旦这条路建立起来，脆弱的」形区域就变成了稳固的三角形，以幽州、洛阳（或郑州附近）和长安为三个顶点的同时，太原作为最长边上的一个巩固点，可以同时支援三个顶点。中国北方的军事地理秘密就隐藏在这个稳固的三角形之中，一旦获得了这四个点（三个顶点和一个巩固点），只要不犯大的错误，从战略上就立于不败之地了。到时唐军想反击，难度也要大得多，很可能中国会再次陷入南北分治的状态。①

安禄山在早期曾经试图拿下太原，但随着两京的陷落，他将更多的精力放在了南方，反而忽略了最重要的太原，使得李光弼以不到一万的人马就守住了这个最重要的战略点。而叛军一方面陷入两京的享乐之中，另一方面陷入」形箱体所组成的陷阱之中，无法自拔，给唐军留下了机会。

那么，安禄山死后，在新大燕皇帝的领导下，他战略中的这个缺陷会得到弥补吗？

事实上，安禄山在死去之前，最后一项重要的命令就是围攻太原。这可能是他已经意识到了问题的所在，试图弥补之前的失误。而策划人可能是他的宰相严庄。他死前，进攻已经开始。叛军一共派出了四路大军向太原进军，试图攻克这个北方最重要的战略据点。②

这四路大军分别是：史思明从位于河北地区的博陵出发，经过井陉进攻太原；蔡希德从南方出发，翻越黄河以北的太行陉，直插上党地区，再进攻太原；高秀岩在北方的云州向南进攻，翻越雁门关（东陉关）所在的句注山，进入太

---

① 华北平原的弱点，从东汉开国之战起就一直被反复提及。光武帝正是通过获得山西高地上的立足点，解决了华北的不利之处。而唐代开国时也是利用山西高地以最快的速度直捣长安。更显著的例子是金灭北宋的过程，他们占据了太原，使得北宋的河北地区再也无法守卫。

② 由于时间不详，到底是谁策划的太原之战依然不清楚。我们只知道，太原战役可能发动在安禄山未死之时，而高潮则在他死后。此系根据《新唐书》和《资治通鉴》推测。

原盆地；还有一支军队由牛廷介率领，从安禄山老巢范阳出发，这支军队可能也是和史思明的军队一样翻越井陉，只是两者的出发地不同。四路大军加起来有十万之众。

这样，这四支大军就从北、东、南三个方向围困了太原城，只有西面茫茫的云中山、吕梁山一侧，由于属于唐军的势力范围，叛军没有涉足。不过这一侧的军事重要性较低，只要把唐军赶出太原盆地，哪怕他们借助西面逃往朔方，对河北和叛军的威胁也就降到了最低，形不成战略威慑力了。

李光弼守卫的太原城只有不到一万人，而且这一万人大都是地方团练组成的乌合之众，至于精兵，早已经被郭子仪带到了朔方。① 叛军的十万精兵对唐军的一万杂牌军，这样的兵力对比下，李光弼能够守得住吗？

事实上，唐军和叛军双方都认为太原是守不住的。叛军对于自己获得太原城信心满满，甚至已经憧憬起攻克太原之后，可以借此向西进入朔方、河西、陇右等地，将北方的唐军扫荡干净。而唐军的将领们充满了恐惧，即便最大胆的人，也只能提出死守太原，加高城墙，等待援军，这样或许还有一点希望。

但李光弼却否定了他的将军的提议，他认为，太原城的城墙有四十里长，这样的长度就是要统一修缮也是不可能的。而且在战斗还没开始时，就把士兵和民工弄得如此疲惫，是不值得的。唐代的太原城位于现代太原的西南面，在现代晋祠的东北方向不远处。这座城池是贞观十一年时由李勣所筑。这里由于是唐代的北都，也修有皇帝的宫殿，称为晋阳宫。宫殿群所在的宫城周长二千五百二十步，高四丈八尺，而外围的城墙长四千三百二十一步，广三千一百二十二步，周长一万五千一百五十三步，城墙高四丈。② 唐代的"步"是唐太宗规定的一个丈量单位，长度恰好是他左右各走一步的长度，每一步等于五尺，三百步为一里。唐代的里大约相当于四百五十米，根据这样的折算，太原城的城墙事实上已经在五十里以上了。③

虽然太原城墙太长无法面面俱到地防守，但城墙又是防御的重心所在，不

---

① 关于此次战役的描写，可以参见《旧唐书·李光弼传》，亦可以参见《资治通鉴·唐纪·至德二年》。
② 以上数据参见《新唐书·地理志》。
③ 关于古代长度单位与现代的换算关系，参见《中央帝国的财政密码》附录。

能不做准备。为此，李光弼选择了动用人力、物力更少的方法：在太原城外挖深护城河，把其中薄弱或者深度不够的地方挖深，把里面的泥带回城内做成砖。这样，敌人来攻打时，就可以利用护城河增加敌人进攻的难度。只有等敌人进攻之后，才能看出哪里的城墙薄弱。一旦发现城墙确实损坏了，再用砖块进行快速修理。这种动态的修理，比起在敌人到来之前的统一加固更省力，也更加有针对性。

此外，李光弼对叛军的攻城器械尤其重视。由于叛军远道而来，他们的攻城器械也是在河北地区准备好的，要一路上长途运输到太原城外，押送物资的部队却只有三千人。李光弼打听到了这支部队的路线，派人将押送部队尽数杀死，将攻城器械毁掉。失去了攻城器械的叛军围困太原一个多月，依然没有办法攻克。

到了后来，李光弼与史思明之间的战争变成了一种攻守游戏，双方都在寻找对方的弱点。对于攻方来说，守方最大的弱点是兵力不够用。为了利用对方的缺点，史思明精选了一批骑兵部队，让他们与大部队反向行动。大部队从城东进攻，他们就偷偷向城西移动；大部队在南，他们就在北。这样做，是指望唐军在应付大部队时，将其他方位的兵力抽空，给这支骑兵部队以可乘之机。唐军要想不留漏洞，唯一的方法就是打运动战，哪里有险情，就往哪里调动士兵。而运动战要求唐军必须有一个强大的警戒系统，能够迅速发现敌情。幸运的是，李光弼恰好以治军严格、警戒严密著称，史思明的游骑兵虽然不断地寻找唐军的漏洞，却没有一次成功。

对于守军来说，唯一的战略就是尽量让敌人远离城墙。做到这一点却并不容易。李光弼本人擅长发挥每个士兵的优势，他在士兵中发现了几个善于挖地道的人，于是地道战这种战术成了唐军的重大依靠。叛军来到城下，仰起头来准备进攻，突然大地打开了一个洞，将几个叛军士兵拽了下去，过了一会儿，这几个叛军士兵已经出现在城头上，被守军斩首示众，他们的头颅被抛下来，吓得进攻方叛军胆战心惊。原来，唐军已经在近处打通了地道，只是用木板掩盖住，只等着叛军前来了。地道除了可以拽落敌人的士兵，还可以把对方的攻城器械毁掉。

不仅是近处的地道，唐军的地道甚至直接打入对方的大营之中。李光弼伪装成投降的样子，从城门内派出数千士兵去缴械。但就在他们靠近叛军时，叛军身后的大营突然地陷，在叛军的慌乱中，原本说要投降的唐军突然间发动了进攻，叛军大败。

除了地道之外，唐军的大炮也发挥了极大的威力，杀伤了大量的叛军，这也是李光弼从士兵中发掘出的技术人才做的。

在双方的斗智斗勇中，太原攻防战僵持了一个月。直到安禄山的死讯传来，叛军乱了阵脚。安庆绪决定将史思明调回范阳，留下蔡希德等人继续作战。到了二月份，李光弼将蔡希德击败，斩首七万余级，彻底解了太原之围。

与此同时，回到了范阳的史思明发现自己的地位已经变了。在安禄山时代，史思明只是一员得力干将，与唐军在河北周旋，并占了上风。安禄山死后，他突然发现自己成了范阳的主人。安禄山在世时，将掳掠的大量物资都打包运回了范阳，这使得范阳成了他统治下最富裕的地点。史思明的才干远在安庆绪之上，又得到了大量物资，安禄山的死亡也让他的效忠链条断裂了——他不用再听从安庆绪的。从此之后，叛军实际上已经分裂成了两个集团，分别是位于范阳的史思明集团以及位于洛阳的安庆绪集团。这两个集团表面上维持着臣属关系，却越来越显露出裂痕，这就是唐朝可以利用的时机。

就在李光弼取得了太原防守战胜利的时候，唐肃宗也于二月初十来到了凤翔[①]。他到这里是为了筹划另一次反攻的，目的依然是收复两京。

再次失败的光复行动

随着唐军守住太原，并将叛军压缩在低地地带，开展反击的机会到了。

但在唐军内部，到底如何进攻却有着两种不同的呼声。第一种声音是以李泌为代表的。早在房琯第一次进攻长安失败后，李泌就向皇帝提供了一道新的战略方案。这个方案充分利用了叛军只占据了从范阳到长安的⌐形低地这一特点。

[①] 凤翔即原扶风，因肃宗的到来而改名为凤翔。

由于李光弼帮助唐军控制了太原所代表的山西高地，山西的后方又是郭子仪所在的朔方，因此，从朔方出兵进入山西，就拥有了多重可能性。利用山西，唐军既可以从北方攻击叛军的老巢范阳，又可以南下进攻长安，还可以从中路进攻洛阳。李泌的战略充分利用了这种对于唐军有利的战略条件。他提出，安禄山军队中能打仗的只有几员大将而已，其中史思明和张忠志主要在范阳和河北地区，而安守忠和田乾真则在长安。除此之外，还有一位叫作阿史那承庆的将领跟随安禄山（现跟随安庆绪）在洛阳。皇帝如果命令李光弼从太原出井陉进攻河北，郭子仪从冯翊进攻河东地区，那么就可以将叛军中范阳、河北和长安的四员大将死死锁住。河北是范阳的咽喉部位，而河东是长安的咽喉部位，一旦两地被卡，敌人就不敢轻举妄动。

在这时，如果不让郭子仪轻易地进攻黄河以南地区，而是给叛军留出长安、洛阳和范阳之间的通道，郭、李在两头不断地袭击，就可以让敌人在这个⌐形箱体中疲于奔命。到敌人完全疲惫时，再派一支人马①进攻叛军的老巢范阳，只要范阳被拿下，叛军就无处可去、分崩离析了。②

这种做法可以端掉叛军的老巢，一劳永逸地解决叛乱问题。但是，皇帝必须忍受的代价是，战略在一开始就忽略了长安和洛阳两京，并不想尽快收复它们，而是利用它们的位置，将叛军锁住，消耗他们的兵力。直到范阳被捣毁后，叛军没有了根据地，唐军最后才拿下两京，将叛军一网打尽。这显然是要付出一定的政治代价，因为首先攻克两京更能振奋唐军的士气。

另一种意见是，唐军在经过整顿之后已经非常强大，同时又拥有山西高地的优势，因此完全可以迅速拿下两京，获得足够的政治优势。至于叛军被驱逐出两京之后的动向，以及他们的老巢范阳的情况，都等以后再考虑了。李泌也指出，这一种做法，虽然唐军最初也可以收复两京，但由于唐军中大都是西北兵，不适合留在两京地区，必然会撤走。在唐军的主力撤走之后，退回到河北的叛

---

① 李泌建议派建宁王去，建宁王当时还没有被皇帝杀死。
② 李泌的战略须充分利用山西地势居中的特点，以及华北平原的不利地形，是中国历史上少有的大战略，足以与秦灭六国战略，汉高祖、汉光武统一战略，吴蜀从南方反攻北方战略，蒙古人绕道云南间接进攻南宋的战略相媲美。这些战略中，只有李泌的战略没有被采纳，而吴蜀反攻战略以失败告终，其余均成为中国战争史上的经典战例。

军必然再回来，形成长期的拉锯战。

但皇帝显然倾向于后一种意见，他的政治考量超过了军事战略考量。

不管是采取哪一种战略，唐军首先都需要获得一块掌握在叛军手中的土地：河东地区。① 在如今的陕西、河南、山西交界地带，从北方来的黄河突然向东转了个九十度的大弯，在现在的山西境内形成了一片三角形的突出地带。这个地带南沿靠近黄河处，有一片狭窄的低地，是现在山西省芮城县所在地，再往北就是著名的中条山。过了中条山，在吕梁山与汾河以南，又形成了一片盆地地貌，包括现在的山西运城市、永济市、临猗县直到北方的河津市、稷山县。在中国历史中，这个盆地的地理位置非常重要，因为从这里既可以顺着汾河去往太原，也可以向西越过黄河进入陕西，还可以翻越中条山从芮城县进入灵宝和三门峡，进入河南。

在唐代时，河东恰好位于两京的中间位置。当年哥舒翰守卫关中时，唐军从潼关出发后，除了在黄河南岸进军，也有一部分兵力部署在黄河北岸。当唐军被击溃后，崔乾祐指挥的叛军顺便渡河到北岸占据了河东地区，使得这里变成了叛军的据点。

如果唐军要进攻两京，首先必须拿下河东。到了一月底时，郭子仪派人潜入河东城，劝说当地的士兵起义。二月初，郭子仪率领人马从洛交（现陕西延安市富县）向河东进发，又分出来一部分人马进攻位于陕西境内的冯翊。二月十一日，河东城内的内应献城，崔乾祐被一路追杀，但逃走了。唐军获得了桥头堡河东，也由此扼住了长安的咽喉。②

接下来，皇帝和李泌的分歧就出现了。到底是留下两京最后解决，还是以河东为跳板继续蚕食关中，并尽快进攻长安？皇帝选择了后者。

与李泌利用整个北方地区作为沙场的宏大战略不同，皇帝的战略简单得多。他只想利用关中地区进行一次攻坚战，夺回长安，之后再沿着传统线路出潼关

---

① 河东地区自古以来就是兵家必争之地，它的位置可以锁死长安、洛阳之间的关键地带。战国时期的秦魏相争、北朝的东西魏大战，都主要发生在河东地区。
② 获得河东地区，表明唐军与叛军实力的正式反转，此时距离叛乱爆发只有一年多。

进攻洛阳。为了进攻长安,皇帝准备了两个方面的行动,从东西两个方向夹击长安城。

在东面,是郭子仪的军队,以河东为基地,首先进攻潼关,将关中叛军的退路截断,然后可以瓮中捉鳖将其消灭。而这恰好是李泌想要避免的局面,李泌主张留出潼关,不截断叛军的归路,让叛军在长安、洛阳、幽州组成的箱体里疲于奔命。如果将潼关阻断,关中的叛军没有了退路,势必拼命死战,唐军即便拿下,也得不偿失。

而在西面,是另外几位唐朝将军,领兵驻扎在长安以西的平原上,与东面的郭子仪完成合围。西面的将军是:关内节度使王思礼驻扎在武功,兵马使郭英乂驻扎在东原,另一位将军王难得驻扎在西原。东、西两原都在武功附近,这就意味着这三路大军和当初房琯的进攻一样,依然是分布在狭窄的锋面上,起不到三路并进、钳形攻势的作用。

不过由于唐军的兵力更强,如果东西两路能够配合得当,依然有可能对长安一攻而下。但这时,叛军先动手了。

二月十九日,守卫长安的叛军将领安守忠进犯武功,他首先遇上的是郭英乂。在激战中郭英乂的脸颊中箭,受伤而逃,唐军大败。而在西原驻扎的王难得看到东面打起来了,并没有派军救援,而是逃走了。两员将领逃走后,作为主将的王思礼只好退军到凤翔,重新构筑防线。敌人的游兵直打到距离凤翔只有五十里的大和关。由于皇帝就在凤翔,这次进攻也让凤翔感到了极大的震动,连忙加强了防守,防止敌军再来进攻。①

这等于在唐军的进攻还没有展开时,叛军就已击败了唐军的西路军。那么,唐军的东路又怎样呢?

事实上,唐军的西路军一吃败仗,东路军就不得不被动地策划进攻,牵制敌军,免得他们进攻皇帝所在的凤翔。二十二日,郭子仪派出他的儿子郭旰、兵马使李韶光、大将王祚从黄河以北的河东出发,按照事前制定好的战略,渡过黄河向潼关进军。他们的进攻最初非常顺利,三员大将渡过了黄河,占领了

---

① 《旧唐书·肃宗纪》没有记载这次进攻,《资治通鉴·唐纪·至德二年》记载颇详。

潼关，斩首五百级。

但接下来，李泌的担心终于成了现实。由于潼关位置过于重要，在洛阳的安庆绪立刻派人前来救援，不惜代价也要夺回来。这一次郭旰等人终于支撑不住了，在丢下了万余具尸体之后逃离。其中李韶光、王祚战死，另一员大将仆固怀恩抱着马头靠马浮渡过渭河，再从陕西地界渡过黄河，才回到了河东地区。

这两次战败意味着皇帝合围长安战略的破产。但唐军依然没有放弃，因为郭子仪还掌握着河东地区，而西面的唐军也只是后撤，等叛军撤退时，他们就会继续进攻。叛军的兵力并不足以同时应付两方面的唐军。

事实上，叛军更加在意的是郭子仪在河东的军队，因为这里的地理位置过于重要，随时都可以发动新的进攻夺取潼关。

三月二十三日，占据长安的安守忠又做了一次尝试，率领两万骑兵进攻河东，却被郭子仪打败了，斩首八千余人，俘虏五千人。这次胜利让唐军再次看到了希望，皇帝封郭子仪为兵马副元帅，让他再次组织进攻。

四月份，郭子仪率领军队进行调动，从东面的河东将一部分军队调往西面的凤翔，这意味着，这支军队必须从长安城北面不远处过去。叛军将领李归仁认为这是一个袭击唐军的机会。十三日，在长安以北的三原县境内，李归仁率领五千铁骑试图截击唐军。不想郭子仪已经派出大将仆固怀恩等人预先设置了埋伏，几乎将叛军杀光，李归仁狼狈逃窜，甚至不得不下河游泳逃走，才回到了长安城。

这次胜利又加速了唐军的进攻步伐。郭子仪并没有继续前往凤翔，而是将凤翔方向的一部分由王思礼负责的军队也调了出来。东路军的郭子仪和西路军的王思礼在长安西北方的西渭桥合军了。西渭桥又称便桥，在咸阳附近，是长安渭河三桥中最靠西的一座。[①] 过了桥，他们驻扎在了渭河一条支流潏水的西面。叛军在安守忠和李归仁的率领下，驻扎在京城西面的清渠。

两军遥遥相望，准备了七天。到了五月初六，安守忠撤走了。郭子仪一看对方撤了军，立刻全力压上，发动了进攻。叛军回头来战，用九千人排出了一道长蛇阵。这种阵形容易被对手从中间攻击斩为数段。但郭子仪没有料到的是，

---

① 参见《雍录》卷六。

叛军选择排阵的都是英勇善战的骑兵，就在唐军攻击时，叛军的两翼突然间利用骑兵优势向中间包抄，将唐军围困在中间。

这次战斗以唐军大败告终，除了士兵之外，郭子仪的将领和官员也有不少被叛军抓住，物资更是丢失殆尽。他只能撤往武功。唐军第二次试图夺回长安至此完全失败。[①]

唐军虽然失败了，但这次尝试并非毫无意义。事实上，唐军已经获得了河东地区，皇帝的军队也可以自由地出现在长安的北面和西面，大量的兵马聚集，使得攻克长安只是早晚的事。战争真正的胜负手是郭子仪夺得河东。

如果将安禄山之乱分成几个阶段，那么第一个阶段应该划在潼关失守之前，当时唐军已经取得了一定的优势，只要守住潼关，就可以利用山东、山西以及南方的围追堵截，逐渐消耗叛军的实力，将其击败。但安禄山攻破潼关导致皇帝出逃之后，战争就进入了第二个阶段。在这个阶段中叛军居于上风，而唐军已经被打散了，只是因为叛军没有乘胜追击，新皇帝才重新聚集起了军事力量和物资。这个阶段是叛军由盛而衰、唐军逐渐积攒势头的阶段，甚至房琯所做的反攻尝试，也可以划在这个阶段。到了郭子仪夺得河东时，这个阶段就结束了，虽然唐军第二次进攻长安失败，但双方的相对均势，已经变成了唐军的战略优势，暂时的挫折无法改变唐军的整体优势。

在这个阶段接近结束时，安庆绪的叛军在做着最后的突围尝试。他们进攻太原无望，就将更多的兵力放在了突破南方的两个防御点睢阳和南阳上。因为只有突破了这两个点，才能破坏唐朝的经济优势，截断襄阳的物资转运线路，防止北方的唐军从江南获得资助。于是，这个阶段也成了睢阳压力最大的时候。

血战睢阳

至德二载（公元757年）五月十五日，镇守南阳的鲁炅终于支撑不住了。他

---

① 参见《旧唐书·郭子仪传》。这一战导致郭子仪被降职，降为左仆射，但事实上，他的指挥权并未受到影响。

已经在南阳坚守了整整一年时间。在这一年里，叛军派出武令珣和田承嗣两员大将相继来攻，都被鲁炅挡在了城外。[①] 由于南阳城地理位置重要，敌人也不敢越过南阳向南进攻襄阳，只要襄阳安全，那么从襄阳经过汉江前往汉中的道路，以及从襄阳走陆路经过武关前往长安的道路就是开放的。

但守卫南阳一年并不容易，事实上，早在几个月前，鲁炅就已经弹尽粮绝了。城里的食物都吃光了，一只老鼠都卖到了数百钱，饿死的人处处皆是，活着的人还必须继续守城。南阳的物资供应本应该从邻近的襄阳调拨，可是襄阳城的守军担心叛军拦截，不敢援助南阳。

为了解决这个问题，皇帝派出了一位宦官曹日昇前往南阳抚慰。曹日昇从汉江走水路到达襄阳后，襄阳太守魏仲犀却进行阻拦，因为前方有危险，他不敢让朝廷的使者去冒险。而此时，在华北地区已经站不住脚的颜真卿，也恰好通过这条路去往凤翔，在他的劝说下，魏仲犀才放曹日昇上路。

曹日昇带着十骑从叛军的军营中穿过——由于事发突然，叛军纷纷避让，他们成功穿过敌阵来到了城下。城内的守军本来已经绝望了，见有人来访，欢欣鼓舞将他们迎入城中。之后，曹日昇又回襄阳组织了一支千人的运粮队，将粮食从襄阳运入南阳，才帮助鲁炅又支撑了数月。

到了五月十五这一天，即便有襄阳的帮助也已经支撑不住了，鲁炅带着剩下的数千人从城中突围而出，向襄阳奔去。田承嗣派人在后面追赶不及，追了两天，回到了南阳。

但叛军得到的只是南阳这座空城。唐军又转移到了下一个阵地襄阳继续抵抗。鲁炅争取到的这一年时光非常重要，因为这恰好是唐军和叛军盛衰转换的一年。在一年前，叛军势头极盛，而到了一年后，即便他们想进攻南方，也失去了锐气，不可能将触角伸入两湖盆地了。这条决定了唐王朝生死的补给线也得以保全。

与鲁炅的主动撤退不同，在睢阳的张巡和许远所经历的战斗则更加多样化。

[①] 关于镇守南阳的困难，参见《旧唐书·鲁炅传》。

这一年的三月，叛军将领尹子奇进攻睢阳，此时张巡已经从宁陵来到了睢阳城，与许远共同守卫这座城市。张巡负责军事，而许远主要负责后勤，双方配合得非常默契。

睢阳城的兵并不多，张巡把将士们集合起来，痛心地告诉他们：既然受国之恩，死节就是应该的。他唯一不甘的是无法为将士们争取更多的赏赐，让为国卖命的人感到心寒。他说这话，是由于之前他曾经向负责河南地区的虢王李巨请求赏赐，李巨只给了他一些空名告身，没有给其他赏赐。唐朝此时最不值钱的东西就是告身，因为皇帝为了鼓舞将士，几乎到了滥发告身的地步。他发出去了许多在和平时期非常珍贵的名号，比如开府、特进、列卿、大将军等，至于中郎、郎将，更是数不胜数，甚至有异姓封王的。由于名号太滥，大将军的告身只能换顿酒喝，就连普通士兵杂役都可以穿上高官的金紫衣服。[1] 唐朝吏治的败坏到此时已经登峰造极。

张巡的鼓励让将士们激情澎湃，他随即杀牛犒军，吃饱之后全军出战。敌人看到他们开城之后出来的士兵不多，纷纷嘲笑。张巡亲自执掌大旗，率军冲向敌阵，将他们击溃。这一仗，唐军杀死了三千多人，将叛军赶出了数十里。

但敌人人数太多，当晚就回来继续围城。双方你来我往，一天出战数十次，变成了持久战。在长期的抗战中，张巡展现了极大的智慧。为了迷惑敌人，他有时敲响进军鼓却并不出击，甚至在夜里不停敲鼓，让敌人休息不好，又不能放松，到了白天反而出兵进攻，最辉煌时，能够杀死对方五千余人。

在张巡营中有一位神射手叫作南霁云，张巡和他谋划如何射死尹子奇。但他们不认识尹子奇，尹子奇也在阵前做了伪装。突然间，从守军中射出一支轻飘飘的草箭，射中了一个叛军士兵，由于草箭太轻，没有杀伤性，这个士兵兴奋地捡起箭来，跑到尹子奇处汇报，告诉他城中已经没有箭了。说时迟，那时快，士兵刚和尹子奇说话，突然间一支箭飞来，正中尹子奇左眼。原来这是张巡的计谋，用草箭去发现尹子奇的位置，再让南霁云射杀他。

---

[1] 参见《资治通鉴·唐纪·至德二年》。

尹子奇虽然没有死亡，却失去了左眼，只得退兵。①

七月初六，尹子奇卷土重来。如果说睢阳城前几次因为粮食充足，依然可以抵御敌军的话，这一次，他们却遭遇了内部人带来的混乱。

在许远的安排下，睢阳城原本一直不缺粮食。许远准备了六万石的粮食，足够守城之用。但如果我们换一种视角，从大方向上看，就会发现睢阳只是河南节度使下辖的一个郡而已。河南节度使不仅管辖现在河南、安徽、江苏北部，还包括了山东黄河以东的许多地方。当时河南节度使虢王李巨听说睢阳粮食充足，下令许远将粮食分出一半，运给更靠北方前线的濮阳和济阴。许远并不想分粮，但作为他上司的李巨执意要求他这么做。②

如果这些粮食有助于守卫两郡，倒也无所谓，不幸的是，济阴刚刚获得粮草不久就投降了叛军，叛军拿着来自睢阳的粮草开始进攻睢阳。与此同时，睢阳城的粮食在大量消耗之后却不够用了，将士们每天都只能分到一合米，唐朝的一合相当于 0.1 升，相当于现代的二两到三两。这样的粮食完全不够吃，士兵们只好把纸张、茶叶、树皮等掺杂在米里充饥。在城外的叛军不仅粮食够吃，兵力也是源源不绝，而在城内，随着士兵的死亡，兵力逐渐枯竭了。

睢阳围城战的后期，城内只剩下了一千六百名饥肠辘辘、贫病交加的士兵。城内对于智斗的倚重更大了。张巡为了弥补人员的不足，不断地采用火攻、器械等，将敌人的进攻打断。到最后，敌人也意识到城内的人快饿死了，他们改用围困的方法，在城外挖了三条壕沟避免城内的人逃走，等待着城内彻底失去战斗力。

八月份，守城的士兵还剩下六百人。张巡和许远分开守城，一人负责东北，另一人负责西南。他们和将士们吃着一样的食物，终日在城墙上，没有工夫下去休息。

---

① 对于张巡、许远、南霁云、雷万春等人的记载，《新唐书》比《旧唐书》详细了许多，引用材料也更丰富，表明宋代对忠义之士的推崇。

② 《新唐书》与《资治通鉴》都持这个说法，但从虢王的角度上来讲，这样调拨粮草可能并不是错误，因为他不能预见济阴的投降。

虽然陷入弹尽粮绝的地步，但睢阳城并非是孤城。在当时，睢阳周边的城池有许多还掌握在唐军手中。比如，七月份时，当时的河南节度使贺兰进明[1]就曾经在现在的山东境内打了几次胜仗，连克高密、琅琊等地，杀死了两万余名叛军。

到了八月份，睢阳的周边就有许叔冀在谯郡（现安徽亳州），尚衡在彭城（现江苏徐州），贺兰进明在临淮（现江苏宿迁市泗洪县）。这些地方都在睢阳的身后，受到睢阳的保护。特别是位于临淮的贺兰进明，他原本是掌管这片土地的河南节度使，虽然此时皇帝已经派出另一位官员张镐取代他，但张镐还没有到达，皇帝的消息也没有传来，行使职权的依然是贺兰进明。作为一方长官，贺兰进明本应该调配这一方的资源支持睢阳，只有睢阳安全了，后方的这几个城池才有安全可言。但这些人都没有援助睢阳，也没有送出物资，睢阳的士兵眼看支撑不住，张巡只好派出大将南霁云带着三十骑兵突围而出，去临淮请求贺兰进明帮助。

南霁云出城后面对着黑压压数万敌人，已经没有退路，只有奋勇出击，硬生生打开了一条通道，突围后清点人数，发现只损失了两人。到达临淮后，南霁云见到了贺兰进明。贺兰进明却认为睢阳已经是死城，就算出兵也没有意义了。

张巡和南霁云等人只知道打仗，却不知道政治的复杂性。原来，身为节度使的贺兰进明不仅要考虑战场因素，还要考虑官场争斗，内斗造成的毁灭性打击甚至要比外部的打击还可怕。贺兰进明与唐朝宰相房琯是一对对头，作为东部的主将之一，贺兰进明本该受到重用，但作为宰相的房琯曾经利用职权，只给他不重要的位置。贺兰进明也并不是软弱之人，他乘见到皇帝的机会告了房琯一状，这导致房琯逐渐被边缘化，丢了宰相。[2] 作为反击，房琯在皇帝任命贺兰进明为河南节度使之后，又请皇帝给他任命了一个不服从调派的副手许叔冀担任都知兵马使，两人在朝廷的加衔都是御史大夫，相当于是平级，于是许叔冀进驻谯郡，名义上是帮助贺兰进明，事实上既不听调遣，又起到了监视作

---

[1] 参见《旧唐书·李巨传》。原河南节度使李巨已经转为太子少傅。

[2] 参见《旧唐书·房琯传》。房琯给贺兰进明的是南海太守，摄御史大夫，充岭南节度使，被贺兰进明告状。

用。①

贺兰进明既需要注意敌人的动向,还要担心旁边的许叔冀,在这种情况之下,他根本不敢分兵去救援睢阳。援救睢阳的机会就这样在唐朝诸位大将的互相防范中流失了。

在贺兰进明与许叔冀出现矛盾时,还有一个人试图调和两人的矛盾,他就是时任淮南节度使的高适。高适认为要想守住河淮地区,就必须同仇敌忾,放弃恩怨才能做到。他分别给贺兰进明和许叔冀写了信②,请求贺兰进明援助睢阳地区,又请求许叔冀放弃恩怨,同心抗敌。高适之所以这样做,除了他的职位和远见之外,还有一个重要的原因,就是他与贺兰进明是好友③。但他的热心并没有带来回报,贺兰进明与许叔冀的紧张关系直到他离职也没有解决。

贺兰进明不仅不分兵,还想把南霁云留下。南霁云面对着美味佳肴无心下咽,他慷慨悲痛地诉说着睢阳的惨状,咬下了一根手指交给贺兰进明,然后离开。

南霁云又到宁陵,在这里得到了三千援军。他于闰八月初三夜间,率领援军准备突入睢阳城,到达城下时,一场恶战不可避免。等他们入城后,三千人已经只剩下一千人了。城内的将士听完南霁云的诉说,知道这已经是他们最后能够得到的援助,都放声大哭起来,却依然坚守死战。

他们又坚守到了十月,城中不仅没有粮食,甚至连茶叶和纸都被吃光了,麻雀、老鼠都绝了迹。为了活命,将士们只好将战马杀死吃马肉,马肉吃光之后,张巡不得不采取了一个令他充满了争议的做法:他把自己的爱妾杀死分给将士吃掉。之后,吃人之风在城内蔓延,先是吃女人和家奴,之后老弱病残都被杀死吃掉了。按照史书④的说法,那些即将被杀死吃掉的人,即便知道自己必死,却都没有逃走。更可能的情况是他们本来就逃无可逃了,所有的人都知道必死无

---

① 许叔冀与贺兰进明的矛盾,参见《新唐书·张巡传》。
② 参见《与贺兰进明书》《与许叔冀书》。
③ 高适与贺兰进明时有诗文往来,现在保留下来的除了上面提到的书信之外,还有《酬河南节度使贺兰大夫见赠之作》,以及存疑的《和贺兰判官望北海作》。
④ 参见《资治通鉴》和两唐书。

疑，只寄希望于多支撑几天，也许多一天，就有援军到来的希望。

事后，在唐肃宗的朝廷里，对于张巡是否应该封功充满了争议，反对者最重要的借口，就是他曾经吃人。他的友人李翰为他据理力争，又亲自写了他的小传，获得了皇帝的赞许，才平定了非议。

张巡和许远曾经想过逃走，但最后放弃了，决定坚守待援。但援军一直没有到来，十月初九，当敌人开始登城时，城内只剩下了四百守军，还大都因为饥饿与病痛无法行动。张巡向着西方朝拜，表示已经尽力了。他和许远被抓住后依然痛骂，尹子奇用刀撬开他的嘴巴，发现他只剩下三四颗牙齿了。尹子奇把张巡、南霁云、雷万春等三十六人杀害，将许远带到了洛阳。

睢阳城失守时，新的河南节度使张镐依然在路上。

张镐从布衣开始，在风云际会中经过三年就担任了宰相，但由于他是跟随玄宗，并被玄宗派到肃宗身边的，在担任宰相的过程中却并不顺利。比如，肃宗信佛，即便在行在，周围也围着大批和尚，一天到晚香火缭绕，钟磬并鸣。张镐就上奏说要想修福要靠治理好国家，而不是靠滥用和尚。[1] 这样的说法虽然是事实，却并不讨好皇帝。在经过了李林甫和杨国忠之后，整个皇室更倾向于任用听话的权相，对于直臣并不感兴趣。过了一段时间，肃宗就给张镐找了个好去处，他并没有直接罢张镐的宰相，而是巧妙地宣称张镐有文武之才，而战场上正好需要这样的人，于是给了张镐一个兼职，以宰相的身份兼任河南节度使，持节都统淮南等道诸军事，把他从自己身边打发走了。

张镐倒是很高兴，于是带着新的身份前往就职。在路上，他听说了睢阳的情况，不仅加速赶路，还在没有到达时就发布了命令，命浙东、浙西、淮南、北海等节度使立刻发兵前往救援，同时获得命令的还有谯郡太守闾丘晓[2]。此外，谯郡还驻扎着许叔冀的部队。

然而当命令发出去之后，这些人有的驻地太远不及来救，而近处的人也几乎没有任何行动，只是眼睁睁看着睢阳陷落。特别是闾丘晓，作为张镐的部下，

---

[1] 《旧唐书·张镐传》："臣闻天子修福，要在安养含生，靖一风化，未闻区区僧教，以致太平。伏愿陛下以无为为心，不以小乘而挠圣虑。"

[2] 两唐书作豪（濠）州刺史，当为亳州，即谯郡，司马光《考异》中对此有考证。

他本来应该唯命是从,事实上却完全搁置了张镐的命令。

张镐赶到时,睢阳已经在三天之前陷落了。后人由此认为如果张巡再多支撑三天,就可以获得援助了。但如果理解了唐代内部的争斗,就会明白,即便能够多支撑三天,刚刚到达的张镐同样无法组织起有效的军事力量进行援助。

最后能做的只是寻找一个替罪羊。许叔冀等人位置更高,很难追究,于是责任就落在了不听命令的谯郡太守闾丘晓的头上。张镐命令将他杖杀,作为对不服从者的警告。

杖杀闾丘晓,还为一桩诗坛公案画上了句号,这看上去更像是唐朝文人的一次报复事件。安史之乱爆发后,著名诗人王昌龄来到了谯郡,不知为什么得罪了刺史闾丘晓,被闾丘晓杀了。[1]

这段公案充满了模糊性,比如,史书上都没有记载为什么闾丘晓要杀死王昌龄,也许是因为嫉妒,也许有其他仇恨。王昌龄虽然一辈子漂泊,只担任过一些小官,但他在文坛上的地位却是实实在在的。他的死亡让文人们感到愤怒,只是因为处于乱世时期,无法对闾丘晓追责。

在为王昌龄抱不平的人中,最著名的就是高适。此时高适依然是淮南节度使,虽然闾丘晓不在他管辖之下,但他依然有一定的能力为王昌龄申冤。[2] 巧合的是,作为河南节度使的张镐与高适有着近似的人生经历以及对文人的同情,因此很可能高适是通过张镐来为王昌龄报仇的。

闾丘晓死前,曾经苦苦哀求张镐,以上有老下有小为由,请求留自己一命,张镐只是冷冷地回答:"王昌龄之亲欲与谁养乎?[3]"这也表明这是一次文人集团对军阀的痛快淋漓的复仇。

在守卫了一年多之后,雍丘、睢阳等地最终陷落,叛军打开了通往淮河地区的道路。但是,人们事后复盘时发现,他们的抵抗有着无比重要的意义,这座小小城市的顽强抵抗,为唐军争取了足够的时间。就在睢阳陷落时,唐军最

---

[1] 参见《唐才子传》与《新唐书·文艺传》。
[2] 参见《云溪友议》卷上严黄门条,"高适侍御与王江宁昌龄申冤"。
[3] 参见《唐才子传》卷二。

重要的攻势已经完成，西京长安也已经收复了。也就是说，就在张巡牵制了对方大量兵力的时候，唐军对于西京的总攻已经开始了。

但在叙述官军的总攻之前，我们先看一看另一位重要文人的命运。他有心救国，却不幸被打成了叛徒。

拯救罪人李白

永王叛乱对于李白的打击是巨大的。这位不懂政治的诗人，不小心被胁迫着参加了永王的行伍，虽然他最后逃走了，但皇帝追究起责任来，依然认为他参与了叛乱。至德二载（公元757年），五十七岁的李白遭遇了牢狱之灾。他先是逃亡到彭泽，但最终被抓到，关进了浔阳大狱之中。他心怀天下，但天下却并不需要他。如果按照谋反的罪名，他将被判处死刑。

就在这时，李白不得不放下文人的傲慢气质，他一方面写信给妻子哭诉[1]，另一方面开始四处寻找能够帮助他的人。在他认识的人中，高适无疑是最适合的人选。在天宝三载（公元744年），他和高适、杜甫曾经畅游齐鲁，饮酒作诗，当时三人都还没有做官，可谓布衣之交。

更合适的是，高适本来就是皇帝派来平定永王叛乱的主将之一。前一年十二月，他刚刚被任命为御史大夫、扬州大都督府长史、淮南节度使，可谓一方大员。永王被镇压后，高适就驻扎在扬州，与人们诗酒应和好不热闹。[2] 浔阳距离广陵（扬州）并不遥远，这意味着高适如果想救李白，会是整个事件最简单的捷径。

但问题是，怎么样才能让高适知道李白的处境呢？

恰好这时，一位张秀才正要去见高适，李白连忙写了一首诗，表面上是送张秀才，实际上是让张秀才告诉高适，赶快救自己出去。[3] 这首诗显得有些低三

---
[1] 参见《在浔阳非所寄内》。
[2] 参见《广陵别郑处士》《登广陵栖灵寺塔》。
[3] 李白诗《送张秀才谒高中丞》序中明确表明自己在浔阳狱中。

下四,将高适比成张良,在谈笑间就解决了永王的问题。但是,他又带着一点矜持,并没有主动提出请高适帮忙,只把这一行泪写入诗中,表明自己的希望。①

人们不知道高适是否收到了这首诗,但是李白作为当时著名的文人被捕,且关在高适的辖区,即便没有这首诗,高适也不可能不知道。只是,他沉默以对,没有证据表明他帮助了李白。当年的友情似乎并没有起到作用。

也许孤傲的李白并不适合高适的胃口,反而是略显婆婆妈妈的杜甫更能和高适搞好关系。事实上,到了后来,高适一直与杜甫保持着密切的联系,却很少与李白往来。

李白寻求高适的帮助失败了。但他并没有仅仅依赖这一条关系。他寻求帮助的人还包括江南宣慰大使崔涣和御史中丞宋若思。李白向崔涣写信求救。② 宋若思恰好带兵三千人去往河南地区。③ 途经浔阳,崔涣和宋若思经过审讯,认为李白的罪行不大,于是做主将他放了出来。

但到这时,李白依然是戴罪之身,只是暂时被放了出来而已,相当于现在的保释。能够决定是否给他免罪的只有皇帝。宋若思一面将李白留在幕府之中,另一方面赶快上书皇帝,表示这个人可用。

李白跟随着宋若思去过九江、武昌,他承担了宋若思的文书的角色,不仅在宋若思的要求下向皇帝写了信,一是说明自己的罪责不重,二是请求皇帝重用自己,还帮助宋若思写信请求皇帝迁都金陵(江宁)。④ 为了让自己更加安全,李白还给当时担任河南节度使的张镐写了信,既是赞美张镐,也是为了说明自己的情况,请他替自己向皇帝求情。⑤

但这一切都没有换来皇帝的原谅。第二年(公元758年),皇帝下令将李白流放到夜郎。甚至有传说,因为当初李白访问太原时曾经帮助过一位不知名的军士,而这位名叫郭子仪的军士又恰好变成了汾阳王,正是郭子仪的担保,才

---

① 《送张秀才谒高中丞》:"但洒一行泪,临歧竟何云。"
② 参见《上崔相百忧章》《狱中上崔相涣》。
③ 参见《中丞宋公以吴兵三千赴河南军次寻阳脱余之囚参谋幕府因赠之》。
④ 参见《为宋中丞请都金陵表》。
⑤ 参见《赠张相镐》。

让他免除死罪，改判流放。① 这种说法不管真假，都增加了李白的传奇性。

但不管怎样，在安史之乱还没有结束时，李白再次踏上了流放的行程，经过洞庭湖，顺着长江沿三峡而上，到达巫山。乾元二年（公元759年），李白还没有到达夜郎的流放地，突然间接到了赦免的消息。

但是这次赦免不是单独因为他，而是皇帝这两年的行动特别多，举行了数次普及性的大赦。比如，前一年的二月就因为改元而大赦，四月又因为南郊祭祀举行过大赦。到了十月，因为册立太子，肃宗更是大赦天下。第二年三月为了对付旱灾，肃宗又下旨流刑以下的赦免，流刑以上的降等。② 李白到底是因为哪一次大赦而被赦免已经不重要，但不管怎样，他自由了。

---

① 参见《新唐书·李白传》。

② 参见《新唐书·肃宗纪》。

第九章
从全局战争到局部战争

收复两京

至德二载（公元757年）闰八月二十三日，安禄山叛乱爆发不到两年，唐军在经过两次失败之后，再次做好了进攻长安的准备。这一天，皇帝请参加战役的将军们吃饭，他试探着问了一句主导进攻的郭子仪：事情能否成功，就看这一次了吧？

郭子仪斩钉截铁地回答：此行不捷，臣必死之！当天，郭子仪率领先锋部队出凤翔，向着长安进发。①

二十六日，唐军驻扎在武功地区的将领、御史大夫崔光远与叛军打了一场遭遇战。这一天，崔光远派出两名将领，率领两千人进攻长安以北的中渭桥，这里距离长安城已经很近了。他们杀敌千人，逼迫对方放弃了中渭桥，又乘胜追击到了北面禁苑的苑门，距离长安城只是一步之遥了。但就在这时，叛军驻扎在武功的军队听说唐军的进攻，选择向长安方向逃窜。这支军队在禁苑以北遭遇了唐军，在冲突中，他们将两位唐军将领中的一个杀死，另一个擒获，送往洛阳。这一场战斗唐军先胜后败，损失了两员战将，但它对于唐军的意义在于，叛军在武功地区驻扎的军队都已经撤回了长安。也就是说，长安以西已经没有叛军，任由唐军驰骋了。

郭子仪之所以对胜利如此笃定，除了准备充分之外，还有一个重要的原因：他们获得了一支生力军，也是最英勇善战的部队之一——回纥人。

---

① 《资治通鉴考异·唐纪·至德二载》引《汾阳家传》与《肃宗实录》。

在唐代的北方，回纥已经取代了突厥，成了最强大的民族。安禄山叛乱爆发后，回纥可汗屡次与皇帝交通信息，表示可以派遣军队帮助唐朝皇帝。但是，直到这一次，郭子仪才让皇帝下了决心，邀请回纥人前来助阵。回纥此时的可汗称为怀仁可汗，他命儿子叶护以及将军帝德等率领精兵四千人前来助阵。①

但是，回纥的助阵又是有代价的。回纥人到达凤翔后，皇帝不仅酒肉招待，还要尽量满足他们的一切要求。回纥虽然兵少，但由于战斗力强，要求并不低，皇帝甚至与他们约定，只要攻克了长安，皇帝只要土地和人民，而所有金帛和女人归回纥。②皇帝之所以这么恩宠回纥人，是因为他也意识到唐军的战斗力的确有限，之前即便是郭子仪在与敌人交锋中，也很难保证一定会占据上风。

肃宗的准太子广平王李俶与叶护一见如故，两人约为兄弟，广平王是兄长，叶护是弟弟。

十月十二日，广平王率领的主力部队离开凤翔。唐军一共有十五万人，号称二十万大军，其中回纥人有四千，还有不少西域他族的部队。唐军到达扶风之后，郭子仪又约见了回纥部队，招待了他们三天。叶护不断地催促进军，他们不是来做客吃饭的，而是为了解决问题。招待过后，郭子仪让他们上路，每天给回纥人的供应是两百只羊和二十头牛，加上米四十斛。③

唐军这次的进军速度并不快，而是稳扎稳打，避免混乱。二十五日，所有部队都已从凤翔出发，二十七日，才来到了长安以西的香积寺，在香积寺以北沣水东面扎下阵营。香积寺的位置在南山子午谷正北微微偏西，沣水以东，交水（唐代也叫永安渠）以西，距离汉代上林苑内的昆明池不远。④

唐军的布阵分为前、中、后三军，分别由李嗣业、郭子仪和王思礼指挥。敌人的十万大军则在唐军的北面排开。

首回合是由叛军将领李归仁挑起的，他率部出阵挑战，被唐军击退，于是

---

① 请回纥助阵的另一个原因是，唐军的实力已经非常羸弱，即便是有郭子仪、李光弼等名将，但他们的战斗力都无法与游牧民族的骑兵相比，仅仅靠唐军，可以形成对峙，但很难收复失地。具体讨论见下文与史思明的战争。
② 《资治通鉴·唐纪·至德二年》："克城之日，土地、士庶归唐，金帛、子女皆归回纥。"此处士庶指的是百姓，而"子女"一词则意义不甚明确，本书理解为女子，亦有可能包括一部分回纥需要的青年。
③ 《旧唐书·回纥传》详细记载了这段历史。《资治通鉴·唐纪·至德二年》亦有引用。
④ 参见《雍录》卷十。

唐军乘胜追击，来到了敌人大部队的阵前。就在这时，叛军的大部队在号令声中突然压上，又把唐军赶了回来。唐军的战斗力并不强，在敌人压迫下开始退却，阵形大乱，眼看就不可收拾了。但幸运的是，随着唐军出现混乱，他们丢弃了不少辎重，吸引了叛军士兵前去抢夺，这就给了唐军重整的时机。

作为前军将领的李嗣业一看已经到了危急关头，认定如果不拼死抵抗，军队就会被消灭在这里，他脱掉铠甲，赤膊上阵，拿着长刀站在阵前，不管是人是马，只要撞到他的刀头，全都被砍倒。杀了数十人之后，李嗣业率领人马全都执长刀，排成一道墙，齐头并进，一路砍杀，所向披靡。在他的带领下，唐军奋勇向前，逆转了局势。①

叛军一看形势不好，立刻采取了第二招——包抄。他们派出一支骑兵部队，试图从东面包抄唐军，从后面发起袭击。唐军发现后，由朔方左兵马使仆固怀恩带着回纥兵前去迎战，将包抄的敌军部队砍杀殆尽，这次局部战斗让敌人丧胆。

这就到了唐军进行反包抄的时候了，发动包抄的依然是李嗣业。他带着一部分回纥人冲到叛军的后方，与前方的唐军形成夹击。

双方的战斗从中午时分直杀到天黑，唐军斩首六万余级，叛军的尸体填满了沟壑，最后剩余的叛军借着天黑逃回了长安城。

当天夜里，杀红了眼的仆固怀恩依然不肯放弃，他不断地向主帅广平王请求乘夜发动攻击，因为叛军大将李归仁和安守忠都是骁勇善战之人，既然他们败了，就必须乘胜将他们擒获。否则，哪怕唐军夺回了长安，只要两人逃走了，一旦他们重整军队，依然可以成为唐军的心腹之患。②

广平王没有经验，并未答应仆固怀恩的请求，而是叫他赶快休息。到了第二天一早，当唐军再想进攻时，却发现对方已经逃走了。

二十八日，唐军终于回到了西京长安。这时距离长安丢失已经一年多。当初唐玄宗逃走后，叛军没有乘胜追击，唐军得以重整。而这时，唐军也没有乘胜擒获对方的大将，同样留下了隐患。

---

① 关于此次战争最好的描述，参见《资治通鉴·唐纪·至德二年》。
② 仆固怀恩的作用见《旧唐书·仆固怀恩传》。也是在这场战役中，仆固怀恩成长为足以与郭、李相比的一代名将。

攻克长安之后，按照皇帝与回纥人的约定，回纥人是有权将长安城的财富劫掠一番的。但长安在叛军的手中本来已经恢复了安定，如果唐军刚刚攻克了长安就开始劫掠，给百姓留下的印象就是政府军还不如叛军。到底怎样才能让回纥人放弃约定呢？

解开问题死结的是广平王李俶。他亲自来到了叶护的马前，对叶护深深一拜，将他的担忧说了出来，如果在长安劫掠，消息传到东都，那么东都洛阳的百姓势必不愿意回归，甚至会和敌人并肩抵抗。为了避免这样的局面，即便回纥人要劫掠，也必须等东都拿下之后。

叶护没有想到广平王会给自己下拜，连忙下马还礼，答应暂时不对长安进行劫掠。广平王之拜与叶护的还礼，都被人民、士兵看得一清二楚，广平王拯救长安的故事也流传了开来。

叶护和仆固怀恩没有率领回纥人以及其他西域士兵进城，而是从南面绕过了长安城。长安南面诸门是安化门、明德门和启夏门，到了东南角，回纥人又向北经过了城东的延兴门、春明门和通化门，最后扎营在浐水的东面。他们绕了半个长安城。城内的百姓时刻关注着胡人的部队，直到确定他们不会进城才放心。

广平王则带人进入长安，逗留了三天，之后留下虢王李巨作为留守，自己则率众东进：他们接下来要攻打的是潼关和东都。

广平王留在西京时，郭子仪已经率众东进，追击敌人直达潼关，一路上斩首了五千人，攻克了华阴和弘农两个郡。①

敌人还有一支部队是驻扎在武关的，经武关可以从关中的长安直达襄阳地区。敌人占据长安之后，为了防止襄阳之兵，也派人把守武关。到了十月初八，王难得率领的兴平军也上奏皇帝，他们已经肃清了武关，从长安到襄阳的道路由此也开通了。

---

① 潼关虽然有利于防守从东面河南方向来的军队，但对从西面陕西方向来的军队防守能力有限，加之唐军的追击，叛军没有在潼关形成有效防守。

叛军放弃武关之后,接下来的防守地点在陕城,即如今三门峡的陕县。这里北面是黄河,南面是秦岭余脉,与潼关遥相呼应,是陕西与河南之间的重要通道。陕城以西就是著名的函谷关所在,而哥舒翰的部队就是在函谷关以西不远处遭到覆灭的。

由于唐军进攻太快,原本在陕西的叛军将领张通儒一路上没有形成防御,直接退到了陕城才设防[①]。张通儒保陕城的消息传到了洛阳,安庆绪立刻在洛阳征兵,由权臣严庄率领,来到陕城与张通儒共同防守。此时叛军的队伍依然有十五万人,与唐军的人数相当。

双方的布阵是这样的,在临汾盆地南部有一个叫作曲沃的小城,这里大约在当年哥舒翰兵败地点附近,也位于双方战线的后方。广平王李俶就驻扎在这里。潼关往东,在陕城以西有一个叫作新店的地方,这里是双方战线的交汇点。在新店的南北各有一条小山岭,叶护派出大将藏在南山之中,而叶护本人和郭子仪则在南山以北的谷道内扎营。叛军的部队更靠近北山,身后紧紧贴着山地,处于半高处,从而形成了保护。

郭子仪与敌人在新店相遇后,双方随即展开激战。由于敌军背面有山的保护,又位于高处,他们将郭子仪向西驱赶,眼看唐军就要撤退了。

但就在叛军向西追赶唐军时,埋伏在南山谷地之中的回纥人渐渐地被甩到了叛军的身后(东面),回纥人从南山中出来,借着尘埃掩护向叛军射箭。叛军看不清尘埃背后有多少士兵,只知道回纥人已经到了他们身后,与唐军其余部队形成了包抄。在这样的局势下,叛军迅速崩溃了,除了留下漫山遍野的尸体,剩下的人在向东撤退中,连陕城都无法进入,而是直接逃回了洛阳。就这样,唐军攻占了洛阳的最后一道屏障——陕城。广平王和郭子仪到陕城安抚民众,而仆固怀恩带着骁勇善战的回纥兵继续向东进攻洛阳。

十月十六日,严庄将防御失败的消息带回了洛阳。当天晚上,安庆绪收拾人马离开洛阳,向河北地区逃窜。在临走前他将哥舒翰、程千里等俘获的唐军

[①] 陕城由于函谷关地带的存在,对于河南和洛阳来说,反而更能防御来自山西的军队。

将领杀害，守卫睢阳的许远则死在了偃师①。

十八日，广平王率军进入洛阳，兵不血刃，洛阳获得了解放。此时距离唐军攻克长安不过二十天的时光。但接下来还有一个未解的问题。当初皇帝与回纥人约定，攻克长安后，回纥人可以劫掠一番，被广平王劝止后，条件变成了回纥攻入洛阳可以劫掠。现在，洛阳已经回到了皇帝的怀抱，也到了皇帝将洛阳的财富给回纥人的时候了。

事实上，在没有得到命令之前，回纥人已经开始了劫掠。广平王由于前面的许诺，虽然心中充满了厌恶，却也不便说什么。这一次，是东都父老的智慧挽救了这座城市，他们主动提出贡献一批罗锦，数量达到上万匹，相当于四千回纥兵每人能够分到两匹多。最终回纥人同意了这一条件，才没有继续掠夺。

关于唐朝皇帝允许回纥人抢劫的事，已经争论了上千年。但这种情况更多的是双方的制度差异造成的。唐朝作为定居民族，已经学会了通过收税的方式从民间抽取足够的资源来养活官僚集团，但作为游牧民族的回纥人，依靠的却是另外的体系。在回纥体系中，人民不需要缴纳固定的农产品，他们在广大的草原上分片放牧，回纥可汗和他的官僚集团有着自己的草场和牲畜，完全可以养活自己，也就不需要人民的贡献了。

那么，官僚与人民的关系又体现在哪里呢？对于人民而言，他们需要的是官僚在国防上的保护，给自己提供安全的放牧环境；而对于官僚而言，他们需要在打仗时，人民提供免费的兵力供他们驱使。援助唐朝的回纥兵虽然是可汗征召的，但并不需要可汗发工资，可汗可以用最低的代价获得最多的士兵。但为了保持士兵的忠诚，可汗必须允许士兵在每一次胜仗之后进行掠夺，这些战利品就是士兵们唯一能够得到的财物报酬。

回纥士兵之所以帮助唐朝皇帝攻打叛军，也是指望着战胜后可以掠夺。当攻克了洛阳之后，他们认为劫掠是战争中最正常不过的一部分，而对于定居政权的唐朝则显得有些不可接受了。②

---

① 参见《新唐书·张巡传》。许远是睢阳之战唯一被带回洛阳的将领，至此，睢阳之战的功臣全部死亡。
② 中国游牧民族的劫掠式财政，在北魏、金朝和元朝都有充分的体现，这种财政在民族兴起时能够产生强大的推动力。不过，一旦从劫掠式财政向税收式财政转移，游牧民族往往会出现水土不服的现象，于是就到了他们衰落的时候了。

当回纥人从洛阳回到长安时,皇帝亲自率领百官迎接,表达了最隆重的欢迎和谢意。到了十一月二十一日,在回纥人离开时,皇帝又封叶护为司空、忠义王。而更重要的是,他规定每年都要给回纥人二万匹绢。虽然岁币要到宋代才成为常态,但其开端却根植于唐代对回纥的政策之中。

引入回纥兵的代价并没有一次性清算,而是一直持续了好几位皇帝,直到黠戛斯人(吉尔吉斯人)崛起[①],将回纥赶出了蒙古高原,回纥的影响力才衰退了。

回纥在唐代的长期强势可以从几方面看出来。

第一,唐代有与胡族和亲的传统,但所谓和亲的公主,大都不是皇帝亲生的女儿,而是宗室女子,甚至是干女儿。比如,仆固怀恩的三个女儿[②]都被封为公主嫁给了回纥人;嫁给吐蕃的文成公主则是宗室女[③]。

在唐代,真正的皇帝女儿嫁给胡人的只有三次,都是嫁给回纥人。第一次就发生在唐肃宗收复两京之后,乾元元年(公元758年)七月十七日,皇帝在册命回纥可汗为英武威远毗伽阙可汗之后,将自己的幼女宁国公主嫁给了可汗。由于这是第一次皇帝的亲女儿外嫁,父亲亲自将她送到咸阳,晓以大义,公主慷慨而行,表示"死且无恨"。[④]公主出嫁到了回纥不久,可汗就死了。按照回纥人的规矩,可敦是要殉葬的,公主以自己是汉人,应该遵守汉人的风俗为由拒绝了。但她将脸划破,血泪交融地大哭了一场,方才过关。由于她没有儿子,最后侥幸回到了唐朝。[⑤]

宁国公主之后,德宗的女儿咸安公主和宪宗的女儿太和公主都嫁给了回纥可汗。其中咸安公主遵从回纥的风俗,老王死后嫁给新王,一共嫁了四位可汗,最后死在了大漠。太和公主是在穆宗时出嫁,她恰好赶上了回纥的崩溃。回纥人被黠戛斯人赶离了位于蒙古高原的摇篮后,黠戛斯人将公主送回唐朝,路上

---

① 黠戛斯人即现在的吉尔吉斯人的祖先,也是历史上有名的流浪民族,一千多年来,他们从蒙古高原中部迁徙到西北部,之后进入西伯利亚,最后流浪到中亚的山区。他们在唐代后期将回纥人赶近现代的甘肃和新疆地界。

② 参见《新唐书·仆固怀恩传》。怀恩自称有两个女儿远嫁。怀恩死后,大历四年(公元769年),他的幼女又被封为崇徽公主嫁往回纥。

③ 见两唐书的吐蕃传,以及《唐会要》卷六的和蕃公主条。

④ 参见《资治通鉴·唐纪·乾元元年》。

⑤ 参见《新唐书·回纥传》。

又被已经进入唐朝边境暂居的回纥人截留。最终她历尽千辛万苦才回到长安，死在了家乡。①

三位公主的父亲分别是中唐时期的三位雄主肃宗、德宗和宪宗，表明唐朝君王对于这支外来友军的依赖性。皇帝要想有所作为，就不得不依赖他们。

回纥人对于唐朝皇帝如此重要，他们得到特殊的待遇也就不难理解了。在史书中，充斥着回纥人在长安不受法律约束的例子。比如，宝应二年（公元763年）闰正月初五②，有十五个回纥人不知什么原因进犯皇城的含光门，甚至突入了鸿胪寺，看门的人却无可奈何。而回纥人在唐朝境内的劫掠甚至杀人，地方官员也只能睁一只眼闭一只眼。这在盛唐时期不会出现，但在中唐之后却成了常态。③

叛军逃离洛阳后，唐军对叛军的清剿并没有立刻停止。十月二十日，郭子仪派遣大将攻取了黄河上的河阳，以及黄河以北的河内（现河南沁阳一带），从而控制了通往河北的道路。安庆绪最倚重的大臣严庄也投降了唐军。由于唐军胜利的消息传到了全国各地，当地的人们纷纷揭开了抗争的大旗，叛军陷入了左支右绌之中无法抵挡。刚刚战胜了张巡、占领了睢阳的尹子奇也在陈留被人杀死。他赢得了一场血战，却无法在另一场混乱中存活。

安庆绪跑到了河北的邺郡，当他到达时，仅剩下三百骑兵和不过千人的步卒跟随。此外，阿史那承庆等将领投奔了常山、赵郡、范阳等其他城市。很快，田承嗣、蔡希德、武令珣等人纷纷从其他地方赶来，这才又凑够了六万人。于是河北地区成了安庆绪控制的主要区域。

到了十一月初，河南、河东地区已经扫荡殆尽，除了河北之外，只剩下北海、云州还掌握在叛军手中。

到这时，唐军距获得全面的胜利只剩下最后一步。但就在这时，对于皇帝来说，战争已经成了次要的问题，他考虑的是重新获得长安之后，如何调整与太上皇的关系，以及如何安排群臣与将军们重新组建朝廷。显然，他的转向过早了。

---

① 参见《唐会要》卷六，并参考《资治通鉴》。
② 七月改元广德。
③ 参见《资治通鉴·唐纪·广德元年》。更多例子见代宗大历七年（772年）的记载。

重建朝政

收复长安之后，对于皇帝来说，最重要的任务不是军事，而是家庭关系。

整个收复战役中，在成都的太上皇几乎没有任何的帮助，反而给皇帝添了许多的麻烦。收复后，皇帝首先担心的是，太上皇一日不回来，就可能给帝国多带来一些麻烦。

唐朝宫廷有父子反目、钩心斗角的传统，甚至许多次内斗都必须以一方的死亡作为结果。太上皇到达成都后，任命了不少官员，虽然他也主动向新皇帝示好，让这些官员到北方见新皇帝，可是毕竟没有人知道这位太上皇和皇帝一旦重聚，是否能够平衡好权力。

最好的方式自然是太上皇完全放弃权力，让皇帝独揽朝政，但没有人有充分的把握认定他会这么做，而太上皇本人也不确定儿子会不会对他不利。唐朝宗室纷争的传统让所有的人都无法彼此信任，只能预先进行防范，而他们的防范又会被对方解读为冒犯，最终激起双方的敌意，让事情无法收场。①

但如果太上皇不回来，处于皇帝身边，在成都就会出现另一个小朝廷，这个小朝廷早晚会和长安的朝廷出现冲突，甚至反目成仇。这样看来，父子之间情况极其微妙，不管太上皇回来还是不回来，由于双方无法建立互信机制，都会导致进一步的冲突。

从皇帝的角度看，是希望太上皇回来的。因为这样可以避免朝廷的分裂。但是太上皇到底是把避免分裂放在首位，还是把自己的安危放在首位？一个已经放弃过整个帝国的老人会在意所谓的分裂吗？皇帝又要怎样才能取信太上皇呢？

在刚刚收到攻克长安捷报的九月二十九日，皇帝除庆祝收复都城之外，还派人给身在成都的太上皇写了一封信，在信中他表示，请太上皇回京继续当皇帝，而自己将回到东宫继续当太子。

如果了解唐朝的内斗传统，就会意识到这是一封非常不合时宜的信。当了

---

① 由于唐代传世文献不多，且都经过了唐人浪漫的过滤，太上皇与皇帝的关系很少被人讨论，不像宋代那样，靖康时期太上皇和皇帝的关系被朝臣们公开讨论且能流传下来。但从《资治通鉴》中，人们依然能够嗅出其中的不信任来。

皇帝的肃宗身边已经聚集了大批亲信，一旦皇帝放弃皇位，让位给父亲，太上皇如果继续使用这些朝臣，必然无法施展自己的政策，可如果换人，又必然引起宫廷内的阴谋和内斗，造成父子反目和宗室血案。太上皇也必然会意识到，儿子之所以做出这么大的许诺，只不过是为了让自己回去而已，其余的都不能当真。这封信事实上不是为了解决矛盾，而是发出了父子内斗的第一个信号，作为聪明人的太上皇必然会察觉到这个信号，而最安全的方式就是继续留在成都，形成割据局面，避免被儿子及其党羽害死。

在攻克长安时，李泌是跟在广平王身边的。皇帝将他召回后，把给太上皇的信给李泌看了一下，李泌立刻意识到这封信会让太上皇强化割据之心，不会再回来了。作为补救，他请皇帝以群臣的名义给太上皇又写了一封信，其中详细叙述了群臣在马嵬坡留下太子，并在日后劝进的来龙去脉，表明事情是不得已而为之，不是太子有意去争夺皇位。信中还以群臣的口吻描述了皇帝对太上皇的思念，请太上皇回长安，以便皇帝尽孝。这封信再也没有提到皇帝退位给父亲，只是通过父子亲情暗示，请太上皇回长安颐享晚年，只要太上皇不参与政治，皇帝不会对太上皇做出不利的事情。①

这两封信一先一后到达了成都，太上皇看了第一封信，立刻意识到这是内斗的信号，回信表示，请皇帝把剑南（四川）让出，他准备在这里养老，这事实上就是宣布了割据的局面。太上皇的回信于十月十八日返回凤翔，皇帝见信大惊。就在他惊魂未定时，太上皇的第二封信到了。原来，太上皇最初也只看到了第一封信，后来看了"朝臣"上的第二封信，意识到父子之间暂时可以取得互信，他决定以国家为重，回到长安。虽然太上皇可能对未来依然有疑虑，但这种疑虑不至于让他做出激烈的举动，而是宁愿相信皇帝，碰一下运气。

除了解决太上皇与皇帝的纠纷之外，李泌还试图调和皇帝与未来太子的关系。鉴于皇帝有听信妃子（未来皇后）张良娣和宦官李辅国的"前科"，甚至因此杀死自己最有才干的儿子建宁王，李泌以武后和她的儿子们的故事提醒皇帝，

---

① 对于李泌的态度，新旧唐书也有很大的区别。《旧唐书》将之当成一个普通的朝臣进行记载，而《新唐书》中则采集了大量的故事，将之描述成类似于诸葛亮的贤相。当然李泌的功劳是非常大的，而调解皇帝父子的故事就采自《新唐书》，并被《资治通鉴》沿用。

他的儿子是有限的，不能一个个都杀掉。这个提议保护了未来的太子广平王，也就是将来的皇帝代宗。

在帮助皇帝解决了家事之后，李泌提出离职。他在肃宗皇帝最危急的时候前来帮助，又在皇帝刚刚克复两京时就选择离开，与其他宰相的内斗倾向形成了鲜明的对比。在安史之乱时期的诸位宰相级官员中，李泌（事实上他没有在肃宗时期担任宰相，而是到了德宗时期才拜相）和张镐如同两股清流。他们一个通晓世事、屡出奇策，另一个刚直不阿、爱惜人才，虽然都执政不长，但因继承了玄宗早期的贤相传统，被人们所铭记。

在离开肃宗之后，李泌前往衡山修道。但这只是他漫长的传奇生涯中的第一步，在代宗和德宗时期他还会在关键时刻回来帮助皇帝，表明了他在朝堂和山海之间的适应能力。只是后面的部分由于与本书无关，他的传奇也就暂时离开本书读者的视线了。①

十月十九日，皇帝终于离开了他的凤翔行在，向长安进发。在同一天，他派出韦见素去四川接太上皇。

二十二日，皇帝来到了咸阳东的望贤宫②，在这里他得到了东都洛阳的捷报。第二天，皇帝进入西京长安，此时距离他们离开长安已经一年多，距离房琯组织的第一次反攻也有一年了。那一次皇帝本来以为能够回来，战争却又拖拖拉拉进行了一年，唐军才终于有了突破。不过，获得了两京的皇帝怎么也想不到，八年的安史之乱只不过才刚到第三个年头，实际时间不过只有两年而已。这也可以看出唐军的脆弱，以及唐朝的官僚系统被破坏的程度。

长安的百姓欢呼雀跃，到二十里外迎接皇帝，许多人都喜极而泣，以为会回到盛世之中。他们不知道，这个皇帝和当年的玄宗皇帝已经有了区别。很快，加税和货币贬值的厄运都会纷纭而至，皇帝不这样做就无法渡过难关。③

---

① 李泌的故事见《新唐书·李泌传》，关于他的人生际遇，可以与李白对比着来考量。

② 参见《雍录》卷四望贤宫条。

③ 参见《旧唐书·第五琦传》《旧唐书·刘晏传》等。第五琦帮助皇帝制定了加税方案，以及货币贬值和盐的专卖制度，使得唐代的低税时期成为过去。这次税制改革，直到德宗时期刘晏等人推出两税法，才得以固定下来。

皇帝没有去城内的西内太极宫居住，而是来到了城外北方的大明宫。这也表明了皇帝的谨慎，不敢完全相信长安的百姓，毕竟在城外的大明宫更加安全一些。在大明宫，那些曾经投降了叛军、担任大燕官员的人都被迫光着脚、摘掉头巾在含元殿前站着，等待皇帝的裁决。皇帝到达后，他们在兵士的环卫下给皇帝叩头。他们的命运在下文还会谈到。太庙已经被叛军烧掉了，皇帝无法祭拜，只能素服对着遗迹哭了三天。

也是在同一天，太上皇从成都出发，踏上了回归的道路。

十一月初，广平王和郭子仪都从东都回来了。皇帝对郭子仪表示感谢，感慨整个国家的再造都有赖于这位以宽宏为主的将军。从军事谋略上来讲，郭子仪吃过不少败仗，对军队的控制和运用也比不上李光弼，甚至不如仆固怀恩，但郭子仪的宽宏和坚韧却是唐朝再造过程中最需要的。正是他在肃宗最危急的时候率兵前往灵武，才稳定了人心，也稳定了局势。也是他一次次失败后又一次次继续努力，才有了克复两京的功业。更重要的是，李光弼和仆固怀恩等人也是有私心的，他们的战斗力很强，却无法解决唐朝君臣互相猜忌的问题。只要这个问题不解决，就会一直困扰着各位将领，让他们除了与敌人作战，还必须互相防范，避免被自己人杀死。皇帝任命宽宏大量的郭子仪作为副元帅，恰好解除了人们的担忧，所有将领都认为在郭子仪的手下不会被埋没，也不会遭到报复，他们能够集中精力去打击敌人，将互相怀疑的诡异气氛暂时清除了。

十一月初十，太上皇终于来到了凤翔，跟随他的士兵有六百余人。他走的时候仓皇，回来的时候凄凉，所有的人都在庆祝伟大的胜利，只是这个胜利和太上皇无关，他只是一个坐享其成的老人而已。

为了表示自己接受命运的安排，太上皇把他的士兵都送到了郡县听命。皇帝则派出了三千名骑兵表示欢迎。太上皇之后的行程很缓慢，直到十二月初三，他才来到咸阳。皇帝则在望贤宫等候自己的父亲。到这时，双方的地位已经发生了天翻地覆的变化：一年多以前，太子是那么弱势，甚至担心自己能否活到即位那一天；如今，新皇帝的地位已经稳固，担忧自己未来的反而变成了太上皇。

二人自然也免不了表演一番。太上皇在望贤宫的南楼之上等待皇帝，皇帝没有穿象征皇帝的黄袍，而是穿了一件当太子时的紫袍，骑着马，第一眼见到南楼时就下马，步行到楼下。唐代臣下见皇帝的礼节除了拜之外，还要做一种特殊的舞蹈动作，现在这种动作已经失传了。①皇帝对着楼上拜舞。太上皇从楼上下来，抚着皇帝哭泣，皇帝则抱着太上皇的脚呜咽着。

接下来，太上皇向人要来了黄袍，亲自给皇帝穿上。皇帝则不断地磕头拒绝。太上皇表示，这是天数，皇帝已经得了人心，而他想要的，只是安度余年。皇帝这才接受下来。

老百姓也在承担着本分的表演，他们先是在仪仗队之外围观赞叹。当仪仗队移除后，他们前来拜谒，并表示见到两位皇帝真是太幸福了。

上殿时又是一番推辞，太上皇不肯居于正殿，又是皇帝亲自扶他登殿。吃饭时也是皇帝先品尝，表示没有事，再送给太上皇吃。

后世的史臣不厌其烦地记载了这一幕幕礼节，是为了彰显教化，表明君臣父子的礼数。②但后人看到的却是父子两人处处表现得小心翼翼，以免引起对方的戒心。他们越表现得彬彬有礼，越容易让人看到背后的剑影刀光。

这一切礼节还没有结束。初四回程时，皇帝亲自给太上皇试马，又扶他上马，为他牵笼头，走了几步，太上皇这才制止了他继续步行。于是皇帝骑上马在前面带路，他不走在正中，而是走在一边，把中间的驰道让给父亲。太上皇感动地说："我当天子五十年都不算贵人，今天当了天子父，才真的算是贵人。"一句话道出了他心中的不甘与酸楚。

太上皇从长安西北角的开远门进入大明宫，登上正殿含元殿抚慰百官，之后前往长乐殿感谢九庙主，痛哭一场之后，离开大明宫，来到了号称南内的兴庆宫，这里是他当太子时的宫殿，规模比太极宫和大明宫小得多，但之后由于扩建过，也号称是皇宫，被称为南内。太上皇以后就在这里居住。

这还不算完，皇帝还在不停地上表请求避位，请太上皇执政。每一次上表，太上皇就离权力的舞台更远一点。他就这样被儿子半孝敬半逼迫着永久性地离开了权力的中心。

---

① 这个动作到了宋代依然是君臣之间的主要礼节，但之后失传。
② 参见《资治通鉴·唐纪·至德二年》。司马光抓住机会，不厌其烦地向我们展示了大量的细节。

皇帝返回长安之后，还有一个很棘手的问题，就是投降叛军的官员问题。之所以棘手，是因为在形势面前，很难完全判断孰是孰非。

在太上皇逃跑时，几乎瞒住了所有的官员，许多人在等待上朝时才知道皇帝已经跑了。从这个角度看，是皇帝首先抛弃了自己的大臣，只顾逃命。

但也不能说这些官员毫无责任，毕竟还有一部分人逃走了。但这种逃走，又有很大的运气成分。听说皇帝逃走后，在后面紧跟着皇帝逃走的只是少数，这些人后来由于追随有功，大都升了官。大部分官员却在家庭和皇帝之间犹豫不决，他们都不知道皇帝逃到哪里去了，就算想跟着，但追不上，也只好回来了。大部分人在惶恐和犹豫中把时间错过了，再想离开长安，也不知道去哪里。等叛军到来后，就把他们一窝端了。

安禄山虽然想杀掉皇帝，但他更想建立一个政权，这样一来，自然也离不开官员。所以，安禄山对于唐朝的官员表现出了极大的慷慨，不仅没有追究他们的责任，还把他们带到东都去当官。

这些官员在东都惴惴不安地判断着形势。安庆绪撤退时，由于过于匆忙，也没有办法带他们走，只是将三十几个俘虏杀死了事，其他的官员大都获得了自由。但随后这些自由的官员就被唐军抓了起来。

这些官员以原来的宰相陈希烈为首，一共有三百多人。他们穿着素服向广平王请罪，广平王将他们带到了西京。负责审判他们的是御史中丞崔器。不幸的是，崔器是一位性格刻薄的官员，在安史之乱之初，作为奉先令的他也曾经当过俘虏，做过短期的伪官，之后因缘际会在肃宗处得到了重用。这样的人为了证明自己的清白，会对其余担任过伪官的人下死手。[1]

果然，除了上文提到的在迎接皇帝回京时，罚这些伪官磕头之外，到了十月二十五日，崔器将这些人押往大明宫的朝堂请罪。朝堂在含元殿的东西两边，分别称为东朝堂和西朝堂，是皇帝接见群臣的所在。请罪完毕，崔器将他们全都收进了大理寺和京兆府的监狱之中。

---

[1] 参见《旧唐书·崔器传》。

接下来就是鉴别工作，首先找出来的是那些不肯为叛军所用的气节人士。比如一位叫作甄济的人，安禄山没有反叛时，甄济曾经在他手下任职，后来他觉察到了安禄山的野心，就辞官不做了。安禄山反叛后，为了逼他出山，派将领蔡希德带了两个刀斧手去，把刀架在他的脖子上让他出山，甄济把脖子伸长了等待他们下刀，蔡希德也不想伤害他，只好回去说他真的病了。安庆绪时期，甄济被胁迫到东都，但他依然不肯做官。等广平王破了东都，甄济立刻去拜见广平王。皇帝认为甄济忠心耿耿，于是把他供在三司衙门里，三司在审判那些罪臣时，让这些罪臣一一向甄济拜一拜，作为对他们的羞辱。[1]

除了甄济这种不肯投降的之外，其余的人也做了区分，那些在战场上被俘的，或者因为家在附近被胁迫的，只要能坦陈实情，都会获得宽赦。安禄山任命的河南尹张万顷也得到了宽恕，因为他虽然做了叛军的官，却利用职务保全了不少百姓。

对于剩下的人怎么处理，意见分成了两派。皇帝任命的主要审判官员除了御史大夫崔器，还有三人，分别是兵部侍郎吕𬤇、礼部尚书李岘和殿中侍御史李栖筠。其中崔器和吕𬤇为一派，主张叛变投敌者都应该判死罪。而李岘和李栖筠为另一派，认为皇帝更应该讲求宽恕，特别是现在仗还没有打完，叛军中许多人已经没有了斗志，只等机会投降朝廷，如果过分惩罚这些官员，会让那些还在叛军中的人感到恐惧，不敢投降唐军。[2]

皇帝最后采纳了后者的意见，将这些官员按照轻重程度分成了六等，其中第一等当众斩首，第二等赐自尽，第三等打一百杖，剩下三等则是流贬。十二月二十九日，积极配合安禄山的官员，以河南尹达奚珣为首共十八人被斩首于城西南的独柳树下。陈希烈作为宰相投降了敌人，他与其余六人被赐死于大理寺。[3] 第三等杖刑的人则受刑于京兆府门。

在受刑的人中，还有两个特殊的人物，他们就是原宰相张说的两个儿子张均和张垍。这两个人曾深受太上皇喜爱，张垍还是当朝驸马，不想最后都投靠

---

[1] 参见《旧唐书·甄济传》。
[2] 参见《旧唐书·李岘传附岘传》。
[3] 参见《旧唐书·陈希烈传》。陈希烈本应该斩首，皇帝开恩才改为赐死。

了叛军，张垍当上了安禄山的宰相，张均则被任命为中书令。按照定罪，两人也应该是死刑，皇帝却想救下他们。可是太上皇对这两个人的印象过于深刻，坚决要处死两人。肃宗以张说曾经保护过他们为由，救下了驸马张垍，但张均却无法救下了。①

在涉罪的官员中，还有一位本书常常提到的人物——王维。

在唐代的官僚系统中，王维只是一个边缘人物，安禄山授予他给侍中，也算不上显达的官职。但唐军攻克东都后，王维也和其他的官员一起被抓起来，送往西京，与郑虔、张通等人一起关押在宣阳里的杨国忠旧宅里。②这三个人都擅长画画，当时宰相崔圆恰好处于权势高峰，借此机会让他们给自己画画。

王维的幸运在于：第一，他在东都被迫参加凝碧池宴饮时写了一首诗，其中"百官何日再朝天"一语让皇帝颇为动容，也证明他虽然身陷敌营，却并没有忘记正宗的皇帝。第二，此时，王维的弟弟王缙已经崭露头角，官至刑部侍郎兼北都副留守，他用自己的官职作保，请求以刑部侍郎赎取哥哥的罪名。③

王维在忐忑中等待着对自己的裁决。直到第二年初皇帝给他复了官，让他担任太子中允，加集贤殿学士，他才真的相信自己被赦免了。欣喜若狂的王维也忘记了所谓佛法，迫不及待地写了谢表，表达自己的感激，并再次忏悔了自己的罪过。④在他的另一首诗中，也表达自己不仅免罪还复了官的得意心情，在他的眼中，连大自然都是那么媚俗式的可爱，"花迎喜气皆知笑，鸟识欢心亦解歌"⑤。从这时开始，他又过上了悠闲的官员生活，早朝时，为了"九天阊阖开宫殿，万国衣冠拜冕旒"⑥而感到自豪。

自然，其日常也少不了官场上的应酬，以及烹葵看竹的时光。总之，王维

---

① 这种说法的来源是《资治通鉴》。另一种说法（《旧唐书》）是，张垍死于贼中，而张均本该处死，最后在肃宗的保护下，长流合浦郡。
② 参见《新唐书·郑虔传》。
③ 关于这方面讨论，可参见《王维集校注》附录年谱。
④ 即《谢除太子中允表》。
⑤ 参见《既蒙宥罪旋复拜官伏感圣恩窃书鄙意兼简新除使君等诸公》。
⑥ 参见《和贾舍人早朝大明宫之作》。

的生活突然间恢复了他惯常的状态，他依然在官僚与隐逸的夹缝中优哉游哉，仿佛安史之乱没有发生一样。

在皇帝收复两京后，度过了一段潇洒日子的除了王维，还有另一位诗人杜甫。皇帝回到长安后，立刻举行了大明宫早朝。这样的早朝被视为政府恢复正常的标志。参加早朝的文人除了王维，还有杜甫、贾志、岑参等人，他们都供职于两省，成了同僚，于是诗词往来也成了常态。

那么杜甫又是怎么成了王维的同僚的？原来，在从长安的叛军中逃走之后，杜甫听说皇帝在凤翔，立刻也来到凤翔找到了皇帝（至德二载四月）。虽然比不上那些跑到灵武去伴随皇帝的大臣，但杜甫也得到了皇帝的奖励，获得了左拾遗的官职。①

杜甫在庆幸自己找到了皇帝的同时，另一个巨大的恐惧却向他袭来：他和妻儿被迫分离已经近一年时间了，他们还活着吗？他们又是靠什么生活？特别是听说叛军最残酷时，连鸡狗都杀光了。就算躲过了杀戮，他们又吃什么、喝什么？杜甫在凤翔刚刚获得职位时，还不好意思开口提省亲。他从长安寄出的信已经十个月了，却没有消息返回。他战战兢兢地从凤翔继续发信，但随着时间的流逝，他虽然盼着有家信来到，却又越来越害怕收到家信，害怕收到坏消息。②

到了当年秋天，他才终于获得了家信，得知家人无恙，一颗心才放了下来。八月份，他终于请假前往鄜州去探望家人。一路上他徒步而行③，经过一片片的废墟，终于回到了鄜州。当他突然出现时，妻子、孩子都没有准备，竟然都吓坏了，随后纷纷垂泪。街坊邻里感慨着站满了墙头。他们说话直到深夜，就像做梦一样。④

当初逃难时，女儿饥饿到咬他，儿子更懂事一些，但为了填肚子，跟父亲

---

① 参见《自京窜至凤翔喜达行在所》。
② 参见《述怀》。
③ 《徒步归行》："青袍朝士最困者，白头拾遗徒步归。"
④ 参见《羌村三首》。

要那些不熟的苦李子充饥，想到这里杜甫感慨万分。①

十月，随着皇帝收复了西京，杜甫也得以回到长安，继续担任左拾遗。除了自己任职之外，他还帮助了另一位老朋友岑参。②

安史之乱开始时，岑参还在北庭。至德二载（公元757年）春末，岑参知道了内地的情况，也赶了回来，恰好是皇帝在凤翔之时。到了六月份，杜甫已经担任了左拾遗，他上书皇帝推荐岑参，让岑参得到了右补阙的职位。到了冬天，岑参跟随皇帝回到长安，杜甫也探亲回来。与他们在一起的还有中书舍人贾至和王维。

大明宫早朝是皇帝恢复统治的象征，于是贾至、王维、杜甫和岑参四人纷纷写诗纪念这个时刻。首先写诗的是贾至③，随后王维、杜甫和岑参各自奉旨和诗④，虽然这些作品无不是应酬之作，但作为特殊时期的见证，依然形成了一段佳话。

不过，与其他三人比起来，杜甫的好日子并不长久。就在他春风得意时，祸端却早已经在一年前埋下了。至德二载（公元757年），杜甫刚刚来到凤翔跟随皇帝，当时皇帝因房琯进攻长安不利大怒，决定罢免房琯。这件事情和杜甫并没有关系，但杜甫却自认为是房琯的朋友，上疏表示不应该罢免房琯。整个过程听起来有些像司马迁和李陵的故事，在那个故事里，司马迁丢掉了自己的生殖器。这件事也让肃宗皇帝大怒，他要将杜甫交给三司审问，追究刑责。虽然唐朝已经没有了胡乱割人生殖器的习惯，但贬官甚至流放看来是免不了了。幸亏当时喜欢文人的张镐是宰相，他出手相救，皇帝才作罢，将房琯贬到地方当刺史，暂时没有追究杜甫的责任。

但如果以为皇帝将这事忘了，那就大错特错了。第二年，皇帝回到了长安，杜甫在做了几个月的左拾遗后，收到了皇帝的斥书，被贬为华州司功参军。他

---

① 参见《彭衙行》。
② 参见《为补遗荐岑参状》。
③ 《早朝大明宫呈两省僚友》："银烛朝天紫陌长，禁城春色晓苍苍。千条弱柳垂青琐，百啭流莺绕建章。剑佩声随玉墀步，衣冠身惹御炉香。共沐恩波凤池上，朝朝染翰侍君王。"
④ 分别是：王维《和贾舍人早朝大明宫之作》、杜甫《奉和贾至舍人早朝大明宫》、岑参《奉和中书舍人贾至早朝大明宫》。

只享受了几个月的好时光,就被迫离开了长安。①

在唱和的四人中,杜甫和贾至②被贬官外放。或许是命运让杜甫必须在漂泊中记录这个时代。

差点儿结束的叛乱

唐军攻克了两京之后,已经将全局性的叛乱变成了局部性的战争。皇帝控制了长安和西北地区、西南地区、整个长江流域、淮河流域,以及河南近乎全境。只有河北与山西北部的部分地区掌握在叛军手中。在叛军占领的据点中,称得上强硬的只剩下了三个:安庆绪控制的邺城(以及其所在的相州)、史思明控制的范阳以及高秀岩控制的云州。

在这三个据点中,邺城位于无险可守的华北平原上,是收复难度最小的,而范阳和云州恰好就是后世燕云十六州③的两个中心地带。到了北宋时,因为失去了云州和燕州(幽州),中原地区相对于北方的游牧部落成了弱势,从而一直担心来自北方的攻击。北宋的灭亡也和失去燕云十六州紧密地联系在一起。

史思明和高秀岩如果联手,或者投向北部的游牧民族契丹、回纥等,都会对唐朝构成巨大的祸患。李泌曾经想先攻克范阳和云州,最后再解决两京问题,即首先获得战略要地,将敌人吸引在战略上不那么重要却很富裕的两京地区,最后再一网打尽。既然皇帝没有采纳李泌的策略,那么在攻克两京之后,随着叛军向范阳的回流,他们形成割据势力的可能性大增。

如果安禄山还活着,那么唐军受到的威胁更大,因为安禄山能够指挥得动范阳的史思明和云州的高秀岩,形成三地联动。可是安禄山之死将史思明等人的效忠解除了。安庆绪杀死了父亲,却没有父亲的威望,这就给了史思明独立行事的借口。如果能够利用两人之间的矛盾,唐朝就可以用较小的代价来结束

---

① 见两唐书的杜甫传,以及《唐才子传》。
② 贾至被贬官后遇到了李白,本书后文还会谈到。
③ 燕云十六州丢失于后汉的石敬瑭,并在整个北宋期间一直归于辽国,使得辽国有了随时进攻宋朝的基地。辽国利用这一区域获得了北宋的岁币,辽宋维持了百年的和平。

叛乱。

到了至德二载（公元757年）十二月，一个现成的机会出现了。安庆绪崩溃后，大量的军队向范阳涌去，叛军之间的对抗加剧了。

首先去往范阳的是李归仁率领的叛军部队，包括了大量的曳落河、同罗、六州胡等部族武装，加上其余的精兵一共数万人。他们一路上烧杀劫掠，守卫范阳的史思明听说他们来了，立刻开始准备防守。等这些溃军到了范阳境内，史思明派人前往招降，并让他们停止大规模的破坏行动。其中曳落河、六州胡等部族投降了史思明，加入了他的范阳守军，而同罗部则不肯投降，被史思明出兵击败后，从范阳旁边掠过，向燕山以北退去。

刚刚解决了李归仁溃军的问题，安庆绪又派来了另一支人马——大将阿史那承庆和安守忠的部队。他们这次带来了五千精兵，借口是要从范阳基地征兵，前往河北地区对抗唐军。阿史那承庆和安守忠都是名将，史思明不敢大意，但如果他允许两位将军征兵，就意味着承认了安庆绪的领导地位。可是，在当下，范阳的实力已经成了叛军中最强的一支，而安庆绪的能力却不足以指挥一场规模巨大的战争。如果史思明承认了安庆绪的领导，就意味着将自己的命放在了一个不合格的人手中，迟早会被杀死。作为安禄山手下最有能力的将领，史思明愿意以这样的方式死去吗？

就在这时，史思明的判官耿仁智提醒他，安庆绪已经如叶上的露珠，败亡是早晚的事情，如果史思明能够看清形势，投靠唐朝，帮助官军打败安庆绪，那么他们之前的罪过会被既往不咎，还可以继续担任唐朝的重臣。[1] 耿仁智的提议打动了史思明，他开始准备起义。

安守忠和阿史那承庆到来后，史思明立刻率领数万人将他们阻挡，两军相隔一里左右停住。史思明派人去告诉阿史那承庆等人，将士们都很欢迎他们的到来，但由于边兵怯懦，担心出事，因此请双方都放下兵器一起言欢。

阿史那承庆等人听从了史思明的劝告，将兵器放下。史思明将他们带入内厅，尽情叙旧，一片祥和。阿史那承庆不知道的是，史思明已经暗地里派人将

---

[1] 耿仁智说服史思明的故事，两唐书都有记载，其中《新唐书》说得更有情节性，但本文取《旧唐书》更朴素的版本。

北上士兵的武器都收缴了，愿意留下的就留下，不愿意留下的，送给粮食盘缠遣散。这些事做完了，当阿史那承庆第二天一早从灯红酒绿中清醒时，已经成了史思明的俘虏。

解除了威胁之后，史思明派将领窦子昂带上降表，以所部十三郡八万人的名义向唐王朝投降。在云州的大燕国河东节度使高秀岩听说后，也立刻选择了投降。

十二月二十二日，窦子昂到达长安，将降表奉上，皇帝大喜，封史思明为归义王、范阳节度使，就连他的七个儿子也都封了官。之后，皇帝派出宦官李思敬和史思明的故旧乌承恩前往范阳宣慰，并派史思明进攻安庆绪。乌承恩的父亲乌知义曾经担任平卢军使，史思明曾经是乌知义的手下，受到乌知义的善待。乌承恩去后，成了史思明的心腹。

史思明归降后，立刻将常山和井陉控制，帮助唐朝打通了从太原前往河北的道路，乌承恩也一路上宣布诏令。于是，河北地区大燕国控制的州郡纷纷投降，除了安庆绪所在的相州之外，都回归了唐朝。河北之外，安庆绪唯一的据点是山东的北海，到了第二年二月初，北海节度使能元皓也支撑不住，投降了唐朝，皇帝任命他为鸿胪卿充河北招讨使。

这是唐朝最接近成功的一次机会，除了相州之外，其余地方都在名义上服从了唐朝的统治。只要唐王朝运用得当，安史之乱完全可以提前五年多结束，如果以这样的方式结束，虽然唐朝内部已经有了许多节度使，中央权力已经被削弱，但只要战乱结束，那么社会经济的恢复依然可以让人们有着不错的生活。①

也应该看到，如果以这样的方式结束，安禄山原来的下属史思明和高秀岩等人依然有很强的控制力。特别是史思明，除了他控制的范阳之外，他的儿子史朝义还担任了冀州刺史，他的两位将军分别担任恒州刺史和博州刺史，加上河北的将领大都和他有渊源，事实上，他控制的区域依然是广大的。

这就又回到了唐代那个有名的悖论：一旦一位将领达到了这样的高度，在唐

---

① 事实上，中晚唐时期的军阀割据虽然加强了对民间税收的盘剥，但由于政府控制力的减弱，社会经济得到了一定的发展，特别是在新技术（如印刷等）和外贸方面。人们由于更加怀念集权的玄宗时期，忽略了这些方面的进步。

代就成了一个无解的难题。在后来的宋代，由于宋太祖的策略，宋代的将军和大臣都不用担心自己的安危，即便他们权力再大，皇帝让他们放弃时，他们依然可以毫不犹豫地放弃，回家做一个富裕的地主，这是因为他们知道自己不会被皇帝杀掉。

可是在唐代，史思明就不那么幸运了。不管是之前的张守珪和王忠嗣，还是后来的安禄山，当他们的职位过多、权力过大时，都没有办法安全地降落，不是在内斗中倒台，就是发动了叛乱。到了史思明时代，如何安置他依然是无解的。

最好的办法是让史思明离职，给他一个和平富裕的结局。但这样的做法超出了唐朝的系统，不可能做到。他即便真的忠心于朝廷，也很难逃脱两种宿命：一是"权力过大—皇帝不放心—朝臣献策解除他的权力—失去权力—皇帝依然担心他的党羽—他被追究掌权时的责任—被皇帝杀死"；二是"权力过大—皇帝不放心—朝臣献策解除他的权力—不敢放权—与朝廷对抗—被剿灭"。

最先提醒皇帝要防范史思明并解除他的权力的，是当时的宰相张镐。在收复两京之后，被皇帝派去兼任河南节度使的张镐也因为有功加封了银青光禄大夫，封南阳郡公。但皇帝依然不想让这个还挂着宰相头衔的刺头回到自己身边，下诏让他留守汴州，继续追剿安禄山余党。不想张镐并不识趣，他是一位勤勉、不肯趋炎附势的官员，虽然也无法解开这两个链条，但他又能看到在唐代的政治体系下，史思明的存在是危险的。他在史思明投降之初，就写信给皇帝，表示史思明的归附只是暂时的，因此皇帝必须警惕，做好准备，逐渐剪除史思明的权力。同时，他又告了自己的手下滑州防御使许书冀一状，请求皇帝将他免职。但不幸的是，皇帝此时需要史思明的投降。另外，皇帝宁愿相信自己的宦官——他派遣的宦官都在说着史、许两人的好话。这让皇帝认定张镐是个无用且烦人的刺头，于是罢了他的相职，让他担任荆州大都督府长史。这个官职也很重要，却让皇帝在中央上摆脱了张镐。[①]

第二个提醒皇帝的人是李光弼。李光弼也意识到史思明的权力太大。由于

---

① 参见《旧唐书·张镐传》。

唐朝官僚系统的局限性，李光弼也没有办法和平地解除史思明的权力，于是他给皇帝献出了一条暴力的计策，也就是做局杀死史思明。

李光弼计划中除掉史思明的人选是乌承恩。他劝说皇帝秘密授予乌承恩范阳节度副使的职务，又给另一员叛将阿史那承庆赐予铁券，让这两个人除掉史思明。此时的阿史那承庆还不知道李光弼和乌承恩的计划，自然也不知道皇帝想让他杀死史思明，他根本没有机会亲自做出选择，就被强塞了这个使命。

乌承恩投靠了皇帝之后，在范阳军营不断地寻找目标，偷偷劝说将士们反对史思明。他甚至穿着女人的衣服进入军营去策划。这些事情传到了史思明的耳中，他最初还不介意，不相信乌承恩会背叛自己。但有一次乌承恩去了长安，回来时带来了宦官李思敬。史思明多了个心眼，安排乌承恩住在自己的府中，偷偷在他的床下藏了两个人。乌承恩的小儿子也在范阳，史思明安排他去见乌承恩。深夜，乌承恩见四处没人了，偷偷地将计划告诉了儿子，并告诉他事成之后，自己就可以成为范阳节度使。

话音刚落，史思明安排的人从床下钻出，将乌承恩父子抓住。从乌承恩身上又搜出了给阿史那承庆的铁券以及李光弼的信，信上提到，只有事成之后才能给阿史那承庆铁券。此外，还有一份数百人的名单，记载了史思明心腹下属的名字。

史思明见到这些证据，立刻大怒，他召集将士，对着西方大哭，控诉皇帝的无情无义：明明是自己带着十三万人投降，才让皇帝有机会结束战争，不想战争还没有最终完结，皇帝已经开始谋算着杀他。①

他杀了乌承恩等人，并上书皇帝要求惩罚李光弼。

日后，人们常常责怪李光弼，认为是他的计谋失败，让安史之乱死灰复燃，再次扩大。但我们应该看到，唐朝的政治体系下，史思明问题已经成了死结，迟早会爆发：不是以对唐王朝有利的方式，就是以唐王朝更加被动的方式。李光弼的做法虽然看上去卑鄙，却是争取上风的做法，至于是否成功，则带着很强的偶然性。

---

① 关于史思明被逼，《新唐书》将之归于皇帝，而《资治通鉴》则归诸李光弼。

但这件事同样不能只归罪于史思明。逼迫史思明造反的，与当年逼迫安禄山造反的局势同出一辙，由于他们的权力太大，已经超出了唐王朝的制度设计，除非他们死亡，否则是不足以让这个系统满意的。

纷争再起

史思明杀死乌承恩是在乾元元年（公元758年）六月，距离他归顺唐朝只有半年时间。但他没有立刻反叛，这给了唐军与安庆绪继续作战的时间。

在皇帝处理家事和叛臣时，安庆绪依然在做困兽之斗。他的地盘最小时缩水到只剩下相州，最大时也没有越过太行山以西和黄河以东，仅仅局限在山河之间的平原地带。如果不是唐军的战斗力不强，他早已经被绞杀了。但由于唐朝此时的第一任务是安抚皇室、群臣和百姓，使得安庆绪得以重新获得了相州周边的一些地区。

三月份，安庆绪攻克了清河和平原郡。四月，他派军攻打了位于太行山以南和黄河以北的河内地区，但没有获胜。叛军由于对攻克的州县以杀戮为主，甚至连自己原本的部曲也不能幸免，因此士气越来越低落。

到了九月初，安庆绪手中依然掌握着七郡六十余城。所谓七郡，指的是汲郡、邺城、赵郡、魏郡、平原、清河与博平。由于河北地区是粮仓，通过掠夺，叛军的军粮也是充足的。

不过，安庆绪本人不堪到连朝政都不亲自打理，而是交给了亲信大臣高尚、张通儒等人，这些人又善于争权、钩心斗角，导致纲纪大乱。最有才华的将军蔡希德被张通儒杀死，后来张通儒又任用刚愎的将军的崔乾祐，使得军中大乱，许多原本隶属蔡希德的士兵偷偷逃走了。

鉴于叛军羸弱，到了九月二十一日，皇帝在处理好各项问题之后，决定派遣阵容庞大的唐军，对安庆绪所在的邺城发起最后的进攻。这里也可以看出安史之乱前后唐朝军事的变化。在玄宗之前，所有的军队理论上都是由皇帝派遣的直辖官员指挥的。到了玄宗时期，北方边境的节度使获取了军事指挥权和征兵权，使得他们指挥的士兵对节度使本人产生了忠诚，却对皇帝更加疏远了。

皇帝为了对抗安禄山，不得不在内地任命更多的节度使，而这些节度使都拥有一定的兵权。皇帝手中已经没有了足够的直辖军队可以攻打安庆绪，要想发动进攻，就必须使用节度使的军队。

皇帝为了进攻邺城，一共动用了九个节度使[1]和一位兵马使的军队：一开始，朔方节度使郭子仪、淮西节度使鲁炅、兴平军节度使李奂、滑濮节度使许叔冀、镇西北庭节度使李嗣业、郑蔡节度使季广琛、河南节度使崔光远，这七个节度使加上平卢兵马使董秦等部，一共凑了二十万人；之后皇帝又感觉还不够，又命河东节度使李光弼、关内泽潞节度使王思礼带兵前往助战。

自从军队掌握在节度使手中，就产生了另一个难题：之前皇帝可以任命一位兵马大元帅（或者副元帅）统领所有的军队，但这些节度使的军队一般只对节度使本人效忠，九个节度使从职衔上来看是并列的，到底由谁来指挥联军呢？

按照正常的逻辑，指挥官应该是最德高望重的一位，即郭子仪。但皇帝认为郭子仪和李光弼战功相当，很难互相隶属，所以决定不再设置元帅。这样，九位节度使虽然兵力众多，却缺乏统一的指挥系统，造成唐军作战困难重重。

更不幸的是，皇帝这样做还有他自己的私心，他是为了能够深入掌控战争的进程。既然没有元帅，皇帝为了和军队取得联系，就设置了一位观军容使，全称为观军容宣慰处置使。观军容使由一位宦官鱼朝恩担任，这位观军容使就成了实际上的战争领导者。虽然皇帝任命他是为了自己控制军队，但由于战场离长安太远，事实上皇帝是控制不了这位宦官的。

最初，唐军的进展颇为顺利。十月，郭子仪率领兵马从杏园渡过黄河，向东到达了卫州西南九十里的获嘉县。在这里，他遭遇了安庆绪的将军安太清，双方大战一场，唐军斩首四千级，俘虏了五百人。安太清率众逃入卫州城，继续与唐军对峙。初七，郭子仪一面派人向皇帝报捷，一面继续紧跟安太清，将卫州城团团围住。

---

[1] 各节度使辖区，见下一章的表格。关于邺城之战九节度使，此处依《资治通鉴》所载，与两唐书有所不同。两唐书所载九节度使为：郭子仪、李光弼、李嗣业、王思礼、鲁炅、李奂、许叔冀、董秦、季广琛。详见两唐书《肃宗本纪》。

其余诸路兵马也逐渐赶到，其中鲁炅从阳武渡过黄河，季广琛、崔光远从酸枣（今河南省新乡市延津县北）渡河，加上李嗣业的部队，都和郭子仪在卫州城外会合了。

卫州城已经是邺城的门户，不容有失，安庆绪连忙调集了七万大军，分成上、中、下三军，分别由崔乾祐、安庆绪本人和田承嗣率领，试图解卫州之围。

郭子仪采取了围坚打援的做法，寻找了一块满是墙垣的地方，派了弓弩手埋伏好。他本人则率军出击，假装不敌，将叛军吸引到了这里。唐军矢如雨下，敌人无法突破，只好转身逃走，郭子仪一见敌人逃了，连忙调转方向追击。这次战斗郭子仪不仅击败了安庆绪，还抓获了安庆绪的弟弟安庆和，将他斩首。由于叛军援军被击败，最终卫州也被唐军拿下。

获得卫州之后，郭子仪马不停蹄地紧随着安庆绪来到了叛军的巢穴邺城。此刻，唐军又有数路兵马赶到，他们是许叔冀、董秦、王思礼以及河东兵马使薛兼训的部队。安庆绪率领余众与唐军在邺城外一个叫作愁思冈的地方大战，又战败了。

这几次战斗，叛军加起来损失了三万余人，几乎丧失了一半军队。加上城外唐军的重重围困，安庆绪眼看就支撑不住了。他连忙向位于幽州的史思明求救。

史思明如果没有再次谋反，也许叛乱到这里就要结束了。但随着李光弼图谋史思明计划的暴露，情况已经变了。史思明等待了几个月，留给他的机会已经不多了。他如果继续作壁上观，也许等唐军处理完安庆绪，接下来就会北上来解决他。可是如果去帮助安庆绪，也可能徒劳无功把自己搭进去。史思明会怎么做呢？

最初，史思明在观望。这时，安庆绪给他开出了条件。安庆绪建议：只要史思明出兵，安庆绪就将皇帝让给他。这个条件不足以让史思明心动，但是继续等待已经不可能了。如果不救安庆绪，唐军攻克了邺城，唇亡齿寒，史思明到时候再反抗就晚了。他决定先派李归仁率领一万人到邺城以北六十里的滏阳，驻扎在那里继续观望后来的战况。

到了十一月份，形势再次出现了变化。唐军崔光远部攻克了魏州，继续压缩河北的空间。到这时，史思明终于认定不能再等了，一旦唐军获得了整个河北，自己就完全没有机会了。他兵分三路：一路走邢州、洺州，一路走冀州、贝州，另一路从洹水县前往魏州。

十二月，史思明的大军已经到了魏州城外。崔光远派大将李处崟出战。史思明击败了李处崟，将他追回城内。叛军还和唐军打起了心理战，边追边扬言：是李处崟招我们来的！崔光远听后将李处崟腰斩。这件事严重地影响了城内唐军的士气，崔光远也只好逃往汴州。十二月二十九日，史思明攻克魏州，杀死了守军三万人。①

乾元二年（公元759年）正月初一，也就是安禄山称帝两周年，史思明在魏州称王。他在魏州城北的空地上修筑了一座祭坛，自称大圣燕王②。

由于急于称王，史思明实际上给了唐军可乘之机。李光弼认为，史思明按兵不动是为了等唐军疲敝，再利用精锐部队发动奇袭，击败唐军。要想破除这个计策，唐军必须主动出击，由最精锐的朔方军进攻魏州，将史思明困在那儿，剩下的部队加紧进攻邺城，尽快击败安庆绪。只有这样才能避免两支叛军合流。

唐军如果有一个元帅可以做最终的决定，不管这个元帅是郭子仪还是李光弼，都可能会采用这个计策。但由于唐军缺乏元帅，而行使监军职能的鱼朝恩却不想听从将领的意见，李光弼这个最优策略反而被搁置了。

这一搁置就是一个多月。到了二月，唐军还在继续围攻邺城。此时邺城已经接近山穷水尽。邺城之外有一条河叫作漳水，为了尽快击败敌人，唐军在城外筑了两道墙，墙里墙外共挖了三条河，又把漳水的河水引过来，灌入城中，让整个邺城成为泽国。城内的居民为了避水，只好搭高架生活，井水也被污染了，粮食也吃光了，一只老鼠都卖到了四千钱。马更是只能吃马粪和筑墙时掺到墙里的麸皮。外面的唐军知道城内的窘境，以为攻克邺城只是早晚的事情，但这座城市却苦挨过了整个冬天。城内叛军唯一的指望，就是在魏州的史思明。

奇怪的是，唐军的九路大军围在城外久攻不下，竟然没有人想办法去进攻

---

① 对于史思明与九节度在河北的战争，我们依然只能参考《资治通鉴》。两唐书的内容都相对简略。
② 注意，史思明称王并非称帝，意味着从安氏向史氏的权力交接依然没有完成，为接下来史思明与安庆绪的交往留下了机会。

魏州的史思明。鱼朝恩只是观军容使，不是元帅，但他有足够的实权，却并不想负责指挥，其余的人则是没有足够的权力调动另外八支部队。唐军就这么奇怪地在城外等待，而城内想投降的人由于水太深也出不来。

直到二月下旬，养得膘肥体壮的史思明军队才从魏州出发，向邺城袭来。他的将军们领着兵马并没有首先接近唐军，而是在距离邺城五十里的半径内各自找地方驻扎。每个营设立了三百面鼓，不断地敲击震慑唐军。最初他们和唐军的战斗以骚扰为主，每一个营出五百精兵，每天到城下劫掠，只袭击唐军的小股部队和辎重。只要唐军大部队一出来，他们就归营。这批骚扰部队有时候白天出来，有时候晚上出来，让唐军无法预判，越来越疲劳。

更让唐军感到苦恼的是辎重问题。事实上，在安禄山叛乱之后的几年，随着唐朝经济被破坏，民间的粮食供应已经大成问题。由于政府税收造成的金融问题也显现了出来。在前一年七月，第五琦就给皇帝出主意，制造了一批大钱叫"乾元重宝"，这种钱比普通的开元通宝只是稍微重一点，却以一当十。事实上，这种方式是皇帝利用货币贬值[1]从民间搜刮财富的一种方式，这种方式更是扰乱了民间的金融市场，进一步造成了混乱。第二年九月，朝廷更是发行了以一当五十的乾元重宝大钱，进一步掠夺民间。

唐军本来就由于粮食生产和金融的混乱，有着严重的辎重问题，史思明更是看到了这一点，专门对唐军的辎重下手。唐军的粮食大都通过水路从江淮地区或者山西地区运来。史思明就让士兵装扮成唐军士兵，在碰到唐军的运粮队时，故意刁难他们，故意杀掉运送粮草的老百姓，甚至烧掉粮草，让唐军的粮食运输队伍充满了恐惧。最终，唐军的粮食供应也跟不上了。

史思明做好了这一切，才决定与唐军决战。三月初六，唐军步骑一共六十万人在安阳河的北岸列阵，史思明只率领了五万精兵，与唐军遥遥相对。唐军的九路大军见到叛军，都以为这只是一些散兵游勇，毕竟双方人数相差太多了，就没有太在意。

不想，史思明突然间率军出击，直奔唐营。首先和叛军接战的是李光弼、

---

[1] 唐代的货币贬值，参见本书作者的《中央帝国的财政密码》和《新唐书·食货志》。

王思礼、许叔冀和鲁炅的部队,在战斗中,双方死伤相当,不分上下。鲁炅被敌人的流矢射伤后,郭子仪率军从他的背后顶上。

按照史书的说法①,就在郭子仪布阵未毕时,突然来了一阵大风,天地间一片昏暗,人们距离咫尺却看不清对方。在大风的袭击下,双方的军队都受到了巨大的惊扰,唐军向南方溃败,而叛军向北方溃败。双方扔掉的武器辎重堆满了道路。按照史书,击败唐军的不是叛军,而是这一场有如天意的大风。但如果仔细看后来双方的表现,就可以认定,即便没有大风,唐军的士气也早已居于下风,迟早会被击败。

之所以这样说,是从双方崩溃之后的表现来判断的。首先看叛军。叛军崩溃后,溃军一直向北逃到了邺城西北两百余里外的沙河,在这里史思明得以重整军队,回到邺城以南。在战争中最难控制的就是溃军,一旦崩溃,往往意味着将领们无法再找到他们重新整编,整个战役也就结束了。史思明的叛军虽然溃逃了两百余里,却最终能够重新找回,表明他们虽然也乱了套,但并没有彻底乱套。那么,与之相对的唐军表现又怎么样呢?

唐军的溃逃可以用一泻千里来形容。首先看郭子仪的军队。他所在的朔方本来在北方,但由于士兵只能向南逃,这些溃军一路奔逃到黄河边、洛阳以北的河阳,将河阳桥斩断,避免追兵到来。之后,他们进入洛阳城,一查,原来的上万匹战马只剩下了三千,十万套的武器几乎丢干净了。东都洛阳的人民一看溃军到来,吓得纷纷逃入山中,就连东都留守崔圆、河南尹苏震也逃走了。在东都惊魂未定的郭子仪原本想放弃洛阳,前往陕城和潼关守卫——相当于放弃东都,只保西京,这就回到了安禄山之乱最初的形势了——好在有人劝说他不要撤那么远,郭子仪才派人回到河阳城进行守卫。②

除了郭子仪之外,其余的唐军节度使也大都无法收拾局面,一直退到了自己的辖区才停下。只有李光弼和王思礼两支部队由于纪律严明,得以全军而退③,但他们也不敢在河北逗留,而是尽快回到了自己的辖区。

---

① 即《资治通鉴·唐纪·乾元二年》。
② 两唐书都详细描写了郭子仪的败局,但对于洛阳城中的百姓只字未提。在这方面,《资治通鉴》却并没有避讳。
③ 参见《新唐书·王思礼传》。

关于这次失败，有一个人却似有预感，那就是在华州司功参军任上的杜甫。华州距离长安不远，也在连接长安和东部地区的交通要道上。杜甫被从长安贬出担任华州司功参军时，恰好是郭子仪等将领率领大军讨伐安庆绪的时间。杜甫望着过境的大军，似乎感到了一丝危机，他如同预言般写下"奇兵不在众"这句话。① 不久，这些大军在相州被史思明击败，证实了杜甫的说法。只是杜甫只能远远地望着这一切，无法参与其中。

九节度使的失败，预示着唐朝未来的局面。由于缺乏统一的指挥，节度使的兵往往花费巨大，作战能力却有限。当然节度使也知道自己的兵是有问题的，他们所谓的作战往往是阳奉阴违，战争以政治为主，军事为辅。皇帝缺乏直辖军，只能依靠节度使，于是唐朝后期就变成了战争频仍、耗费巨大，却总是徒劳无功的局面。皇帝要想摆平节度使，往往依靠的不是武功，而是合纵连横以及妥协。②

然而，更悲惨的是，为了抵御史思明的进攻，皇帝还必须设立更多的节度使，这就使得唐朝进一步碎片化，导致了中晚唐时期不可避免的中央失能。

史思明解救了邺城之后，首先的任务不是进攻唐军，而是解决内部问题。他以结盟为由，将安庆绪诱出邺城，以为安禄山报仇为借口，将安庆绪斩首。与安庆绪同死的还有他的四个弟弟，以及高尚、孙孝哲、崔乾祐等人。到这时，史思明完全合并了安庆绪的势力。这意味着大燕政权完全从安氏转手到史氏，也表明安史之乱进入了后半程：史思明父子的时代。

史思明的势力范围依然是在河北地区，最南方是安太清占据的怀州，最北面则是史思明占据的范阳，中间的连接部，则是他的儿子史朝义所占据的相州。

四月初，史思明自称大燕皇帝，改元顺天，完成了从燕王到皇帝的身份转变。

日后，人们说起安史之乱，所谈论的往往都是安禄山时期的事情，比如哥舒翰失守通关，颜氏兄弟和张巡等人的抗战，明皇迁蜀和返回，肃宗北上灵武，

---

① 参见《观安西兵过赴关中待命二首》。
② 参见《旧唐书·德宗纪》。最典型的政治战争发生在唐德宗时期。

以及收复两京。对于叛乱后期的史思明父子阶段却总是叙述甚少。这其中的一个原因，是安禄山在叛乱之前和皇帝家族的纠葛，戏码更加充分，而史思明父子却缺乏安禄山的戏剧性。史思明是一个标准的将领，从作战角度，他的谋略不在郭子仪和李光弼之下，但除了作战之外，他的性格是模糊不清的，也缺乏各种小道消息。唐人对他几乎无话可说，也就忽略了。

而另一个原因，则是安禄山叛乱所引起的是一场全局性战争，安禄山的战略包括了整个华北地区、关中平原，甚至有向淮河和两湖盆地扩张的可能性。加之他攻克了两京，逼走了皇帝，使得唐王朝陷入了彻彻底底的危急时刻。而史思明即便再能征善战，他所接手的也是一个缩小的控制区。到了他的时期，所谓叛乱只能算是一场局部战争，唐朝付出的只是华北地区直至洛阳周边。史思明丧失了山西北部，在山东地区也没有作为，最多时他只是攻占了东都洛阳。在这个区域之外，唐朝的社会经济都在正常运行，虽然税收更高，人民生活也更加艰苦，但由于没有战乱波及，华北地区之外的人民甚至感知不到战争了。各路节度使虽然参加了战争，但他们只是把军队带到了华北参加战斗，失败了就撤出，胜利了就挤压叛军的地盘。这种战争从任何层面上看，都只是一场局部战争。

安史之乱虽然拖了八年，但唐朝人感受最深的，是安禄山攻克两京的那段时间。皇帝收复了两京，即便战争还在进行，人们也习以为常了。只是战争对于唐朝行政的腐蚀作用依然存在，皇帝设立的众多节度使，最终必然成为皇帝的大患，使得帝国行政趋于解体。

唐军与史思明的"局部战争"模式，也可以从唐军缓慢的军事准备看出来。九节度使失败四个月后，皇帝才将郭子仪撤职。兵败后，皇帝首先认识到唐军没有元帅的弱点，让郭子仪以朔方节度使的身份领东畿山东河东诸道元帅，权知东京留守。但担任观军容使的宦官鱼朝恩不喜欢郭子仪，提请皇帝换人，于是到了七月份，皇帝把郭子仪召回了长安，任李光弼为兵马元帅兼朔方节度使。李光弼不敢担任元帅，而是奏请皇帝根据传统，让一位亲王（赵王李係）担任元帅，他本人只担任副元帅。

要想让郭子仪离开他的军队并不容易，这并不是说他本人不想离开，而是士兵们不想放他走。他们哭着请求宣旨的中使不要让郭子仪离开。最后，郭子仪只好欺骗士兵，说他只不过是去送一下中使，乘士兵不注意，他才骑马离开了。

十七日，李光弼带着河东五百名骑兵进入了东都。他没敢在白天入营，而是乘夜间进入。士兵们喜欢为郭子仪打仗，是因为他是一个忠厚的长者，虽然在战场上表现一般，却能够让士兵们为他心甘情愿地拼死搏杀。同样出身于朔方军的李光弼则采用了另一种截然不同的指挥风格，在他的手下，士兵们是被纪律和恐惧感支配的，但也正因为他令行禁止和赏罚严明，所以在战场上的表现优于郭子仪。[1]

接管了朔方军的李光弼立刻改变了郭子仪形成的风格，开展了治军运动，要求一切都有条不紊，号令严整。士兵们并不喜欢他，一直怀念郭子仪，却又不得不遵守他的法令。最能体现其中矛盾的，莫过于左厢兵马使张用济的事件。[2]

张用济是郭子仪手下的猛将加功臣。九节度使的军队崩溃后，是张用济率领五千人马占据了河阳[3]，又在黄河的南北两岸修建了两座新城，这才阻挡了叛军对河阳的进攻，也防止了叛军攻打洛阳。

张用济本来是唐朝的功臣，同时他对郭子仪忠心耿耿，对李光弼乘夜间进入朔方军营充满了鄙夷，认为李光弼作为一个朝廷猛将，竟然害怕自己的士兵。张用济甚至想组织军队反抗李光弼的接管，但被仆固怀恩和另一名将领康元宝劝住了。他们认为，是朝廷免掉了郭子仪，如果张用济违抗命令，很可能会害了郭子仪。张用济权衡再三，决定应李光弼的召唤，单骑到李光弼营中拜见。与此同时，李光弼却带了上千人迎接他，在见到张用济后，李光弼以张用济没有按时到来为理由将他直接斩首，把河阳将领换成了自己的心腹辛京杲。

李光弼斩杀功臣张用济也让其他的将领胆寒。接下来拜见李光弼的是大将仆固怀恩。李光弼引仆固怀恩刚刚坐定，突然手下报告说有五百名蕃兵到来，李光弼听后脸色大变。仆固怀恩走出去，故意斥责这些番兵：叫你们不要来，

---

[1] 郭李的性格对比，也导致了双方不同的结局，关于他们的评价，见《旧唐书》两人的本传。

[2] 参见《旧唐书·李光弼传》。

[3] 也是他本人提出的计策，见《资治通鉴·唐纪·乾元二年》。

你们偏不听。李光弼劝解他说士卒跟随将军，也没有错误，下令赐予这些番兵酒肉。①

虽然李光弼不见得想杀仆固怀恩，但从这件事中可以看出，在唐朝要想取得上级的信任有多困难，如果稍微防范不到位，一位将军很有可能不是死于敌人之手，而是被自己人斩杀。

再失东都

乾元二年（公元759年）九月，在范阳休整完毕的史思明决定大举南下。他派儿子史朝清守卫范阳，自己率领大队人马以东都洛阳为第一目标，发起了进攻。从史思明的进攻也可以看出唐朝军事的无力，在数个月的时间内无力组织一次像样的进攻，只能等待兵肥马壮的敌人首先发起进攻。

史思明的进攻策略也超出了唐军的想象。唐军的主要防守区域在山西以及洛阳地区，但史思明的进攻却和当年的安禄山有相似之处：他首先派兵南下，直接以现在河南开封的汴州为第一中间点，攻克汴州之后再折向西方进攻洛阳，这就绕过了唐军主要防守的河内与洛阳之间的地带。

为了进攻汴州，史思明更是派出了四路大军，选择了四个渡河地点。其中，令狐彰率领的五千人马在黎阳过河取滑州，而剩下三路分别是从濮阳过河的史思明自己的部队，从白皋过河的由其子史朝义带领的部队，以及从胡良过河的周挚部队。这些军队过河后，再一起向汴州进攻。

史思明出发时，李光弼正在黄河的各个渡口巡逻，他听到消息后直接去了汴州，要求汴滑节度使许叔冀抵抗半个月，只要能够支撑半个月，他就能率领其他地方的救兵赶到。得到了许叔冀的许诺后，李光弼回到洛阳搬兵。

但不幸的是，许叔冀并没有做到。李光弼离开不久，史思明就杀到了，在初战不利的情况下，许叔冀和他的手下全部投降了叛军。只有一位叫作田神功

---

① 《新唐书·李光弼传》记载有出入，只说仆固怀恩先期到达，未提其他。这里依据《资治通鉴》。

的将领是诈降，抓住机会斩杀了对方几位将领之后，逃回了唐军。①

获得了汴州的史思明立刻转向西方，攻克了郑州。

在叛军进攻时，李光弼也征集了他在洛阳以西的部曲，准备向东迎击敌人。但在到达洛阳后，却传来消息，叛军已经离开郑州，到达了洛阳以东的旧洛阳地区。在洛阳坐落的伊洛平原上，唐代的东都以东，是汉魏时期留下的旧洛阳城，两者并不重叠。②叛军的前锋已经到了旧洛阳一带的石桥。

李光弼召集了东京留守韦陟，他们商议过后，认定洛阳已经不可能抵抗叛军的进攻了，要想保全，最好的方法反而是放弃洛阳。但在放弃洛阳之后去哪里的问题上，双方的意见却并不一致。韦陟等人认为放弃后，应该向西撤到陕城和潼关地区进行防守，这是当年哥舒翰和高仙芝的策略。而李光弼则认为，如果撤到陕城和潼关，意味着放弃了五百里的防守，在洛阳地区最好的防守不在洛阳，却在洛阳以北的河阳。

河阳最初只是黄河中的一个小岛，守军就在小岛上修筑了一个小城中潬，之后又在黄河的南北两岸构建了两个小城，即南城和北城，这样，河阳三城就构成了一个立体的防守体系。更难得的是，河阳以北距离山西的太行山不远，太行山之后的山西高原还掌握在唐军手中，一旦河阳无法守住，完全可以从这里撤退到山西地区。③如果叛军攻克东都之后去攻打潼关，由于河阳位于洛阳之北，即便叛军占领了洛阳，河阳也会成为叛军背后的一枚钉子，让他们不得不随时面对来自背后的威胁。

两人商量的结果，是韦陟率领东京的官员向西进入关中地区避难，河南尹李若幽则率领老百姓到山里避难，将洛阳变成空城。即便叛军占领，也没有足够的资源守卫。李光弼本人则率领士兵带上所有的战略物资（主要是油和铁）北上河阳。

---

① 许书冀在张巡守睢阳时就受到质疑，并被两任节度使举报，却依然无恙，直到此次投降叛军。他的经历也表明皇帝对于地方军阀控制力之弱，这在玄宗时代是难以想象的。田神功虽然忠于唐朝，但在日后，他利用了皇帝的孱弱，在镇压刘展之乱（见本书后续）时为自己牟利，也可以看作未来军阀的生存模式。田神功事见《旧唐书·田神功传》。

② 关于旧洛阳城，最好的描写来自《洛阳伽蓝记》。

③ 从河阳经过河内地区，有通往山西上党地区的太行陉道，也有通往汾河流域的白陉通道。

他们出发时，敌人已经到达石桥，李光弼也选择了从石桥北上。夜间为了赶路，唐军燃起了火把徐徐前进，敌人跟在身后，不敢袭击他们，直到将他们目送到河阳。驻守河阳的唐军只有两万人，粮草只够十天而已。

但李光弼计策是成功的。史思明到达洛阳后，发现这里已经是一座空城，他沉吟良久，决定不进城，而是在汉魏故城的白马寺一带驻扎。他这样做，也是为了避免安禄山时期出现的占城之后的军队腐化问题。

除了在白马寺驻扎之外，史思明还在河阳城的南面修建了一座月城，防范李光弼的部队。于是，河阳这座跨越黄河的小城，就成了战争的中心。

十月，史思明亲自率领军队进攻河阳城。李光弼守河阳的过程，与当初张巡守睢阳一样，充满了可歌可泣的故事。①

刚刚到达时，史思明就派出了猛将刘龙仙到城下挑战。刘龙仙为了表示轻视，把右足翘到马脖子上坐着辱骂李光弼，这种单兵式的挑战虽然无关乎大局，却对士气有着很大的影响。按照规矩，守城的人也应该派出一员猛将与之对战，获胜的一方就获得了心理上的优势。如果不敢应战，对方的谩骂就会对士兵造成心理压力，让他们抬不起头来，甚至怀疑自己的将军。

李光弼决定应战，但他不会亲自前往，而是询问左右谁可以出战。仆固怀恩想出战，却被他制止了，作为大将如果有个闪失显然是不值得的。最后，有人推荐一位叫作白孝德的安息胡人裨将，白孝德本人也愿意前往。李光弼问他需要什么支援，他回答，只需要五十个骑兵作为后援，也请大军多弄出点声响来提气。至于杀敌的过程，他一个人就够了。

白孝德持着两根矛，骑在马上懒洋洋出了城门，河阳城在河中，他必须从滩头的河水中蹚过。仆固怀恩看到白孝德出门的架势，连忙说赢了。李光弼问他为什么，仆固怀恩认为，见到白孝德闲适的样子，就知道他已经有了万全的计策。

刘龙仙见白孝德一人前来，很是轻视，他准备做出冲击，但白孝德摇手示

---

① 参见《旧唐书·李光弼传》。

意他等一等，仿佛不是来打仗的。直到两人只有十步的距离，才说上了话。刘龙仙还是在谩骂，而白孝德静静等待着他骂完，瞪眼问道：你知道我是谁？对方回答不知。

白孝德回答：我白孝德也！

刘龙仙张口骂他。白孝德冲上去提矛就刺，城内的五十名骑兵也跟了出来，城上则大声鼓噪着。刘龙仙原本准备用箭，但已经来不及了，他只好绕着河堤奔驰。白孝德追上他，乘他反应不及，将他斩于马下，割下人头带回城内。①

这一回合以守军的完胜告终，也将叛军的士气打压了下来。

史思明为了提高士气，也为了震撼城内的守军，每日将自己拥有的千匹良马放出来在黄河南岸的水中清洗。为了显示马多，这些马被循环利用，不断地轮流展示。李光弼在军中找了五百匹母马，把它们的小马驹留在城内。等史思明洗马时，李光弼让人把母马赶出，母马思念马驹，一时间马嘶不已，引得史思明的良马全都蹚过黄河，向河阳城游去，被城内的守军尽数带走。

河阳城之所以被李光弼选中，是因为连接黄河两岸的浮桥，这让李光弼既可以进入河南，也可以进入山西，还可以在河中间守卫。史思明决定毁掉守军的浮桥。他派出了数百艘战船，前面导以火船，准备用火船烧掉浮桥，再利用后面的战船进攻城池。李光弼准备了数百根长杆，杆头绑着铁叉，铁叉外裹着不易燃烧的毡子。用这种长杆把火船抵住，过一会儿，火船就烧光了。这种叉子还可以抵住战船，再用大炮瞄准战船将它击沉。

既然直接进攻不利，史思明开始考虑另外的战术：截断对方的粮道。他在黄河以北的河清县驻军，试图截断唐军北方的粮道。李光弼则驻军在一个叫作野水渡的地方防止叛军偷袭粮草。

但到了晚上，李光弼却带人离开了野水渡，回到河阳城，在野水渡只留下了一千兵马，由一个叫作雍希颢的将领带领。在离开前，李光弼告诉雍希颢：在

---

① 参见《旧唐书·白孝德传》。作为猛将，白孝德最后做到了安西北庭行营节度、鄜坊邠宁节度使，历检校刑部尚书，封昌化郡王。善终。

叛军的阵营中有三员勇将，分别是李日越、高庭晖和喻文景，今晚史思明必定派他们之中的一人领兵来劫营，如果贼兵来了，不要与他们打仗，如果他们投降，就带他们到河阳来。

雍希颢对于李光弼的话不甚了了。但当晚，叛军真的来了。来的大将是李日越，带了五百个士兵。敌军到达后，雍希颢果然闭门不战，只和他打嘴仗。李日越询问了一些问题，得知李光弼已经不在这里，守卫这里的是雍希颢，守军只有一千人。得知这些，他决定投降唐军。这让雍希颢感到吃惊。但他记得李光弼的话，于是将李日越送到了河阳城李光弼处。李光弼善待了李日越，不想不久之后，另一员大将高庭晖也来投降了。

原来，史思明认为李光弼不善于野战，善于守城。当他听说李光弼在野外的野水渡，立刻派李日越前去劫营，并下了死命令，让他必须抓来李光弼，否则就不要回来。

李日越听说李光弼已经离开了，担心回去受到惩罚，只能投降。在他投降后，由于受到了优待，比他更强的高庭晖听说后就也来投降了。

接连的失利让史思明意识到，要靠智取很难在短时间内奏效，剩下的就只有硬攻了。前文说过，河阳城实际上是由三座城池组成，北岸的北城、南岸的南城以及位于黄河中间小岛上的中潬。这三座城池只要有一座丢失，黄河两岸的交通就断了。其中最重要的又是中潬，它处于沟通两岸的关键位置。

李光弼把守卫中潬的责任留给了自己，而守卫南城的则是大将李抱玉。李光弼给李抱玉的指令是：只要能够守满两天时间就够了，两天之后，他必然率军来给南城解围，如果两天之后不来，那么李抱玉可以投降叛军而不受惩罚。

李抱玉果然认真地守卫起南城来。在防守过程中，由于敌人过于强大，眼看南城就要陷落，李抱玉连忙对敌人说：我们的粮食没有啦，给我们点时间，明天就投降！敌人听了大喜，收兵等待。不想第二天李抱玉修好了城池继续抵抗，敌人大怒，又开始了攻击。但由于敌人失去了先手，被李抱玉出奇兵夹攻击败了。

李光弼本人对中潬的守卫更加严密，由于这里的重要性，他在城外又设立了高高的栅栏，栅栏之外挖了两丈深的壕沟。敌人借人多势众，带着攻城器械直逼城下，将城池三面的壕沟填出了八条大道，又顺着八条道在木栅栏上开出了八个门，供军队进出。在敌人填壕围栅时，城内守军的指挥官荔非元礼却并没有阻止，而是等敌人做好了道路，再率军利用它杀出。由于敌人太多，荔非元礼杀了一阵，决定回到栅内休息一下。李光弼以为他吃了败仗，气得要拿他斩首。荔非元礼休息过后，再次重整军队，将敌人击败。

中潬的险情过后，敌人再次向北城集结，李光弼立刻率领人马前往北城救援。北城的人更少，在敌人最多的西北隅，守军也只能集结三百人而已。在这里人人死战，李光弼甚至自己都准备好了匕首，以备在落入敌手之前自尽。

在战斗中，李光弼依然不忘纪律性。大将郝廷玉是守卫西北隅的将领，一次李光弼看到他在往回退，立刻派人去取他首级。使者提着刀到了他的面前，郝廷玉吓得连忙大叫：是我的马死了，回来换马！仆固怀恩父子在战场上也稍微后撤了一点，就见使者提刀来取他们的人头，吓得连忙转身继续作战。

靠着拼命的精神，李光弼终于守住了中潬和北城，史思明此刻仍然在进攻南城。李光弼押着北城的俘虏向他展示，史思明这才知道对北面两城的进攻都已经失败，不得不撤军。

李光弼对于河阳城的防守是如此关键，让唐军得以腾出时间来组织其余地区的防御。史思明本来有机会在夺取东都之后继续向西进攻，却由于河阳城的存在，不得不花了大量精力对付这个后方的据点。就这样，袭击战变成了拉锯战。乾元二年（公元759年）的后半段和整个乾元三年（公元760年），就是在这样的拉锯中度过的。

乾元二年（公元759年）十二月，唐军击败了史思明进攻陕城的部队，使得长安的防线得以稳固。

乾元三年（公元760年）二月，李光弼进攻怀州，发动了一系列的攻势，斩首三千余级。三月，李光弼在怀州城下击败安太清。四月，在河阳城的西面水边击败了史思明，斩首五千余级。

当进攻战变成了拉锯战，史思明这才进入了东都。虽然东都在半年前已经被攻占，但由于李光弼只给他留了一座空城，价值不大。只有进入拉锯战阶段，他才考虑经营这座可以作为国都的城市。

直到当年年底，除了一些小的拉锯战之外，双方没有爆发很大的战事。之所以出现这样的僵持，一方面是因为军事的均势，而另一方面则是双方的经济都受到了很大破坏。唐朝发行的两种重宝让民间出现了严重的金融混乱，皇帝屡次改动两者与开元通宝之间的比值，还屡屡下达法令严惩私铸的人，却依然无法禁止民间对两种大钱的私铸和抵制。[①] 而在史思明一方，为了筹集军费，也发行了顺天元宝和得壹元宝，都是一钱当百钱，所造成的通货膨胀比唐朝控制区还严重。

　　虽然战事出现了缓和，但这并不意味着唐朝的朝堂平静了。事实上，安史之乱的恶果已经显现，唐朝的宗室和中央政府都出现了严重的问题。于是，除了史思明的叛乱，全国各地也出现了其他叛乱。

---

① 据《新唐书·食货志》，乾元重宝面值最初是开元通宝的10倍，重轮乾元钱与开元通宝的比值是50，也就是开元通宝、乾元重宝、重轮乾元钱三者的比是1∶10∶50，之后改为10∶30∶50。乾元三年（公元760年）这一比例改为10∶10∶30，宝应元年（公元762年）又改为1∶2∶3，之后又下令废除乾元重宝和重轮乾元钱。

第十章
找不回的盛世

另一场叛乱的预兆

与史思明的战争长期化的另一个原因是，唐朝中央政府和皇室都乱了套，根本没有精力去镇压史思明了。这种制度的失调，可以认为是安史之乱带来的巨大灾难的一部分。

首先出问题的是太上皇的安置问题。

从蜀地回来后，太上皇选择了他当太子时的藩邸即南内兴庆宫居住，皇帝本人则住在了城外北面的大明宫（东内）。两人都没有住原来的皇宫太极宫（西内）。皇帝为了见太上皇方便，在大明宫和兴庆宫之间修建了一条夹道，也就是在城墙内又修了一道墙，两墙之间有一条小道专门供皇帝使用。这样，皇帝可以不接触外人，走夹道从大明宫到兴庆宫拜见父亲。有时候，太上皇也会从兴庆宫到大明宫去看一看。

并没有证据表明太上皇干预朝政，但他有时候还是会找回一下曾经作为皇帝的自尊。在他身边还有一群服侍他的人，主要有左龙武大将军陈玄礼，内侍王承恩、魏悦，他离不开的高力士、玉真公主，以及以前服侍过他的一些旧宫人和梨园子弟。这些人帮助太上皇建立了一个具有自我欺骗性的小环境，他们为太上皇奏乐娱乐，仿佛还在太平盛世。

太上皇还喜欢到长庆楼去，这座楼在兴庆宫的南面，再往南就是外面的大道。从长庆楼就可以看到大道上熙熙攘攘的景象。人们看到太上皇出现在长庆楼，都会驻足观望，有人还会大呼万岁，太上皇听到喊声，就会给这些人赐酒。

对于长安人来说，这里是一个怀旧的场所，让人们怀念起当年盛世的繁华与和平。太上皇所扮演的，只是一个帮助人们怀念过去的老古董的角色，并不具有现实的政治意义。但这件事却给了李辅国机会。太上皇执政时期，李辅国只是宦官中的一个小角色，被太上皇诸位宠臣轻视，但他却由于跟随肃宗而飞黄腾达。李辅国听说太上皇在兴庆宫怡然自得，决定给他们点颜色看看。

李辅国向皇帝上奏，认为兴庆宫过于方便与外界交通，不如把太上皇迎接到无法与外界交流的深宫大院去，进一步限制他，也避免他"造反"。皇帝没有听从李辅国的建议。但李辅国依然将兴庆宫的马匹削减，原本三百匹马的规模，他拿走了绝大多数，只留下了十匹。太上皇即便知道这是李辅国的作为，也无可奈何。[①]

之后，李辅国进一步请求皇帝让太上皇移居西内太极宫，但皇帝依然拒绝了。不过，接连两次挑拨父子关系后，李辅国已经骑虎难下，只要不拿掉太上皇，他的地位就不再稳固。

到了七月，皇帝生病了，李辅国的机会来了。十九日，李辅国假颁皇帝诏书，将太上皇迁往西内。他故意带了五百名士兵拿着武器，在睿武门见到太上皇，以兴庆宫地势太低，秋天容易进水为由，请太上皇离开。太上皇吓得差点儿从马上掉下来。高力士见状连忙斥责李辅国，但高力士也知道对抗不过这位权臣，只能将太上皇扶好，陪着他前往西内。

太上皇在西内住在了甘露殿。为了进一步控制他，李辅国只给太上皇留下了几十个老弱病残的护卫，陈玄礼、高力士等人都不得留下。太上皇只能忍气吞声，表示他这样也好，离开了繁华的地带，身居大内，省得小人离间父子，这是防微杜渐。

李辅国的作为也激起了朝臣们的愤怒，以刑部尚书颜真卿为首的官员们纷纷上表，请问太上皇起居。李辅国任命颜真卿为蓬州长史，外放了[②]。

为了太上皇而被外放的不止颜真卿一人。太上皇迁居不到十天，二十八日，高力士被流放巫州，王承恩被流放播州，魏悦被流放溱州，陈玄礼被勒令致仕。

[①] 高力士和李辅国同列《宦官传》，前者作为第一个受宠晋升高位的宦官，后者作为第一个弄权的宦官，共同塑造了唐代宦官时代的起点。

[②] 参见《旧唐书·颜真卿传》。事实上，颜真卿刚刚从外贬中回来，就因为太上皇事再次被贬，亦可见此阶段忠义大臣们的处境是很艰难的。

其余宫人陪侍也纷纷换班。高力士服侍了太上皇一辈子,却在年老时被迫离开,这样的结局让许多人心寒。太上皇从这个时候开始,由于心头不快,慢慢地生了病。他的儿子当朝皇帝的身体也不好,既然两人都生了病,父子之间的往来就渐渐断绝了。

皇帝对于李辅国也不满,但由于他性格懦弱,加之身体不好,已经很难在不引起宫廷骚乱的情况下将李辅国除掉了。掌权宦官从高力士变成李辅国,这也是唐朝后期宦官擅权的一个转折点。

表3 截至公元763年的藩镇表[①]

名称	治所	辖区	说明
北庭	庭州(现新疆乌鲁木齐)	天山北路	710年置安西都护四镇经略大使,后增置北庭都护,领伊西节度使。718年改安西都护,领四镇节度使。727年分为北庭、伊西二节度使。731年合并为安西四镇北庭经略节度使。742年改为北庭、伊西节度使,安西四镇节度使
安西	安西(现新疆库车)	天山南路	
河西	凉州	凉、甘、肃、伊、西、瓜、沙七州	711年置
卢龙军	幽州	幽、蓟、营、妫、檀、莫等州	714年置幽州节度使,741年改范阳节度使,763年称卢龙节度使
陇右	鄯州(现青海乐都)	鄯、秦、河、渭、兰、临、武、洮、岷诸州	717年置。763年没于吐蕃
西川(剑南西)	益州(现四川成都)	益、彭、蜀、汉、眉、嘉、邛、简、资、茂、黎、雅诸州	717年置剑南节度使,领二十五州。757年分为西川、东川节度使
东川(剑南东)	梓州	梓、遂、绵、剑、普、荣、合、渝、泸等州	

[①] 参考《中国历代战争史》第十二卷第十三章第二节宪宗初年各藩镇一览表,并根据两唐书进行了校正。原表列出了四十九个藩镇,这里只选取了广德元年(公元763年)之前建立的藩镇,并将一部分位于岭南、黔中的藩镇省略。除了本表列出的之外,其余藩镇名称为:沧景(横海军)、易定(义武军)、徐泗(武宁军)、陈许(忠武军)、东都(佑国军)、怀卫(河阳军)、泾原(彰义军)、盐夏(定难军)、湖南(钦化军)、黔中(武泰军)、岭南(清海军)、邕管(岭南西)、容管(宁远军)、桂管(静江军)、安南(静海军)。

续表

名称	治所	辖区	说明
朔方	灵州（现宁夏灵武）	灵、夏、盐、丰等州	721年置
河东	太原	太原、石、岚、汾、代、忻、沁、朔、蔚、云等州	723年置
福建（威武军）	福州	福、泉、汀、建、漳等州	733年置福建经略使。758年改福建都防御使兼宁海军使。760年改福建节度使
平卢淄青	青州	淄、青、齐、海、登、莱、沂、密、曹、濮、徐、兖、郓、德、棣诸州	756年置青密节度使。761改淄青节度使，与平卢节度使合并为平卢淄青节度使
淮西（彰武军）	蔡州（现河南汝南）	蔡、光、申三州	756年置
汴宋（宣武军）	汴州（现河南开封）	汴、宋、亳、颍、曹、陈诸州	756年置河南节度使，后改汴宋节度使。785年改宣武军
泽潞（昭义军）	潞州（现山西长治）	泽州、潞州	756年置泽潞沁节度使。780年改昭义军节度使
淮南	扬州	扬、楚、滁、和、舒、庐、寿、濠等州	756年置，辖区屡有增减
河中（护国军）	蒲州（现山西永济）	蒲、晋、绛、慈、隰五州	757年置
山南东（忠义军）	襄州（现湖北襄阳）	襄、郢、复、邓、安、随、唐诸州	757年置。763年号忠义军
荆南	荆州	荆、沣、朗、郢、复、阳、夔、峡、忠、万等州	757年置荆澧节度使，后改荆南节度使
振武军	单于都护府	绥、银、麟、胜诸州及受降城	758分朔方置
浙江西（镇海军）	润州、杭州	润、苏、常、湖、杭、睦等州	758年置浙江西道节度使，亦称江南东道节度使。781年称镇海军
浙东（义胜军）	越州（现浙江绍兴）	越、睦、衢、婺、台、明、处等州	758年置
宣歙（宁国军）	宣州（现安徽宣城）	宣、歙、池三州	758年置宣歙饶观察使，后改为宁国军节度使

续表

名称	治所	辖区	说明
江西（镇南军）	洪州（现江西南昌）	洪、虔、江、信、吉、袁、抚等州	758年置洪吉都防御团练观察处置使。764年更名江南西道观察使。783年改为江南西道节度使
陕虢（保义军）	陕州	陕州、虢州	759年建保义军
邠宁（靖难军）	邠州	邠、宁、庆诸州	759年置
同华	同州或华州	同州、华州	759年置镇国军节度使。763年罢。784年于华州置潼关节度使，于同州置奉诚军节度使。793年合为华同节度使
鄂岳（武昌军）	鄂州（现湖北武昌）	鄂、岳、蕲、黄、安、申、光诸州	759年置鄂岳团练。765年升级为观察使。806年升级为武昌军节度使
凤翔（兴平军）	凤翔	岐、陇、秦诸州	760年置兴凤陇节度使。后将陇右节度使合入
鄜坊（保大军）	坊州（现陕西黄陵）	鄜、坊、丹、延四州	760年置
永平（义成军）	滑州	滑、濮、郑三州	761年置滑卫节度使。763年改滑亳节度使。772年改永平节度使。785年改义成军
成德军	恒州（现河北正定）	恒、冀、赵、深等州	762年置
相卫	相州（现河南安阳）	相、卫、邢、洺诸州	763年置
天雄军（魏博）	魏州（现河北大名）	魏、博、洺、贝、相、卫诸州	763年置
山南西	梁州（现陕西汉中）	梁、洋、集、壁等十三州	763年置

太上皇之事还好处理，更令皇帝感到头疼的是另一场叛乱，这种叛乱在玄宗早期根本不可能出现，但在安史之乱后却层出不穷。如果说安史之乱是盛世的终结，那么这一场新型的叛乱就预示着乱世的开篇。

在唐代早期，地方民政与军事的指挥权是分开的，因此，地方长官很难发动叛乱。只是到了安禄山时代，才由于在边疆地区实行了军政和民事合一的节度使制，造成了边疆地区的叛乱。但为了镇压安史之乱，皇帝在内地也设立了大量的节度使，全国大大小小的节度使将近五十个，这导致内地这些军事和民政合并的长官已经有了割据的实力。

在肃宗时期，内地节度使们还没有完全发现自己的能力。但一场叛乱让人们意识到，这些军事、民政合一的怪胎迟早会对中央政府造成更大的威胁。

唐代的淮西地区是一片重要却很难管理的地区，它控制了运河，成了长安与长江流域的关键性节点，影响着中国著名的漕运系统。至德元载（公元756年），为了防御安禄山，皇帝在这里设置了淮西节度使，治所在蔡州。[①] 到了上元元年（公元760年），淮西节度使王仲昇却感到苦恼无比，因为他有两个令人不安的节度副使，分别是兼领御史中丞的李铣，以及兼领宋州刺史的刘展。李铣的特点是贪暴不法，而刘展虽然能征善战，却为人刚愎自用，很难相处。

王仲昇首先向皇帝报告了李铣的罪名，将他诛杀，但在处理刘展时，却困难重重。刘展除了担任节度副使，还是宋州刺史，有一定的兵权，如果处理不慎，很可能引起他的反叛。加上王仲昇处理李铣时已经惊动了刘展，想要拿下他就更难了。

王仲昇只好向皇帝汇报，除了把刘展描绘成一个刚愎的人之外，还造了一首歌谣"手执金刀起东方"。所谓"金刀"，就是一个刘（劉）字，中国古代一直信奉谶纬，这句歌谣恰好符合刘展造反之说。

王仲昇把汇报信交给了监军使邢延恩，让他带回朝廷。邢延恩又汇报给了皇帝。皇帝对于这种刚愎自用的军阀怀着天生的恶感，在王仲昇、邢延恩等人的影响下，也决定除掉刘展。这里就有了一个问题，事实上，直到这时，刘展并没有做任何反叛之类的事情，但皇帝却已经决定除掉他，这又是一次典型的君臣相害事件。

如果这件事放在玄宗时代，那会非常简单，皇帝只要下个命令就足够了。但到了肃宗时代，由于军权的丧失，拿下刘展反而成了一个棘手的问题。邢延

[①] 淮西地区与史思明被镇压之后留下的河北四镇，是唐代最难管理的节度使辖区，在日后，大部分的藩镇叛乱都和这些地方有关。

恩出了一个主意，他认为刘展有兵在手，必须把他调离军队，才能拿下。因此，皇帝可以假借给他升官，把他调到其他地方。

为了产生足够的吸引力，这个官还不能小。在淮西以南，有三个节度使辖区，分别是淮南东道节度使、江南西道节度使和浙西节度使。皇帝曾经设立了一个叫作江淮都统的官职（驻地扬州），同时统领这三个节度使辖区。江淮都统是一个类似于大都督的职位，统领着二十二个州，不可谓不重要。在刘展之前，担任江淮都统的是李峘。皇帝决定任命刘展为江淮都统，把他调离，乘他在路上的时候，命令原来（也是真正的）江淮都统李峘将他拿下，与李峘一同受命的还有淮南东道节度使邓景山。①

上元元年（公元 760 年）十一月时，邢延恩获得了皇帝授权，又赶回淮西，将皇帝的诏书交给刘展，请他去赴任。不想刘展看完诏书就哭了起来。他最早只是陈留参军，因为安史之乱带来的机会，在几年内就爬到了节度副使领刺史的位子，已经属于骤贵，每一天都在考虑如何守住这个有些德不配位的职位。现在突然间又升到了不可想象的职位上，他立刻意识到一定是有人在暗害他。

邢延恩见刘展起疑，赶快解释让他收起怀疑。作为防范，刘展要求先得到江淮都统的印信，而不是等到了地方再交接。邢延恩只好先骑马飞驰到扬州，从李峘处借来了印信，交给刘展。

刘展获得印信后，一面谢恩，一面派人四处招揽故旧，让他们随自己一同赴任。他还给三个节度使都发去了公文，让他们遣使迎接，送上户籍和土地册。这一切做完后，他又做了一件彻底打碎了皇帝计谋的事件：决定率领自己在宋州的亲兵七千人一块去赴任。

这样，皇帝原本设计的假戏就变成了真戏。刘展不仅有诏书，还有印信，同时三道节度使也都知道自己的上级换人了。有了这一切，他就随时可以签发文书，征缴那些不肯服从他的人。

邢延恩一看把事情搞砸了，只好骑马跑到李峘处，与李峘、邓景山等人发

---

① 参见《旧唐书·李峘传》《旧唐书·邓景山传》。

兵拒绝刘展。他们声称刘展造反，而刘展又说是邢延恩等人造反，他的文书上都盖上了印，导致周围的官员们分不清到底是谁造反。

当刘展进军时，李峘自知不敌，率军从扬州撤到了黄河南岸的润州（现江苏镇江），与节度副使润州刺史韦儇、浙西节度使侯令仪等人驻扎在京口。而邓景山则率领万人驻扎在扬州以北、淮河流域的徐城县（现江苏宿迁市泗洪县境内），处于抵御刘展的前锋位置。

刘展此时还不完全清楚到底发生了什么。他本人是员猛将，虽然脾气古怪，但如果利用得当，是维护王朝的好帮手，现在却被硬逼着成了叛军。一路上他治军严整，许多守军一见他就躲避。他日夜兼程赶到徐城县附近，见到有军队阻拦，连忙派人去问这是什么军队，敢阻挡朝廷的命官。邓景山也不好回答，只是不放他们过去。两军对阵，刘展还在大声呼喊：你们都是我的子民，不要和我对着干！

刘展派遣两员猛将孙待封、张法雷出击，邓景山一触即溃，只好和把事情搞砸的邢延恩一同逃往寿州（现安徽淮南市寿县）。刘展略过寿州，引兵直入扬州，再派遣军队向着东西两个方向扫荡，将皇帝授予他的地盘拿下。

接下来要对付的是原来的江淮都统李峘。李峘此刻正在润州的京口屯兵。在京口，紧临着长江的是一座叫作北固山的小山，这里是防御长江的重要据点，从三国时期，就有许多军事故事发生在这里。李峘的军队就依靠着北固山驻扎，紧紧盯着江面，防止敌人从长江江面过来。他们还在长江江面插了许多木头，阻挡敌人的船只。刘展一方面派人在长江对岸的白沙驻扎，一面点了许多灯火，不断地击鼓，让对方以为他们随时可能进攻，消耗着对方的士气。

之后，他派人从上游渡过长江，袭击了镇江上游的驻军点下蜀，这就是要包抄的节奏了。李峘的军队听说敌人已经渡过长江，立刻崩溃了，李峘本人也逃往宣城（现属安徽）。

十一月初八，刘展乘李峘逃走，攻克了润州。之后，昇州经过一定的抵抗，也投降了刘展，当时的江宁（现江苏南京）就属于昇州。到了十二月，刘展又派人进攻宣州，宣歙节度使郑炅之弃城逃走，于是李峘只好再次逃往洪州（现江西南昌）。

与此同时，李峘的副使李藏用率领七百人来到苏州，又在当地招募了两千人抵抗刘展。刘展获得宣州之后，继续派人进攻苏州，将李藏用击败。李藏用一直跑到杭州才稳下来。

就这样，江浙地区的苏州、湖州、润州、常州、宣州等纷纷陷落。李藏用占据了杭州，并派人守住余杭，与刘展周旋。刘展的大将屈突孝摽攻陷了濠州、楚州，大将王曄攻陷了舒州、和州、滁州、庐州等地，直到寿州刺史崔昭将他们阻挡。于是双方以寿州和庐州为界划分了势力范围。

然而到这时，也是刘展扩张的极致了，因为皇帝派来了另一员在安史之乱中锻炼出来的将领——田神功。

田神功曾经在史思明南下时抵御了叛军，后来被任命为平卢兵马使，恰好率领五千人驻扎在任城（现山东济宁）。这里虽然距离淮南地区路途遥远，却是能够找到的最近的政府军了。邓景山和邢延恩出逃后，一面请皇帝派田神功帮忙镇压刘展，另一方面主动联系田神功，许诺给他大量的金帛和女人，这些财富终于打动了田神功和他的部队。于是在皇帝还没有下诏时，田神功就率军南下了。到了彭城（现江苏徐州），皇帝的诏书才姗姗来迟。

直到听说田神功来了，刘展才表现出了慌张。他从广陵率领八千兵马与田神功作战，这一次，他终于被击败了，向南撤退到天长县（现安徽天长），在这里又吃了败仗，只好南渡长江。过江时，只有一个人跟随着他。

田神功进入扬州和楚州，按照他和邓景山的约定，他的军队果然进行了大肆劫掠。扬州是唐朝最富裕的都会，作为商业中心的它，财富甚至超过了长安。在这里，一个商业繁荣的标志，是有数千人的外国商人存在。商人们在这里已经融入了本地的生活，成了唐朝江南社会的一部分。但正因为他们的富裕，也就成了田神功掠夺的首要对象。此外，扬州城内有许多金银窖藏，为了寻找这些财富，军队把城市的地面都掘了一个遍。[1]

安史之乱原本只涉及黄河流域，不管是叛军还是政府军都没有借口对南方进行掠夺。而永王之乱由于发生时间早，当时各路军阀还没有形成，破坏性也

---

[1] 参见《旧唐书·田神功传》。

是可控的。反而是刘展之乱和田神功的部队，对唐朝的南方造成了极大的打击。

自从刘展遭遇了第一败，他的军队就开始了崩溃的节奏。上元二年（公元761年）正月，他的军队还试图继续向东南扩张，进攻李藏用占据的杭州。但在拉锯战之后，李藏用将他们击败，这导致大将孙待封逃走，而常州又投降了唐军。

正月二十一日，田神功派人向西扫荡刘展在长江以北的部队。二十五日夜到二十六日，田神功兵分三路渡过长江进攻刘展，刘展击败了田神功亲自率领的一支，却被另外两支军队击败。

刘展本来可以继续向东南逃走，但作为军人的他却认为，如果事情不济，早晚也是死，既然每个人都有父子之情，又何必多杀人家的父子。他慷慨出战，被射中了眼睛，倒地后被斩首。

刘展死后，他的军队很快作鸟兽散，大部分将领投降了唐军，士兵解散。其中最著名的一位将领孙待封投降了曾经的对手李藏用。[1]

刘展虽死，但他引起的骨牌效应依然在继续。他的前任江淮都统李峘不想承担失守的罪过，把责任都推给了浙西节度使侯令仪，后者被革职流放了。田神功升了官，迁徐州刺史，而坚守杭州的李藏用担任了浙西节度副使，后来又被新任江淮都统崔圆授予楚州刺史的职务。

但唐朝将领们的不幸在于，他们永远不知道自己何时会倒台。

由于刘展之乱和田神功的劫掠，许多城市的仓库都已经空了，当战乱结束后，皇帝立刻派来人清点仓库。所谓清点仓库，并非只是查看仓库内的储备，而是要求储备必须与账册对上。可是在战争中，许多储备已经消耗或者被劫掠，却没有工夫去整理账目，账目和储备不符是必然的。可是，问题的死结在于，只要两个数据对不上，皇帝就要追究责任人的罪过。

许多将领在经过刘展之乱后，再次体会到了朝廷的威严。为了不受惩罚，他们甚至变卖家产，填上账目的缺值。李藏用作为楚州刺史、浙西节度副使，也在这一波倒查账目中苦不堪言，甚至私下里后悔这么卖力镇压刘展。结果他

---

[1] 刘展之乱最详细的记载来自《资治通鉴·唐纪·上元元年》。

的下属兼仇家告状称他谋反，又先下手为强，袭击了他，将他斩杀。这位忠心耿耿保卫唐朝的将领死在了轰轰烈烈的清册运动中。

李藏用死后，崔圆为了掩盖事实，只好编派他造反的情节。他的手下大都选择了配合。这次，唯一不肯说李藏用谋反的，就是当初刘展的大将孙待封。崔圆大怒，将孙待封斩首。

在孙待封死前，众人都劝他说几句李藏用的坏话保命，但他叹着气说：我最初跟随刘展，是奉诏前去就职，最后却落得个谋反名声。李藏用灭掉了刘展，今天也落得个谋反的下场。人人都成了谋反，还有没有个完结！我宁肯死，也不想诬陷那些没罪的人！

李藏用从灭亡刘展到他自己灭亡，只有九个月时间，从他升官节度副使到死亡只有不到三个月。

刘展和李藏用的结局，说明了安史之乱后期将领们的困境，哪怕他们尽忠职守，哪怕他们击贼有功，也很难保证自己的安全。刘展本身并没有罪过，却遭到了皇帝的欺骗；而李藏用忠心耿耿，却对付不了帝国官僚系统的极致压榨。①

有了刘展、李藏用以及更多人的例子，唐代的封疆大吏们终于意识到，要想获得安全，并不是信任皇帝就足够了。他们必须学会怀疑皇帝，构建起另一套有别于中央的制衡系统，才能保证自己的安全。

从这时开始，节度使们孜孜以求的目标不再是升官，因为升官不能保护他们的安全。他们必须做三件事：第一，练兵，牢牢掌握住军队，只有这样才能保卫自己。但这还是不够的，因为每一个节度使的地盘都太小了，不足以应付势力范围之外的世界，于是就有了第二手，联保。几个节度使可以通过婚姻或者其他纽带，形成互相保护的结构，一方有难八方支援，共同对抗皇帝。虽然他们的力量依然有限，但皇帝在对付任何一个时，必须掂量一下值不值得。最后一手，则是世袭。唐朝一直试图避免地方势力形成世袭集团，但节度使要想获得安全，必须让自己的儿子继承权力，才能在自己老了之后，不被皇帝清算。②

---

① 李藏用和孙待封的事迹不见于两唐书，只有《资治通鉴》记载了这件事。
② 最典型的就是后来的河北四镇，他们的世袭和联保策略，保证了皇帝不敢轻易清算。甚至几个节度使联手，就可以造成整个王朝的危机。

可以说，节度使这样做，消解了朝廷的权力，却是被唐朝人人自危的权力结构所逼迫的，他们都不想成为下一个刘展和李藏用。当然，并非人人可以做到上面三点，于是，有的人成功了，有的人失败了，这种节度使的起起落落，成了唐朝中后期的特点。

刘展叛乱虽然是安史之乱的结果，但作为战争又是独立的。就在唐朝想方设法镇压刘展时，与中原的史思明的对峙还在继续，并不时出现危机。

改朝换代

安史之乱的第六个年头，唐军与叛军双方都进入了疲惫状态。这可以从两者近一年的静止对峙中看出来。史思明占领洛阳之后，再也无力将自己的控制力推向南方，甚至连小小的河阳城都无力封锁。反过来看，史思明占据的是缺乏高地的平原地带，如果无法继续扩张，就很容易被唐军从高处击败。但是，唐军却无力利用自己的军事地理优势将史思明赶走，表明唐军也到了精疲力竭的地步。

史书虽然告诉我们李光弼在河阳保卫战中占了上风，但实际情况更可能是李光弼守住了河阳，却在整体局势中依然不敢乐观。他只是勉强保住了唐朝在东部的一个据点而已。加上刘展叛乱所造成的影响，唐军对史思明叛军并没有太多优势可言。

决定双方下一步战局的依然是政治。自从玄宗以来，出现了向外派遣宦官担任监军使或者观军容使的情况，一批野心勃勃的宦官就成了皇帝的耳目，进而成了真正的主帅。在玄宗时，影响战局的是宦官边令诚，他杀死了高仙芝和封常清，从而改变了唐军原本正确的策略，使得局部之患变成了全局性的脓疮。[①]到了肃宗时期，除了宦官的名字换成了鱼朝恩之外，中官扰乱战局的问题依旧。

日后，人们将唐朝军事上的失败大都归咎于宦官，但这可能又过度了。宦官监军只是唐朝官僚制度设计中的一环，这一环节不是针对某件具体的事件，而是要在系统中起到了分散权力的作用。即便这一次不出事，只要系统存在，

---

① 根据《资治通鉴》，边令诚在安禄山进攻长安时纳叛军入城，后逃往肃宗处被杀。

唐朝早晚会出现军中权力冲突的问题。

上元二年（公元761年）二月，随着双方相持的时间加长，一股流言传了过来：据说史思明驻扎在洛阳的军队大都是北方燕地的人，他们思乡心切，人心涣散。观军容使鱼朝恩听说了这件事，立刻判定这是一次进攻的时机。但鱼朝恩的观点并没有得到李光弼的赞同，他对于自己的军队更加了解，认为唐军还没有强大到可以进攻的程度，当前阶段，依然要以守成为主。

公正地说，李光弼和鱼朝恩的争论是两种军事思路之争，这两种思路并没有本质上的对错可言。李光弼批评鱼朝恩，认为唐军没有做好准备，他可能是部分正确的。但是，如果给唐军更多的时间，唐军就能做好准备吗？事实上，随着唐朝疆域被节度使们瓜分，唐军作战能力已经被削弱，如果不是叛军出问题，即便给唐军再多的时间，也很难做好准备。

能够说明李光弼的观点并非完全正确的，还有另一员大将仆固怀恩的态度，他赞同鱼朝恩的观点。作为一员军事统帅，仆固怀恩的进攻更加大胆，与李光弼的小心翼翼形成对比。但仆固怀恩同时也是一名合格的军事将领，他对鱼朝恩的赞同更多是出于军事选择，而不是意气之争。[①]

最终拥有决定权的依然是皇帝，从长安前往河阳的中使络绎不绝，让李光弼最终只能同意作战。他让郑陈节度使李抱玉守卫河阳，自己则和仆固怀恩率领军队，与鱼朝恩和神策军节度使卫伯玉会合，准备一起进攻洛阳。

二十三日，双方在洛阳以北的邙山对阵。此时名义上负责指挥的是李光弼，但鱼朝恩却处于监督的地位，权力是在李光弼之上的。再加上两路大军配合得并不协调，这一切可能导致了后来的问题出现。

双方配合不协调最终表现在了选择布阵的地点上，李光弼希望依托于地理上的险阻来布阵，更靠近山区，而鱼朝恩却选择了在平原上布阵。双方正在争执时，阵形还没有布好，敌人就行动了。唐军很快崩溃，死亡数千人，兵器辎重几乎丢了个干净。

---

① 《资治通鉴》习惯于将一切归为意气之争，完全站在李光弼的立场上考虑问题，这是有问题的。我们更应该看到争论背后的制度因素，以及双方秉持的军事理念的差异。

由于无法制止住溃军，两路唐军只好分开逃走。李光弼和仆固怀恩渡过黄河，向山西境内的闻喜（位于绛州）撤退，而鱼朝恩和卫伯玉则逃往了西边的陕城。更为可惜的是，由于军队的崩溃，唐军辛苦守了一年的河阳城也不可能守住了。李抱玉听说了洛阳的失败，连忙收拾人马弃城而去。叛军一鼓作气拿下了河阳、怀州。

由于整个东部都陷入了叛军之手，关中的皇帝慌忙调兵守住陕城。到这时，双方的军事形势又有了当年安禄山进攻潼关之前的样子。那么，唐军能够抵御叛军的进攻吗？

事实上，两者的形势又有巨大的差别。五年前，安禄山的军队依然保持着巨大的冲击力，而此时的史思明军队虽然可以打胜仗，却已经失去了当年的锐气。他们疲态尽显，内部问题重重，即便获胜也很难扩大战果了。

而更决定了叛军命运的，是他们内部的巨大裂痕，这让他们不仅失去了机会，还失去了最有能力的统帅。

史思明与李光弼本来是一个类型的统帅，他们都讲究严格治军，甚至显得有些苛刻，在作战中也更加讲究谋略。不管是安禄山时代两人在河北的对峙，还是史思明称帝后两人在河南的对峙，双方都表现出了高超的战争技巧。表面上看，李光弼在具体的作战任务中微占上风，但在整体形势上，最后都是以史思明压倒李光弼而告终。

如果是史思明继续率领军队，即便无法击败唐军，但至少可以支撑更久，甚至在局部战役中继续占据上风。然而，史思明的优势在于他严谨的性格，劣势在于他过于苛刻，让下属受不了了。由于他对犯了错误的将领过于严酷，其手下人人自危，其中感觉最深的，是他的儿子史朝义。

史朝义的性格有些像当年的安庆绪，为人谦恭谨慎，受士卒拥戴。然而史朝义优柔寡断的性格也和安庆绪一样，使得史思明并不喜欢这个儿子，而是更加宠爱他的小儿子史朝清。他让史朝清守住老巢范阳，而把史朝义带在身边，甚至屡次想杀掉这个儿子。

在击败李光弼向关中挺进时，史思明命令史朝义作为前锋从北道袭击陕城，而史思明自己则率领大军从南道进军。从陕城到东都的道路，被崤山分成了南北两道,这两条道称为崤山南道和北道,在历史上都非常有名。①

到了三月初九,史朝义到达了北道上的礓子岭(也叫礓子阪),在这里他被卫伯玉的部队击败。史朝义担心父亲惩罚他,又接连几次进攻,都失败了。等两军会合后,史思明感叹这个儿子不中用,想要按照军法处置。十三日,史思明命令儿子依靠着山势修筑一座三角城储存军粮,做长远打算,给了他一天时间修城。不想史朝义又没有完工——墙上没有涂泥。史思明见到后大怒,立刻监督左右涂泥,在他的监督下,属下须臾之间就做完了。这些事叠加起来,让史思明感叹,只要拿下了陕州,就一定要杀掉这个不中用的儿子。

当晚,史思明在一个叫作鹿桥驿的地方休息,而史朝义则住在了驿馆里。史朝义的部将骆悦、蔡文景与史朝义合谋,在夜间袭击了史思明。史思明听到动静后翻墙骑马逃走,被射中了手臂,从马上掉了下来。当听说是自己的儿子造反后,他感慨儿子动手太早了,应该让他攻克长安之后再动手。

史朝义抓住父亲后,决定退军。他们撤退到了一个叫作柳泉的地方,将史思明勒死,尸体裹在毯子里带回了洛阳。在安史之乱中,这位极具军事才能的将军没有死在阵前,反而被儿子杀死。②

史朝义即位后,首先对付的不是唐军,而是清理史思明的残余。他首先杀掉了史思明的大将周挚,之后派人去范阳杀死了弟弟史朝清和他的母亲,以及其他不肯降服的几十人。范阳城内大乱,两派互相攻击,持续了数月,死亡数千人。如果此时唐军能够进攻范阳,叛军这座最后的堡垒或许早就不存在了。

由于史朝义无法服众,即便在洛阳周边,他也很难指挥得动驻扎在各个州县的士兵。在这样的情况下,叛军几乎陷入了瘫痪。

随着史思明的死亡和叛军的瘫痪,唐军的机会到了。四月二十一日,青密节度使尚衡击败了史朝义的军队,斩首五千余。二十三日,兖郓节度使能元皓击败史朝义的部队。五月,唐军令狐彰(原史思明大将)击败史朝义将领薛岌。

---

① 南北两道的具体线路,可参考《唐代交通图考》。
② 在史思明之死上,《旧唐书·史思明传》写得活灵活现,可能是当时人流传的实录。

五月十四日，平卢节度使侯希逸击败史朝义在范阳的军队。六月初一，时任青密节度使的能元皓击败史朝义将领李元遇。

军败东都的李光弼也没有受到追究，皇帝依然任命他为河南副元帅、太尉兼侍中，都统河南、淮南东西、山南东、荆南、江南西、浙江东西共八道行营节度。

但此刻的唐朝也处于风雨飘摇之中，除了刘展的叛乱之外，各处的叛乱也纷迭而至。四月二十八日，位于四川的梓州刺史段子璋反叛，他杀死了虢王李巨，并击败了东川节度使李奂，自称梁王，改元黄龙，设立百官，以绵州为龙安府。五月十一日，西川节度使崔光远和东川节度使李奂共同攻击绵州，十六日杀死了段子璋，终结了叛乱。

宝应元年（公元762年）二月①，河东节度使辖区作乱。原来的节度使王思礼死后，继任节度使管崇嗣由于过于宽厚，导致军粮的流失，被皇帝免了职，又任命了一个严苛的节度使邓景山，于是将士们造了反，皇帝只好进行了安抚，派遣辛云京接任节度使。就在皇帝为了太原（河东）焦头烂额时，绛州又出现了乱情。皇帝只好请出了郭子仪，任命他为汾阳王，知朔方、河中、北庭、潞泽节度行营兼兴平、定国等军副元帅，由他出面将叛乱的将军们斩杀，这才平定了太原和绛州的叛乱。

与此同时，党项、奴剌等边疆民族也不断地趁火打劫，进攻唐朝边境。②

在这一系列的骚动中，风雨飘摇的唐王朝无力与史朝义全力作战，导致双方各有胜负。而对唐王朝影响最大的，还是肃宗皇帝和玄宗太上皇的先后去世，这让唐朝民众再次看到了宫廷斗争的影子。

事实上，在三月（建辰月）十一日，郭子仪领军离开长安时，皇帝就已经病得不轻，不再接见朝臣。郭子仪想见皇帝也受到了阻拦，他坚持要见皇帝最后一面，表示自己已经很老了，这次很可能死在外面，不见皇帝不会瞑目的。皇帝只好将他招入卧室，再次郑重地将河东的事情委托给这位肱股之臣。

---

① 根据皇帝前一年的命令，以前一年十一月为建子月，而这一年二月称为建卯月。
② 五月党项寇宝鸡，六月寇好畤，第二年奴剌寇成固、梁州等地，见《资治通鉴·唐纪·宝应元年》。

就在皇帝的身体日益垮掉时，先去世的却是太上皇。四月（建巳月）初五，太上皇驾崩于西内的神龙殿。这位缔造了中国历史上最著名盛世的皇帝，到了晚年却被叛乱逼迫着离开了权力中心，回到长安后，又在几个宦官的欺负下度过了苍凉的余生。在他死时，几乎所有他珍惜的一切都已经逝去，不管是他宠信的宰相李林甫，还是美丽的杨贵妃，都已经先他而去，甚至连伺候了他一辈子的高力士也流放到遥远的巫州。高力士后遇赦返京，但他才走到朗州就听说了太上皇的死讯，号泣着呕血而亡。[1]

太上皇去世的第二天，他的尸体被迁到了西内的正殿太极殿，群臣在这里为他送行。但就在这时，一场宫廷阴谋又随之而起。

这次阴谋的两位主角曾经有过联合，分别是肃宗皇帝的皇后（当初的张良娣）和宦官李辅国。他们在分别担任太子妃和东宫宦官时为了权力而联合，此时两人都已经获得了无比的尊贵和权力。随着太上皇的离去和肃宗的病重，他们到了决斗的时候了。

李辅国作为唐朝第一个大权独揽的宦官，有着掌控一切的欲望，而这恰好触动了皇后的利益。皇后决定联合越王李系、宦官段恒俊等人除掉李辅国，他们选择了两百多名孔武有力的宦官，给他们穿上盔甲，试图于十六日发动攻击。皇后计谋的一个重要环节，是将太子控制住，以便在肃宗死后能够掌控局面。当时皇帝由于病重，已经授予太子监国之权。

而李辅国一方的盟友则是另一位宦官程元振。程元振打探到皇后的密谋，告诉了李辅国。于是在皇后召见太子，试图控制他的时候，李辅国先下手为强，控制了太子，将他安排在玄武门外的飞龙厩。当夜，他们提前派人将越王、段恒俊等百余人抓获，粉碎了皇后的图谋。

由于有太子在手，李辅国利用太子的命令，逼迫皇后离开皇帝，迁居于别殿。当时皇帝还没有死，皇后就在他的身边寻求保护。使者拿着太子的命令逼迫皇后离开，将她和身边的人一起囚禁在后宫之中。

皇后离开患病的皇帝之后，这位倒霉的皇帝又撑了一天，到了十八日，他

---

[1] 参见《旧唐书·高力士传》。

终于在宦官和皇后的夹逼之下死了。李辅国随即杀死了皇后及其密谋的参与者。当年肃宗还是太子，决定北上灵武时，张良娣日夜守候在他的身边，甚至希望用自己的身躯保护肃宗免遭暗害。她有着唐代后宫女人都有的无数缺点，对肃宗却挚爱无比，到最后，她的生命只不过比肃宗长了不到一天。

肃宗死亡当天，李辅国拉上太子接见群臣，哭诉老皇帝已死，恭贺新皇帝万岁。

二十日，太子急匆匆即位，是为代宗皇帝。①

李辅国由于护卫太子有功，颇为自得。他居功自傲，甚至直接对皇帝说：你只要在禁中居住就行了，外事交给老奴来处置②。最初时，新皇帝由于根基不稳，给了他极大的荣耀，甚至称他为尚父。作为宦官，他官至司空兼中书令，一时风头无两。

但如果仅仅把李辅国的擅权当作理所当然，那就错了。事实上，唐代宗是唐代最后一位锐意限制宦官的皇帝。代宗之所以不得不用李辅国，是因为李辅国手中有兵权，而刚刚即位的代宗担心他作乱，不敢动他。在拿掉李辅国之前，皇帝必须选择帮手。

皇帝选择的帮手是另一位宦官——飞龙副使程元振。程元振参与了李辅国的密谋，也参与了杀死皇后的事件。虽然他也是宦官，但比起根基深厚的李辅国，皇帝更易掌控他。李辅国荣任"尚父"仅一个多月，六月十一日，掌控了局势的皇帝，就解除了李辅国行军司马和兵部尚书的职务，用程元振取代了李辅国的军职，让李辅国搬到外第，不再参与皇帝的军国重事。

李辅国被拿下，人们的精神为之一振，感觉到新皇帝的开局不同以往。李辅国也体会到了皇帝的手段，不久他又被罢黜了实权性的职务中书令，只得了个有待遇却没有实权的博陆王。他更感到屈辱的是，皇帝在不断调整他职务的过程中，他还得进宫道谢。有一次，他见到皇帝后，连忙哽咽着说：老奴伺候不了郎君啦，自请到地下伺候先帝去。

---

① 参见王夫之《读通鉴论》。所谓代宗，即世宗皇帝，为了避太宗李世民的讳，改称代宗皇帝。
② 参见《旧唐书·李辅国传》："大家但内里坐，外事听老奴处置。"

皇帝表面上安抚了他，却并不打算放过他。十月十七日，在外第居住的李辅国家里突然遭到盗贼光顾，这些盗贼见到李辅国，挥刀将他的头连着一条手臂削了下来。按照行刺的惯例，刺客只需要带走死者的人头，但由于这次充满仇恨的砍杀，他们不得不把李辅国的一条手臂也带走了。

到底是谁干的，又是谁指使的？人们众说纷纭，但皇帝显然对李辅国的死亡感到"悲痛"，不仅给他雕刻了一个木头头颅，还赠予他太尉之衔把他埋葬。

皇帝对于李辅国的处理，让人们看到了希望。但距离他将宦官集团剪灭还有很长的路要走。因为在皇帝的身边，又形成了一个新的宦官集团，代表人物除了程元振之外，还有在肃宗时期就受到重用的鱼朝恩。两人时而斗争时而联合，共同把持了朝政。

广德元年（公元763年），安史之乱已经结束，但吐蕃人突然进攻长安，将皇帝再次驱离了长安城。吐蕃之所以能够进入长安，是因为程元振隐瞒了吐蕃入侵的消息，导致皇帝没有准备。这给了皇帝流放程元振的借口。在流放途中程元振被仇家杀死。

程元振死后，鱼朝恩却走了好运。由于在吐蕃来时抗吐蕃保卫皇帝有功，鱼朝恩的权力越发扩张，甚至超越了当初的程元振。直到大历五年（公元770年），皇帝才和宰相元载联手杀死了鱼朝恩。[①]

皇帝与宦官的斗争持续了八年，才由皇帝和他的正规官僚系统暂时取得了胜利。但即便这样，胜利也是短暂的。代宗皇帝死后，他的儿子德宗皇帝由于遭到藩镇的联合反叛，大臣们纷纷逃走。德宗皇帝又意识到，只有宦官对他是忠心的，于是宦官再次回归权力中心。中晚唐时期，宦官和皇帝形成了一种相互利用的局面，他们共同联手对付正规官僚系统，又不时发生内部的争斗。

代宗即位后，除了与宦官斗争，还实行了一系列的新政。由于肃宗的经济政策对社会破坏很大，代宗及时扭转了父亲的一系列最招致民怨的政策。肃宗时期发行了两种大面值的钱币，这两种钱币由于含铜量不足，实际上造成了严

---

① 参见《旧唐书·鱼朝恩传》。

重的通货膨胀。五月十四日，登基不满一个月的皇帝下令，不管是这两种钱，还是原来的开元通宝，都只能以一当一流通。这实际上是重新承认了开元通宝的货币地位，使得民间金融的乱象得以扭转。

除此之外，他还任命了一位能吏刘晏担任户部侍郎兼京兆尹，充度支、转运、盐铁、铸钱等使，负责经济和金融工作。① 也是从这时开始，税制和税收问题进入了皇帝的视野。之前唐代实行的租庸调制度过于复杂且难用，需要新的税制。虽然推出新税制还要等很久，但这至少说明皇帝意识到了问题的根源在哪里。

除了经济上的拨乱反正，在军事上，新皇帝比起老皇帝更加懂得放权的道理。老皇帝虽然任命了很多节度使，却又不敢相信他们，于是派出了很多宦官做监军，造成指挥系统的不畅。新皇帝刚上台控制不了宦官，程元振等人甚至制造冤案杀掉了曾经的山南东道节度使来瑱。② 但只要皇帝能够控制局面，他就选择相信将军们，让他们放手发动军事行动。至少在最初，皇帝的这种意图是能够贯彻的，这就产生了巨大的效果，唐王朝结束安史之乱的时机到了。

叛乱的终结

代宗即位后，首先的挑衅竟然来自史朝义。唐朝皇帝的更替让他也看到了希望。在这之前，史朝义和李光弼在徐州、宋州地区对峙，多次被李光弼击败。他向太原境内的进攻也被李抱玉击败。

史朝义听说肃宗皇帝已死，想利用唐朝皇权交替的混乱进攻。但他本人的实力已经不足以击败唐军，于是他想到了另一步棋：联合北方的回纥人一同进攻唐朝。

此时的回纥也发生了巨大的变化，与肃宗皇帝交好的毗伽阙可汗已经死了，他的长子叶护曾经参加过收复两京的战役，但也已经死去，回纥人拥立了可汗

---

① 参见《资治通鉴》。时间在六月二十七日。
② 参见《旧唐书·来瑱传》。

的另一个儿子，是为登里可汗。

史朝义要做的就是让登里可汗相信唐朝的混乱足以让他们获得巨大的利益。登里可汗也的确上了钩，听了史朝义的游说，立刻率领十万大军南向进攻。

这支回纥大军本来是想偷袭，却遇到了唐朝前往回纥出使，争取重修旧好、征讨史朝义的使者。使者一看大事不好，立刻赶回去汇报皇帝。就这样，登里可汗在唐朝的争取下，又从信心满满变得犹豫不决。

决定了登里可汗态度转变的是他的岳父仆固怀恩。在登里可汗为王子时，他的父亲曾经代他向皇帝求婚，皇帝封仆固怀恩的女儿为公主嫁给了他。仆固怀恩见到登里可汗，不仅劝他放弃进攻唐朝，还劝回纥帮助唐朝进攻史朝义。[①]

那么，回纥人是否是真的想帮助唐朝呢？并非如此，从回纥人后来的作为，就可以看出来，回纥人出动大军只是一次打劫行为，他们并不在乎是帮助史朝义进攻唐朝，还是帮助唐朝进攻史朝义。他们在乎的是带领十万大军对中原进行一次洗劫，获得足够的战利品——不管是帮助哪一方作战都无所谓，只要能够掠夺就可以了。

这一点在回纥人南下到底走哪一条线路上反映得淋漓尽致。

回纥人被史朝义诱骗出发后，首先来到了现在的山西忻州，并在这里接受了唐朝的提议。既然要帮助唐朝进攻史朝义，按照回纥可汗的意思，这支军队要从汾河南下，越过蒲关进入关中地区，再从关中经过潼关，直接攻击洛阳。这条线和回纥人第一次走的路线接近。可是，这条路事实上绕了个大弯，要从忻州去往洛阳，最近的路是走上党和太行陉（天井关），根本不用进入关中。更何况，由于关中地区完全掌握在皇帝手中，没有处于战乱，回纥的十万大军如果经过，不啻一次兵灾。

于是，皇帝提出了相反的建议：回纥可以换一种走法，从忻州经过太原附近，直接从井陉出去，进入河北地区，再从河北前往洛阳。这条路也不是最近路线，但皇帝却有着很明确的算计在内，因为河北地区许多地方还是由叛军掌握，回纥掠夺得越厉害，对叛军打击越大。

---

① 关于回纥人与仆固怀恩的关系，参见《旧唐书·回纥传》。

但这种方式对回纥人不利,事实上是让他们自己在敌对地区想办法补充给养,皇帝就不负责回纥人的给养问题了,登里可汗拒绝了。

唐朝再次建议回纥人走最近路线,即直接顺着太行山西麓,走现在的上党地区直插河阴(今郑州以北偏西),再前往洛阳。这条路对叛军来说打击也非常大,不仅可以直接进攻洛阳,甚至还可以将叛军斩为两段。但是,这条路有一个巨大的问题:所过地区过于贫瘠,不利于掠夺。回纥人也拒绝了。

双方你争我争,最后折中了一下,协商的结果是:回纥人先经过汾河河谷前行,到河东地区后转向南方,从现在三门峡以北,也是当时陕城以北的大阳渡(茅津)过河。唐朝在这里有一个叫作太原仓的巨大仓库,可以供应回纥人吃饭。到了这里,回纥人再和其余诸路大军配合进攻,不耽误接下来的掠夺。[①]

回纥问题解决后,接下来是派遣其余人马。这时在南方的台州地区又发生了叛乱,李光弼正在对付这一次叛乱[②],朝廷在选择人手上并没有考虑他。除了任命长子雍王李适担任元帅之外,皇帝还想任命郭子仪担任副元帅,负责出征。可宦官们对于郭子仪心怀妒忌,郭子仪也担心受到宦官的迫害,坚决推辞。加上回纥人到来所产生的协调问题,最后皇帝选择的是登里可汗的岳父仆固怀恩。

十月,皇帝任命朔方节度使仆固怀恩于原职之外,加同平章事兼绛州刺史,领诸军节度行营。为了表示对仆固怀恩的信任,皇帝甚至在二十一日送行时,让仆固怀恩带上母亲、妻子等家眷,这主要是考虑让他们去见一见可汗的妻子(仆固怀恩的女儿),更是向仆固怀恩表明皇帝的信任。一般情况下,将军出征后,他的家人就成了皇帝的人质,只要将军叛逃,人质就要下狱。

此时雍王李适已经到了陕州,而回纥人则驻扎在陕州的黄河以北,双方隔着大阳渡口相望。李适带领数十骑随从前往黄河北岸见回纥可汗,双方随即发生了争执,因为回纥可汗认为自己是与唐天子平等的,而作为臣子的李适应该向他拜舞。争执的结果是回纥人放过了李适,而将他随行的几个官员各打了

---

① 参见《新唐书·回纥传》。
② 参见《资治通鉴·唐纪·宝应元年》、两唐书《代宗本纪》。叛乱首领叫袁晁,叛乱八月爆发,十月攻克了温州、明州,直到第二年四月才告结束。

一百鞭子。这些挨鞭子的人中，当晚就有两人去世。这种争执也反映出回纥人与唐朝的真实关系。

二十三日，西路大军从陕州出发进攻洛阳，而其余唐军也各自前往。除了雍王李适作为大元帅留在了陕州，其余的将领中，仆固怀恩和回纥兵作为前锋，陕西节度使郭英乂和神策观军容使鱼朝恩殿后，从渑池进入洛阳。潞泽节度使李抱玉则从河阳向南。河南等道副元帅李光弼从陈留（位于现河南开封境内）前往。

到了二十六日，仆固怀恩等军到达了洛阳以西的同轨郡。此时洛阳的叛军已经听说唐军来了，阿史那承庆劝说史朝义：唐军不可怕，回纥军却不可挡，不如退守河阳。史朝义不肯答应。

二十七日，唐军来到了洛阳北郊，并分兵去取黄河以北的怀州，次日就攻克了怀州。

三十日，唐军在洛阳北郊的横水布下了战阵。叛军在城北也有数万人，他们为了抵御唐军，早早地布下了一些栅栏，希望阻挡唐军的骑兵。仆固怀恩本人在叛军栅栏西面的平原地带布阵，又派遣骑兵与回纥人从南面绕过去，自东北方攻击敌人，双方夹击，将敌人击败。

史朝义听说北面告急，连忙派精兵十万，也是他所有家底去解救，在昭觉寺布开了战阵。唐军快速地袭击了叛军，虽然杀死了不少人，却并没有冲垮对方的阵容。鱼朝恩也派遣了五百名弩手，依然无法攻破敌阵。

叛军采取了一种战术：人人持有盾牌，一旦唐军进攻，他们就举起盾牌，既可以阻拦对方的冲击，也可以阻挡弩箭，更避免了自己的阵形被冲乱。唐军的镇西节度使马璘眼看战情告急，连忙冲到敌前，夺下对方两个盾牌，掀开了一个缺口，率军冲入敌阵。当后面的人跟上之后，这才打乱了敌人的战阵。

敌人失去了阵形，连忙撤退。他们一路上在石榴园、老君庙等地试图组织反击，却都失败了。在一个叫作尚书谷的地方，填满了叛军的尸体。唐军一共斩首了六万人，俘虏了两万人。史朝义只能率领数百人向东逃走。

仆固怀恩进入了洛阳和河阳，把回纥人留在河阳城，派自己的儿子仆固玚带着朔方军追击史朝义。他们在郑州打了胜仗，逼迫史朝义逃到了汴州，汴州拒绝接纳史朝义，他只好继续逃往濮州。

仆固怀恩在前方打仗时，后方却已经开始了掠夺。最初的掠夺是回纥人干的，他们进攻中原不是为了帮助唐军或者叛军，而是为了抢东西，既然已经胜利了，就到了抢劫的时候了。回纥士兵们进入洛阳烧杀掳掠，洛阳百姓死亡上万人。抢掠引发的大火，更是数十日不灭。他们把东西都放在河阳城看好。回纥人抢夺过后，朔方军和神策军也都忍不住了，他们互相宽慰着说，洛阳是敌境，应该予以打击，于是纷纷撸起袖子开始抢劫，之后又扩大到了整个河南。他们烧房子，抢衣物，抢夺过后，人们就只好穿纸做的衣服。

在后方发生大规模有计划的劫掠时，前方依然在追赶着史朝义。到了十一月，史朝义从濮州以北渡过黄河前往卫州。仆固怀恩攻克滑州之后，紧紧跟随着他。叛军的睢阳节度使田承嗣加入了史朝义，凑了四万多人继续打，又被仆固玚击败，被赶到了昌乐（现河南省濮阳市南乐县西北）以东。史朝义在这里又纠集了魏州的兵马继续作战，再吃败绩。

在他们打仗时，叛军的其余将领纷纷投降。邺郡节度使薛嵩率领相、卫、洺、邢四州投降。恒阳节度使张忠志率领赵、恒、深、定、易五州投降。

他们之所以投降，与仆固怀恩的招降政策有关。为了减轻作战压力，尽快取得胜利，仆固怀恩希望史朝义的大将投降，断绝他的出路。为了让这些人投降，必须让他们安心，不用担心事后被杀，这就要给他们留下出路：让他们官居原职，不派人取代他们。

以薛嵩为例，他本人向唐军的李抱玉部投降。李抱玉随后就进入了薛嵩的营地，开始安排人手取代薛嵩的将领。但仆固怀恩却认为一旦这些人被取代，这支军队就失去了作战能力，而这些被取代的将领也不再有安全感，因此以上级的名义制止了李抱玉的行动。①

新皇帝代宗也意识到了唐朝的君臣之间互不信任、没有安全感的问题，也在考虑怎样增强大臣和将军的安全感。很可能仆固怀恩是了解了皇帝的意图，

① 仆固怀恩的做法被《旧唐书·薛嵩传》斥为已有二心，但这可能只是他迅速获胜的策略。

才这样做的。

但他这样做，又让那些习惯了内斗的将军们感到不适。不满的除了李抱玉，还有镇守太原的河东节度使辛云京。他们都向皇帝做了密奏，报告仆固怀恩这样做是想造反，仆固怀恩与辛云京的矛盾就是这样肇端的。

皇帝还是采纳了仆固怀恩的建议，封张忠志为成德军节度使，把他的名字改为李宝臣。而郭子仪也肯定了仆固怀恩的功劳，建议皇帝封他为河北副元帅，加左仆射兼中书令、单于镇北大都护、朔方节度使。

仆固怀恩继续追击史朝义。史朝义先到了贝州，又去了临清，在这里仆固场击败了史朝义从衡水拉来的三万人。此时回纥人也到了，双方再次在深州的下博决战，史朝义失败后来到了莫州，并困守于此达一个月之久。

广德元年（公元763年）正月，史朝义大将田承嗣眼看莫州守不住了，劝说史朝义亲自去往幽州征兵，自己则死守莫州。史朝义同意了，率军五千突围而出。不想他刚走，田承嗣就投降了[①]，还把史朝义的母亲、妻子和孩子都送给了唐军。

在史朝义的身后，唐军紧紧跟随，再次击败了他。史朝义逃到范阳，这里虽曾经是叛军的老巢，但这时的范阳节度使李怀仙也递出了降表，在等待结果。守卫范阳城的是兵马使李抱忠。史朝义想进范阳，李抱忠却不敢放他进去。史朝义到这时才知道田承嗣已经投降了唐军。他恳请李抱忠给他点吃的，李抱忠在城东给他准备了食物。在他吃饭时，他麾下的范阳士兵也离他而去了，剩下的只有数百名胡人士兵跟随。

离开范阳后，史朝义唯一能做的，就是越过燕山去往茫茫北方。他先到了广阳（也就是檀州，现北京密云），广阳也不开门，于是他选择了折向东南，准备进入辽东地区，也就是奚人和契丹人的地区。他来到了一个叫作温泉栅（可能在今河北省滦州市西北）的地方时，已经完成了从叛军到唐军转变的李怀仙追击到这里[②]。史朝义已经无路可逃，只好跑到路边的树林中自缢而死。李怀仙将他的人头割下，送往长安。

---

① 参见《旧唐书·田承嗣传》。田承嗣之后被封为魏博节度使。
② 参见《旧唐书·李怀仙传》。李怀仙被封为幽州大都督府长史、检校侍中、幽州卢龙等军节度使。

影响后世中国达千年之久的安史之乱，就以这样的方式草草收场了。

乱世开启

安史之乱以史朝义的灭亡为终章，但它引起的余波却再也无法平息。人们常常感叹皇帝因为采纳了仆固怀恩的计策，招降了史朝义的大将，封他们为节度使，而没有将他们赶尽杀绝，是造成后来藩镇割据的原因。

除了前面提到的成德军节度使李宝臣之外，皇帝还封薛嵩为相、卫、邢、洺、贝、磁六州节度使，田承嗣为魏、博、德、沧、瀛五州节度使，李怀仙为幽州、卢龙节度使。这些河北地区的节度使在未来发起了多次叛乱，甚至引起了规模巨大的泾原之变，让德宗皇帝再次逃出了长安。[①]

但是，人们又不得不承认，招降他们，的确是不得已而为之，即便皇帝想打仗，疲敝的唐王朝也已经没有力量了。如果这些人继续反抗，那么安史之乱或许还要持续很多年。没准又出现一个安禄山或史思明，将事态扩大。最容易的方法还是招降他们，给他们安全感。

安全感，也是仆固怀恩痛定思痛之后的抉择。在李光弼刚刚接替郭子仪掌握兵权时，仆固怀恩为了防止李光弼把自己杀掉，甚至不得不带着军队去见李光弼。

事实上，唐朝在经过了安史之乱后，进入了一个人人自危的时期，即便是将军和节度使也无法幸免。最典型的就是来瑱，来瑱是安史之乱中守卫襄阳的重将和功臣。他最初获得了皇帝的信任，封为开府仪同三司、颍国公，之后又任襄州刺史、兼御史大夫，充山南东道襄、邓、均、房、金、商、随、郢、复十州节度观察处置使。可是由于他的权力太大，加之他本人不愿意离开襄州，导致皇帝对他猜忌。皇帝先是用明升暗降的方法来削弱他的权力，又想用对付刘展的办法来对付他，派人出兵进攻他，不想反而被他击败了。来瑱并不知道这是皇帝的计策，还专门到长安向皇帝谢罪自己擅自动兵。皇帝表面上给他升官，暗地里，却让与来瑱有仇的权臣、宦官程元振告他谋反，再痛快淋漓地把

[①] 关于泾原之变及其原因，可参考本书作者的另一本书《中央帝国的财政密码》。

来瑱除掉了。①

来瑱作为功劳巨大的高级将领和重要节度使，可以被皇帝任意算计，被宦官任意陷害，更增加了地方大员们对安全感的反思。他们反思的结果，就是一定要有兵权，并且要掌权到死，传给儿子或者指定继承人。为了防止自己的势力太小，还要拉帮结派，形成联保。这种做法只是为了寻找一种均势，避免自己被灭亡。至于这种均势是否破坏了中央集权，则是节度使们来不及考虑的了。

之所以说安史之乱末期，唐王朝已经山穷水尽，除了各地此起彼伏的叛乱之外，还有外患的原因。

回纥可汗的十万兵马依然在为非作歹，四处抢劫，甚至有人闯入了长安的皇城内。由于回纥兵的威名，长安的卫兵竟然不敢拦截。到撤退时，回纥兵依然四处抢劫杀人，给民众造成了巨大的伤害。

不仅仅是回纥人，更大的威胁来自西南的吐蕃。就在安史之乱结束没有多久，当年七月，一支吐蕃的军队突然出现在甘肃地区，他们攻克了兰州、廓州、河州、鄯州、洮州、岷州、秦州、成州、渭州等地，将整个河西、陇右降服，又侵入大震关，对关中地区形成威胁。早在之前，吐蕃人趁着唐朝的动荡，已经侵入了青海，甚至进入了新疆地区，成了西部的重大祸患。

不可思议的是，如此严重的军情，皇帝竟然一直不知道。原来宦官程元振将消息截留了，没有告诉皇帝。直到十月，吐蕃侵入泾州，泾州刺史高晖投降后，带领吐蕃向长安赶来，当吐蕃人过了邠州之后，皇帝才听说了这件事。

十月初二，吐蕃进攻距离长安不远处的奉天、武功，引起了长安的震动。皇帝立刻任命雍王李适为关内元帅，让赋闲已久的郭子仪担任副元帅，赶往咸阳。

郭子仪仓促之际，只找到了二十名骑兵，他带着这二十人飞骑赶往咸阳，此时吐蕃率领的吐谷浑、党项、氐、羌联军二十万已经过了渭河。郭子仪派人回长安寻找增援，竟然被程元振阻拦。初六，吐蕃击败盩厔守军，渡过便桥，来到了长安郊区。第二天，皇帝仓促之间逃离了长安，这次他不是向西，而是向东逃去，去往陕州，一路上各个官府的人员都已经逃走，没有人伺候皇帝，

---

① 参见《旧唐书·来瑱传》。

甚至有人在阴谋造反，接应吐蕃。①

吐蕃事件发生时，由于宦官程元振的擅权，众多掌握兵权的节度使非但不敢率兵前来，反而担心被程元振迫害而装作看不见，其中就有参与平定安史之乱的英雄李光弼。

初九，吐蕃进入长安，在一群叛臣的帮助下，立原汾王李守礼的孙子李承宏为皇帝，建立了百官制度。所幸，吐蕃的进攻是以劫掠为主，同时郭子仪发现唐朝的溃军大都顺着武关蓝田道跑到了武关附近，于是到武关征集了溃军。在他的带领下，唐军又恢复了信心。加之郭子仪用少量的兵士制造了大军正在到来的声势，吐蕃人在掠夺之后也不想留在长安。二十一日，在进入长安只十二天之后，吐蕃人就离开了长安。

吐蕃人虽然离开了长安和关中地区，但其对四川西部的劫掠却产生了持久的影响，让唐朝失去了川西的松州、维州、保州等地。当时的西川节度使是高适，由于他无法挽救败局，导致皇帝将西川和东川两节度使合二为一，任命严武担任长官。严武的就任，也成就了一段佳话，那是杜甫在成都最得意的日子。

直到十二月二十六日，皇帝才回到长安，他一共离开了两个多月。这次吐蕃入侵事件，也反映出唐朝是多么脆弱。如果此时安史之乱还没有结束，那么随着吐蕃的进攻，史朝义在东面呼应，将对唐朝形成毁灭性的打击。

吐蕃的进攻只是唐朝遇到的问题之一，而更大的问题依然是君臣之间无法达成互信，以及大臣之间的钩心斗角。

唐朝结束安史之乱的三大功臣是郭子仪、李光弼和仆固怀恩。除了郭子仪得以善终之外，剩下两人在战争结束后都受到了猜忌。李光弼晚年在徐州掌兵，虽然皇帝已经赐予他铁券，但在吐蕃之乱中，他却由于担心宦官的迫害而不敢勤王。吐蕃之乱结束后，皇帝想消除李光弼的疑心，授予他东都留守的职务。但李光弼却担心到了东都就脱离了自己的势力范围，于是推辞了，依然经营自己的徐州，甚至想利用江淮地区的赋税来自给自足。

---

① 参见《旧唐书·吐蕃传》。

皇帝知道李光弼的疑心太重，于是将他的母亲接到了京师善待，又给他的弟弟李光进封官，让其掌握禁军，最后给李光弼继续封官。但这都无法消除李光弼的疑虑。李光弼之所以这样，并非完全是因为他的疑心太大，而是因为他看到当时掌握朝政的是宦官鱼朝恩。即便皇帝试图解开这个死结，但只要皇帝身边围绕的还是那些人，迟早有一天，回到长安的李光弼会成为鱼肉。广德二年（公元764年）七月，李光弼在徐州郁郁而终，时年五十七岁。[1]

掌权较早的李光弼尚且如此担心，那么更加张扬、起步更晚的仆固怀恩，就更有理由担心了。

事实上，仆固怀恩比郭、李等人更注意君臣互信问题。在安史之乱后期，他也试图帮助那些降将放下心理包袱，继续让他们治理河北地区，打消他们对朝廷的疑虑。但到了最后，仆固怀恩却发现自己又掉入了这张罗网之中，由于过于想打破原来的朝堂秩序，建立另一套规则，他被其他的将领当作异类，甚至将这看作他造反的先兆。于是，即便他不想造反，将领们的流言也逼迫着他去实现这个流言了。

最早举报仆固怀恩的是位于山西地区的李抱玉和辛云京，甚至史朝义还没有败亡，他们的举报信就已经上交皇帝了。等仆固怀恩彻底平定了史朝义叛军，事情反而对他更加不利了。

辛云京对仆固怀恩的仇恨在收复东都的战役还没有开始就产生了。在回纥刚刚进入中原时，由于回纥是受史朝义的诱惑而来的，皇帝为了将回纥争取过来，派遣仆固怀恩到太原与回纥人相见。驻扎太原的辛云京担心仆固怀恩与回纥可汗联合，就紧闭城门不肯出来迎接，也不给补给。仆固怀恩并没有在意，带着回纥绕过城市南下，完成了对洛阳的收复。等史朝义灭亡后，又是仆固怀恩将回纥礼送出境，再次路过太原，辛云京还是闭城防守，不和他说话。对于辛云京的敌意，仆固怀恩愤怒异常，他一面上报皇帝，一面让军队绕过了太原，在太原以南的汾州、榆次、祁县、沁州、晋州等地驻扎。

此时皇帝又派遣了一位宦官骆奉先前往太原监军。骆奉先原本与仆固怀恩

---

[1] 参见《旧唐书·李光弼传》。

友善，双方互称兄弟，但这一次他到达太原后，收了辛云京的贿赂，辛云京让他向皇帝汇报仆固怀恩要联合回纥造反。

骆奉先回长安途中，从仆固怀恩的汾州大营路过。仆固怀恩立刻将他带回家中拜见母亲，两人一块儿喝酒。仆固怀恩的母亲乘机责备骆奉先不应该耍两面派。

为了让兄弟放心，仆固怀恩喝了很多酒，甚至为骆奉先跳起了舞，他们互相赠送礼物，看上去很亲近。第二天仆固怀恩还不过瘾，希望骆奉先再住一天，骆奉先执意要走，于是仆固怀恩把他的马藏了起来。不想这被骆奉先当作要杀他的信号，到了夜间，连忙跳出城墙逃走。骆奉先的举动让仆固怀恩也吃了一惊，连忙把马还给他，让他上路。

广德元年（公元763年）八月十三日，骆奉先回到了长安，随即向皇帝上报仆固怀恩谋反。与此同时，仆固怀恩向皇帝报告辛云京和骆奉先勾结。

皇帝依然选择做和事佬，他不相信仆固怀恩谋反，因为如果仆固怀恩要谋反，一定会趁回纥兵还在的时候，绝不会轻易送走强援。他依然在试图解开这个困扰着唐朝所有官员的死结，希望他们能够获得安全感。

但辛云京和骆奉先的告状让仆固怀恩感到委屈。这个汉子在安史之乱中，家族一共有四十六人死于平乱，他的女儿为了唐朝，作为公主嫁给了回纥人，加上他还有帮助皇帝说服回纥，收复洛阳，平定河南、河北的功劳，可谓对唐朝忠心耿耿。仅仅从战功上讲，他已经超出了郭子仪和李光弼，依然无法避免受到猜忌。他越想越委屈，提笔给皇帝写了一封信，这封信可以看作诉说了唐朝文武官员们集体的冤屈，他们已经在互相猜忌中度过了一百多年，却依然无法摆脱这道魔咒。①

他提到因为辛云京关闭城门不给回纥补给，让回纥可汗震怒，自己是如何委曲求全才哄走了回纥人，不想却被辛云京等人告了状。他认为自己有六大"罪状"：第一，帮助先帝扫清黄河河曲的同罗叛乱；第二，他的儿子仆固玢被同罗俘虏，逃回后，他公正无私地将儿子处斩，为了国家不要亲情；第三，他的两个

---

① 《资治通鉴》和《旧唐书》均全文收录这封长信，但《新唐书》依然将仆固怀恩列为叛臣之首。

女儿为了国家远嫁回纥，为国和亲；第四，他的儿子仆固玚为国效命；第五，为了尽快结束战争，招降了史思明河北的将领；第六，他请来了回纥人帮助唐朝，又安全地送走了回纥人。

然而功劳越大，他越没有可能平安落地，所有的人都盼着他出事。即便现在他想回长安也很困难，因为士兵们已经知道有人在陷害他们的将军，不肯放他走。仆固怀恩依然希望能够去长安面见皇帝，请皇帝派人邀请他进长安，他好有借口离开。

到了九月，皇帝按照仆固怀恩的请求派人去见他，仆固怀恩抱着来人的脚大哭一场，准备跟来人一同离开，却被手下士兵阻止了。仆固怀恩想派儿子进长安，士兵们也不同意。到这时，事情越来越向着失控滑去，不管是皇帝还是仆固怀恩都无法处理了。

吐蕃人入侵长安让仆固怀恩事件暂时搁置了起来，等吐蕃人走后，皇帝再次想解决这个问题。广德二年（公元764年）正月初八，皇帝派遣颜真卿去宣慰仆固怀恩，想让他回长安。颜真卿却认为这样做是徒劳无功。他指出，事实上绝大部分官员都知道仆固怀恩是冤枉的，只有四人（辛云京、骆奉先、李抱玉、鱼朝恩）认为他有罪，但就是这四人掀起的风浪就已经让事情无法收场。如果皇帝还逃亡在陕县，以勤王的名义召集仆固怀恩，他一定会应召而来。可皇帝已经回了长安，仆固怀恩没有任何理由前来长安，也不会来了。

不过颜真卿给皇帝提供了一个办法，那就是：仆固怀恩作为朔方节度使，手下士兵大都是郭子仪时期的，只有重新任命郭子仪为朔方节度使，朔方兵才会舍弃仆固怀恩，回到他们的老领导麾下。

当皇帝想重新任命郭子仪的消息传到营中，仆固怀恩知道自己的时间已经不多了，一旦郭子仪获得了任命，自己的军权就烟消云散了。他冒险一搏，决定解决自己的仇敌，于是向太原发起了进攻。然而，随着士气的低落，以及部队中胡人士兵和汉人士兵的敌对情绪越来越严重，仆固怀恩不仅没有攻下太原，他的儿子仆固玚还被部下杀死——这位在歼灭史朝义过程中立下大功的将领就在内乱中死去了。仆固怀恩听说儿子死去，加之郭子仪重新担任朔方节度使，甚至连他的母亲都责怪他不应该造反，他率领三百人向西渡过黄河，北走返回朔方，山西的战局顷刻烟消云散。

仆固玚的头颅被送到了长安，引得人们纷纷向皇帝道贺。但此时，皇帝依然想和平解决，他责备自己信不及人，才导致了这场悲剧。他甚至下令将仆固怀恩的母亲接回长安，好好奉养，让老人善终。

仆固怀恩占据了北方的灵州，随着郭子仪对北方局势的掌控，仆固怀恩的势力被大大削减。但即便这样，在广德二年（公元 764 年）和永泰元年（公元 765 年）接连两年，仆固怀恩还是以他的回纥可汗岳父的身份给唐朝造成了极大的破坏，联合回纥与吐蕃两军，两次进攻唐朝。

第一次（广德二年七月），他引回纥、吐蕃十万众直达陕西北部的宜禄和邠州，之后又进逼奉天，郭子仪先是闭城不战，后于十月初七突然列阵让敌人措手不及，仆固怀恩主动撤退。

第二次（永泰元年九月），仆固怀恩引吐蕃、回纥、吐谷浑、党项、奴刺数十万众入侵，他自己却于九月初八突然暴病而亡。仆固怀恩的死亡让唐朝失去了一个大敌。郭子仪随后选择了联合回纥进攻吐蕃的策略，化解了这次迫在眉睫的灾难。

唐朝与仆固怀恩的恩怨，以仆固怀恩的死亡而告终。他的死讯传到皇帝耳中，皇帝依然坚持认为"怀恩不反，为左右所误耳"。[①] 但真正让仆固怀恩无法回归的，不是他的左右，而是唐朝特有的官场文化——让所有人都无法获得安全感，只能靠互相伤害求得自己的生存。

在三大名将中，只有郭子仪获得了善终，这和他待人宽宏有关，也和他在灵武勤王时所获得的地位有关，更和他不参与众人的阴谋有关。即便是程元振、鱼朝恩等对他最忌惮的宦官，也只是建议皇帝不要给他军权。郭子仪不能制止这样的官场争斗，却超然于外，首先向众人展示自己是无害的，其次也告诉众人，要想伤害他只会给他们自己带来伤害。但是，在安史之乱时期能够做到这一点的只有郭子仪，其余的人都陷入明争暗斗之中无法自拔。郭子仪的存在变相告诉人们，在唐朝的官场上要想做到不受伤害有多难。

---

① 参见两唐书的《仆固怀恩传》。

诗人之死

上元二年（公元761年），就在安史之乱结束前一年多，诗人王维去世了。王维晚年的日子过得相当平静，几乎没有再受到安史之乱的影响。至德二载（公元757年），在他被从东都带回并虚惊一场之后，到了第二年春天他就复了官。他首先被授予太子中允，加集贤殿学士，在同一年又改授太子中庶子、中书舍人，秋天又官拜给事中。伪官事件对王维的影响，是他把自己的辋川别业布施给僧人，这里在他死后将变成寺庙，但在他活着的时候，依然归他享用。① 到了上元元年（公元760年），他转为尚书右丞。第二年春天，由于他的弟弟王缙被授予了蜀州刺史，王维嫌弟弟做官去得太远，于是上表皇帝，请求以自己的职位换取把弟弟调回京城。皇帝并没有收回他的官职，但也把他弟弟调了回来。

王维晚年的交往圈子不大，除了他终生的道友裴迪之外，另一个交往对象是严武。严武也是世家出身，以门荫授官。和高适一样，严武也担任过哥舒翰的判官，后来得到了侍御史的职务。安史之乱爆发后，由于他跟对了人，到灵武去找肃宗，因此一路高升。至德二载（公元757年），严武得到了京兆少尹的官职，当时他只有三十二岁。② 严武在京师交游甚广，其中最著名的是王维、杜甫和岑参③。

严武性格刚烈残忍，但对诗人却有着非同寻常的耐心。在京师，王维晚年与严武以诗应答，好不热闹。④ 上元二年（公元761年）春，严武官封河南尹，又来与王维道别，他可能是王维最后的访客之一。⑤ 到了当年七月，王维去世了。他的弟弟王缙检点哥哥的诗文，发现开元之前的诗稿留下的很多，但天宝之后的连十分之一存世的都没有。⑥

事实上，不管有没有安史之乱，王维早已经功成名就。与李白相比，他也

---

① 王维晚年的官职依据两唐书，但年月根据的是《王维集校注》所附年表的考证。
② 参见《旧唐书·严武传》。
③ 岑参写到严武的诗有《使君席夜送严河南赴长水》《稠桑驿喜逢严河南中丞便别》《虢州南池候严中丞不至》等。
④ 参见《晚春严少尹与诸公见过》《酬严少尹徐舍人见过不遇》等诗。
⑤ 参见《河南严尹弟见宿弊庐访别人赋十韵》。
⑥ 参见《旧唐书·王维传》。

更加有优势，因为除了是著名诗人之外，他还是当时最著名的画家和音乐家之一。即便日后李杜的名声日隆，但王维依然是唐代排名前五的诗人，足以与白居易一争高下。他是一个属于和平与宁静的人，世间的纷纭是与他无关的，他只是不小心坠入凡尘罢了。

王维死后仅仅一年，盛唐时代诗人两大高峰中的一个——李白，也去世了。

李白在流放夜郎被赦免之后，他的巅峰时期也早已过去。他也是一位盛世诗人，不管是否有安史之乱，他都会成为唐代诗人中最耀眼的那一颗星。安史之乱添加了另一颗耀眼的星星（杜甫），他的光芒甚至盖过了王维，却丝毫无损于太白之星。

在李白流放遇赦前，他在洞庭湖一带遇到了前中书舍人贾至。贾至曾经在长安与王维、杜甫、岑参等人唱和，但自从杜甫倒霉后，贾至也倒了霉，被外放汝州刺史，后来又贬为岳州司马，于是遇到了李白。李白被赦免后，又回到了岳州，再次遇到了贾至，两人诗酒应答，成了李白晚年少有的佳话。

之后李白一直在南方游荡，他去过江宁（金陵）、宣城、历阳、当涂等地。战争在继续，他除了鼓励一下遇到的将领之外，已经是一个彻底的局外人。到了宝应元年（公元762年），他的从叔李阳冰担任了当涂令，李白前往投靠[1]。在当涂，李白由于饮酒过度去世[2]。人们传说，他死前所作的《临终歌》概括了他的一生[3]：大鹏飞兮振八裔，中天摧兮力不济。余风激兮万世，游扶桑兮挂石袂。后人得之传此，仲尼亡兮谁为出涕？

在唐代的诗人中，高适和李白处于仕途的两个极端。李白自始至终为一介平民，即便与皇帝亲近了一段，但由于不甘心当一个政治宠物，很快就离开了，连一官半职都没有捞到。但到了近五十岁还一无所有的高适，却突然成了高级官僚，这与李白的遭遇形成了鲜明的对比。

但不要以为高适成了高级官僚，就得以自在了。事实上，他的位置极端不

---

[1] 参见《献从叔当涂宰阳冰》。
[2] 参见《旧唐书·李白传》。
[3] 又作《临路歌》。

稳固。在李白向他发出求救信的那一年，也就是至德二载（公元757年），表面上看高适担任了御史大夫、扬州大都督府长史、淮南节度使，但他感到危机重重。就在当年年底，他写下了一首诗，暗喻那些想整他的人不要那么心急。①

高适的感觉是正确的，到了第二年，高适就被皇帝贬为太子少詹事。其原因是宦官李辅国认为高适太敢说话，担心坏了自己的事。②高适的贬官也反映了安史之乱造成的一个严重的后果：经过这次战争，皇帝从此再也不需要那些贤相和直臣了，他需要的只是三类人：一是亲近的太监，二是李泌这样的纵横家，三是理财专家。不管是张镐还是高适，都不符合皇帝的胃口。

高适回京的途中，特别去了他生活半生的睢阳，去祭奠为唐王朝做出了极大贡献的张巡和许远。③回京后，他与杜甫依然保持着联系。

但是，高适在京的时间并不长，这牵扯到四川地区的局势。在安史之乱前，四川属于剑南节度使的辖区，自从太上皇从四川回到长安之后，皇帝为了防止四川地区出事，将剑南节度使辖区分成了东西两部分，分属东川节度使和西川节度使。这本意是为了防止叛乱，另一个借口是防止吐蕃的入侵，但这种做法却让四川进入小叛乱和入侵不断的阶段，加重了百姓的负担。

乾元二年（公元759年），高适被外派担任彭州刺史，不料在赴职的路上，竟然遭到了乱兵的劫掠。④到任后，他上疏将两节度重新合并起来，却并没有受到重视。⑤高适到达彭州时，杜甫也刚刚在成都安顿下来，于是两人恢复了联系。⑥

上元二年（公元761年），梓州副使段子璋起兵反叛，杀死了虢王李巨，并将他的上级东川节度使李奂打败，李奂逃到了成都。高适率领州内的士兵与西川节度使崔光远在成都会合，击败了段子璋。这件事之后不久，杜甫和高适的一位熟人严武就担任了西川节度使，但很快，严武被召回了长安，继任者就是高适。⑦

---

① 参见《见薛大臂鹰作》："寒楚十二月，苍鹰八九毛。寄言燕雀莫相啅，自有云霄万里高。"
② 参见《旧唐书·高适传》。时间则根据《同河南李少尹毕员外宅夜饮时洛阳告捷遂作春酒歌》。
③ 参见《罢职还京次睢阳祭张巡许远文》。
④ 参见《同河南李少尹毕员外宅夜饮时洛阳告捷遂作春酒歌》。
⑤ 《旧唐书·高适传》载有该上疏。
⑥ 参见《赠杜二拾遗》《人日寄杜二拾遗》。
⑦ 参见《旧唐书·严武传》《旧唐书·高适传》。

这是高适一生中另一次高光时刻，但是这个时刻依然很短暂。第二年代宗皇帝即位。高适在这一年击败了四川地区这一轮最后一个反叛者剑南兵马使徐知道。① 由于杜甫在战乱时选择了避难梓州，他们又分开了。

高适的地位本来应该是稳固的。但不久，他就由于与吐蕃打仗无功，还损失了松、维二州和云山城，被皇帝召回了。② 取代他的又是严武。此时，皇帝再次将东、西川合为一道，称为剑南道，严武成了统一的剑南道的节度使。杜甫再次回到了成都，但再也没有见到高适。

高适回到长安后第二年即永泰元年（公元765年）就去世了。他死时获赠礼部尚书，谥号"忠"，也算是盛唐诗人中少有的文武双全之人。但他的诗歌大都是在没有闻达时写成的，到安史之乱后他更深入地参与政治时，已经很少写诗了，他成功地从诗人转变成了政治家。

乾元元年（公元758年），皇帝回到长安后，岑参与杜甫、王维、贾至等人在长安互相唱和，好不热闹。但随后杜甫离去，贾至也被贬为岳州司马。岑参在第二年升任起居舍人。但不幸恰逢宦官李辅国专政的高峰时期，李辅国看不惯这些不听话的文臣，于是在出任起居舍人仅仅一个月后，岑参就被外放为虢州长史，离开了长安。③

他在虢州极不适应，直到三年后才找到机会来到潼关担任节度判官，之后跟随着雍王李适（后来的德宗）进入东都洛阳，这时也恰逢安史之乱结束。

后来，岑参在长安又待了两年。永泰元年（公元765年），四川再次发生了变乱。剑南节度使严武去世了④，继任的是一位叫作郭英乂的将领。严武虽然刚愎自用，却能压得住蜀地的豪强，郭英乂比严武更加蛮横、无所忌惮，到任后首先杀死了大将王崇俊，接着一系列的倒行逆施终于逼反了西山兵马使崔旰，崔旰从西山率领麾下五千余众袭击了成都，将郭英乂击败。郭英乂逃往简州，

---

① 参见《贺斩逆贼徐知道表》《请入秦表》。
② 参见两唐书《高适传》。
③ 参见《出关经华岳寺访法华云公》《初至西虢官舍南池呈左右省及南宫诸故人》。
④ 参见《旧唐书·严武传》。

后又逃往他处，终被普州刺史韩澄杀死。①

这次事件导致四川再一次陷入了战乱。杜甫在严武主政四川时住在成都，此时也离开了成都，去往云安。

这件事对岑参也是有影响的，这一年十一月，他被任命为嘉州刺史，但随着四川大乱，岑参滞留在梁州。第二年（公元766年），朝廷任命宰相杜鸿渐担任山南、剑南等道的副元帅，入蜀平乱。杜鸿渐到任，崔旰刚刚又打了一个胜仗，将山南西道节度使兼剑南东川节度使张献诚击败。杜鸿渐不得不采取了怀柔的做法，要求朝廷不要惩罚崔旰，而是给他封官，于是在他的姑息之下，四川暂时获得了和平。②崔旰被赐名为崔宁，之后担任过西川节度使，并在北方和西方边境长期为将，保卫了唐朝的边疆安全，直到唐德宗时期被权相卢杞害死。③

岑参此时已经进入杜鸿渐的幕府，职衔为职方郎中兼侍御史。大历二年（公元767年）他再次赴任嘉州。到了大历三年（公元768年）六月他离职时，四川又发生了叛乱。原来，担任了节度使的崔宁到长安述职去了，泸州刺史杨子琳乘机袭击了成都，却被崔宁的妾任氏招募的几千人击败。杨子琳的军队溃散后，来到了四川东部，阻断了岑参的归途。大历四年（公元769年）底，岑参死在成都。

岑参在成都度过最后的岁月时，杜甫却在东向逃难的途中，他们虽然都在四川，却由于战乱的原因错过了见面的机会。见识过盛唐的诗人大都已经死去，只剩下杜甫还在苦苦挣扎。虽然安史之乱已经结束，但他依然在逃难，因为四川乃至全国各地都已经进入了不稳定时期，即便大的战争已经结束，但小的战乱却不可能避免了。杜甫的一生仿佛注定要见证唐代的繁华和离乱，仿佛只有这样，他才能记录下中国伟大的盛世的崩塌过程。

在叙述杜甫后期的遭遇时，我们不得不把时钟回调到他被贬出长安的时刻，看一看这位唐代小官的陨落过程，以及唐代最伟大诗人的升起过程。

---

① 参见《旧唐书·郭英乂传》。
② 参见《旧唐书·杜鸿渐传》。
③ 参见《旧唐书·崔宁传》。

乾元元年（公元 758 年）六月，杜甫从左拾遗被贬为华州司功参军。在离开长安时，他骑马从金光门经过，突然想到一年前他正是从这个门偷偷出去，逃脱了叛军的羁押，前往凤翔寻找皇帝的。他感叹自己已经老了。① 在长安的最后时分，恰好高适从江南贬官担任太子詹事，还没有回到长安，杜甫给他寄了信，表达了思念之情。②

到了冬天，他又从华州前往东都公干。他将自己所见所想全都付诸笔端，由此我们现代人才能看到安史之乱中更加丰富的民间景象。

在他的笔下，既有那些即将前往战场送死的士兵③，也有对在济州失联的弟弟的思念，以及得到弟弟消息后，自己的消息却无法送达的惆怅④，更有得知从弟死在异乡的悲伤。⑤

当九节度围困相州时，虽然他也有隐忧，但还是热情地赞颂即将来到的胜利，盼着未来的和平。⑥当节度使们兵溃的消息传来，杜甫恰好在东都，在他赶回到华州的途中，写下了最伟大的丧乱之诗——"三吏"和"三别"。

杜甫以诗人的眼光，望着因为军败而造成的民间的流离失所。在新安，随着壮劳力都已经在上次征兵中离开，这里的官吏只能选择剩下的半劳力（中男）再次出征。在潼关，由于担心叛军再次进攻关中地区，这里的官吏在紧急加固城池。在石壕村，官吏们在晚间抓人，就连老妇人都带走了。不管是新婚，还是垂老，男人们都被迫上了战场，与亲人分离，年轻的妻子还在等待着丈夫的归来，年老的妇人却知道再也见不到丈夫。那些逃兵乘战败之后的混乱离开部队，回到家乡，却发现家园残破，连亲人都找不到了。

杜甫回到华州，日日哀叹不已，但这依然不是战争带来的最终结果。当年由于战乱引发了大饥荒，到最后，就连杜甫也不得不弃官离开，只是为了给家

---

① 《至德二载，甫自京金光门出间道归凤翔，乾元初从左拾遗移华州，掾与亲故别，因出此门，有悲往事》："无才日衰老，驻马望千门。"
② 参见《寄高三十五詹事》。
③ 参见《观兵》。
④ 参见《忆弟二首》《得舍弟消息》。
⑤ 参见《不归》。
⑥ 参见《洗兵行》。

人寻一条活路。

乾元二年（公元759年）七月，杜甫弃官向西，翻越陇山到了秦州境内的西枝村。他的目的是找一个偏远的地方躲避战乱。①但是偏远地区依然避不开战乱，杜甫经过一个古战场，望着被蝼蚁当成了窝的人类白骨，意识到边疆地区也是不安全的，因为皇帝的好大喜功，唐朝与外族发生战争也影响了边疆。②这是盛世时期所掩盖的满地萧然。

在秦州时，杜甫依然记得被放逐的李白，不由自主地怀念着当初与他的壮游。他为李白的生不逢时感慨万千，但他又如同预言般地相信李白的诗歌必然流传千秋万世。③他不仅怀念李白，还怀念着已经死去的贺知章、孟浩然，以及身在河南的两位弟弟。与此同时，他还与高适、岑参、严武、贾至等几位友人保持着联系。

他原打算在秦州的西枝村寻一块土地建一座草堂④，但由于整个北方都在闹饥荒，他在同谷短暂停留后，就离开了秦州。也许是因为高适担任彭州刺史、严武担任巴州刺史⑤，他决定到四川境内寻找和平的所在。

经过了漫漫的蜀道，在年底时，他到达了成都。他立刻与在彭州的高适取得了联系。⑥上元元年（公元760年）春，杜甫开始寻找住处，他看上了浣花溪旁的一块地⑦，在这里盖了草堂。草堂修建如此顺利，与杜甫的一系列故人的帮助有关。除了高适、严武等人，当地的官员也提供了帮助，其中一位姓王的司马还提供了钱财资助。朋友的帮助使得常年奔波的杜甫终于感受到了温暖，这段时间也成了他一生中少有的舒适时光。

解决了温饱的杜甫又开始忧国忧民，他有拜访诸葛祠堂"出师未捷身先死，

---

① 参见《贻阮隐居》。
② 参见《遣兴》。
③ 参见《梦李白二首》："冠盖满京华，斯人独憔悴。孰云网恢恢，将老身反累。千秋万岁名，寂寞身后事。"同时期杜甫关于李白的诗作还有《天末怀李白》《寄李十二白二十韵》。
④ 参见《西枝村寻置草堂地夜宿赞公土室二首》。
⑤ 参见《旧唐书·严武传》。严武因为房琯事被贬为巴州刺史。
⑥ 参见《赠杜二拾遗》《酬高使君相赠》。
⑦ 参见《卜居》。

长使英雄泪满襟"的悲壮,也有"大庇天下寒士俱欢颜"的豪情。

杜甫初在成都的生活是闲适的,与当年他在路途上的艰辛形成了鲜明的对比。他与高适往来应酬。此时,王维的弟弟王缙任蜀州刺史,距离成都也不远,杜甫与王维的好友裴迪也取得了联系。①

上元二年(公元761年),严武和高适先后担任了西川节度使,作为他们的朋友,杜甫与他们诗酒应答。第二年严武离开时,杜甫甚至将他送到了绵州。美好总是短暂的,西川兵马使徐知道的造反又一次打破了杜甫的宁静生活。

宝应元年(公元762年),徐知道造反后,刚刚送走了严武的杜甫仓皇间无法回到成都,只好至梓州停留②,直到冬天,才有机会将家人迎接到梓州。

广德元年(公元763年),官军收复了河南河北,结束了安史之乱,在梓州的杜甫也开心地流下了眼泪,并开始规划自己的回程。他希望从三峡直达荆州地区,再北上襄阳前往洛阳。③但这个规划却没有成为现实。

广德二年(公元764年),严武再次来到成都,杜甫也终于回到成都居住。这一次,他进入了严武的幕府担任节度参谋,严武为他申请到检校工部员外郎的加衔,并赐绯鱼袋。这个官职也就成了杜甫最后的官职。但所谓工部员外郎并非他的实际职务,他只是个位于成都的节度使参谋而已。

事实证明,杜甫并不是一个合格的参谋人才,他只做了半年,就放弃了,还是回到了草堂。日后有人编排出他倨傲惹怒了严武的故事,但这可能并不符合事实。

曾经与杜甫在长安诗酒唱和的贾至,在杜甫贬官华州的时候也被贬官岳州司马。到了宝应元年(公元762年),贾至就被皇帝召回去官复原职了,后来又担任了尚书左丞。广德元年(公元763年)担任吏部侍郎,进入高官阶层,又担任过京兆尹、御史大夫、兵部侍郎等职,是文人中少有的高官。④

---

① 参见《和裴迪登新津寺寄王侍郎》。
② 参见《相逢歌赠严二别驾》:"我行入东川,十步一回首。成都乱罢气萧索,浣花草堂亦何有?"《全唐诗》收录,与《杜诗详说》诗名、用字有些微不同。
③ 参见《闻官军收河南河北》。
④ 参见《旧唐书·贾至传》。

而杜甫自从华州弃官之后，已经逐渐跳出了对官场的渴求。他为朋友当官感到欣喜，但自己再也没有去主动追求过官职。他此时追求的是自我，以及家人和朋友的安康。他宁肯对着雪山和小鸟吟哦，也不再愿意为了当官而牺牲自己的个性了。在梓州期间，他并非没有机会。广德元年（公元763年）时，皇帝曾经下令给杜甫京兆功曹的官职，但杜甫却没有应召，他知道所谓的功业并不属于自己，他更倾心于南国的浮云和钓竿。①

　　到了成都，严武给他授职半年后，杜甫却宁肯选择隐居，而不再参与政治了。

　　真正让杜甫的生活出现了变化的，是永泰元年（公元765年），他的两大保护伞严武和高适的相继去世。高适死于长安，而严武则死于成都任上。整个四川地区再次大乱，杜甫不得不再次踏上了逃难的行程。②

　　此时安史之乱已经结束，但杜甫的苦难却并没有完结。他计划前往潇湘地区，至于具体到哪儿，怎么生活，都已经无法细究了。③

　　接下来，杜甫就如同是一片飘萍，顺着长江而下。他没有最终的目的，只是走一步看一步，与他同时代的朋友都凋零得差不多了。虽然依然能碰到人照顾他，但所谓的挚友却不存在了。由于老了，他也不想回到长安，但他又还活着，还要用他的笔对安史之乱后的社会和个人命运做最后的记录。

　　永泰元年（公元765年）五月，杜甫离开了他钟爱的成都草堂，再也没有回来。他带着家属东下嘉州、戎州、渝州、忠州、云安。大历元年（公元766年）春天，他到达了夔州。④由于夔州都督的盛情邀请，杜甫在夔州居住了两年，直到大历三年（公元768年）正月才离开。

　　在夔州的两年中，杜甫写了大量回顾性的诗歌，回忆他的一生，以及与李白、高适等人的交往，还有他见过、听说过的大量名臣将相。他已经成了一个时代的记录者，将想到、看到的一切都写成了诗。⑤

---

① 参见《奉寄别马巴州》。
② 参见《闻高常侍亡》《哭严仆射归榇》。
③ 参见《去蜀》："五载客蜀郡，一年居梓州。如何关塞阻，转作潇湘游。万事已黄发，残生随白鸥。安危大臣在，不必泪长流。"
④ 参见《移居夔州作》《为夔府柏都督谢上表》。
⑤ 最著名的莫过于他回顾自己一生的诗篇《壮游》。

大历三年（公元768年），他再次出发，出三峡到了江陵，秋天移居公安县。他穷困潦倒，已经接近生命的尾声，却依然要忍受世情冷峻。在三峡以东地区，由于缺乏熟人，杜甫的生活更加艰难。到了冬天，他来到岳州。贾至当年就是被贬到岳州，最后又被召回宫廷。李白也曾经在流放和返回途中经过岳州，但此时李白早就死了。杜甫走到岳州时，几乎走投无路了。

大历四年（公元769年）正月，他选择了从岳州向南的道路，经潭州（现长沙）到了衡州（现衡阳）。湖南夏天的酷热击败了他，于是他在夏天再次回到了潭州。这时，病痛加剧，他似乎得了轻微的半身不遂。[1] 他甚至连住的地方都没有，只能住在舟中。

到了第二年（大历五年，公元770年），杜甫又经历了最后一次战乱。湖南兵马使臧玠杀了潭州刺史崔瓘，潭州大乱。杜甫只好乘舟再次回到衡州，从衡州继续前往郴州去投靠他的舅家崔伟。到达耒阳后，他停泊在方田驿。到了秋天，他再次坐船北上，死在了湘江之上。[2]

甚至连他死的地点都充满了争议。有的人认为他到达耒阳时，耒阳令给他送去了酒肉，没想到久未饱食的他吃得太多，一顿饭之后就死了。[3] 有的说由于湘江水涨，杜甫五天不得食，耒阳令给他送去食物时已经找不到他了。[4] 但不管怎样，人们普遍认同杜甫死于困顿之中，也并没有试图将他的死浪漫化，就像李白之死那样。

唐代最伟大的诗人就这样消逝了，留下他的诗歌，以及对一个盛世消失的惋惜之情。

---

[1] 参见《清明二首》："此身漂泊苦西东，右臂偏枯半耳聋。"
[2] 他最后的诗作是《风疾舟中伏枕书怀三十六韵，奉呈湖南亲友》。
[3] 参见《旧唐书·杜甫传》。
[4] 这种说法见罗宗强《唐诗小史》。

尾声一

盛世的丘墟

安史之乱三百多年后,北宋元祐元年(公元1086年)闰二月二十日,一位叫作张礼[①]的人来到了长安这座前朝名都游玩。

此时距唐代灭亡一百多年,经过了五代十国几十年的混乱之后,中国历史又开始了另一个稳定期——北宋,并度过了另一个伟大的盛世——仁宗盛治。北宋的政治中心移到了东部的汴州(开封),这里成了新的东京,而唐代的东都洛阳成了北宋的西京。那么,唐代的西京长安又怎样了呢?

在短短的一两百年里,伟大的长安已经发生了天翻地覆的变化。首先是它的名字。在唐代还没有结束的时候,唐昭宗天祐元年(公元904年),控制了皇帝的军阀朱温(也是后梁太祖)将皇帝挟持到东部,长安随之失去了这个令它凌驾于万城之上的名字,被改为佑国军。后梁篡位后的开平元年(公元907年),长安所在的京兆府被改为大安府。

---

① 张礼,浙江人,生平不详,他流传下来的作品只有一部《游城南记》。

两年后，佑国军又被改成了永平军。

后梁被后唐灭亡后，后唐的皇帝（实际上是沙陀人）自认为继承了唐朝的正统，于同光二年（公元924年）又把名字从永平军改回了西京。但是，后唐的努力只带来了关中地区的回光返照。后唐灭亡后，中国的政治中心永久地离开了关中地区。到了后晋天福元年（公元936年），西京又被改为晋昌军，后汉乾祐元年（公元948年）又改成了永兴军。到了宋代，长安这座名城就一直以永兴军这个古怪的名字存在着。

除了名字之外，这个当年伟大的国都在面貌上也发生了巨大的变化，几百年前那座巍峨的城市已经不在了。长安最早的毁坏是在黄巢起义时，广明元年（公元880年），黄巢率军突入长安，当时的皇帝唐僖宗逃走了。虽然皇帝依靠着沙陀人的帮助将黄巢赶走击败，但长安城的宫室却毁坏殆尽[1]，甚至连皇帝都不想回到这座城市。宰相王徽花了一年时间，才将毁坏的大明宫修整出点样子，让皇帝草草地迁了回来。[2]

不想光启元年（公元885年），刚刚恢复了平静的长安由于宦官田令孜和军阀王重荣、李克用（后者是沙陀人，也是后晋之祖）发生了冲突，李克用等人带兵再次进入长安。田令孜在带着皇帝逃走之前，下令放火烧掉宫城以阻止对方的进攻，这次放火的结果，是整个宫城建筑群几乎尽毁，只有昭阳和蓬莱两宫没有被毁。[3]

到了朱温东迁，国都长安已经是第三次遭劫，这一次，朱温就连普通人家都没放过。由于朱温根本不打算回到长安，他下令所有的百姓都跟着迁走。与人口强制迁移对应的，是对于房屋的毁坏。为了带走建房的木头，他们把房子扒掉，把木材扔进水里，顺流而下，到了下游再捞起来使用。[4]

经历了一次次的灾难，到了北宋时期，永兴军（长安）的城区面积已不足唐代的十分之一。唐代庞大的长安城包括了带有城墙的京城，以及在京城之内

---

[1] 参见《新唐书·田令孜传》。长安城宫室大约毁坏了百分之七十。
[2] 参见《新唐书·王徽传》。
[3] 参见《新唐书·田令孜传》。
[4] 参见《旧唐书·昭宗纪》。

的宫城和皇城。其中宫城是皇帝的宫殿群，而皇城则是中央政府各大衙门所在地。宋代时，宫城已经毁掉了，那些雄伟的宫殿，不管是最早的权力中心太极宫，还是充满了宫斗和浪漫故事的大明宫都已经不在了。而原长安京城范围由于过于庞大，宋代没有足够的人口去填满，人们就居住在原来的长安皇城之中，皇城的城墙和城门就成了城界。

由于城北更加荒凉，张礼的游玩范围主要是在南城。唐朝长安皇城的南面一共有三个门，中间是朱雀门，东面是安上门，西面是含光门。[1]安史之乱后，皇帝甚至连"安"字都不愿意听，于是将安上门改为先天门。张礼从先天门出了城。他首先探访的是唐代的兴道和务本两坊。唐代时的这两个坊紧挨着皇城，在它们的南面还各自排着八个坊，因此这里是京城中普通人居住的最繁华的地方，有着大量的旅馆。但是，到了宋代，这两个唐代曾经繁华的坊只是作为城外的乡村集市（草市）来使用，除了集市就是农田了。

唐代京城内的房屋大都不存在了，但每个坊之间的墙和门，有的还保留着。张礼从务本坊的西门出去，进入了西南面的开化坊。在这里，他到了一个叫作圣容院的地方。在唐代，这里有一个更响亮的名字——大荐福寺。这座寺庙最早建立于唐睿宗文明元年（公元684年），当时正处于高宗去世、武后还没有称帝的时候。到了景龙年间（公元707年—710年），宫人们集资修建了一座塔，是为荐福寺塔，这座塔在宋代还保留着，甚至直到今天还在，它就是著名的小雁塔[2]。

继续向南，经过永乐坊及其附近的玄都观和大兴善寺之后，张礼来到了著名的大慈恩寺。大慈恩寺最著名的遗迹就是大雁塔（慈恩寺塔）。除了这座由唐玄奘初建的塔[3]之外，以大雁塔为起点还有一系列的唐代人文遗迹。大雁塔位于晋昌坊，它南面的通善坊内有一个叫作杏园的地方，杏园的东南是著名的曲江池。这里本来只是一个天然的小池子，后来引来了黄渠的水，使得曲江成了长安著名的风景。曲江的东侧，就是一组宫苑建筑，被称为芙蓉苑，也是皇帝的南苑。

---

① 参见《唐两京城坊考》。
② 小雁塔位于开化坊南面的安仁坊的西北角上。
③ 玄奘最早建造的是印度式佛塔，称为窣堵波，该塔在武后长安年间焚毁后重建成今天的建制。

大雁塔、杏园、曲江、芙蓉苑等，在唐代文人中非常有名，这是因为它们和唐代科考的风俗有关。每一年，当科考完毕张榜之后，当年上榜的举子们都会举行一系列的宴游活动，其中最著名的有三场，分别是曲江宴、杏园探花宴和慈恩题名。[1]

曲江宴游从中宗时期开始，到了玄宗时期最盛。由于科考是在春天，这也是曲江最美的季节。最初，那些考中的进士在这里请客，安慰那些落榜之人。之后，曲江慢慢地成了及第进士们宴游的场所，并且曲江宴游越来越流行，成了当时一大盛事。进士们携伎看花，饮酒行乐，好不热闹。

曲江宴游结束后，又轮到了杏园宴。杏园宴的主要节目是"探花"。进士们从同门中选出两位年轻的探花郎，遍游长安，四处采花，长安城的所有名园都打开园门，让他们看遍。

杏园探花宴之后，进士们再次来到大雁塔下，在这里进行慈恩题名。从中宗神龙时代以来，进士们就有请一位书法好的人，将他们的名字书写在大雁塔下的习惯。

由于这里是著名的游乐区，不仅是进士们，就连普通的文人也喜欢到这里游玩。天宝十一年（公元752年），慈恩寺塔就迎接了岑参、高适、薛据、杜甫、储光羲等人，他们同登慈恩寺塔，纷纷写诗纪念。

到了宋代，慈恩寺塔经受过重重磨难，它曾经的十层在兵火过后只剩下七层，在后唐时期又进行了重修。更令人遗憾的是，在唐代的会昌五年（公元845年），一位僧人在修缮大雁塔时，把塔身内外都用灰泥涂抹了一遍，导致唐人的题字都被掩盖了。不过，幸运的是，战火反而让僧人涂抹的灰泥剥离，又露出来了内部的题字，张礼就看到了孟郊等人的题名。

登上慈恩寺向南望去，就是曲江、杏园、芙蓉园等地，在唐代，这里是文人墨客、文武官员们最喜欢的游乐宴饮场所，唐代后期曾经对曲江的亭台楼阁进行过重修。北宋时期依然可以看到当年宫观的遗迹，只是已经荒烟蔓草，再无人光顾了。

---

[1] 参考傅璇琮《唐代科举与文学》第十一章。

离开曲江，就接近了唐代京城的边缘，这里有称为"京城南三门（从东向西）"的启夏门、明德门和安化门。张礼从启夏门的废墟中走出，来到了南郊。南郊是帝王们祭祀的场所，有唐代的三个祭坛——百神坛、灵星坛和圜丘。其中前两个已经毁坏了，只剩下圜丘还保持着完整。

继续向南，在一个叫作仇家庄①的地方，张礼发现了两处墓葬。一处属于高宗时期的宰相长孙无忌，他见证了武后的擅权，并死于唐朝君臣的钩心斗角。另一处属于本书的重要人物之一郭子仪。但张礼可能弄错了，因为郭子仪被埋葬在长安西北的肃宗陵墓旁，这里的墓可能是郭子仪的父亲郭敬之的，也可能是郭子仪家族成员的墓地。

继续往南就是韦曲和杜曲两条小河，这里曾居住着韦氏和杜氏两大家族。在唐代，这两大家族人才辈出，被称为"城南韦杜，去天尺五"。但是，到了北宋时，这里已经人烟稀少，不管多少英雄豪杰，都已经湮没在历史的缝隙之中，他们的后代也早已散在了别处。

张礼给我们留下了一幅生动画卷。在两百年前，长安是帝王之都，这里车水马龙，聚集着天下的豪杰和文人。他们有的享受了盛世，有的经历了乱局，但他们可能都认为长安的大幕是永远也不会落下的，他们都不相信那美丽雄伟的宫殿会成为废墟，并被埋入地下。

但是，仅仅一百多年后，长安就变成了一片荒凉之地，北宋时期的汴京迅速取代了长安，成了全国最繁华的所在，也是当时世界上最发达的大都市。

当张礼游览长安时，他的心中一定在拿长安与汴京比较。他会发现，与汴京的繁华比起来，长安只是一个偏远的小镇。作为天下之中，汴京经历了著名的仁宗盛治。人们常常以为开元盛世是中国古代王朝的顶峰，但如果从经济上看，宋代的仁宗时期，比唐代还要发达得多。但仅仅过了四十年，靖康元年（公元1126年）和二年（公元1127年），金人的两次围城，就让汴京这座"永恒之城"追随长安而去了。

---

① 唐代大宦官仇士良家族的所在地。

附录

开元至大历初的宰相变动表[①]

年	月　日	变动情况	在职宰相
开元元年 （公元713年）	正月乙亥	吏部尚书萧至忠为中书令	魏知古、陆象先、崔湜、岑羲、窦怀贞、萧至忠
	六月丙辰	兵部尚书郭元振授同中书门下三品	魏知古、陆象先、崔湜、岑羲、窦怀贞、萧至忠、郭元振
	七月甲子	中书令萧至忠诛，户部尚书、同中书门下三品岑羲诛，左仆射、中书门下三品窦怀贞自杀	魏知古、陆象先、崔湜、郭元振
	七月	中书令崔湜追赐死于荆州	魏知古、陆象先、郭元振
	七月乙亥	尚书左丞张说为检校中书令	魏知古、陆象先、郭元振、张说
	七月庚辰	中书侍郎、同中书门下平章事陆象先罢为益州大都督府长史、剑南按察使	魏知古、郭元振、张说
	八月癸巳	刘幽求为尚书右仆射、同中书门下三品，知军国重事	魏知古、郭元振、张说、刘幽求
	十月癸卯	郭元振流于新州	魏知古、张说、刘幽求
	十月甲辰	同州刺史姚元之（姚崇）为兵部尚书、同中书门下三品	魏知古、张说、刘幽求、姚元之
	十二月癸丑	刘幽求罢为太子少师，张说贬为相州刺史	魏知古、姚元之
	十二月甲寅	黄门侍郎卢怀慎同紫微黄门平章事[②]	魏知古、姚元之、卢怀慎

[①] 根据《新唐书·宰相世系表》整理。本年谱寻追开元元年（公元713年）到大历五年（公元770年）间的宰职变动，关注点是每一人出入宰相，但在宰相职位内部的调整则不再一一列出。表中日期据《资治通鉴》。

[②] 开元元年十二月，尚书左、右仆射改为左、右丞相，中书省改为紫微省，门下省改为黄门省，侍中为监，雍州为京兆府，洛州为河南府，长史为尹，司马为少尹。开元五年九月，中书、门下省及侍中皆复旧名。

续表

年	月　日	变　动　情　况	在　职　宰　相
开元二年（公元714年）	正月甲申	和戎大武诸军节度使薛讷授同紫微黄门三品	魏知古、姚元之、卢怀慎、薛讷
	五月辛亥	紫微令魏知古罢授工部尚书	姚元之、卢怀慎、薛讷
	七月	薛讷除名	姚元之、卢怀慎
开元三年（公元715年）			姚元之、卢怀慎
开元四年（公元716年）	十一月己卯	黄门监卢怀慎去官养疾	姚元之
	十一月丙申	尚书左丞源乾曜为黄门侍郎、同紫微黄门平章事	姚元之、源乾曜
	闰十二月己亥	姚元之罢为开府仪同三司，源乾曜罢为京兆尹，刑部尚书宋璟为吏部尚书兼黄门监，紫微侍郎苏颋同紫微黄门平章事	宋璟、苏颋
开元五至七年（公元717年—719年）			宋璟、苏颋
开元八年（公元720年）	正月辛巳	苏颋罢为礼部尚书，宋璟罢为开府仪同三司。京兆尹源乾曜为黄门侍郎、同平章事，并州大都督府长史张嘉贞为中书侍郎、同平章事	源乾曜、张嘉贞
开元九年（公元721年）	九月癸亥	天兵军节度使张说为兵部尚书、同中书门下三品	源乾曜、张嘉贞、张说
开元十年（公元722）			源乾曜、张嘉贞、张说
开元十一年（公元723年）	二月己酉	张嘉贞贬幽州刺史①	源乾曜、张说
	四月甲子	吏部尚书王晙为兵部尚书、同中书门下三品	源乾曜、张说、王晙
	十二月庚申	王晙贬蕲州刺史	源乾曜、张说
开元十二至十三年（公元724年—725年）			源乾曜、张说

① 《新唐书·张嘉贞传》称"出为豳州刺史"，开元年间豳州已改为邠州，故似当从《资治通鉴》及《旧唐书》为幽州。

续表

年	月　日	变动情况	在职宰相
开元十四年 （公元726年）	四月丁巳	户部侍郎李元纮为中书侍郎、同中书门下平章事	源乾曜、张说、李元纮
	四月庚申	张说罢中书令，仅为尚书右丞相	源乾曜、李元纮
	九月己丑	碛西节度使杜暹授同中书门下平章事	源乾曜、李元纮、杜暹
开元十五年 （公元727年）			源乾曜、李元纮、杜暹
开元十六年 （公元728年）	十一月癸巳	河西节度使萧嵩授兵部尚书、同中书门下平章事	源乾曜、李元纮、杜暹、萧嵩
开元十七年 （公元729年）	六月甲戌	李元纮罢为曹州刺史；源乾曜罢侍中，仅为左丞相；杜暹罢为荆州大都督府长史；兵部侍郎裴光庭为中书侍郎、同中书门下平章事；户部侍郎宇文融为黄门侍郎、同中书门下平章事	萧嵩、裴光庭、宇文融
	九月壬子	宇文融贬汝州刺史	萧嵩、裴光庭
开元十八至二十年（公元730年—732年）			萧嵩、裴光庭
开元二十一年 （公元733年）	三月乙巳	裴光庭薨	萧嵩
	三月甲寅	尚书右丞韩休为黄门侍郎、同中书门下平章事	萧嵩、韩休
	十月丁巳	萧嵩罢为右丞相，韩休罢为检校工部尚书，京兆尹裴耀卿授黄门侍郎、同中书门下平章事，前检校中书侍郎张九龄起复为中书侍郎、同中书门下平章事	裴耀卿、张九龄
开元二十二年 （公元734年）	五月戊子	黄门侍郎李林甫为礼部尚书、同中书门下三品	裴耀卿、张九龄、李林甫
开元二十三年 （公元735年）			裴耀卿、张九龄、李林甫
开元二十四年 （公元736年）	十一月壬寅	裴耀卿罢为左丞相，张九龄罢为右丞相，朔方节度使牛仙客授工部尚书、同中书门下三品	李林甫、牛仙客

续表

年	月　日	变动情况	在职宰相
开元二十五至二十九年（公元737年—741年）			李林甫、牛仙客
天宝元年（公元742年）	七月辛未	左相牛仙客薨	李林甫
	八月丁丑	刑部尚书李适之为左相	李林甫、李适之
天宝二年至四载（公元743年—745年）			李林甫、李适之
天宝五载（公元746年）	四月庚寅	李适之罢为太子少保	李林甫
	四月丁酉	门下侍郎陈希烈授同中书门下平章事	李林甫、陈希烈
天宝六至十载（公元747年—751年）			李林甫、陈希烈
天宝十一载（公元752年）	十一月丁卯	李林甫死	陈希烈
	十一月庚申	御史大夫、判度支事、剑南节度使杨国忠为右相兼文部尚书①	陈希烈、杨国忠
天宝十二载（公元753年）			陈希烈、杨国忠
天宝十三载（公元754年）	八月丙戌	陈希烈罢为太子太师，文部侍郎韦见素为武部尚书、同中书门下平章事知门下省事	杨国忠、韦见素
天宝十四载（公元755年）			杨国忠、韦见素
天宝十五载/至德元载（公元756年）	六月丙申	杨国忠死，剑南节度使崔圆为中书侍郎、同中书门下平章事	韦见素、崔圆
	七月甲子	玄宗授宪部侍郎房琯为文部尚书同中书门下平章事。肃宗授河西行军司马裴冕为中书侍郎同中书门下平章事	韦见素、崔圆、房琯、裴冕

① 天宝十一载改吏部为文部，兵部为武部，刑部为宪部，至德初复旧。

续表

年	月　日	变动情况	在职宰相
	七月庚午	上皇授蜀郡太守崔涣为门下侍郎、同中书门下平章事	韦见素、崔圆、房琯、崔涣、裴冕
	正月	宪部尚书李麟授同中书门下平章事	韦见素、崔圆、房琯、崔涣、李麟、裴冕
至德二载 （公元757年）	三月辛酉	韦见素罢为左仆射，裴冕罢为右仆射。宪部尚书致仕苗晋卿为左相	崔圆、房琯、崔涣、李麟、苗晋卿
	五月丁巳	房琯罢为太子少师，谏议大夫兼侍御史张镐为中书侍郎、同中书门下平章事	崔圆、崔涣、李麟、苗晋卿、张镐
	八月甲申	崔涣罢为左散骑常侍，兼余杭太守	崔圆、李麟、苗晋卿、张镐
乾元元年 （公元758年）	五月戊子	张镐罢为荆州大都督府长史	崔圆、李麟、苗晋卿
	五月乙未	崔圆罢为太子少师，李麟罢为太子少傅，太常少卿王玙为中书侍郎同中书门下平章事	苗晋卿、王玙
乾元二年 （公元759年）	三月甲午	兵部侍郎吕𬤇授同中书门下平章事，判度支	苗晋卿、王玙、吕𬤇
	三月乙未	苗晋卿罢为太子太傅，王玙罢为刑部尚书，御史大夫京兆尹李岘为吏部尚书、同中书门下平章事，中书舍人兼礼部侍郎李揆为中书侍郎、同中书门下平章事，户部侍郎第五琦授同中书门下平章事	吕𬤇、李岘、李揆、第五琦
	五月辛巳	李岘贬为蜀州刺史	吕𬤇、李揆、第五琦
	十一月庚午	第五琦贬忠州长史	吕𬤇、李揆
上元元年 （公元760年）	五月丙午	苗晋卿为侍中	吕𬤇、李揆、苗晋卿
	五月壬子	吕𬤇罢为太子宾客	李揆、苗晋卿
上元二年 （公元761年）	二月癸未	李揆贬为袁州长史，河中节度使萧华为中书侍郎、同中书门下平章事	苗晋卿、萧华
	四月己未	吏部侍郎裴遵庆为黄门侍郎、同中书门下平章事	苗晋卿、萧华、裴遵庆

续表

年	月　日	变动情况	在职宰相
宝应元年（公元762年）	建辰月[①]戊申	萧华罢为礼部尚书，户部侍郎元载授同中书门下平章事	苗晋卿、裴遵庆、元载
广德元年（公元763年）	正月癸未	京兆尹刘晏为吏部尚书、同中书门下平章事	苗晋卿、裴遵庆、元载、刘晏
	七月壬子	雍王李适兼中书令	苗晋卿、裴遵庆、元载、刘晏、李适
	十二月乙未	苗晋卿罢为太子太保，裴遵庆罢为太子少傅，检校礼部尚书李岘为黄门侍郎、同中书门下平章事	元载、刘晏、李适、李岘
广德二年（公元764年）	正月乙卯	李适为皇太子	元载、刘晏、李岘
	正月癸亥	李岘罢为太子詹事，刘晏罢为太子宾客，右散骑常侍王缙为黄门侍郎、同中书门下平章事，太常卿杜鸿渐为兵部侍郎、同中书门下平章事	元载、王缙、杜鸿渐
永泰元年至大历三年（公元765年—768年）			元载、王缙、杜鸿渐
大历四年（公元769年）	十一月壬申	杜鸿渐以疾辞位，许之	元载、王缙
	十一月丙子	尚书左仆射裴冕为同中书门下平章事	元载、王缙、裴冕
	十二月戊戌	裴冕薨	元载、王缙
大历五至十二年（公元770年—777年）			元载、王缙

[①] 上元二年九月，诏以建子月为岁首，月皆以所建为数。月建是古人干支纪月的一种方法，十二月建为：一月建寅，二月建卯，三月建辰，四月建巳，五月建午，六月建未，七月建申，八月建酉，九月建戌，十月建亥，十一月建子，十二月建丑。

安史之乱前的十节度使情况表[①]

名　称	治　地	统　摄	兵　力
安西节度使	龟兹	统龟兹、焉耆、于阗、疏勒四国	戍兵二万四千人，马二千七百匹，衣赐六十二万匹段
北庭节度使	北庭都护府（现新疆乌鲁木齐）	防制突骑施、坚昆，斩啜，管瀚海、天山、伊吾三军	兵二万人，马五千匹，衣赐四十八万匹段
河西节度使	凉州（现甘肃省武威）	统赤水、大斗、建康、宁寇、玉门、墨离、豆卢、新泉等八军，张掖、交城、白亭三守捉	兵七万三千人，马万九千四百匹，衣赐岁百八十万匹段
朔方节度使	灵州（现宁夏灵武）	统经略、丰安、定远、西受降城、东受降城、安北都护、振武等七军府	兵六万四千七百人，马四千三百匹，衣赐二百万匹段
河东节度使	太原	统天兵、大同、横野、岢岚等四军，忻、代、岚三州，云中守捉	兵五万五千人，马万四千匹，衣赐岁百二十六万匹段，军粮五十万石
范阳节度使	幽州	临制奚、契丹，统经略、威武、清夷、静塞、恒阳、北平、高阳、唐兴、横海等九军	兵九万一千四百人，马六千五百匹，衣赐八十万匹段，军粮五十万石
平卢军节度使	营州	镇抚室韦、靺鞨，统平卢、卢龙二军，榆关守捉，安东都护府	兵三万七千五百人，马五千五百匹
陇右节度使	鄯州（现青海省乐都）	以备羌戎，统临洮、河源、白水、安人、振威、威戎、莫门、宁塞、积石、镇西等十军，绥和、合川、平夷三守捉	兵七万人，马六百匹，衣赐二百五十万匹段
剑南节度使	成都	统团结营及松、维、蓬、恭、雅、黎、姚、悉等八州兵马，天宝、平戎、昆明、宁远、澄川、南江等六军镇	兵三万九百人，马二千匹，衣赐八十万匹段，军粮七十万石
岭南五府经略使	广州	统经略、清海二军，桂管、容管、安南、邕管四经略使	兵万五千四百人，轻税本镇以自给

---

① 根据《旧唐书·地理志》整理，本表也见于作者的另一部作品《中央帝国的军事密码》。

安史之乱前的北方边境节度使任职表①

年份	安西	北庭	河西	陇右	朔方	河东	范阳	平卢
景云二年（公元711年）	张玄表	汤嘉惠	贺拔延嗣（凉州都督、河西节度使）	杨矩（鄯州都督）		薛讷		
先天元年（公元712年）	张玄表	汤嘉惠	贺拔延嗣	杨矩		薛讷	孙佺 宋璟	
开元元年（公元713年）	张玄表 阿史那献	汤嘉惠 郭虔瓘（都护）	贺拔延嗣	杨矩	王晙（朔方副大总管、安北大都护）	薛讷	宋璟	
开元二年（公元714年）	阿史那献 郭虔瓘（七月命）	郭虔瓘（改安西）汤嘉惠		杨矩	王晙（改并州）	薛讷（正月入相）王晙（并州大都督府长史）		
开元三年（公元715年）	郭虔瓘（改河西）汤嘉惠	汤嘉惠（改安西）郭虔瓘	杨执一	杨矩（卒）郭知运		王晙		
开元四年（公元716年）	汤嘉惠 郭虔瓘		郭虔瓘（改安西）	郭知运		张嘉贞		
开元五年（公元717年）	郭虔瓘			郭知运		张嘉贞（置天兵军，授之天兵军大使）		

---

① 本表依据万斯同《唐镇十道节度使表》，见《二十五史补编》第五册。唐代使职的名称长期不固定，特别是在一个使职出现的初期，万表以职务的实质性划分，将一部分有实职、名称却未必为节度使的官员也划入其中。另外，唐代有请诸王兼职的传统，节度使也不例外，但大部分情况下亲王都是不赴任的，万表有时不列此类职务，而是列出实际负责的副大使、长史的名字。此外，剑南节度使和岭南观察使的变动并未列出，只列了北方边境上的八道节度使。

续表

年份	安西	北庭	河西	陇右	朔方	河东	范阳	平卢
开元六年（公元718年）	郭虔瓘			郭知运		张嘉贞		
开元七年（公元719年）	郭虔瓘 张孝嵩			郭知运		张嘉贞		张敬忠
开元八年（公元720年）	张孝嵩		杨敬述	郭知运	齐丘	张嘉贞（正月入相）张说	王晙（九月授幽州都督、节度河北诸军大使）	
开元九年（公元721年）	张孝嵩	张孝嵩	杨敬述 王君㚟（兼陇右节度使、判凉州都督事）	郭知运（十月卒）王君㚟		张说（九月入相）		
开元十年（公元722年）	张孝嵩	张孝嵩	王君㚟	王君㚟	张说（节度大使，四月命）			
开元十一年（公元723年）	张孝嵩（迁太原尹）杜暹		王君㚟	王君㚟	张说（二月诏拜中书令）王晙（五月命，十二月贬蕲州刺史）			
开元十二年（公元724年）	杜暹		王君㚟	王君㚟	王晙			
开元十三年（公元725年）	杜暹		王君㚟	王君㚟				

续表

年份	安西	北庭	河西	陇右	朔方	河东	范阳	平卢
开元十四年（公元726年）	杜暹（九月入相）赵颐贞		王君㚟	王君㚟	王晙			
开元十五年（公元727年）	赵颐贞		王君㚟（闰九月败没）萧嵩	王君㚟张志亮	王晙 信安王李祎			
开元十六年（公元728年）	赵颐贞		萧嵩 牛仙客（太仆少卿，判凉州别驾事，知节度留后事）	张志亮 张守珪（鄯州都督充陇右节度使）				
开元十七年（公元729年）			牛仙客（进授节度使）	张守珪	信安王李祎			
开元十八年（公元730年）			牛仙客	张守珪	信安王李祎		赵含章	
开元十九年（公元731年）			牛仙客	张守珪	信安王李祎		赵含章	
开元二十年（公元732年）			牛仙客	张守珪	信安王李祎		赵含章（六月，赐死）薛楚玉	
开元二十一年（公元733年）	田仁琬		牛仙客	张守珪（改范阳）贾思顺	信安王李祎		薛楚玉 张守珪	

续表

年份	安西	北庭	河西	陇右	朔方	河东	范阳	平卢
开元二十二年（公元734年）	田仁琬	刘涣（四月，谋反伏诛）	牛仙客	贾思顺	信安王李祎		张守珪	
开元二十三年（公元735年）			牛仙客	贾思顺	信安王李祎		张守珪	
开元二十四年（公元736年）		盖嘉运	牛仙客（迁朔方行军大总管）崔希逸		牛仙客（十一月入相）		张守珪	
开元二十五年（公元737年）	盖嘉运		崔希逸	杜希望（留后）			张守珪	
开元二十六年（公元738年）	盖嘉运		崔希逸 李林甫（五月遥领宰相）	杜希望 李林甫（五月遥领宰相）		牛仙客（二月遥领宰相）	张守珪	
开元二十七年（公元739年）	盖嘉运		李林甫 萧炅	李林甫 杜希望		牛仙客	张守珪（六月，有罪贬括州刺史）	
开元二十八年（公元740年）	盖嘉运		杜希望	萧炅		王忠嗣		
开元二十九年（公元741年）	夫蒙灵察		杜希望	皇甫惟明	王忠嗣（改朔方）裴宽（四月命）田仁琬		王斛斯（七月命）李适之	
天宝元年（公元742年）	夫蒙灵察		王倕	皇甫惟明	王忠嗣		李适之（入为御史大夫）裴宽	安禄山

续表

年份	安西	北庭	河西	陇右	朔方	河东	范阳	平卢
天宝二年（公元743年）	夫蒙灵察		王倕	皇甫惟明	王忠嗣		裴宽	安禄山
天宝三载（公元744年）	夫蒙灵察		王倕	皇甫惟明	王忠嗣		裴宽（入为户部尚书）安禄山（三月兼）	安禄山（三月兼范阳）
天宝四载（公元745年）	夫蒙灵察		王倕	皇甫惟明	王忠嗣（二月兼河东）	王忠嗣	安禄山	安禄山
天宝五载（公元746年）	夫蒙灵察		王倕 王忠嗣	皇甫惟明（正月败播川太守）王忠嗣	王忠嗣（正月兼陇右、河西节度使，仍领朔方、河东二镇，移镇凉州，判武威郡事）	王忠嗣	安禄山	安禄山
天宝六载（公元747年）	夫蒙灵察 高仙芝		王忠嗣（十月召还，贬汉阳太守）安思顺（十一月命）	王忠嗣（十月解）哥舒翰（十一月命）	王忠嗣（四月解）安思顺（十一月改河西）	王忠嗣（四月解）	安禄山	安禄山
天宝七载（公元748年）	高仙芝		安思顺	哥舒翰			安禄山	安禄山
天宝八载（公元749年）	高仙芝		安思顺	哥舒翰	张齐丘		安禄山	安禄山
天宝九载（公元750年）	高仙芝		安思顺	哥舒翰	张齐丘（八月贬济阴太守）安思顺（兼领）	韩休珉	安禄山（五月封东平郡王，八月兼河北采访处置使）	安禄山

续表

年份	安西	北庭	河西	陇右	朔方	河东	范阳	平卢
天宝十载（公元751年）			安思顺（改朔方）	哥舒翰	安思顺		安禄山	安禄山
天宝十一载（公元752年）				哥舒翰	安思顺	安禄山	安禄山	安禄山
天宝十二载（公元753年）			哥舒翰（五月陇右兼）	哥舒翰（五月兼河西八月封西平郡王）	安思顺	安禄山	安禄山	安禄山
天宝十三载（公元754年）	封常青（三月兼北庭）	程千里封常青（三月命）	哥舒翰	哥舒翰	安思顺	安禄山	安禄山（二月加左仆射兼闲厩使）	安禄山
天宝十四载（公元755年）	封常青（十一月入朝梁宰）	封常青	哥舒翰	哥舒翰	安思顺（十一月入为工部尚书）郭子仪	安禄山	安禄山（十月举兵反）	安禄山

玄宗时期稳定边防和对外战争大事年表[①]

先天元年（公元 712 年）

六月庚申，幽州都督孙佺[②]率军三万，与奚首领李大酺战于砺山，败死。

此前，幽州都督为薛讷，二十多年来一直采取了怀柔的政策，薛讷仇人向刘幽求请求调走薛讷，换来了孙佺。孙佺立功心切，试图通过出击，夺回在武后时期丢失的营州，却全军覆没。

冬十月，沙陀金山遣使入贡。

十一月乙酉，奚、契丹二万骑寇渔阳，幽州都督宋璟闭城不出，虏大掠而去。

开元元年（公元 713 年）

秋七月丙辰，突厥默啜可汗子杨我支向玄宗求婚。丁巳，皇帝许以蜀王之女南和县主。

十二月甲午，吐蕃求和。

开元二年（公元 714 年）

正月甲申，薛讷率军出击契丹。

二月，突厥默啜可汗派遣其子同俄特勤率军进攻北庭都护府，右骁卫将军郭虔瓘将其击败，斩同俄于城下。

三月己亥，碛西节度使阿史那献攻克碎叶等镇，俘获西突厥十姓酋长都担，其部落二万余帐投降。

[①] 本编年以《旧唐书》为底本，辅以《新唐书》《资治通鉴》。对外交往只列出了与相邻政权的交往关系。
[②] 据《资治通鉴》。《旧唐书》作孙俭。

七月，并州大都督府长史薛讷与副将杜宾客、崔宣道等召集军队六万人，在檀州道的滦河遭遇奚、契丹等敌人，被击败。薛讷等屏甲遁归，减死，除名为庶人。

八月乙亥[①]，吐蕃进攻临洮军，又游寇兰州、渭州，掠走大量牲口。皇帝再次授予薛讷摄左羽林将军陇右防御使，率杜宾客、郭知运、王晙、安思顺等防御吐蕃。

冬十月甲子，薛讷破吐蕃于渭州西界武阶驿，斩首一万七十级，马七万余匹，牛羊四万头。

开元三年（公元715年）

二月，十姓部落左厢五咄六啜、右厢五弩失毕五俟斤，及高句丽莫离支高文简、都督跌跌思太等，各率军从突厥阵营相继来投靠，前后总两千余帐。

四月庚申，突厥部三姓葛逻禄归附。

十月辛酉，寓州蛮骚扰边疆，右骁卫将军李玄道伐之。

开元四年（公元716年）

二月辛酉，吐蕃进攻松州，廓州刺史盖思贵防守。

二月癸酉，松州都督孙仁献击败吐蕃。

夏六月癸酉，突厥可汗默啜为九姓拔曳固所杀，斩其首送京师。默啜哥哥的儿子小杀被立为可汗。

是夏，回纥、同罗、霫、勃曳固、仆固五部落来归附，皇帝将之安置在大武军北。

七月丁丑，吐蕃请和。

八月辛未，奚、契丹降。

开元五年（公元717年）

三月丙寅，吐蕃请和。

---

① 根据《新唐书》定为八月。

七月壬寅，陇右节度使郭知运击败吐蕃。

十一月己亥，契丹首领松漠郡王李失活来朝，玄宗把宗女永乐公主赐给他做妻子。

开元六年（公元718年）

二月壬辰，朔方道行军大总管王晙进攻突厥。

夏五月，契丹松漠郡王李失活卒。

十一月，突厥抓获单于副都护张知运。

开元七年（公元719年）

春正月，吐蕃遣使朝贡。

三月，渤海靺鞨郡王大祚荣死，其子武艺嗣位。

六月戊辰，吐蕃请和。

开元八年（公元720年）

秋九月，突厥欲谷进犯甘、凉等州，凉州都督杨敬述被他击败，突厥人掠契苾部落而归。

秋九月壬申，以御史大夫王晙为兵部尚书兼幽州都督，黄门侍郎韦抗为御史大夫、朔方总管，以抵御突厥。

十一月辛未，突厥进犯凉州，杀人掠羊马数万计而去。

开元九年（公元721年）

二月丙戌，突厥请和。

夏四月庚寅，兰池州叛胡显首伪称叶护康待宾、安慕容，起兵反叛，攻陷六胡州，占据长泉县。兵部尚书王晙发陇右诸军及河东九姓讨伐。

秋七月己酉，王晙破兰池州叛胡，杀三万五千骑，执康待宾。辛酉，集诸酋长，斩康待宾。

八月，兰池胡康愿子骚扰边境。

开元十年（公元 722 年）

夏四月丁酉，封契丹首领松漠都督李郁于为松漠郡王，奚首领饶乐都督李鲁苏为饶乐郡王。

闰五月壬申，兵部尚书张说前往朔方军巡边。

六月癸卯，以余姚县主女慕容氏为燕郡公主，嫁给奚首领饶乐郡王李鲁苏。

秋八月丙戌，岭南按察使裴伷先上言，安南土著首领梅叔鸾等攻围州县，皇帝派遣骠骑将军兼内侍杨思勖进击安南叛众。

九月，张说擒康愿子于木盘山。皇帝下令将河曲六州残胡五万余口移动到许、汝、唐、邓、仙、豫等州，河南朔方千里之地被搬空。

九月癸未，吐蕃进攻小勃律，北庭节度使张孝嵩击败之。

十二月，突厥请和。

开元十二年（公元 724 年）

冬十一月，五溪首领覃行璋①反，皇帝派遣镇军大将军兼内侍杨思勖讨平之。

开元十四年（公元 726 年）

春正月癸亥，改封契丹松漠郡王李召固为广化王，奚饶乐郡王李鲁苏为奉诚王，并下令封宗室外甥女二人为公主，嫁给两位番王。

二月庚戌朔，邕州獠首领梁大海、周光等据宾、横等州叛乱，皇帝派遣骠骑大将军兼内侍杨思勖讨伐，将它们杀死。

三月壬寅，宗室外甥女东华公主出嫁契丹李召固。

夏四月辛丑，在定、恒、莫、易、沧等州设置军，以防范突厥。

十一月甲戌，突厥遣使来朝。

十一月辛丑，渤海靺鞨遣其子义信来朝，并献方物。

---

① 《新唐书》作覃行章，为溪州首领。

开元十五年（公元727年）

春正月辛丑，凉州都督王君㚟在青海湖之西击败吐蕃，虏辎车、马羊而还。

九月丙子，吐蕃进犯瓜州，抓住刺史田元献以及王君㚟的父亲，杀掠人吏，尽取军资仓粮而去。

九月丙戌，突厥毗伽可汗派遣其大臣梅录啜来朝。

闰九月庚子，突骑施苏禄、吐蕃赞普围攻安西，副大都护赵颐贞击走之。

闰九月，回纥部落杀王君㚟于甘州之巩笔驿。皇帝下令检校兵部尚书萧嵩兼判凉州事，总兵以御吐蕃。

开元十六年（公元728年）

春正月乙卯，春、泷等州獠首领（皇帝封的羁縻官）泷州刺史陈行范、广州首领冯仁智、何游鲁叛乱，派遣骠骑大将军杨思勖讨平之。

春正月壬寅，安西副大都护赵颐贞在曲子城击败吐蕃。

春正月甲子，黑水靺鞨遣使来朝献。

秋七月，吐蕃进犯瓜州，刺史张守珪击破之。

秋七月乙巳，检校兵部尚书萧嵩、鄯州都督张志亮，攻克吐蕃大莫门城，斩获数千级，收其资畜而还。

秋七月丙辰，新罗王金兴光遣使贡方物。

八月辛卯，萧嵩遣杜宾客在祁连城进攻吐蕃，大破之，获其大将一人，斩首五千级。

开元十七年（公元729年）

二月丁卯，嶲州都督张审素攻破南蛮，拔昆明城及盐城，杀获万人。

二月甲寅，礼部尚书、信安王李祎率众攻克吐蕃石堡城。

三月戊戌，张守珪在大同军与吐蕃人大战，败之。

开元十八年（公元 730 年）

五月，契丹衙官可突干杀其主李召固，率部落降于突厥，奚部落也跟随着叛离。但奚王李鲁苏选择了逃奔唐朝。皇帝下嫁给契丹王和奚王的两位公主，即李召固妻子东华公主陈氏及李鲁苏妻子东光公主韦氏一起投奔了平卢军。同时，皇帝下令幽州长史赵含章率兵进攻契丹和奚。

六月丙子，命令单于大都护、忠王李浚为河北道行军元帅，御史大夫李朝隐、京兆尹裴伷先为副，率十八总管进攻契丹及奚等，但没有成行。

冬十月戊子，吐蕃遣其大臣名悉猎献方物请降，许之。

开元十九年（公元 731 年）

三月，突厥左贤王阙特勒去世，皇帝下诏吊唁。

三月乙酉朔，御史大夫崔琳使于吐蕃。

九月辛未，吐蕃遣其国相论尚他硉来朝，请求在赤岭互市。皇帝许可。

开元二十年（公元 732 年）

春正月乙卯，以礼部尚书、信安王李祎率兵讨奚、契丹。

三月，信安王李祎与幽州长史赵含章大破奚、契丹于幽州之北山。

五月戊辰，信安王献奚、契丹之俘，皇帝在应天门接受了俘虏投降。

九月，渤海靺鞨进犯登州，杀刺史韦俊，下令左领军将军盖福顺[①]发兵讨伐。

开元二十一年（公元 733 年）

春正月己未，工部尚书李嵩出使吐蕃。

闰三月癸酉，幽州道副总管郭英杰等进攻契丹，败于都山下，郭英杰死亡。

[①]《新唐书》作盖福慎，《资治通鉴》作葛福顺。

开元二十二年（公元 734 年）

六月乙未，皇帝派遣左金吾将军李佺于赤岭（日月山）与吐蕃分界立碑。

六月壬辰，幽州长史张守珪将奚、契丹俘虏献给皇帝。

十二月乙巳，幽州长史张守珪发兵讨契丹，在战场上斩杀其王屈烈及其大臣可突干，传首东都，其余叛奚散入山谷。皇帝立其酋长李过折为契丹王。

是岁，突厥毗伽可汗死。

开元二十三年（公元 735 年）

冬十月戊申，突骑施进犯北庭及安西拨换城。

十二月，新罗遣使朝献。

开元二十四年（公元 736 年）

春正月，吐蕃遣使献方物。

春正月丙午，北庭都护盖嘉运率兵击破突骑施。

八月甲寅，突骑施请和。

开元二十五年（公元 737 年）

二月，新罗王金兴光卒，其子承庆嗣位，皇帝派遣赞善大夫邢璹摄鸿胪少卿，前往吊祭老王，册立新王。

二月癸酉，张守珪在捺禄山击败契丹余众，杀获甚众。

三月乙卯，河西节度使崔希逸自凉州南率军进入吐蕃界二千余里。己亥，崔希逸至青海西郎佐素文子觜，与吐蕃军相遇，大破之，斩首二千余级。

开元二十六年（公元 738 年）

三月，吐蕃进犯河西，左散骑常侍崔希逸将其击败。鄯州都督杜希望又攻克吐蕃的新城，将这座城池改为威戎军。

九月庚子，于旧六胡州地置宥州。

九月，益州长史王昱率军进攻吐蕃安戎城，官军大败，王昱弃甲而遁，兵士死者数千人。

是岁，渤海靺鞨王大武艺死，其子钦茂嗣立，皇帝遣使吊祭并册立新王。

开元二十七年（公元739年）

秋七月，北庭都护盖嘉运以轻骑在碎叶城将突骑施击败，在贺逻岭将突骑施王吐火仙俘虏，送到京师，威震西陲。

八月壬午，吐蕃进犯白草、安人等，河西、陇右节度使萧炅将之击败。

开元二十八年（公元740年）

三月壬子，权判益州长史章仇兼琼攻克吐蕃安戎城，分兵镇守之。

五月癸卯，吐蕃试图夺回安戎城，被章仇兼琼击败。

十二月乙卯，突骑施酋长莫贺达干率众内属。

是岁，金城公主薨，吐蕃遣使来告丧。

开元二十九年（公元741年）

三月，吐蕃、突厥各遣使来朝。

秋七月，突厥登利可汗死。

八月乙未，幽州节度副使安禄山被封为营州刺史，充平卢军节度副使，押两番、渤海、黑水四府经略使。

十二月丁酉，吐蕃入寇，攻克廓州达化县及振武军石堡城，节度使盖嘉运无法收复。

天宝元年（公元742年）

八月丁亥，突厥阿布思及默啜可汗之孙、登利可汗之女，相与率其党属来降。

九月辛卯，皇帝登临花萼楼，派出宫女招待毗伽可汗妻可登及男女等，赏赐不可胜计。

十二月戊戌，陇右节度使皇甫惟明在青海湖击败吐蕃。

十二月庚子，河西节度使王倕打败吐蕃渔海、游弈军。

十二月，朔方军节度使王忠嗣和奚人战于紫乾河，将其击败，并顺势进攻突厥。

天宝二年（公元743年）

四月己卯，皇甫惟明攻克吐蕃洪济城。

十二月壬午，海贼吴令光进犯永嘉郡。

天宝三载（公元744年）

二月丁丑，河南尹裴敦复、晋陵郡太守刘同昇、南海太守刘巨鳞击破海贼吴令光，平定永嘉郡。

秋八月丙午，九姓拔悉密叶护打败并斩杀突厥乌苏米施可汗，传首京师。

天宝四载（公元745年）

正月丙戌，王忠嗣败突厥于萨河内山。

三月壬申，皇帝封外孙独孤氏女为静乐公主，嫁给契丹松漠都督李怀节，封外孙杨氏女为宜芳公主，嫁给奚饶乐都督李延宠。

九月，契丹及奚酋长将两位公主杀死，带整个部落反叛。

九月甲申，陇右节度使皇甫惟明与吐蕃战于石堡城，唐军战败，副将褚直廉①等死难。

天宝五载（公元746年）

天宝六载（公元747年）

安西副都护高仙芝击败小勃律。

---

① 《新唐书》记为褚誗。

天宝七载（公元748年）

六月，范阳节度使安禄山获赐实封及铁券。

天宝八载（公元749年）

三月，朔方节度使张齐丘于中受降城北筑横塞城。
六月，陇右节度使哥舒翰进攻吐蕃石堡城，拔之。
闰六月，改石堡城为神武军。
十月，特进何履光率十道兵进攻云南。

天宝九载（公元750年）

夏五月乙卯，安禄山进封东平郡王。节度使封王由此开始。
是岁，云南蛮陷云南郡，都督张虔陀被杀。

天宝十载（公元751年）

正月戊申，安西四镇节度使高仙芝抓获突骑施可汗及石国王。
二月丁巳，安禄山兼云中太守、河东节度使。
夏四月，剑南节度使鲜于仲通率军六万讨伐云南，与云南王阁罗凤战于泸川，唐军大败，死于泸水者不可胜数。大将王天运死，云南都护府陷。
七月，高仙芝与大食（阿拉伯）战于怛罗斯城，败绩。
八月，范阳节度副大使安禄山与契丹战于吐护真河，败绩。

天宝十一载（公元752年）

三月，朔方节副使、奉信王阿布思与安禄山一同讨伐契丹，阿布思与安禄山不合，于是率领部下叛逃到了漠北。
六月壬午，御史大夫兼剑南节度使杨国忠败吐蕃于云南，克故洪城。

天宝十二载（公元753年）

六月，阿布思部落降。

九月甲寅，葛逻禄叶护抓获了阿布思。

九月己亥朔，陇右节度使、凉国公哥舒翰进封西平郡王，食实封五百户。

天宝十三载（公元754年）

春正月己亥，安庆绪献俘于行在。

春正月乙巳，加安禄山尚书左仆射，赐实封千户等。

三月，陇右、河西节度使哥舒翰击败吐蕃，光复了河源九曲。

六月，侍御史、剑南留后李宓率兵击云南蛮于西洱河，粮尽退兵时，为阁罗凤所擒，全军覆没。

天宝十四载（公元755年）

三月壬午，安禄山在潢水击败契丹。

十一月丙寅，范阳节度使安禄山率蕃汉兵十余万，反于范阳。

盛唐著名诗人大事简表[1]

永昌元年（公元689年）

孟浩然生，襄州襄樊人，在南郭外有薄田。青年时慕汉庞德公，与张子容隐居于襄阳县东南鹿门山。

长安元年（公元701年）

王维生于蒲州猗氏县。

李白生，可能生于其父迁蜀之前，或者于碎叶，或者于迁蜀途中某地。

长安四年（公元704年）

高适生。

孟浩然十六岁。王之涣十七岁。

神龙元年（公元705年）

李白五岁，能诵六甲。

景龙三年（公元709年）

颜真卿生。

王维九岁，已能写诗文。

---

[1] 岑参、高适、王维、李白、杜甫等人的活动年份都有多种说法，本书择而从之。其中岑参年谱采于中华书局《岑参诗笺注》。高适年谱采于中华书局《高适诗集编年笺注》。王维年谱采中华书局《王维集校注》。李白年谱采中华书局《李太白全集》。杜甫年谱采中华书局《杜诗详注》。孟浩然活动年代尤其不易得，现根据上海古籍出版社《孟浩然诗集笺注》整理。部分事件与诗人本人无关，但与各诗人经历、境遇有关，故亦列出。

景云元年（公元710年）

李白十岁，通诗书，观百家。

先天元年（公元712年）

杜甫生，为杜审言孙。

宋之问流配钦州赐死。

高适九岁，曾游浙闽。由于其父曾南宦韶州，故应是随父同游，但日期无法确定是中宗末或者睿宗朝，还是玄宗初①。

开元元年（公元713年）

姚崇开始为相。

开元三年（公元715年）

岑参父植为仙州首任刺史。

岑参生于仙州。

王维十五岁，离家赴长安，此后几年大部分时间在长安。

孟浩然二十七岁。王昌龄十八岁。

李白十五岁，好剑术。

开元四年（公元716年）

默啜可汗死，天下安定。

姚崇罢相。宋璟、苏颋同平章事。

开元五年（公元717年）

正月，皇帝驾幸东都。

---

① 根据《高适诗集编年笺注》。

王维十七岁，在长安，作《九月九日忆山东兄弟》。

孟浩然二十九岁，游洞庭，作岳阳楼诗献张说。

开元六年（公元718年）

冬十一月，皇帝还西京[①]。

贾至生。

王维十八岁，在长安，间至洛阳。

杜甫七岁，开始作诗。

开元七年（公元719年）

岑参五岁，始读书。

高适十六岁，初游长安[②]。

元结生。

王维十九岁，在长安，七月赴京兆府试。

开元八年（公元720年）

岑参六岁，随父至晋州（父任晋州刺史）。

宋璟、苏颋罢相。源乾曜、张嘉贞同中书门下平章事。

王维二十岁，参加吏部考试，落第。经常跟从岐王李范等游宴。

李白二十岁，性倜傥，曾杀数人。礼部尚书苏颋贬为益州长史，见李白。李白师从东严子数年，郡守举二人考有道科，未中。

杜甫九岁，开始写大字。

开元九年（公元721年）

王维二十一岁，春进士及第，调太乐丞。不久因犯事被贬为济州司仓参军，

[①]《岑参诗笺注》为冬十月，据《资治通鉴》改。
[②] 根据《岑参诗笺注》，年龄根据《高适诗集编年笺注》改。

秋离京赴任。

綦毋潜落第还乡，王维送之。

李白二十一岁，隐居岷山之南。

开元十年（公元722年）

二月，皇帝至东都。

王维二十二岁，在济州。

开元十一年（公元723年）

正月，皇帝经晋州去往并州。

三月，皇帝还西京。

崔颢进士及第。

岑参九岁，开始作文。

高适二十岁，离长安回梁宋[①]。

开元十二年（公元724年）

十一月，皇帝至东都。

岑参十岁，父卒。

高适二十一岁，寓居梁宋，耕钓为生。

祖咏进士及第。

王维二十四岁，裴耀卿任济州刺史，王维仍然居济州。

李白二十四岁，为废后王氏而作《蟾蜍薄太清》，奠定了他对政治的讽喻态度。

开元十三年（公元725年）

十月，皇帝封泰山。

[①] 根据《高适诗集编年笺注》，与《岑参诗笺注》尤异。

李白二十五岁，出游襄汉，泛舟洞庭，至金陵、扬州，还到过汝水、云梦，为许圉师孙婿，于是在安陆住了十年。

王维二十五岁，在济州见祖咏，赋诗。

开元十四年（公元726年）

严武生。

储光羲进士及第。

崔国辅进士及第。

綦毋潜进士及第。

王维二十六岁，暮春，离任济州司仓参军。

孟浩然三十八岁，漫游于襄阳、扬州、宣城间，结识李白。

开元十五年（公元727年）

十月，皇帝还西京。

王昌龄三十岁，进士及第，补官任秘书省校书郎。

常建进士及第。

王翰此年前后任仙州别驾。

王维二十七岁，官居淇上。

孟浩然三十九岁，受王昌龄及第影响，冬赴京师长安，准备应举。此前登第的储光羲、崔国辅、綦毋潜和王昌龄都是孟浩然的好友。

开元十六年（公元728年）

孟浩然四十岁，游长安。应进士试，落第后滞留长安，冬离开[①]。

岑参十四岁，从晋州迁居河南府王屋县青萝河畔。

王维二十八岁，隐居淇上。秋还长安。冬孟浩然离开，有诗赠王维。

王维曾向玄宗推荐孟浩然，玄宗也听说过孟浩然文名，但由于孟浩然上给

---

① 《岑参诗笺注》有"冬反襄阳"之句，据《孟浩然诗集笺注》改。

皇帝的诗里有"不才明主弃"之语，不为皇帝所喜，放还①。

开元十七年（公元729年）

岑参十五岁，迁居登封县太室山下。

王维二十九岁，在长安，从大荐福寺道光禅师学顿教。

孟浩然四十一岁，这一年和下两年，孟浩然自洛阳经过汴水往游吴越，登天台山，宿桐柏观，泛镜湖，探禹穴，游若耶溪，上云门寺，礼拜剡县石城寺，至杭州钱塘观潮、浮海。

开元十八年（公元730年）

皇帝宠宦官高力士与杨思勖等，皆封三品将军。

高适二十八岁，北游燕赵。

陶翰进士及第。

王维三十岁，等候选用，闲居长安。

李白三十岁，文章成就，拜访过卿相显贵。

开元十九年（公元731年）

十一月，皇帝至东都。

杜甫二十岁，游吴越。

高适二十八岁，秋，北上蓟门，过魏州。又至巨鹿、真定，出卢龙塞。

薛据进士及第。

王维三十一岁，妻亡，不再娶，孤居一室。

杜甫二十岁，游吴越，可能之前去过晋地。

孟浩然四十三岁，除夕在乐城与张子容相会。

---

① 见《新唐书·文苑传下》。

开元二十年（公元732年）

十一月，皇帝经潞州去太原。十二月还西京。

岑参十八岁，迁居少室。

高适二十九岁，冬日自蓟北归。

孟浩然四十四岁，北归襄阳。

开元二十一年（公元733年）

分天下为十五道，各置采访使。

刘长卿进士及第[①]。

刘眘虚进士及第。

王昌龄三十六岁，举博学宏词科，授汜水尉。

高适三十岁，至邯郸。夏至漳水上。至卫州。归宋州。

王维三十三岁，房琯为卢氏令，王维有诗赠之。约在此年以前游过蜀地。

开元二十二年（公元734年）

正月，皇帝至东都。

四月，李林甫与张九龄、裴耀卿同为宰相。

皇帝宠道士张果，好神仙。

颜真卿进士及第。

阎防进士及第。

薛据为涉县宰。

王维三十四岁，闲居长安。秋，赴洛阳，献诗张九龄求汲引，旋隐于嵩山。

高适三十一岁，在宋州。

岑参二十岁，至东都献书阙下，并拜谒故旧。

岑参与王昌龄交游，最早始于是年。

---

① 据《岑参诗笺注》，但刘长卿生平并不清晰，因此，他的及第时间也有可能比这晚得多，最迟可能达安史之乱前。

李白三十四岁，在这年以前见荆州长史韩朝宗。此年，韩朝宗升任襄州刺史兼山南东道采访使。

孟浩然四十六岁，再上长安求仕，未果返乡。另外，采访使韩朝宗曾想推荐孟浩然，与之约期赴长安，但因为故人至，孟浩然放弃了与韩朝宗的约会，从而得罪了韩朝宗，失去了机会。这件事当发生在此年或数年之后[①]。

开元二十三年（公元735年）

正月，皇帝在东都五凤楼设宴。

李颀进士及第。

杜甫二十四岁，自吴越归，赴举不第，留洛阳。

高适三十二岁，赴长安应制科，不第[②]。

李白三十五岁，游太原，识郭子仪于行伍之中。与谯郡元参军携妓游晋祠。寻至齐鲁，寓家任城。与孔巢父、韩准、裴政、张叔明、陶沔会徂徕山，号"竹溪六逸"。

岑参二十一岁，出入嵩、洛间，与杜甫、高适始交游。

王维三十五岁，春隐于嵩山。不久拜右拾遗[③]，至东都任职。

开元二十四年（公元736年）

冬十月，皇帝还西京。

张九龄、裴耀卿罢相，李林甫为中书令，把持朝政。

岑参二十二岁，出入嵩、洛间，有时居缑山。

高适三十三岁，归宋州。

王维三十六岁，与玄宗同回西京。

---

① 据《新唐书·文苑传下》。
② 另一种说法是当年的制科考试在洛阳。
③ 《岑参诗笺注》系于前一年。

开元二十五年（公元 737 年）

太子李瑛赐死。

杜甫二十六岁，东游齐赵。

王维三十七岁，从右拾遗迁监察御史。夏，奉命出使河西节度。后入河西节度使幕府，为河西节度判官。

韦应物生[①]。

岑参二十三岁，居少室。

孟浩然四十九岁。尚书右丞张九龄贬为荆州大都督府长史，让孟浩然在他的幕府为从事。孟浩然陪张九龄在南纪城狩猎，泊舟渚宫，多处游览。

开元二十六年（公元 738 年）

李亨为太子。

岑参二十四岁，赴举长安，落第而归。

王维三十八岁，河西节度崔希逸改任河南尹，王维也返回长安，可能仍旧任监察御史。

开元二十七年（公元 739 年）

王昌龄四十二岁，谪岭南。

岑参二十五岁，赴长安，居天门街西岑氏旧宅。岑参成家当在本年之前。

秋日，岑参为王昌龄饯别。

秋日，孟浩然背疽发作，归襄阳养病。此年孟浩然曾写诗送王昌龄。

开元二十八年（公元 740 年）

杨贵妃入玄宗宫。

王昌龄四十三岁，从岭南回，不久授江宁丞。

[①]《韦应物集校注》定于两年前。

孟浩然五十二岁，与王昌龄晏饮，疽发而卒。

岑参二十六岁，与弟岑乘居长安。

冬，岑参送王昌龄去江宁。

王维四十岁，改任殿中侍御史。冬，奉命知南选，自长安经襄阳、郢州、夏口至岭南。经过襄阳时哭孟浩然。

李白四十岁，此前曾作诗数首应答孟浩然。

开元二十九年（公元741年）

高适三十八岁，游淇上①。

杜甫三十岁，还东都。

岑参二十七岁，春从长安出发，北游河朔，秋冬返回少室。

王维四十一岁，春，自岭南北归，经过润州江宁县瓦官寺，拜谒璿禅师。归长安后隐居终南山。

天宝元年（公元742年）

置安西、北庭、河西、朔方、河东、范阳、平卢、陇右、剑南、岭南十节度使以备边。安禄山为平卢节度使。

王维四十二岁，任左补阙②。

王之涣卒。

李白四十二岁，游会稽，在道士吴筠的帮助下，被征至京，供奉翰林。太子宾客贺知章与他一见如故。吴筠北征，与此前一年皇帝立崇玄学有关。

岑参二十八岁，春日返京，秋七月又东出关，游大梁。

刘单进士及第。

丘为落第③。王维有诗送丘为落第。

贾至为单父尉。

---

① 根据《岑参诗笺注》，《高适诗集编年笺注》未提及。
② 《岑参诗笺注》云由补阙迁库部郎中。
③ 《岑参诗笺注》称丘为进士及第。

天宝二年（公元743年）

李白四十三岁，与贺知章等为酒中八仙之游。

岑参二十九岁，年初归长安，作《感旧赋》。

张谓进士及第。

王维四十三岁，约在是年与王昌龄、王缙、裴迪在青龙寺（在长安新昌坊）昙壁上人院雅集赋诗。

天宝三载（公元744年）

三月，安禄山兼范阳节度使。

李白四十四岁，赐金放归，与杜甫、高适游于梁宋。李白此后十年的游览范围大致是：寄居从祖陈留采访大使李彦允，请北海高天师授道箓于齐州紫极宫，然后游历四方，北抵赵魏燕晋，西涉邠、岐，历商於，至洛阳，南游淮泗，再入会稽。在鲁中安家，因而时常往来齐鲁间，前后十年中在梁宋待的时间最久。

岑参三十岁，于赵岳榜进士高第，授右内率府兵曹参军。

高适四十一岁，春游大梁，不久返回睢阳（天宝元年宋州改为睢阳郡）。秋日在单父与李白、杜甫相会，三人曾至大梁后返回睢阳。秋末东游于楚地。

王维四十四岁，仍任左补阙，开始经营蓝田辋川别业。

杜甫三十三岁，在东都，与李白、高适游。祖母死，归葬偃师，杜甫作墓志。

天宝四载（公元745年）

八月，册封杨贵妃。

岑参三十一岁，春日给假省亲，游览淇上，不久带家人入京。

高适四十二岁，至临淮郡涟水县。不久回睢阳又陆续至鲁郡、任城县、东平郡。

王维四十五岁，改任侍御史，出使榆林、新秦二郡。在南阳郡与神会和尚长谈一番。

杜甫三十四岁，在齐州。

天宝五载（公元 746 年）

杜甫三十五岁，其父任奉先县令，杜甫出入长安。

岑参三十二岁，在长安，与杜甫族亲杜位交游。

高适四十三岁，在东平，不久去往济南郡历城县。秋日至渤海之滨后至淇上，从事农耕。又到过楚丘、濮上。冬日居淇上。

王维四十六岁，转库部员外郎。

天宝六载（公元 747 年）

皇帝下令通一艺者入京考试，李林甫一人都未录取。

安禄山兼御史大夫。

高仙芝征小勃律。

王昌龄五十岁，于此年前后贬为龙标尉。

杜甫三十六岁，应制举落第，因为李林甫一人未录。

元结二十九岁，应制举落第。

岑参三十三岁，在长安，与李翥等交游。

高适四十四岁，春日在卫滑一带。春秋间自卫州渡过黄河到梁宋地暂住。

天宝七载（公元 748 年）

杨国忠受宠。杨氏姊妹受宠。

高力士加骠骑大将军（从一品）。

卢纶或生于此年。

岑参三十四岁，在长安，与颜真卿交游。

高适四十五岁，在睢阳，与陈兼、贾至、独孤及等交往。

李益生。

李嘉祐进士及第。

包何进士及第。

卢纶或此年生。

王维四十八岁，可能于此年迁库部郎中。

天宝八载（公元749年）

高适四十六岁，举有道科，授封丘尉。
岑参三十五岁，转右威卫录事参军，到安西幕府任判官。
王维四十九岁，为萧嵩作挽歌。
杜甫三十八岁，在长安，偶尔去东都。

天宝九载（公元750年）

安禄山兼河北道采访处置使，赐爵东平郡王。
高仙芝自安西出征。
岑参三十六岁，在安西。秋日出使武威，冬日返。
高适四十七岁，春日与同僚游汴州篷池，秋日送兵至清夷军（现河北怀来）后去往蓟北，自清夷军返回居庸关。
王维五十岁，母丁忧，离朝屏居辋川。

天宝十载（公元751年）

高仙芝兵败怛罗斯。
剑南节度使鲜于仲通兵败南诏。
安禄山兼河东节度使。
杜甫四十岁，献《三大礼赋》，待制集贤院。
孟郊生。
钱起进士及第。
岑参三十七岁，春日自安西至武威，滞留至夏。高仙芝兵败后，于六月还京，居住在杜陵别业。
高适四十八岁，北使归来，春日行至燕赵境上。后至瀛州河间、冀州信都故辟阳城。不久返回封丘。

天宝十一载（公元752年）

李林甫卒，杨国忠为相。

封常青封安西节度使。

王维五十二岁，守丧期满，任吏部郎中，吏部改为文部后，任文部郎中。

高适四十九岁，秋日弃官由封丘赴京后至河西担任哥舒翰掌书记。不久至金城。曾往返西京[①]。

岑参三十八岁，年初赴河东一游，秋归嵩、洛访旧。

岑参与高适、薛据、杜甫、储光羲同登慈恩寺塔，各有诗。这是安史之乱前文人的一次盛会。

杜甫四十一岁，皇帝召他试他文章，列入选官之列。

天宝十二载（公元753年）

杨国忠与安禄山不睦。

张继进士及第。

高适五十岁，为哥舒翰掌书记。四月前在长安，知李宓伐云南事。不久返回河西。

杜甫四十二岁，有送高适诗作。

岑参三十九岁，夏日在石鳖谷居住，携弟与杜甫游渼陂。

颜真卿调任平原太守。

王维五十三岁，李峘任睢阳太守，王维送之。李岘任魏郡太守，晁衡回日本，王维都曾相送。

天宝十三载（公元754年）

李宓伐南诏，全军覆没。

元结进士及第。

[①] 《岑参诗笺注》定高适为哥舒翰掌书记于下一年。

韩翃进士及第。

李白五十四岁，游广陵、秦淮、金陵，至宣城。

崔颢卒。

岑参四十岁，春至醴泉扫墓。四月受封常青邀请为北庭节度判官，六月至北庭。九月、十月，送、迎封常青军，作诗。

高适五十一岁，在河西，皈依佛教。后至昌松县。有诗赠颜真卿。

天宝十四载（公元755年）

安史之乱爆发。

十一月，封常青被召至长安。十二月，封常青兵败，与高仙芝被斩于潼关。

杜甫四十四岁，授河西尉，未赴任，改右卫率府胄曹参军，十一月前往奉先（不是避乱）。

王昌龄五十八岁，约于此年被濠州刺史闾丘晓所杀[1]。

岑参四十一岁，在北庭，春献诗封常青，夏、秋随封常青晏游。冬日，至玉门关考察边关储备，时为北庭度支副使。

高适五十二岁。哥舒翰北征讨贼，高适至长安任左拾遗，转任监察御史，辅佐哥舒翰守潼关。

王维五十五岁，转任给事中。

李白五十五岁，在宣城。

天宝十五载　至德元载（公元756年）

哥舒翰败，被俘。

六月，安禄山攻入长安。

七月，玄宗至普安郡（现四川剑阁）。肃宗在灵武即位。

王维五十六岁。六月被俘，服药装病，却被看守无法逃遁。后被送往洛阳拘于菩提寺。八月赋诗宁碧池，九月被迫担任安禄山的给事中。

---

[1]《高适诗集编年笺注》定于次年。

杜甫四十五岁，到白水依附崔氏舅，又自鄜州去追随玄宗，陷于叛军中。

李白五十六岁，永王李璘反。李白自宣城到溧阳，又到剡中，又到庐山。永王李璘为江陵府都督，充山南东路及岭南、黔中、江南西路四道节度使，重视李白，征召他为府僚佐。永王擅自带兵东下时，胁迫李白同行。

高适五十三岁，哥舒翰败后，自骆谷向西逃，至河池郡（现陕西凤县）见玄宗，陈述潼关大败。任侍御史。随玄宗至蜀郡（现成都），任谏议大夫。十一月，永王李璘反后，肃宗召高适，高适说李璘必败。十二月，高适兼御史大夫、扬州大都督府长史、淮南节度使。肃宗命他与淮西节度使来瑱、江东节度使韦陟共讨李璘，在安州（现湖北安陆）会师。

岑参四十二岁，年初由玉门关返回北庭。

李白与高适分别加入敌对两方。

至德二载（公元757年）

正月，安庆绪杀安禄山。

张巡、许远守睢阳。

二月，肃宗至凤翔。

永王李璘兵败而死。

九月收复长安。

十月收复东京。肃宗返回西京，史思明带手下十三郡投降。

十二月，上皇还京。

杜甫四十六岁。四月自叛军中逃脱，至凤翔任左拾遗。由于上书救房琯惹怒肃宗，但由于宰相张镐相救，获免。八月，杜甫被放还鄜州省家。十月，他随皇帝还西京。

李白五十七岁，永王兵败，李白逃到彭泽，被关在浔阳狱。宣慰大使崔涣及御史中丞宋若思请李白参谋军事，上书搭救，没有结果。

岑参四十三岁，春末东归，夏日至凤翔。六月杜甫等推荐他任右补阙。冬归长安。

高适五十四岁，试图救援睢阳没有成功。为王昌龄鸣冤。

张镐杖杀闾丘晓。

王维五十七岁。十月，唐军收复东都后，把他与其他伪官押回西京，与郑虔、张通等关在杨国忠旧宅。十二月，王维因为凝碧诗免罪。王维弟王缙官位渐渐显赫。

乾元元年（公元758年）

高适五十五岁，因谗言，由淮南节度使贬为太子少詹事[①]。与杜甫相唱和。五月，过睢阳祭奠张巡、许远。夏日在洛阳。

杜甫四十七岁。任左拾遗，六月贬为华州司功参军。冬天，离任，到东都。

王维五十八岁。春复官，授太子中允，加集贤殿学士，后改任太子中庶子、中书舍人。秋任给事中。冬把辋川庄布施出去，等他死后改为寺。

李白五十八岁，流放夜郎，从洞庭沿江而上至巫山。

岑参四十四岁，在长安。

贾至、王维、杜甫、岑参等都参与了大明宫早朝的唱和。

六月，房琯外贬，严武连坐被贬巴州刺史，后任东川节度使。

储光羲被贬岭南。

六月前，严武为京兆少尹，与王维往来。

乾元二年（公元759年）

正月，史思明称帝。

三月，九节度使攻打史思明兵败。

九月，史思明占领洛阳，十一月攻打陕州。

宦官李辅国掌权。

高适五十六岁，五月任彭州刺史。于蜀山中被乱军劫夺。至彭州，十二月有诗赠杜甫。

李白五十九岁，遇赦，可能得益于郭子仪的搭救。在江夏、岳阳休息后，返回浔阳。

[①]《岑参诗笺注》定为前一年。

杜甫四十八岁，春自东都回华州。由于关中大饥，七月弃官，经过陇州，暂住秦州。在西枝村寻地建草堂未成。十月往同谷，在同谷住了不到一个月。十二月入蜀至成都。

岑参四十五岁，三月由补阙转起居舍人，四月出任虢州长史，五月赴任。

储光羲卒。

贾至贬岳州司马。

上元元年（公元760年）

杜甫四十九岁，已自秦川入蜀，住在成都浣花溪，建草堂。

高适五十七岁，转蜀州刺史。

岑参四十六岁，在虢州。

王维六十岁，转尚书右丞[①]。

上元二年（公元761年）

史朝义杀史思明。

严武为河南尹。

王维六十一岁。初春，河南尹严武来访。弟王缙从蜀州刺史回任左散骑常侍。王维七月卒。

岑参四十七岁，在虢州遇严武。

高适五十八岁，在蜀州。正月有诗赠杜甫。五月带兵与东川节度使李奂、西川节度使崔光远共攻绵州，斩段子璋。崔光远大肆劫掠东川，被免，死。

李白六十一岁，游金陵，往来宣城、历阳二郡间。

杜甫五十岁，居成都草堂，曾去蜀州之新津、青城。

宝应元年（公元762年）

玄宗、肃宗卒。代宗立。

[①] 《岑参诗笺注》定为前一年。

六月，兵部侍郎严武为西川节度使，不久入朝为太子宾客，迁京兆尹，兼御史大夫，改吏部侍郎。

七月，西川兵马使徐知道反，八月被李忠厚所杀，剑南悉平。

李白六十二岁，李阳冰为当涂令，前往投奔，十一月以疾卒。

杜甫五十一岁，由于剑南兵马使徐知道反，杜甫携家前往梓州避难。冬，复归成都，迎家眷至梓州。十二月前往射洪南之通泉。

岑参四十八岁，年初迁太子中允兼殿中侍御史，充关西节度判官，驻潼关。十月，为雍王李适掌书记，至陕州。随军东进，月底至洛阳。

贾至复为中书舍人。

广德元年（公元763年）

安史之乱平。

十月，吐蕃攻陷长安。年底吐蕃退。

高适六十岁，任剑南西川节度使，出战吐蕃无功。不久松、维二州及云山城失陷。

岑参四十九岁，春日任祠部员外郎，秋改考功员外郎。

贾至迁尚书右丞。

杜甫五十二岁，在梓州。春，间往汉州。秋，往阆州。冬晚复回梓州。是岁，有诏补京兆功曹，不赴。

广德二年（公元764年）

合剑南东、西川为一道，以黄门侍郎严武为节度使。

高适六十一岁，为刑部侍郎，还长安，转任散骑常侍，加银青光禄大夫，进封渤海县侯，食邑七百户。

杜甫五十三岁，春自梓州赴阆州。严武再镇蜀，春晚杜甫还成都。六月严武上表为他请职检校工部员外郎，为剑南节度参谋，赐绯鱼袋。

岑参五十岁，在长安。迁虞部郎中，赴太白山巡察。

永泰元年（公元 765 年）

四月，严武卒。蜀中大乱。

高适六十二岁，卒。赠吏部尚书，谥曰忠。

杜甫五十四岁，正月辞幕府归草堂。五月，乘船自戎州至渝州。六月至忠州。秋至云安，居住在那里。

岑参五十一岁，转库部郎中。十一月，出为嘉州刺史，滞留梁州。

大历元年（公元 766 年）

元载擅权。

颜真卿驳元载，由刑部尚书贬峡州司马。

杜甫五十五岁，春，居住在夔州。秋，住西阁。

岑参五十二岁，以职方郎中兼侍御史，入杜鸿渐幕。二月从长安出发，七月至成都。

大历二年（公元 767 年）

岑参五十三岁，春居成都，夏日赴任嘉州。

杜甫五十六岁。在夔州。春，迁居赤甲。三月迁瀼西。秋迁东屯。未几返回瀼西。

大历三年（公元 768 年）

杜甫五十七岁。三月，至江陵。秋移居公安。冬晚，至岳州。

韩愈生。

岑参五十四岁，年初由嘉州至成都，不久返回。六月罢官，乘船回嵩洛。为盗所阻，留戎州。冬日归成都。

大历四年（公元 769 年）

岑参五十五岁，客于成都，年底卒。

李益进士及第。

杜甫五十八岁，正月，自岳州至潭州。不久去往衡州。夏，因怕热返回潭州。

大历五年（公元 770 年）

杜甫五十九岁。春在潭州。夏四月，避臧玠兵变至衡州。打算投奔郴州舅氏崔伟，至耒阳，停泊方田驿。秋，船行至荆楚，不幸病亡路上，停灵岳阳。

参考书籍

一、史书政书类书

［唐］魏徵．隋书．中华书局，1997

［晋］刘昫等．旧唐书．中华书局，1975

［宋］欧阳修等．新唐书．中华书局，1975

［唐］吴兢．贞观政要．岳麓书社，2000

［宋］司马光．资治通鉴．中华书局，2011

周勋初主编．唐人轶事汇编．上海古籍出版社，2016

［宋］袁枢．通鉴纪事本末．中华书局，1964

［唐］李林甫等，陈仲夫点校．唐六典．中华书局，2014

［宋］宋敏求．编唐大诏令集．中华书局，2008

［唐］杜佑，王文锦等点校．通典．中华书局，2016

［宋］郑樵．通志二十略．中华书局，1995

［宋］马端临，上海师范大学古籍研究所／华东师范大学古籍研究所点校．文献通考．中华书局，2011

［清］黄本骥．历代职官表．上海古籍出版社，2005

本书编委会编．二十五史补编．中华书局，1995

［宋］王溥．唐会要．上海古籍出版社，2012

岳纯之点校.唐律疏议.上海古籍出版社,2013

劳格等.唐尚书省郎官石柱提名考.中华书局,1992

张忱石.唐尚书省郎官石柱提名考补考.中华书局,2018

[清]徐松,孟二冬补正.登科记考补正.中华书局,2019

龚延明.中国历代职官别名大辞典（增订本）.中华书局,2019

周祖譔,胡旭等.历代文苑传笺证.凤凰出版社,2012

[宋]王应麟.玉海.广陵书社,2016

[宋]王应麟,武秀成/赵庶洋校证.玉海艺文校证.凤凰出版社,2017

二、笔记资料类

赵俊玲辑.文选汇评.凤凰出版社,2018

陶敏主编.全唐五代笔记.三秦出版社,2012

李时人等.全唐五代小说.中华书局,2014

李剑国辑校.唐五代传奇集.中华书局,2015

上海古籍出版社.唐五代笔记小说大观：历代笔记小说大观.上海古籍出版社,2000

刘尊明等.全唐五代词.中华书局,1999

[清]董诰等编.全唐文.上海古籍出版社,1990

[清]陈元龙编,许结点校.历代赋汇校订本.凤凰出版社,2018

[宋]李昉等.太平广记.中华书局,2013

[宋]李昉等.太平御览.中华书局,2000

[宋]李昉等编.文苑英华.中华书局,1966

[宋]王钦若等编.册府元龟.中华书局,2003

山右历史文化研究院编.大唐创业起居注（外七种）.上海古籍出版社,2016

[唐]崔令钦等,吴企明点校.教坊记（外三种）.中华书局,2012

[唐]封演,赵贞信校注.封氏闻见记校注.中华书局,2008

[五代]王仁裕/[唐]姚汝能,曾贻芬点校注解.安禄山事迹,开元天宝遗

事.中华书局，2006

　　[唐]苏鹗等，吴企明点校.苏氏演义（外三种）.中华书局，2012

　　[唐]赵元一等，夏婧整理.奉天录（外三种）.中华书局，2014

　　[唐]朱景玄，吴企明校注.唐朝名画录校注.黄山书社，2016

　　[元]辛文房，孙映逵校注.唐才子传校注.中国社会科学出版社，2013

　张进等.王维资料汇编.中华书局，2014

　吴文治.柳宗元资料汇编.中华书局，1964

三、唐代及关中地理资料

　　[唐]李吉甫，贺次君注解.元和郡县图志.中华书局，1983

　　[唐]李泰，贺次君注解.括地志辑校.中华书局，1980

　　[唐]樊绰，向达校注.蛮书校注.中华书局，2018

　　[清]顾炎武.肇域志.上海古籍出版社，2012

　　[清]顾炎武.天下郡国利病书.上海古籍出版社，2012

　　[清]顾祖禹，施和金/贺次君点校.读史方舆纪要.中华书局，2005

　　[清]顾炎武.历代宅京记.中华书局，2004

　何清谷.三辅黄图校释.中华书局，2012

　　[宋]程大昌，黄永年点校.雍录.中华书局，2002

　　[清]徐松，张穆注解.唐两京城坊考.中华书局，1985

　　[唐]韦述/[唐]杜宝，辛德勇辑校.两京新记辑校　大业杂记辑校.两京新记辑校.中华书局，2019

　　[元]骆天骧.类编长安志.三秦出版社，2006

　　[汉]赵岐，陈晓捷校注.三辅决录　三辅故事　三辅旧事.三秦出版社，2006

　　[汉]王褒等，陈晓捷辑注.关中佚志辑注.三秦出版社，2006

　　[汉]辛氏/[晋]潘岳，刘庆柱辑注.三秦记辑注　关中记辑注.三秦出版社，2006

［清］毛凤枝，李之勤校注．南山谷口考校注．三秦出版社，2006

［宋］张礼，史念海/曹尔琴校注．游城南记校注．三秦出版社，2006

［唐］玄奘/辩机，范祥雍汇校．大唐西域记汇校．上海古籍出版社，2018

［宋］王应麟，傅林祥点校．通鉴地理通释．中华书局，2013

台湾三军大学编著．中国历代战争史．中信出版社，2013

谭其骧．中国历史地图集．中国地图出版社，1982

四、诗文诗话集

程俊英/蒋见元．诗经注析．中华书局，2017

［清］沈德潜选，闻旭初标点．古诗源．中华书局，2017

［清］王士禛选，闻人倓笺．古诗笺．上海古籍出版社，2010

［清］杜文澜辑，周绍良点校．古谣谚．中华书局，1958

［宋］洪兴祖，白化文等点校．楚辞补注．中华书局，2015

［三国］曹操等．三曹集．岳麓书社，1992

［三国］曹操．曹操集．中华书局，2012

［三国魏］曹植，赵幼文校注．曹植集校注．中华书局，2017

［南朝陈］徐陵编，［清］吴兆宜注，［清］程琰删补，穆克宏点校．玉台新咏笺注．中华书局，2018

［晋］陶潜．袁行霈笺注．陶渊明集笺注．中华书局，2011

逯钦立辑校．先秦汉魏晋南北朝诗．中华书局，2017

中华书局编辑部．全唐诗：增订本．中华书局，2008

［明］高棅编纂，［明］汪宗尼校订，葛景春/胡永杰点校．唐诗品汇．中华书局，2015

［清］沈德潜选注．唐诗别裁集．上海古籍出版社，2013

［宋］计有功辑撰．唐诗纪事．上海古籍出版社，2013

［唐］杨炯，祝尚书笺注．杨炯集笺注．中华书局，2016

［唐］骆宾王，陈熙晋笺注．骆宾王集．浙江古籍出版社，2018

［唐］沈佺期／［唐］宋之问，陶敏／易淑琼校注．沈佺期宋之问集校注．中华书局，2017

［唐］孟浩然，佟培基笺注．孟浩然诗集笺注．上海古籍出版社，2000

［唐］常建，王锡九校注．常建诗歌校注．中华书局，2017

［唐］李颀，王锡九校注．李颀诗歌校注．中华书局，2018

［唐］高适，刘开扬笺注．高适诗集编年笺注．中华书局，1981

［唐］岑参，廖立笺注．岑参诗笺注．中华书局，2018

［唐］王维，陈铁民校注．王维集校注．中华书局，2019

［唐］杜甫，［清］仇兆鳌注．杜诗详注．中华书局，2015

［唐］李白，［清］王琦注．李太白全集．中华书局，2011

［唐］白居易．白居易集．岳麓书社，1997

［唐］白居易，谢思炜校注．白居易诗集校注．中华书局，2006

［唐］杜牧，吴在庆校注．杜牧集系年校注．中华书局，2013

［唐］韩愈，马其昶校注．韩昌黎文集校注．上海古籍出版社，2014

［唐］韩愈，［清］方世举笺注，郝润华／丁俊丽整理．韩愈诗集编年笺注．中华书局，2019

［唐］刘禹锡，陶敏／校注．刘禹锡全集编年校注．中华书局，2019

［唐］柳宗元．柳河东集．上海古籍出版社，2008

［唐］韦应物，陶敏／王友胜校注．韦应物集校注．上海古籍出版社，1998

［唐］李商隐，冯浩注解．玉溪生诗集笺注．上海古籍出版社，1998

［唐］张籍，徐怀礼／余恕诚整理．张籍集系年校注．中华书局，2011

［唐］李贺，吴企明笺注．李长吉歌诗编年笺注．中华书局，2012

［清］何文焕辑．历代诗话．中华书局，1981

丁福保编．历代诗话续编．中华书局，1983

五、今人研究

赖瑞和．唐代高层文官．中华书局，2017

赖瑞和．唐代中层文官．中华书局，2011

赖瑞和．唐代基层文官．中华书局，2008

严耕望．唐代交通图考．上海古籍出版社，2007

严耕望．唐仆尚丞郎表．上海古籍出版社，2007

陈寅恪．元白诗笺证稿．生活·读书·新知三联书店，2001

陈寅恪．隋唐制度渊源略论稿　唐代政治史述论稿．生活·读书·新知三联书店，2001

郭建龙．中央帝国的财政密码．鹭江出版社，2017

郭建龙．中央帝国的哲学密码．鹭江出版社，2018

郭建龙．中央帝国的军事密码．鹭江出版社，2019

罗宗强．唐诗小史．中华书局，2019

罗宗强．李杜论略．中华书局，2019

罗宗强．魏晋南北朝文学思想史．中华书局，2019

罗宗强．隋唐五代文学思想史．中华书局，2018

孟二冬．中唐诗歌之开拓与新变．中华书局，2019

彭信威．中国货币史．上海人民出版社，1958

吴玉贵．突厥第二汗国汉文史料编年辑考．中华书局，2009

后记

本书的尾声写了长安的废墟。后人看到那些历史上著名的地点，如今却已经变成荒草丛生之地，遥想当年的繁华景象，不由得心生感慨。这样的体会部分来自我自己的经历。

1986年，我跟随祖父母离开了云南玉溪的住所，坐了三天两夜的火车和一天的汽车，回到了山东，那一年我只有九岁。由于路途遥远，我以为这辈子都没有机会再回去看一眼我童年生活的地方。

但我想错了。二十年后，我辞去了在上海的程序员工作，开启了属于我的漫游时代，当时最想去的地方就是我童年的住处。于是，我循着残存的记忆，一路打听，来到了那片距离玉溪城区只有七公里的祖父单位旧址。

是的，那时候那里已经是一片废墟。我祖父的单位早已离开了那里，搬到了玉溪城内，我所能看到的，只是一片空房子。我能够找到祖父的办公楼——那栋楼上了锁，里面传出犬吠声。距离办公楼不远就是住宅区。在我记忆里，当年的住处是宽敞的，但现实中它却只是狭小的三间房，已经没有人居住，被租给了当地人养猪，一头头肥猪在我当年的住处戒备地望着外面的陌生人。

我所上的幼儿园原本是一座庙宇，现在也已经恢复了原来的功能。我就读的小学变成了工人居住区，因为那儿开了一个不知做什么的工厂，恰好需要安置工人。祖父的整个单位最神秘的所在是一片实验室，曾经堆满了各地的矿石和化石，现在却成了那家工厂的办公室。

事实上，这些房子和我记忆中的形象都有了区别，许多都已经破旧，有的甚至已经倒塌。在我心里，这里曾经是另一番景象：屋子里住着熟悉的人，食堂里熙熙攘攘，我和小伙伴们在操场上飞奔，或者看一场露天电影。地点没有变，但人都消失了。

在那儿，我不断地搜寻着童年的痕迹，在一根柱子上发现了当年我的涂鸦，在另一面墙上有我写下的字句。二十年后，它们依然还在，这证明我没有找错地方，但我又知道，我再也回不去当年了。

那种再也回不去的感觉将伴随我终生。而我更怀念的是我的祖父母，他们早在1996年年初就双双去世了，那时我刚上大学一年级。从一岁半，我就一直跟随他们生活，直到离开他们去上大学为止。不想，我第一次远离他们只有不到半年，甚至没有等到第一个寒假，他们就不在了。

他们的离开让我意识到，我以前的世界不会再回来了，而我在余生中能做的，只有按照他们的期望和教导继续生活下去。那时，我才开始思考他们到底希望我成为什么样的人。也只有那时，我才意识到他们给了我多大的财富。

在跟随他们生活的十几年里，他们一直教育我不要随波逐流，坚持自己的思考，压缩心中的物质欲望，用最小的代价去生活，用最大的努力去满足自己的兴趣。直到今天，我的亲人朋友依然为我节俭的生活习惯感到惊讶，仿佛我是闯入这个消费时代的陌生人。还有更多的人不明白为什么我每天都像没有明天一样忧心忡忡地去做事，总是试图把进度提前，多做一些。我已经二十多年没有看过电视，除了偶然知道的几个喜欢的歌星，对现代的演员已经完全陌生。在周围的人看来，我是一个没有生活的人。但我知道，这一切都是我的祖父母给我的财富，我将终生感谢他们。是他们教会我，一个人必须为了自己的兴趣而活着，并坚持到死亡的那一刻。

《盛世的崩塌》就是这样一个"没有生活"的人的最新作品，它不是第一部，也必然不是最后一部。

在我的规划中，《盛世的崩塌》与另一本书《汴京之围》构成了一组"唐宋盛世双联剧"。这两部书记载了中国历史上两个绚烂的朝代，唐代是因为它的武功，而宋代则是因为它的文治。

在《汴京之围》中，我集中写了北宋最后几年，特别是最后一年的情况，去追寻北宋亡国的原因。而在《盛世的崩塌》中，我考察的则是唐代的开元盛世以及之后的安史之乱。本书写作最大的目的，是想探讨唐代的开元盛世是怎么兴起，又是因何而衰落的。按照我的意图，是想写一部关于这个时段的全记录，让现代的读者体会当年唐人的生活和经历，看到他们所面临的抉择，并从政治、经济、军事、文化等多方面进行全面的考察，形成一幅全景画。所记载的人物除了皇帝、宰相、高官、武将之外，还有文人这个特殊的群体（特别是诗人），通过对这些人的描写，我想将盛唐和叛乱全面地展现出来。

但是，任何写作都必须有足够的资料。与宋代的文献相比，唐代由于处于印刷术的早期，书籍的印刷还没有完全普及，导致唐代的文本流传下来的比宋代少得多。另外，与宋代的资料比起来，唐人的记载更加天马行空，往往更具传奇性，却缺乏史实依据，因此，使用起来也必须加倍小心。

这些原因就导致我在写作时只能依赖更少的资料，主要是两唐书和《资治通鉴》这样的官方资料。这一点，决定了《盛世的崩塌》不可能像《汴京之围》那样更加细节化。但这本书也有它自己的特点，那就是它更加注重写全景，并更加注重分析背后的原因。

除了探寻究竟之外，我也希望能够引起读者充分的思考，并意识到，一个盛世的到来，往往意味着政府内部以及政府和民间达成了一定的互信，尽量不要互相伤害，这样节省了互相防备的成本，并可以通过放松管制，来促进民间经济的自我修复和发展。而一个盛世的结束，往往源于政府大把地花钱，其中花钱最大的项目往往是战争或者对外关系。如果不知道克制，一味地炫耀盛世武功，往往适得其反，由于财政花费过度，必然通过加税或者让渡中央权力的方式来解决财政问题，这就会造成整个政治的失衡，从而导致盛世的崩塌。这个规律不仅对古代社会有效，即便在今天也有很强的现实借鉴意义。

避免战争、克制地选择和平，并通过放松民间管控来改善经济环境，在社会中产生互信的基础，至今依然是发展的必由之路。但这看似简单的教条，却需要多大的智慧才能做到！

感谢我的编辑团队，董曦阳、张根长、李博、李栋、魏姗姗，以及众多帮助过本书出版的编辑、印制、市场和营销人员。

感谢文学锋、谷重庆、秦旭东、周杭君。

感谢我的妻子梦舞君。

感谢我的祖父母郭宝成和李玉萍。

创作本书时，恰逢新冠肺炎肆虐之时，本书的资料准备于2018年，动笔于2020年春天，草稿2021年2月春节之前完成于大理风吼居。

图书在版编目（CIP）数据

盛世的崩塌：盛唐与安史之乱时期的政治、战争与诗 / 郭建龙著 . —成都：天地出版社，2022.7
ISBN 978-7-5455-6791-5

Ⅰ.①盛… Ⅱ.①郭… Ⅲ.①中国历史—研究—唐代 Ⅳ.① K242.07

中国版本图书馆CIP数据核字（2021）第255937号

SHENGSHI DE BENGTA：SHENGTANG YU AN-SHI ZHI LUAN SHIQI DE ZHENGZHI、ZHANZHENG YU SHI

盛世的崩塌：盛唐与安史之乱时期的政治、战争与诗

出 品 人	陈小雨　杨　政
作　 者	郭建龙
责任编辑	魏姗姗
封面设计	水玉银文化
责任印制	董建臣

出版发行	天地出版社
	（成都市锦江区三色路238号　邮政编码：610023）
	（北京市方庄芳群园3区3号　邮政编码：100078）
网　　址	http://www.tiandiph.com
电子邮箱	tianditg@163.com
经　　销	新华文轩出版传媒股份有限公司

印　　刷	北京文昌阁彩色印刷有限责任公司
版　　次	2022年7月第1版
印　　次	2022年7月第1次印刷
开　　本	710mm×1000mm　1/16
印　　张	26.5
插　　页	8p
字　　数	416千字
定　　价	98.00元
书　　号	ISBN 978-7-5455-6791-5

版权所有◆违者必究

咨询电话：(028) 86361282（总编室）
购书热线：(010) 67693207（营销中心）

如有印装错误，请与本社联系调换

以声音刻文字，分享人类音色

天喜文化